Ferdinand Magellan

マゼラン

世界分割《デマルカシオン》を体現した航海者

合田昌史
Masafumi Goda

京都大学学術出版会

Ferdinand Magellan:
as the Embodiment of World Partition
*
Masafumi Goda
2006
Kyoto University Press

本書は、伊藤忠兵衛基金出版助成の交付を受けて出版された。

マゼラン——世界分割《デマルカシオン》を体現した航海者◎目次

はじめに　「知」をまとうコウモリ……001

第一章　分界の理念と前マゼランの航海……015
1　国土回復運動と分界の起源　016
2　回復と発見のはざま――北西アフリカと大西洋諸島をめぐって　020
3　分界の成立――二国間条約と教皇勅書　027
4　なぜコロンブスの緯度は変造されたのか　033
5　経度に手を加えたインディアスの副王　041
6　大洋の分割と分界線の移動　044
7　不均衡のフロンティア――スペインが譲歩した理由　049
8　分界のモラトリアム　052
9　対蹠分界――地球を山分けすること　063
10　地理パラダイムのなかの分界　068
11　南西航路の探索　073

第二章　地の果ての外交――一六世紀初頭のモルッカ諸島とポルトガル……079

1 極楽島《パサロ・デ・デウス》の招く海 080
2 香料諸島の地政学的布置 083
3 前・要塞期の交渉――学説と史料 088
4 要塞招致の虚構 092
5 ポルトガルとテルナテの軍事的取引 097

第三章 世界分割のパートナー――マゼランとファレイロ …… 103
1 傷ついた軍人 104
2 なぜマゼランは変節したのか 111
3 割愛の背景 114
4 プレゼンテーション 124
5 『マゼラン覚え書』の衝撃 130
6 「魔」に通じた学者 140

第四章 遠征の論理と形相 …… 151
1 占有と修好の間に 152
2 太平洋横断を再現する 160
3 黄金島伝説(1)――レキオス 167

4　黄金島伝説(2)――チャンパとジャワ　173
5　黄金島伝説(3)――東洋針路の要所にて　178
6　イスバの習得　185
7　世界分割の経度　189
8　黄金諸島総督の夢――ビサヤ諸島にて　192
9　マゼランの死　198
10　コーランと十字架の誓い――パラワン・ブルネイ・モルッカにて　203
11　スペインによるモルッカ占有の言説　211
12　ポルトガル要塞の建立　216

第五章　ポスト・マゼランの分界……221
1　ビクトリア号の帰還をめぐって　222
2　バダホス＝エルヴァス会議　234
3　共知の構造　244
4　モルッカ問題の収束　251

第六章　地図の戦争――挑戦されるデマルカシオン……255
1　『大使たち』の地球儀　256

2　ヘンリ七世とブリストル＝アゾレス＝シンジケート　261
3　フランソワ一世とフィレンツェ＝リヨン＝コネクション　267
4　スペイン・ポルトガルの反応　270
5　ロバート・ソーンの分界観　278
6　フランス海賊　282
7　一五三三年――ふたたび『大使たち』へ　284
第七章　マゼランの遺産、ファレイロの影……………………287
1　偏角経度法の呪縛　288
2　計測される世界　297
おわりに　世界分割の夢……………………303
注　307
主要文献一覧　359
初出一覧　377
あとがき　378
索　引　386

はじめに

「知」をまとうコウモリ

英語名マゼランで知られる一六世紀のポルトガル人フェルナン・デ・マガリャンイシュ（一四八〇年頃〜一五二一年）は少年向けの偉人伝シリーズや探検記の叢書類では常連のひとりである。五隻のスペイン艦隊を率いてその名が冠せられる南米の海峡を「発見」し、海峡の彼方に広がる海に「太平洋」の名を与えて横断した大航海は、フィリピンのマクタン島で横死したためにバスク人フアン・セバスチアン・デル・カノのものとなった初の世界周航者の栄誉を差し引いても、なお偉業と呼ぶにふさわしいと考えられている。上陸補給をしないひと続きの航海の規模は実に三ヶ月と二〇日間で、およそ一ヶ月間のコロンブスをはるかに凌ぐ。だが、航海の歴史的意義においてマゼランはコロンブスの風上に立つことは許されていない。多くの研究者たちは、マゼランはコロンブスの理念の継承者である、という見方を共有しているからである。[*1]

たしかに、西回り航路によるインディアス（アジア）到達というコロンブスが生前に果たせなかった目標をはじめて成就したのはマゼランである。この点に異論の余地はない。しかしながら、私は大航海時代の史料や図版を渉猟する過程で、ある疑問を抱くようになった。地理的認識や戦略的構想においてマゼランはコロンブスを大きく乗り越えていたのではないか、と。

次頁に掲げた図版をごらんいただきたい。これは一五八五〜九二年年頃フィリップ・ガレによってアントウェルペンで出版されフィレンツェのアラマンニ兄弟に献呈された絵図帳『アメリカ再発見 Americae Retectio』（シカゴ、ニューベリー図書館所蔵）の一部である。絵図帳は四枚の寓意画からなり、いずれも原画はブルージュ生まれの画家ヨハンネス・ストラダヌス〔ヤン・ファン・デル・ストラート〕のものである。

第一葉【図1】では「オケアヌス」が支える地球の左にフィレンツェの女神「フローラ」、右にジェノヴァの双貌神「ヤヌス」が寄り添い、両者の頭上にフィレンツェ出身のアメリゴ・ベスプッチとジェノヴァ出身のコロンブスの頭像がみえる。地球の陰の部分に目をこらすと、現マゼラン海峡の南に広がる南方大陸に「マガリャニカ」の名が与えられている。

マゼランの航海が描かれているのは最後の第四葉【図2】である。折れたマストで苦難の航海の痕跡を示す帆船はアポロの導きをえて、燃えさかる「火の土地《ティエラ・デル・フエゴ》」と矢を飲む巨人の地《パタゴニア》の間から、未踏の大洋へ今まさに抜け出ようとしており、その空には象を捕らえた伝説の大怪鳥ガルーダ（またはルク）が飛翔し前途に横たわる新たな冒険を暗示している。しかし、甲冑姿のマゼランは海に

【図 1】『アメリカ再発見』第 1 葉

［*"New Discoveries", The Sciences, Inventions and Discoveries of the Middle Ages and the Renaissance as represented in 24 engravings issued in the early 1580s by Stradanus*, Norwalk, 1953.］

【図 3】現存最古とされる 1425 年頃のアーミラリ天球儀
（オックスフォード大学科学史博物館所蔵）

FERDINAN. MAGALA.
FERDINANDES MAGALANES LVSITANVS anfractuoso euripo superato, telluri ad Austrum nomen dedit,
eiusque navis omnium prima atque novissima Solis cursum in terris æmulata, terræ totius globum circumijt. An. Sal. ∞.D.XXII.

【図 2】『アメリカ再発見』第 4 葉「ポルトガル人（ルシタヌス）フェルディナンデス・マガラネスは彎曲する海峡を克服し、南方にある土地に彼の名を与えた。彼の船は地の上をめぐる太陽の運行をまねて初めて全地球を回航したばかりである。1522 年」
右端のパタゴニア人の矢を飲むしぐさは、ピガフェッタによると吐瀉のためであるが、マクシミリアーノ・トランシルバーノは、勇気を誇示するためだという

も空にも目を向けず、座して机上のアーミラリ天球儀【図3】と両脚規を操っている。[*2]

　歴史的瞬間に関知せぬ学者のごとき航海者マゼラン。この図像の異様さは第二葉【図4】のコロンブスと比較すると際だつ。コロンブスは十字架をあしらった旗と海図らしき巻物を手に甲板に立ち、左手前方の水平線上にあらわれた島々を凝視している。

　対照的な二大航海者の図像は再生産された。『アメリカ再発見』は一五九四年シエナのマテオ・フロリミによって再版されたばかりでなく、有名なテオドール・ド・ブライの大著『アメリカ〔西インディアス航海集〕』（ドイツ語版全一四巻は一五九〇～一六三〇年刊、ラテン語版全一三巻は一五九〇～一六三四年刊）の第四巻（一五九四年、フランクフルト）に左右反転で取り込まれて流布したのである。ブライの『アメリカ』第四巻は一六一三年に再版されている。[*3] 同様の知的なあるいは天文に通じた航海者としてのマゼラン像はオランダの宣教師アルノルドゥス・モンタヌスの『未知の世界

【図4】『アメリカ再発見』第2葉「リグリアのクリストフォルス・コルムブス、大洋の恐怖に打ち勝って、彼が発見した別世界といってよい地域をスペイン王室にささげた。1492年」

からの報せ』（一六七一年、アムステルダム）[*4]所収の版画【図5】にもうかがえる。なぜこのようなイメージが生じたのであろうか。

世界周航の結果、世界「球体」説がはじめて実証され、日付変更の必要が認められたことや、マゼラン星雲の発見はよく知られているが、世界周航は事前に計画されていたことではなく、マゼランの功績でもない。星雲もそれ以前から知られていた。[*5]

これらの知識以上に重要なのは、陸標に頼れない長期の外洋航海が一五世紀半ばから萌芽しつつあった天文航法の一層の発展を促したことであろう。その中心はマゼランの故国ポルトガルにあった。マゼランが操るアーミラリ天球儀は中世アラビア天文学を象徴する観測器具で、カスティーリャ語の『天文学の知識の書』（一二七六年頃）にその用法が記載されていた。アラビア天文学はユダヤ人占星師・医師を通じて一五世紀末のポルトガルで航海術に応用された。ヴァスコ・ダ・ガマはサラマンカのユダヤ人アブラハム・ザクートの天文表と（アーミラリ天球儀ではなく）簡易型アストロラーベをもって喜望峰

【図5】マゼラン像［Arnoldus Montanus, *De Niewe en Onbekend Weereld,* Amsterdam, 1671.］

航路を拓いた。

巨利を得たポルトガル国王マヌエルは記章としてアーミラリ天球儀とキリスト騎士団の十字架を採用し、アーミラリ天球儀の形が刻まれた石柱碑《パドラン》を「発見」地の沿岸にたてさせた【図6】。マヌエル様式の建築物やポルトガル領インドの貨幣にもアーミラリ天球儀がモチーフとして用いられていた。ゴアで鋳造された金貨「メイオ・クルザード」【図7】の名はアムステルダムの条例（一六三三年）で言及されており、[*6] アジアの富をもたらす新しい航海術のイメージが北欧に届いていた。

当時の天文航法は事実上「等緯度航法」であったが、コロンブスやアメリゴ・ベスプッチは緯度の計測ですら満足のゆく成果を得ていなかった。ところが、マゼランは緯度のみならず、要所では難物の経度も測定させていた。このことはビクトリア号の帰還者に取材したマクシミリアーノ・トランシルバーノによるラテン語書簡の刊本（一五二三年一一月ローマ）[*7]、帰還者のひとりアントニオ・ピガフェッタによる航海記のフランス語とイタリア語の要約版（一五二六～三六年）[*8]、および両者を取り込んだヴェネツィア人ジョヴァンニ・バティスタ・ラムージオの『航海・旅行記集成』（一五五〇年）[*9] などによって多くの同時代人の知るところとなった。

さらに、一七八三年シマンカスの文書館でマゼラン艦隊の航跡と天文航法の成果を詳述した航海士フランシスコ・アルボの水路誌が発見され一九世紀前半に刊行されると、[*10] 地理的「発見」の時代を称揚し西洋のアジア進出を正当化する文脈のなかで知的航海者のイメージは増幅され、一九世紀末から二〇世紀半ばにかけて「不滅の英雄的業績」を称えて著されたいくつかのマゼラン伝に取り込まれた。今日でも引用されることの多い地理学者F・H・H・ギルマード（一八九〇年）や、史家ジャン・デヌセ（一九一一年）、作家シュテファン・ツヴァイク（一九三八年）、チャールズ・マキュー・パー（一九五三年）の伝記は「すぐれた航海者にして天地学者《コスモグラファー》」、「科学的探検家」としてのマゼラン像を示している。[*11]

注目したいのは、流布された図像や有名な伝記のほとんどがイベリア半島の外で作られていることである。ポルトガル人であるにもかかわらずスペイン国王のもとで航海したマゼランの評価には、ネガティブな「コウモリ」のイメージが付着している。一六世紀半ばのポルトガルの人文主義者や年代記家たちは一様に「変節」に対して手厳しい。ダミアン・デ・ゴイスは「不満を抱いてカスティーリャのために航海を計画しマヌエル王に意趣返しをはかった男」と評し[*12]、フェルナン・ロペス・デ・カスタニェーダはマゼランの「大きな裏切り」を断罪する。[*13]ジェロニモ・オゾリオは、その不名誉な汚れは子孫に焼き付けられた、と述べた。[*14]ポルトガルにおける本格的なマゼラン伝として今日なおとりあげるに値するのは、ラゴア子爵マスカレニャス・ジュディセの作品（一九三八年）のみといってもよい。[*15]

一方、スペインではデル・カノをふくむ帰還者の多くが航海中にマゼランに反旗を翻していた経緯に加えて、反乱の咎で処分された乗員のなかに王権の側近フアン・ロドリゲス・デ・フォンセカとセビリア大司教の縁者が含まれていたことが影響して、マゼラン自身による記録は破棄され、正当な評価の機

【図 7】ゴアで鋳造された金貨メイオ・マヌエル（メイオ・クルザード）直径 16mm、1.69g [Lisboa, MNP, inv. 5769;Sociedad V Centenario del Tratado de Tordesillas & Comissão Nacional para as Comemorações dos Descobrimentos Portugueses, *O Testamento de Adão*, Lisboa, 1994, 211.]

【図 6】1918 年に発見されジャカルタの国立博物館に架蔵されている石柱碑（n. 18423）
1522 年 8 月 21 日ポルトガル人エンリケ・レメがスンダ・クラパ（ジャカルタ）を得るためにパジャジャラン国王と協定を結んだが、その際に建立されたと推測されている［Congresso internacional de História dos Descobrimentos, *Actas*, V, 11, Lisboa, 1961, 383; B. Videira Pires, *Tabrobana e mais além... Presencas de Portugal na Ásia*, Macau, 1995, 114.］

会は早々に奪われた。王室年代記家ペドロ・マルティルは帰還者たちに取材して「マゼランはあらゆる口実を設けて反抗的なカスティーリャ人たちの殺害をねらっていた」と断定した。[*16]

M・フェルナンデス・デ・ナバレテによってスペイン大航海時代の史料集成がなされた後も、ラゴア子爵のものに匹敵するマゼラン伝はスペインでは現れていない。スペイン語による代表的なふたつの伝記、すなわちD・バロス・アラナによる先駆的な作品（一八六四年）とJ・トリビオ・メディナの大著（一九二〇年）がいずれもスペインではなくマゼラン海峡をもつチリにおいて出版されたのは象徴的であろう。[*17]

ただし、一六世紀における悪評と近現代における黙殺は区別して扱わなければならない。後者はナショナリズムの発露とみなしてよいが、大航海時代において忠誠変えは珍しくなかった。コロンブスをはじめベスプッチ、カボット、ヴェラツァーノなどの腕に覚えのある航海者は故地を離れ有力な君侯の庇護を求めて転々としたが、マゼランのような汚名を着せられることはなかった。

一九七三年の国際学会の論集『マゼランの航海とモルッカ問題』（一九七五年）はマゼランとその遠征に関する研究の画期となったもので、[*18]この論集におさめられたいくつかの研究は、マゼランの航海が契機となって香料諸島とりわけモルッカ諸島の帰属をめぐる両王権間の係争が激化したことを示唆している。クローブやナツメグの原産地へ至る西回り航路の「発見」は航海の重要な目的のひとつであった。香料諸島にはポルトガル人が先着していたが、マゼラン死後残存隊がモルッカ諸島に到達しビクトリア号がクローブをセビリアに持ち帰ると、両国間の関係は急速に悪化した。一六世紀のスペイン・ポルトガルでマゼランがことさらに中傷の的となった理由の一端を示すものであろう。

しかしながら、係争の要因をモルッカ問題に限定すると、マゼラン航海の文脈を見誤るおそれがある。両国の交渉において提示される判断の基準は、大航海時代の常套句「発見」や「先占」ばかりではない。時としてこれらよりも上位の基準として意識されていたのが「分界」（デマルカシオン）、すなわち世界分割の理念である。スペインとポルトガルが結んだトルデシリャス条約（一四九四年六月七日）はヴェルデ岬諸島の西三七〇レグアに分界の子午線を引き、将来にわたる非キリスト教世界の「発見」と征服の領域を分割した。もともと分界線は大西洋における衝突を回避する目的で引かれた仕切り直しのスタートラインにすぎない。そこから東と西へ漸進するふたつのフロンティアはいずれどこかでぶつかり同時に消滅する。消滅の地点は両者の発見の速度しだいである。ところが、発見の競争におくれをとったスペインで一五一二年、分界線は地球を等分割する子午環であるとする解釈がはじめて表明された。両国間の公文書類に記載されていないこの解釈はポルトガルにおいて明確に否認されることなく、しだいに両国間の暗黙知となる。[*19]

この解釈によると、東半球のどこかで引かれるべき「対蹠分界線」はモルッカ諸島のみならず広くアジアの分配をあらかじめ決する。マゼランの航海中に行われた経度の測定は、その地点と分界線および対蹠分界線との位置関係を明らかにするのだから、測定の成果は両国にとってきわめて重要な意味を持っていたはずである。

このことはストラダヌスらによるマゼラン像の解釈にふたつの修正を迫る。ひとつはマゼラン個人の再評価につながる。すなわち、天球儀や地球儀を持つ姿は、天文航法を駆使する航海者の先見性ばかりでなく、分界の実施という重い地政学的な役割を負わされた指揮官の野心をも表徴するのではないか。世界分割を意識した航海であるならば、遠征はモルッカ諸島に限定されない広い射程をもっていたと考える方が自然である。後にみるように、太平洋においてマゼラン艦隊が描いた大胆な迷いのない航跡は、指揮官が広域の地理的認識を持ったうえでモルッカ諸島以外に優先すべき目標を設定していたことを示唆している。

むろん目標到達の後になすべきことは分界の実施だけではない。トルデシリャス条約の分界は両国がそれまでに獲得したローマ教皇勅書群のうえになりたっており、条約自体も教皇の認可を得ていた。分界にせよ「発見」にせよ、非キリスト教世界の征服と支配を正当化する内向きの言説はキリスト教の論理と深く関わっている。フィリピン・セブ島においてマゼランがにわかに宣教師へ変貌し無謀な戦争へ突き進んでゆく過程は、この点を考慮に入れてはじめて正しく理解できよう。

もうひとつの修正とは、マゼラン像に重ね合わせられた他者の存在に焦点を合わせることである。遠征は多くの人々によって支えられた事業であった。とりわけ分界の仮説とその検証方法はマゼランの限界を超えた資質と情報が必要とされていた。この点で重要な役割を担っていたのはポルトガルの天地学者《コスモグラファー》ルイ・ファレイロである。天地学《コスモグラフィー》は、大航海時代に流行した学的複合領域である。宇宙と地球の構成を扱う理論的部分と、地誌的部分、および航海術などの実用的部分の三部から成る。ペトルス・アピアヌスやセバスチアン・ミュンスターらは一六世紀の代表的な天地学書を著した。[*20]

先に引用したマゼラン伝における天地学者としての評価は、ルイ・ファレイロに与えられるはずであった。彼はマゼランの対等なパートナーとしてスペイン国王カルロス一世と航海の協約を結んだのであるが、準備の最終段階で遠征から排除された。ファレイロがになう予定であった仕事は一五七〇年代のストラダヌスの原画による版画集『新発見《ノバ・レペルタ》』の第一六図「極からの磁針の偏差で判別する地球の経度」【図8】で示されている。甲板上に書斎を設えたような人物の所作は前掲のアーミラリ天球儀を手にしたマゼラン像と似通っている。ただし、扱う器具の形状が異なる。第一六図の器具は方位羅針儀である。手もとに太陽光線が引き込まれていることからわかるように、太陽の高度測定から地理上の極の方位を割り出し、磁針の指す方位とのズレ「偏角」を算出する装置である。偏角の増減は経度に比例する、という後に誤りと判明する仮説がこの手法「偏角経度法」の理屈であった。

酷似した装置の図版【図9】はシモン・ステヴィンの『港の見つけ方』(一五九九年)にあらわれている。この著作および『新発見』第一六図の説明文において偏角経度法は、一五九〇年代初頭にメルカトル型の投影法を発展させたアムステルダムのペトルス・プランキウスに帰されている。[*21]当時のイタリアや低地地方で似非科学たる偏角経度法に依然として期待がもたれていたことや、その初期の唱道者がファレイロである事実が忘れ去れて

Ioan. Stradanus invent.
Ioan. Galle excud.
ORBIS LONGITVDINES REPERTÆ È MAGNETIS À POLO DECLINATIONE.
Magnete paulum vtrinque ſæpe deuia Dat inuenire portum vbique Plancius.

【図 8】『新発見』第 16 図「極からの磁針の偏差で判別する地球の経度。つねにわずかにどちらかへぶれる磁石の効能によってプランキウスはどこでも港を発見できる」

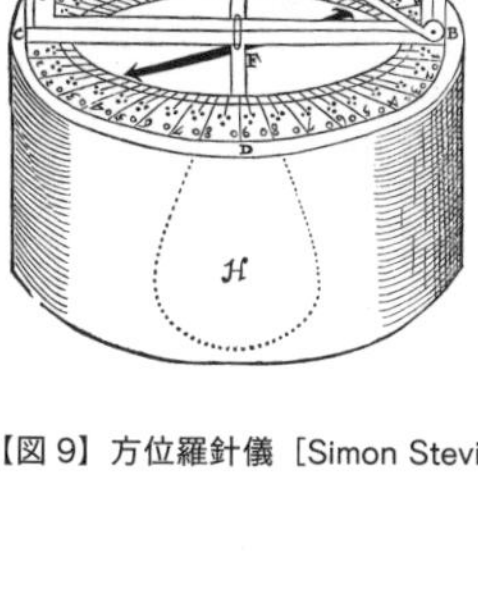
A
G
E
C
B
F
D
H

【図 9】方位羅針儀［Simon Stevin, *The Haven-Finding Art*, London, 1599 [Amsterdam, 1968].］

いたことがうかがえる。

舞台裏でマゼランを支えようとしていたのはファレイロだけではない。遠征事業の準備には航海士や地図作成家などの知的専門職あるいは「高級職人」が参画していた。技術史家E・ツィルゼルによると、一五世紀末以降、建築家や画家をはじめ外科医、砲術家、測量家、楽器・航海器具作製家、航海者といった高級職人たちが量的計算や実験的方法をもりこんだ書物を自国語で出版するようになり、やがて少数の学者たちが彼らの先駆的業績に着目した。航海者ロバート・ノーマンと『磁石論』のウイリアム・ギルバートの関係はよく知られている。[*22]

天文航法に航海術の領域を超えた意味が与えられたこの遠征において、天文・地理の学者たちと海事関係の高級職人たちはどのような働きをしたのか。ファレイロの穴を埋めたアンダルシアの天文学者アンドレス・デ・サン・マルティン、マゼランと相前後してポルトガルから移ってきたレイネル父子、ディオゴ・リベイロ、エステヴァン・ゴメシュなどの地図作成家や航海士に注目したい。

コミュニケーション能力も遠征には不可欠である。発見・先占・分界といった内向きの言説は外界において文字通り展開されるわけではない。マゼラン隊は膨大な量の商品を積み込み、「発見」地での修好と通商を義務づけられていた。また、マゼラン配下の奴隷は太平洋横断後の状況判断と現地権力との交渉において、通訳として枢要の役割を果たしていた。それに対応する話者がマゼラン遠征以前の東南アジアに少なからず存在していたことはフィリピン史家ヘンリー・スコットの研究が示唆している。[*23] 取引の対象は糧食や貴金属ばかりではない。マゼラン隊の史料には禁じられていたはずの火器の取引が記されている。史家ジャン・オバンによると、一六世紀初頭の西アジアと南アジアで一部の西洋人が砲術を介してイスラム世界と行き来していた。[*24] そのうちのひとり、ルドヴィコ・ディ・ヴァルテマの書と、ポルトガル領インドで通訳であったドゥアルテ・バルボザの書をマゼランはスペイン国王への提案で用意していた。この点の考察は地理的目標の問題につながるであろう。

マゼランの航海はスペインとポルトガルの関係だけに波紋をもたらしたわけではない。分界の本質はヨーロッパの第三国を排除し二国間で非キリスト教世界を分配しようという談合的性質にある。ビクトリア号帰還後の激しい議論の前提、すなわち世界の二等分割という分界解釈は、西回り航路の実現で刺激をうけた後進のフランスやイギリスを意識したものではなかったのか。

本書ではまずマゼラン再評価の土俵たる分界の理念の形成とモルッカ問題の顛末を整理する。つぎにマゼラン登場の背景を概観したうえで、分界の仮説を中心に航海の企画に説得力を持たせた情報の源をたどる。さらに、艦隊の航跡と分界の実験を再構成することによってそこから浮かび上がってくるであろう遠征の隠されたもうひとつの目的に論究し、太平洋横断後における遠征の論理の展開をたどる。最後にポスト・マゼランの分界の行方を見さだめる。以上の考察によって「分界を体現した航海者」としてのマゼラン像を提示したい。

第一章

分界の理念と前マゼランの航海

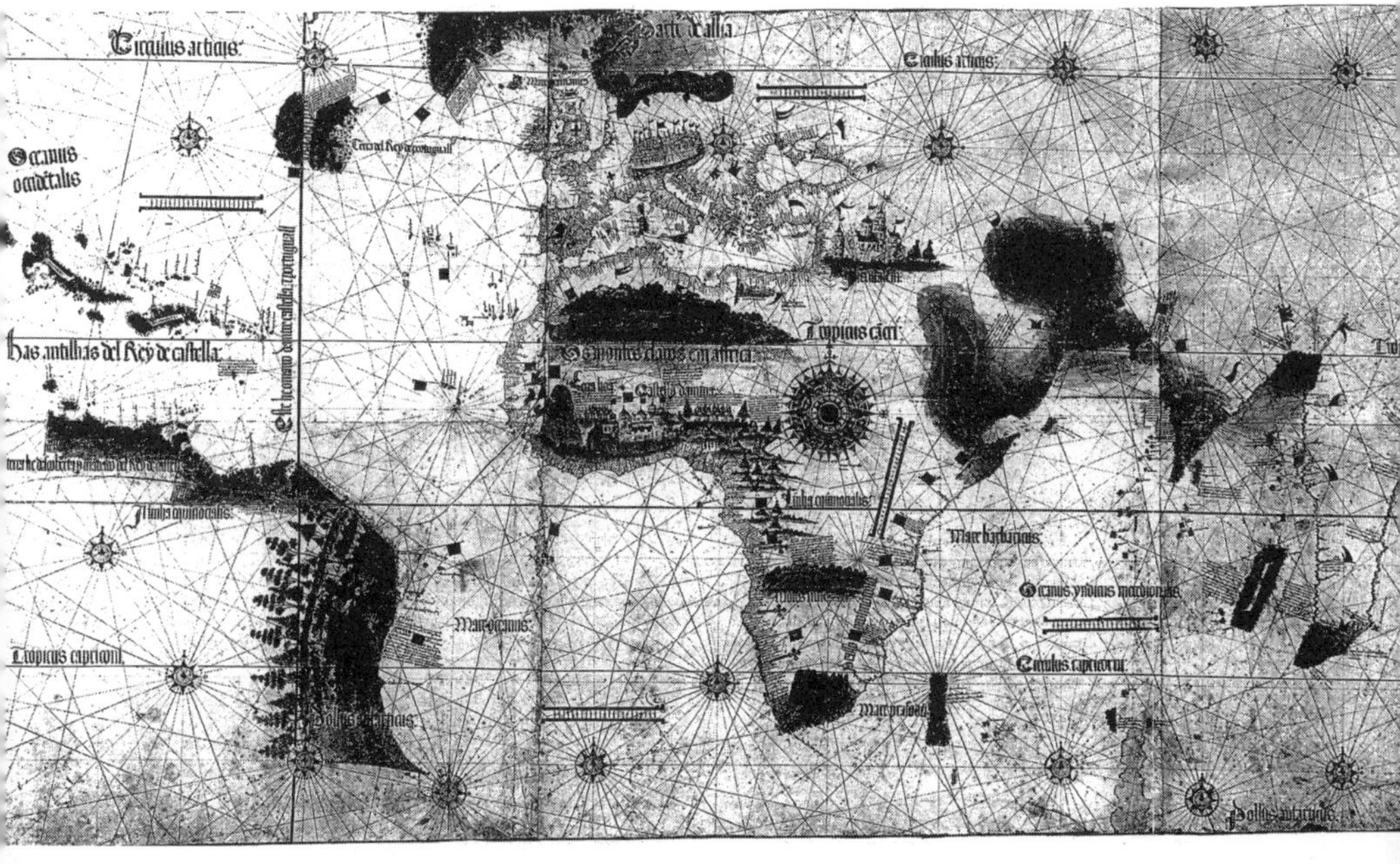

【図 23】カンティーノ図（1502 年、モデナ・エステ家文書館所蔵）

1　国土回復運動と分界の起源

国境の画定を意味する英語デマルケイション demarcation の語源は、カスティーリャ語のデマルカシオン demarcación およびポルトガル語のデマルカサン demarcação である。本書ではデマルカシオン（デマルカサン）に分界の訳語をあてる。

分界が公文書類において初めて現れるのは、スペイン（カスティーリャ）・ポルトガル両国王の代表が一四九四年六月七日トルデシリャスで取り交わした条約文においてである。[*1] 以来、この言葉は大航海時代において二通りの意味を持たされている。ひとつは分界の子午線《ラヤ》を設定することによって非キリスト教世界における支配領域をあらかじめ分配するという概念、もうひとつは分界線によって分配されたふたつの領域そのものである。この奇妙な取り決めは、一七五〇年のマドリード条約によって破棄されるまで、近世の二大海洋帝国およびこれに挑戦したヨーロッパの第三国において多くの議論を呼び起こし、ヨーロッパ外の地図にまでその痕跡を残した。海賊ガジ・ケマルの甥でオスマン帝国の提督であったピリ・レイスの海図断片（一五一三年、イスタンブール、トプカプ宮殿博物館所蔵）[*2]【図10】には不正確ながらも分界の知識が盛り込まれている。

> ポルトガルの異教徒たちはここから西へ行かない。あちら側はすべてスペインのものである。彼らが交わした合意によると、ジブラルタル海峡の西二〇〇〇マイルの線が境界である。ポルトガル人はあちら側に踏み越えないが、インド側と南側はポルトガルのものである。[*3]

分界はどこに淵源するのか。一九七二年九月の第一回ポルトガル・スペイン《ルソ・エスパニョール》海外史学会は分界研究の画期となったのであるが、その二巻の論集に寄せられたふたつの論文は分界の起源として再征服運動《レコンキスタ》の伝統を示唆して

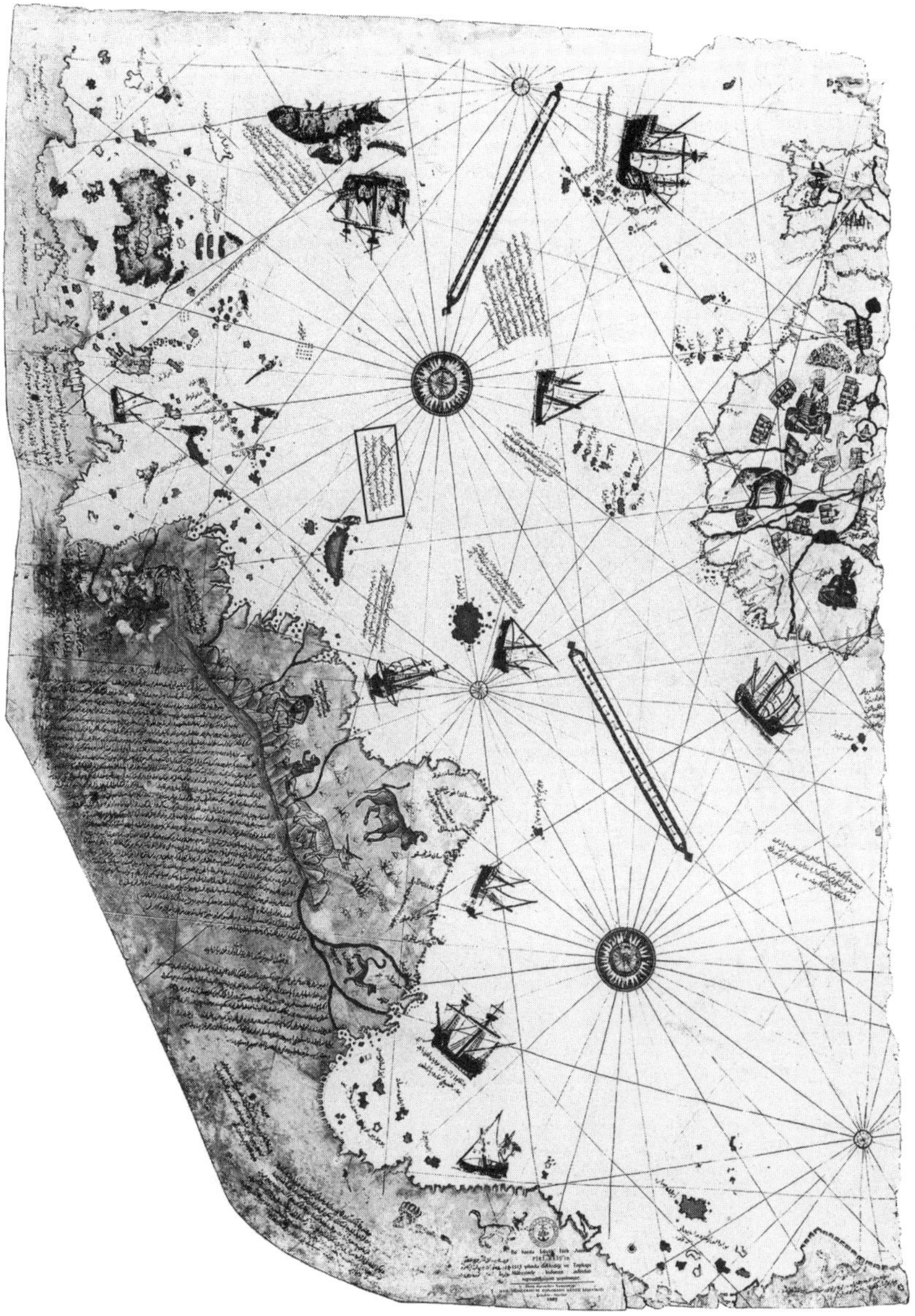

【図 10】ピリ・レイス海図（イスタンブール、トプカプ宮殿博物館所蔵）引用箇所は□印

いる。フリオ・バルデオン・バルケは、キリスト教徒によるアル＝アンダルスの再征服・北アフリカへの侵攻・大西洋への膨張は「ひとつの現象の三つの局面」であり、トルデシリャス条約における世界分割の思想は一二世紀半ばに遡る、という。ホセ・ムニョス・ペレスもデマルカシオンはレコンキスタの二国間条約に起源を持つ「フロンティア」の一種とみている。[*4]

事実、一二世紀半ば以降のイベリア半島では、将来の征服をあてこんであらかじめムスリム支配下の土地に線引きをしてその土地に対する権利を分けあう、という内容の条約がたびたび締結された。当初主導的役割を果たしたのは、教皇グレゴリウス七世より「皇帝」の称号を許され他のキリスト教諸国への宗主権を自任するカスティーリャ・レオン国王であった。皇帝アルフォンソ七世は一一五一年一月二七日のトゥデリェン条約でバレンシア・デニア・ムルシアを含む未征服の東部をバルセロナ伯ラモン・ベレンゲール四世に与え、残るムスリム支配地を自領とした。[*5] 一一五七年カスティーリャ・レオン王国が再分裂すると、翌五八年五月二三日カスティーリャ国王サンチョ三世とレオン国王フェルナンド二世はサアグン条約を結び、ムスリム支配地とポルトガルに分割線を引いた。フェルナンド二世はリスボン（リジボア）からエヴォラとメルトラを経てニエブラまでの未征服地および西へシルヴェスまでの沿岸とグアディアナ上流のメリダとバダホスを確保し、残る地域はすべてサンチョ三世の手中におさまった。ただし、セビリア（セビーリャ）およびセビリア＝ニエブラ間の五つの城塞は両者間で切り分けられた。[*6] 一一七九年三月二〇日のカソラ条約ではムルシアはカスティーリャ国王アルフォンソ八世に割り当てられ、アラゴン国王アルフォンソ二世はバレンシア・デニア・ビアル・ハティバ・カルペの征服権を確保した。加えてナバラ王国の分割も取り決められた。[*7]

一二四〇年代、アル＝アンダルスのレコンキスタは大詰めを迎えた。カスティーリャ国王フェルナンド三世とアラゴン国王ハイメ一世は一二四四年三月二六日にアルミスラ条約を結び、カソラ条約の要点を確認したうえで、フカル川とカブリエル川の合流点からビアルを経てアルテアとビリャホヨサの間の沿岸に至る境界線を引いた。[*8]

一二四八年セビリアが陥落すると、キリスト教諸国の目はグラナダ王国とジブラルタル海峡に向けられた。一二九一年一一月二九日のモンテアグド条約では北アフリカにまで将来の分割の触手が伸びた。ムルヤ川から東のアルジェリアとチュニスをアラゴン国王ハイメ二世が、西へ大西洋岸までのマウリタニア（モロッコ）をカスティーリャ国王サンチョ四世が征服することとされた。[*9] さらに、ハイメ二世はカスティーリャ国王フェルナンド四世と一三〇八年一二月一八日アルカラ・デ・エナレス条約を結び、アルメリアを含むグラナダ王国の約六分の一をアラゴンの征服予定領域として得た。[*10]

以上の二国間諸条約のなかで北アフリカを射程に入れたモンテアグド条約は異色に見えるが、九世紀末以降に成立した国土回復の神話[*11]には北アフリカ分配を正当化する言説が内包されていた。その言説によると、

> 西ゴート王国は、イベリア半島と北アフリカのマウリタニアを統合したローマ帝国のヒスパニア管区に相当する「ヒスパニア王国《モナルキア・ヒスパニア》」であり、西ゴート王国の継承者〔実際には断絶していた〕であるアストゥーリアス・レオン・カスティーリャの諸王国は、かつてのヒスパニア王国の領土を回復する権利を有する。[*12]

モンテアグド条約における境界線はローマ時代の両マウリタニア、すなわち「マウリタニア・ティンギタナ」と「マウリタニア・カエサリエンシス」を分かつものであった[*13]【図11】。

この新ゴート主義の言説を補強したのが「西方十字軍」の理念である。イベリア半島の対ムスリム戦に参加するキリスト教徒に初めて事実上の「贖宥」を与えると表明したローマ教皇はアレクサンデル二世（在位一〇六二～七三年）である、と考えられている。[*14] 一〇六四年八月サラゴサ北東バルバストロの攻略にはブルゴーニュ・ノルマンディ・アキテーヌなどから多くの騎士が参加した。メネンデス・ピダルはこれを「十字軍運動の前の十字

軍」と評した。[*15] ローマ教皇ウルバヌス二世（在位一〇八八～九九年）とパスカリス二世（在位一〇九九～一一一八年）は、スペインのキリスト教徒たちはイェルサレムへの遠征を思いとどめ、その力をイベリア半島における対ムスリム戦に傾注すべきである、と説き、[*16] トレドなどの教会あるいは教区の「回復《レクペラーレ》」、「返還《レスティトゥエーレ》」、「解放《リベラーレ》」といった言葉を用いて国土回復運動を鼓舞した。[*17]

注目すべきは、国土回復運動の三強の一角ポルトガルが一二～一四世紀におけるカスティーリャ・アラゴンによる未征服地の分配に与っていなかったことである。分配の談合から排除されていたポルトガルの進出はモンテアグド条約で北アフリカを分配したカスティーリャ・アラゴンの利害に反する。一三七三～七四年カスティーリャとポルトガルの間に諸条約が締結されたが、再分配は提起されていない。[*18] 一三世紀半ばのレコンキスタ完了から地中海帝国へ針路を定めていたアラゴンは別として、一五世紀における北西アフリカと大西洋諸島におけるカスティーリャ（スペイン）とポルトガルの軋轢と利害調整が分界の契機となるのである。以下、その経緯を整理しておく。

2　回復と発見のはざま――北西アフリカと大西洋諸島をめぐって

一三八三～八五年のアヴィス朝革命で、カスティーリャによる併合の危機を乗り切ったポルトガルは、一四一一年の和約でカスティーリャとの長年の戦いに一応のピリオドを打って後憂を除き、一四一五年七月二〇〇隻あまりの大艦隊をジブラルタルの対岸に位置する交易拠点セウタに派遣した。八月二〇日にセウタに到着した艦隊は翌日同市を陥落せしめた。[*19]

教皇マルティヌス五世は、大航海時代の鏑矢とされるこのセウタ攻略を十字軍として追認した。一四一八年四月四日付けの勅書 Romanus pontifex によってセウタは司教区として認められ、同日付けの勅書 Sane charissimus によって、すべてのキリスト教徒諸侯にポルトガル国王への助力が勧奨され、大司教・司教らは十字軍への参加を説くよう命ぜられた。失敗に終わる一四三七年一〇月のタンジール遠征も事前にエウゲニウス四世の一四三六年九月八日付の勅書 Rex regum によって十字軍と認定された。[*20]

この間、大西洋諸島にも触手が伸びていた。一四世紀に知られていたマデイラ諸島は一四一八年からポルトガル人によって植民が開始された。アゾレス（アソーレス）諸島はポルトガル人によって一四二七〜三一年に発見され、一四三二年から植民が開始された。ヴェルデ岬諸島は一四五六〜六二年ヴェネツィア人カダモスト、ジェノヴァ人アントニオ・デ・ノリ、ポルトガル人ディオゴ・ゴメシュのいずれかによって発見され、植民が開始された。以上の三諸島については領有権をめぐる議論は生じていない。[*21]

軋轢が激しかったのは、古来より「幸福諸島」として知られていたカナリア諸島である。ジェノヴァ人ランサローテ・マロチェッロは一三一二年頃カナリア諸島を再発見し、一島に彼の名が与えられた。ポルトガ

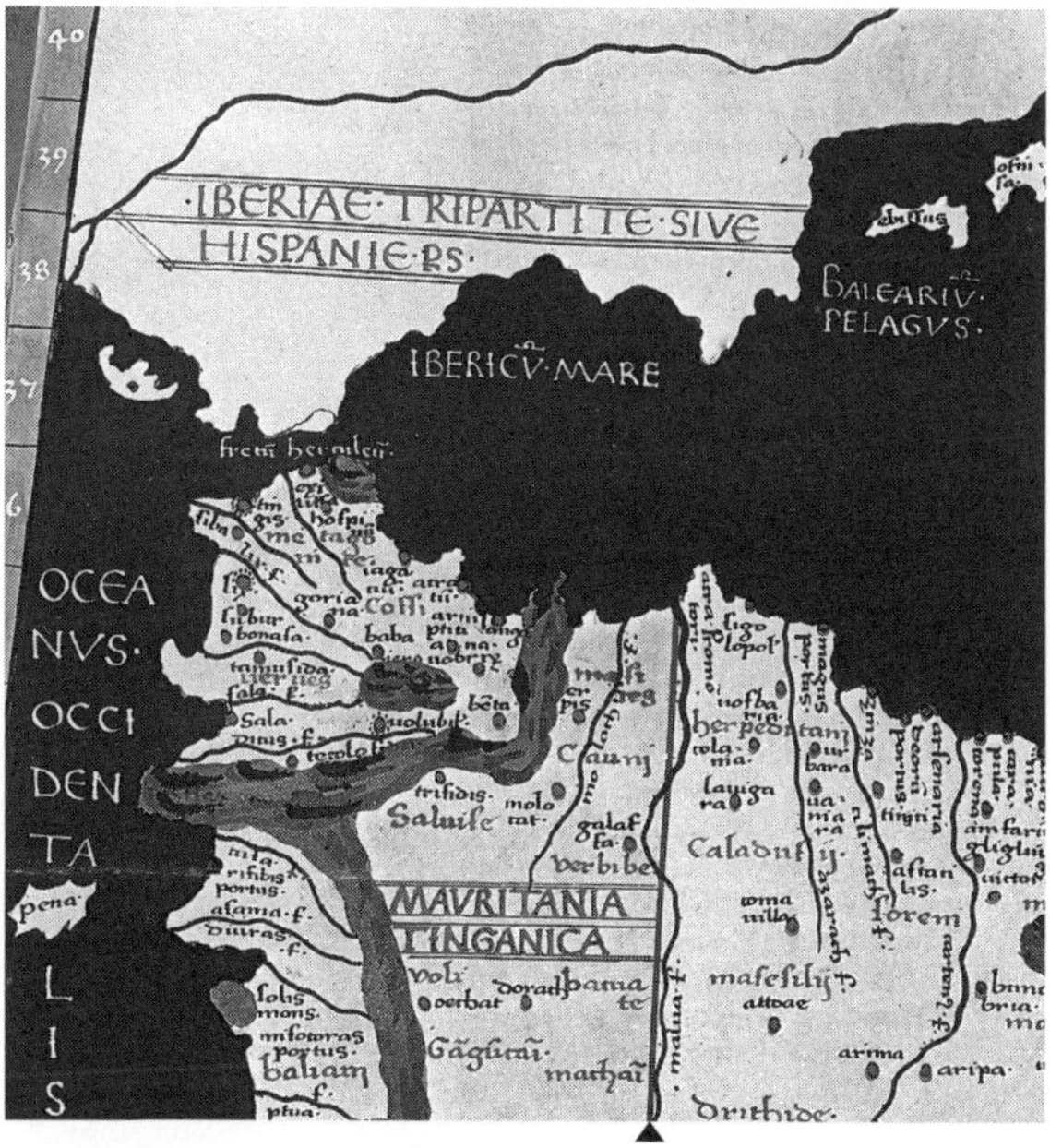

【図 11】プトレマイオス『宇宙誌』（コスモグラフィア）（15 世紀の写本、ナポリ国立図書館所蔵、Lat. VF. 32）第 12 葉リビア第 1 図（部分）
マルア〔ムルヤ〕川に沿うように、南北に赤い線が引かれ、両マウリタニアを分割している（▲印）

ル国王が艤装しジェノヴァ人とフィレンツェ人が指揮する三隻がカナリア諸島を訪れ、先住民四人をリスボンへ拉致したのは一三四一年七月である。一三四四年一一月一五日教皇クレメンス六世は勅書 Tue devotionis sinceritas を発し、フランス提督のカスティーリャ人ルイス・デ・ラ・セルダに非キリスト教徒の支配下にあるという幸福諸島を世襲的封土として与えた。ただし、言及された一一島の名はプリニウスからの引用で、カナリアの名はあるが、ランサローテなど他の諸島の名は含まれておらず、地中海の島名がふくまれている。一三四五年二月一二日ポルトガルのアフォンソ四世はアビニヨンの教皇庁に対して「発見」の権利によりカナリア諸島はわがものであるとする書簡を送った。しかし、発見の詳細と日付は記されていない。一四世紀半ば以降ジェノヴァ人・ポルトガル人・カスティーリャ人の遠征はいったん止み、一三四二〜八六年、カタルーニャ人とマヨルカ人の航海が五度記録に残っている。教皇は布教目的でこれを奨励した。しかし、いずれも本格的な植民につながるものではなかった。[*22]

状況が変わるのは一五世紀初頭からである。カスティーリャ国王エンリケ三世の支援を得たノルマンディーの騎士ジャン・ド・ベタンクールは一四〇二〜〇五年カナリア七島のうちランサローテ島・フエルテベントゥラ島・イエロ島を征服した【図12】。一四一八年一一月ベタンクールはカスティーリャ国王フアン二世の承認を得てそれらの領有権をニエブラ伯に売却し、一四二〇年八月アルフォンソ・デ・ラス・カサスはキリスト教徒が占有していないカナリア諸島の征服権をフアン二世から与えられたため、カスティーリャの枠内で二重の領有権が生じた。攻略したセウタの維持に苦しむポルトガルのエンリケ王子は一四二四年フェルナンド・カストロを派遣し、グラン・カナリア島の征服を目指したが、先住民の抵抗を受けて失敗した。一四三〇年三月二五日アルフォンソ・デ・ラス・カサスの息子ギレンは諸島の領有権をニエブラ伯から購入した。だが、この時ギレンによってイエロ島に幽閉されたジャンの甥マシオ・ド・ベタンクールをエンリケ王子が解放してポルトガルに招致し、彼からランサローテ島を譲り受けたと主張した。エンリケはジョアン一世の死（一四三三年八月一四日）後、フアン二世

【図 12】北西アフリカ［Godinho, *Os Descobrimentos*, IV, 223-225; 大航海時代叢書 II、巻末図より作成］

に対してカナリア諸島の征服権を懇請したが、拒否されたため、教皇庁に願い出た。教皇エウゲニウス四世は一四三三年の勅書で「異教徒のもとの」カナリア諸島をポルトガル国王に与えた。そのテキストは現存しないが、翌年の勅書同様、既得権を有するキリスト教徒の君主がいないという限定付きであったと考えられている。しかし、カスティーリャがこれに強く抗議したため、教皇エウゲニウス四世は一四三六年七月三一日の勅書 Dudum cum ad nos において微妙な表現ながら、フアン二世寄りに足場を移した。[*23]

カスティーリャは回復の理念に固執し、教皇庁の意向を懸念しながらも、その権限に対しては否定的である。レコンキスタの分配条約にローマ教皇の裁可が与えられていなかったことに留意したい。カスティーリャ国王アルフォンソ一一世（在位一三一二〜五〇年）は教会法学者アルバロ・ペラーヨの言（一三四五年三月）を引いて西ゴートの支配下にあったというカナリア諸島の領有権を主張した。「ティンギタニナ」（モロッコ）はかつて西ゴート王国の領土であったのだから、西ゴートの継承者を自認するカスティーリャ国王はモロッコに権益を有するのであり、「異教徒」の支配者がキリスト教宣教師の立ち入りを拒むことがない限り、ローマ教皇にその土地を取り扱う権原はない、というのがローマ法の法曹家たちの立場であった。[*24]

その論点の基調は教皇エウゲニウス四世を翻意させた有名な『ブルゴス司教ドン・アルフォンソ・デ・カルタヘナ師がバジレイラ〔バーゼル〕教会会議においてポルトガル人に抗してカナリア諸島の征服について行った申し立て』（一四三五年）でも変わっていない。この文書は以下のような内容である。

まずは過去の経緯について。カスティーリャ国王エンリケ三世の命により、カナリア諸島の一部は征服され、ジャン・ド・ベタンクールが授封された。カスティーリャ国王は全諸島を征服する意図を持つ。征服された諸島の住民はキリスト教徒となり、司教も任命された。一四二五〔一四二四〕年のポルトガルの遠征隊は目的を果たさなかった。エンリケ王子はカスティーリャ国王に諸島を征服する許可を求めたが、拒絶された。

次いでポルトガルの論点。カナリア諸島はキリスト教徒の君主によって占有されていない。無主の島は先占の原則、あるいは近接の原則で占有できる。カスティーリャよりもポルトガルの方がカナリア諸島に近い。カナリア諸島の住民はキリスト教を受け入れていない。宣教のために戦うポルトガル人の妨害は許されない。

これに対する反論は二点。近接の原則からカナリア諸島はティンギタニアの島であり、ティンギタニアはゴート族の土地であった。ゆえに、カナリア諸島はゴート王国の直系たるカスティーリャ国王に帰属する。エンリケ王子はカナリア諸島征服の許可をカスティーリャ国王に求めた。これはカナリア諸島がカスティーリャ国王に帰属することを認めていたからに他ならない。[*25]

回復の理念による限り、カナリア諸島をめぐる綱引きでポルトガルの不利は否めない。しかし、以上の経緯においてすでにその理念の及ばない状況が見え隠れしている。アフリカ西岸の南下で出会うことになるのは非ムスリムの「異教徒《ジエンテイオ》」であり、一部の大西洋諸島は「発見」されたばかりである。回復と発見の境界はどこにあったのか。

ポルトガル史家の金七紀男（二〇〇四年）は、セウタ攻略以後に再発見されたマデイラ諸島とアゾレス諸島は、カナリア諸島やナン岬まで続く地中海世界の範囲内にあり、その限界はボジャドル岬にあった、とみている。ポルトガル国王アフォンソ五世の命で書かれたゴメス・エアネス・デ・アズララの『ギネー発見征服誌』（一四五三年頃）は、難所とされたボジャドル岬の通過にエンリケ王子が一二年の歳月を費やしてようやく一四三四年限界を越えたことを強調している。[*26]

だが、アズララの記述には意図的ともとれる曖昧さがある。「モーロ」と「ギネー」の概念を手がかりに踏み込んでみよう。

モーロないしモロはマウリタニアの住人を指す「マウリ」（初出は『七五四年の記録』）に由来し、[*27]イベリア半島に進入してきたベルベル人やアラブ人などのイスラム教徒とその子孫たちを意味していたが、海外進出の過程で出会うイスラム教徒全般にもあてられるようになった。アズララは次のように述べている。

一四四一年にエンリケ王子が派遣したアンタン・ゴンサルヴェスは「黄金の河《リオ・ド・オーロ》」ではじめて奴隷を獲得した。この土地に住む黒人《ネグロ》たちは元来モーロの系統ではなく異教徒《ジェンティオ》であったが、〔今は〕モーロである。一四四四年ヌノ・トリスタンの航海ではじめて黒人たちの土地「ギネー」に達した。モーロあるいは「アゼネゲ人」の住む乾燥したザーラ〔サハラ〕と緑豊かなギネーは遠く隔たっており様相もひどく異なっている。

ところが、アズララ自身が認めているように、対照的な両地域は何度かギネーという共通の名称をあてられており、その理由は明らかにされていないのである。ここには、ボジャドル岬以南の「発見」地をギネーとひとくくりにして回復の理念から切り離そうという意図がにじみ出ている。[*28]

踏査の実態と地理的認識において画期となったのはセネガル川への到達である。アズララはこれをナイル〔ニロ〕川の支流とみなしたうえで、この付近から黒人の地ギネーが始まるという。一四五五年エンリケ王子のもとで西アフリカへ航海したヴェネツィア人アルヴィーゼ・ダ・カダモスト（一四六三〜六八年頃）もセネガルはナイルの一支流であると述べている。[*29] セネガル＝ナイル説は突飛に見えるが、リビアやサハラの西あるいはマウリタニアにナイルの水源をおくヘロドトスやポンポニウス・メラ、プリニウスらの記述およびそれらを引き継いでセネガルをスーダンのナイルと呼んだアラビア地理学に依拠している。[*30] また、カダモストはセネガル川からエチオピアが始まる、とのべている。[*31] ポルトガル人ディオゴ・ゴメシュ・デ・シントラ[*32]やニュルンベルクのヒエロニムス・モネタリウス（ミュンツァー）[*33]はギネーをエチオピアの一部とみている。さらにマルコ・ポーロ以来エチオピアないしアビシニアを広範な複数形の「インディアス」の一部とする見方があった。[*34] アズララによると、一四四二年アンタン・ゴンサルヴェスを再びギネーに派遣するに際して、エンリケは、インディアスと司祭ヨハンネス《プレステ・ジョアン》の国について知識を得たい、と述べた。[*35] エンリケの希望は、伝説の司祭ヨハンネスの国の想定地が一四世紀半ばまでに中央アジアからアビシニア（エチオピア）に移されていたことを背景としている。[*36]

3　分界の成立——二国間条約と教皇勅書

以上のように奴隷と砂金がもたらされギネー以遠の踏査検分に展望が開かれたのは、ポルトガルのペドロ王子の摂政期（一四三九～四八年）である。この間の遠征は二一回に及んだ。

ポルトガルはその成果を教皇庁に強くアピールした。教皇ニコラウス五世は勅書 Romanus pontifex（一四五四年一月八日付ローマ）をポルトガル国王アフォンソ五世に与え、「ボジャドル岬・ナン岬から先のギネー全域およびそこを越えて南端に至るまでの陸地」の征服・領有と通商・航海・漁業の権利はポルトガル国王アフォンソ五世とその後継者およびエンリケ親王に帰属すると宣言した。さらに、教皇カリストゥス三世は勅書 Inter caetera（一四五六年三月一三日付ローマ）を発し、前勅書を確認したうえで、ギネーから「インドに至るまでの」すべての島嶼の精神的統治権と聖職叙任権をエンリケ親王のキリスト騎士団に与えた。[*37]

一四三〇年代カナリア諸島に関して仲裁者としてあらわれたローマ教皇は、カトリックの神からペテロを経て歴代教皇へ伝わる「全世界を支配する者《ドミヌス・トティウス・オルビス》」の言説に立場を移し、キリスト教ヨーロッパにとって未踏の「発見」されていない土地や回復の理念が及ばない土地の征服権を特定の君公に「贈与」できる、という認識をふたつの勅書によって示したのである。このような教皇至上主義《ウルトラモンタニスム》は、一三世紀のホスティエンシスを代表とするが、カスティーリャの『七部法典《ラス・シエテ・パルティダス》』においても、教皇の恩賜は国王が領有権を得る四つの方法のひとつとしてとりこまれていた。[*38] おそらくニコラウス五世とカリストゥス三世による贈与の範囲は、ポルトガル国王の言いなりに近かったのであろう。ボジャドル岬よりも北寄りでカナリア諸島の対岸に位置するナン岬をギネーの北限としインドを最終目標に据えている。アズララの記述に内包される政治地理がほとんどそのまま引き写されたといっても過言ではない。

分界の直接の起源はこのふたつの教皇勅書とそれらを一部修正したアルカソヴァス条約にある。レコンキスタの分配条約を分界の起源とする史家フリオ・バルデオンの見方は長期的展望として間違っていないが、分配レコンキスタを支えていたのは回復の理念である。他方、回復の限界の外で「発見」される領域の分配において第三国の介入を牽制したのは教皇勅書という国際法であった。

一四七九年九月四日アルカソヴァスで調印された条約はふたつある。ひとつは一四七四年カスティーリャの王位継承問題に介入したポルトガル国王アフォンソ五世の請求権を退けるものである。ここで重要なのは、海外領土の分配を規定したもうひとつのアルカソヴァス条約である。その第八条によると、カトリック両王のスペインが、その他の大西洋諸島と「カナリア諸島から下へギネアに向けて de las yslas de Canaria para baxo contra Guinea」すでに発見されたか、これから発見される土地と島嶼はポルトガルが確保した。[*39] このアルカソヴァス条約の追認と先行勅書類の確認のためにポルトガルは教皇シクストゥス四世から勅書 Aeterni regis（一四八一年六月二一日付ローマ）を引き出した。[*40] ポルトガル国王ジョアン二世はディオゴ・カンの二回の航海（一四八二〜八四年、八五〜八七年）でアフリカ西岸の踏査を加速させた。一四八七〜八八年バルトロメウ・ディアスは喜望峰を回航してついにインド洋に乗り入れ、パドローネ岬に発見の石柱碑《パドラン》を建てた。

ポルトガル優位の状況に一石を投じ、分界成立の次の局面を開いたのはコロンブスである。コロンブスは第一回航海の帰路「荒天のためやむなく」アゾレス諸島のサンタ・マリア島を経由して一四九三年三月四日にリスボンに帰着、三月九日にリスボン郊外ヴァル・ド・パライソのサンタ・マリア・デ・ヴィルトゥデス修道院でポルトガル国王ジョアン二世と会見した。ルイ・デ・ピナの年代記によると、ジョアン二世はコロンブスの「発見」が「自領であるギネーの海域と領域内において行われた」という認識を示した。ジョアン・デ・バロスの年代記によると、コロンブスの発見地が自らのものであるという認識をジョアン二世に抱かせたのは「地理学の職にある役人たち」であって、彼らによると発見地はアゾレス諸島から「わずかな距離」のところにある。[*41]『航海日誌』によると、ジョアン二世はカトリック両王〔カスティーリャ王イサベル一世とアラゴン王フェルナンド二世〕と自分との間で結ばれた「協定によれば、このたびの〔コロンブスによる〕征服は自分に帰属すると認識していると述べた。提督〔コロンブス〕はそのような協定は目にしたことがない。自分が承知しているのは〔サン・ジョルジェ・ダ・〕ミナのみならずギネアのいかなる地にも立ち寄ってはならないという〔カトリック〕両王の命令だけである」と応えた。これに対してジョアン二世は「この件に関しては第三者の仲裁は必要ないと考える」旨を伝えた。[*42]ジョアン二世が言及した協定はアルカソヴァス条約を指すと考えられている。

コロンブスは三月一三日にリスボンを発し三月一五日パロスに達した。ヘロニモ・デ・スリタの年代記（一六一〇年）によると、ジョアン二世は四月五日にカトリック両王のもとに使節ルイ・デ・サンデを派遣し、問題の解決までは、すくなくともカナリア諸島以南における航海の禁止は維持してほしい旨を伝えたが、その一方で、アブランテス伯の息子フランシスコ・デ・アルメイダに、艦隊とコロンブスに同行したポルトガル人水夫二名を水先案内役として与えて発見地へ派遣することを決定した。

リスボンあるいはパロスからのコロンブスの書簡を得たカトリック両王は、三月三〇日付けの書簡でセビリアにいたコロンブスに第二回航海を早急に準備せよと命じており、コロンブスがバルセロナに帰着した四月中頃までにアルメイダ隊準備の情報を得ると、四月二二日バルセロナから使節ロペ・デ・エレーラを送り、艦隊派遣の中止を要請した。両国の使節は入れ違いとなったため、ジョアン二世は六月新たにペドロ・ディアスとルイ・デ・ピナの使節を送り、バルセロナ到着から六〇日間は艦隊を派遣しないという言質を与えた。この間カトリック両王は軍事的オプションを発動させ、イニゴ・デ・アルティエタ指揮下の五隻の「ビスカヤ艦隊」を五〜七月にベルメオで準備させていた。この艦隊は第二回航海に赴くコロンブス隊を近海で護衛することとイタリア戦役に向けて軍隊を搬送することを目的としていた。[*43]

しかし、もっとも効果的であったのは教皇庁への働きかけであった。一四九三年五〜九月、教皇アレクサンデル六世はスペイン（カスティーリャ）に向けて五通の勅書を発布した。歴史家ガルシア・ガリョ（一九五八年）は、アレクサンデル六世の勅書五通のうち最初の三通はそれ以前にポルトガルに与えられた教皇勅書三通をモデルとしていた、とみている。すなわち、ポルトガルに与えられたRomanus pontifex（一四五四年一月八日付）は「贈与」の勅書、Inter caetera（一四五六年三月一三日付）は「特権」の勅書、Aeterni regis（一四八一年六月二一日付）は分界の勅書としての性格を持つ。これに対応してスペインに与えられた一四九三年五月三日付のInter caeteraが「贈与」の勅書、同五月三日付のEximiae devotionisが「特権」の勅書、五月四日付のInter caeteraが分界の勅書としての性格を持つ、と。[*44]

ただし、相違点もある。ポルトガルに与えられた勅書では、征服予定地の異教徒を奴隷とすることが許されていたが、アレクサンデル勅書群にはそのような文面は見られない。

三通のアレクサンデル勅書は表向きの日付と異なる段取りで発布されていた。五月三日付のInter caeteraは四月末頃起草、五月一七日発送で五月二八日バルセロナ着。同五月三日付のEximiae devotionisは七月初旬、五月四日付のInter caeteraは六月末頃起草され七月下旬に同時に発送され八月三日バルセロナに到着した、と考えられている。[*45]なかでも分界の勅書の存在は両国間の交渉に波紋を広げた。分界の勅書によってアゾレス諸島とヴェルデ岬諸島を結ぶ線（ただし両諸島は同一子午線上に位置しない）から西一〇〇レグアの大洋上に南北軸の分界線が引かれ、スペインはその「西および南」側の領域を獲得したのである。

八月一四日、ジョアン二世の使節ペドロ・ディアスとルイ・デ・ピナはカトリック両王に覚え書を提出し、アルカソヴァス条約を盾にとって東西軸の分界を主張した。カナリア諸島の緯度で分界線を引き、南をポルトガルの、北をスペインの領分としよう、と。

これに対して、カトリック両王は一四九三年一一月三日付の書簡において、「カナリアから下へギネアに向かって」というアルカソヴァス条約の文節は大洋に関するいかなる権利もポルトガルに与えないと論駁した。[*46] しかし、その後も両国は交渉を継続し、結局トルデシリャス条約において起点をヴェルデ岬諸島のみとしたうえで南北軸の教皇分界線をさらに西に二七〇レグア移動し、計三七〇レグアの距離をとることで同意に達した。ヘロニモ・デ・スリタによると、両王権は大洋を縦に等分割するというたてまえによって妥協をはかったのである【図13】[*47]。

以上のように、非キリスト教世界の「贈与」と分配の法的根拠として、たびたび教皇勅書がポルトガルおよびスペイン王権に付与されたのであるが、一国向けに発布された教皇勅書は二国間の条約によって調整され乗り越えられたというのが通説的な見方である。

すなわち、一五世紀半ば過ぎまでにポルトガルに与えられた勅書群の内容が一四七九年アル

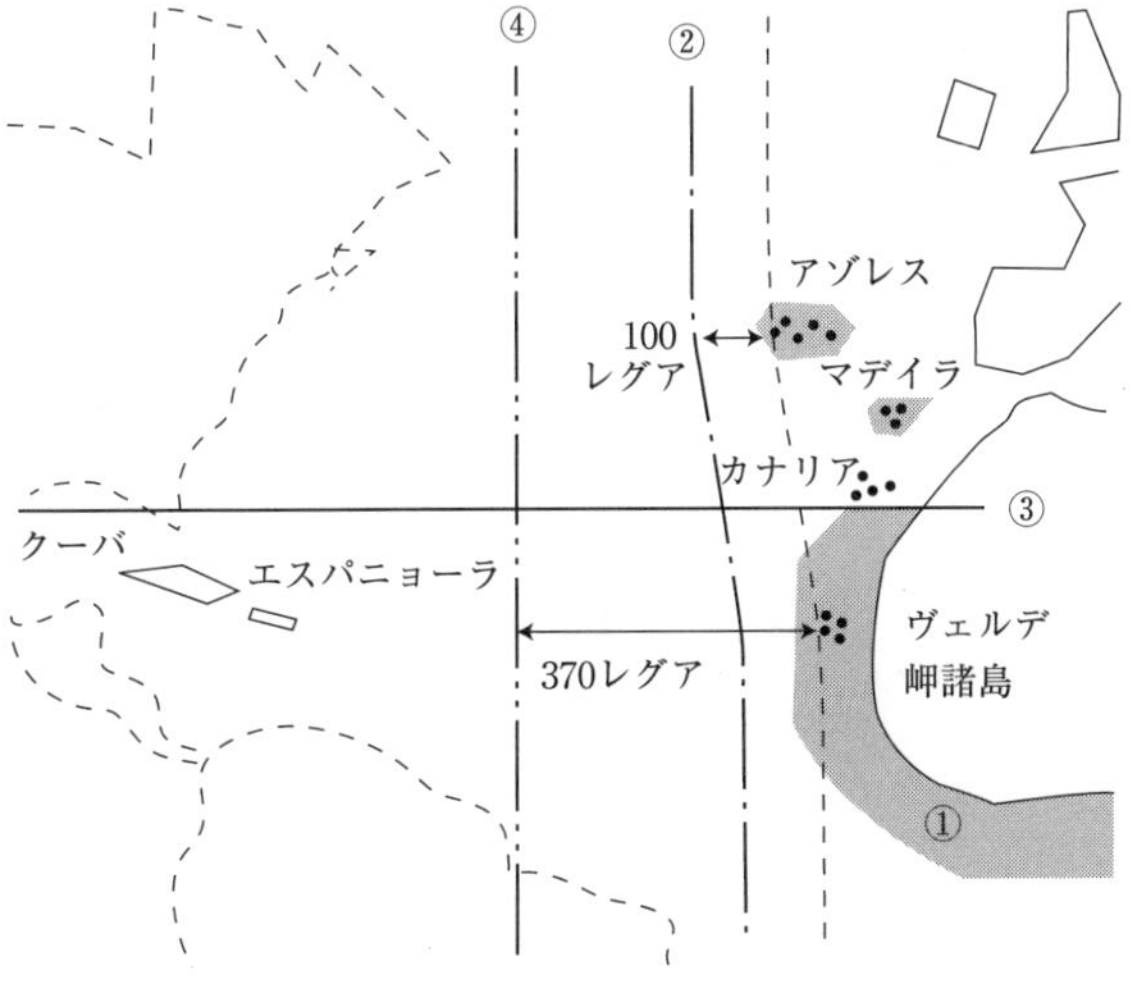

① アルカソヴァス条約のポルトガル領（1479年 9 月 4 日）
② 教皇勅書の分界線（1493年 5 月 4 日）
③ ジョアン二世の提案（1493年 8 月14日）
④ トルデシリャス条約の分界線（1494年 6 月 7 日）

【図 13】デマルカシオン設定の経過

カソヴァス条約によって修正されたのと同様に、スペインに与えられたアレクサンデル勅書群の内容はトルデシリャス条約によって修正された。この時点で発見・征服予定領域の分界が成立した、と。[*48]

だが、私は二国間条約を優位とみる通説に批判的である。その理由は後述するが、その前に、二国間交渉の的となっていたアルカソヴァス条約の第八条に関する議論を整理しておきたい。二国間条約による教皇勅書の修正という観点に立つと、分界設定の重要な一里塚は両国の抗争を終結させたアルカソヴァス条約にあるからである。

第八条に関する現代の研究者たちの解釈はあたかも両国の立場を反映するかのように対立的である。ジョアン二世の主張と同様の解釈を施す史家は少なくなかった。ヒメネス・フェルナンデス（一九五五年）は、係争地のうちカスティーリャがえたのはカナリア諸島だけで、それ以外の土地と大西洋の領有権はポルトガルが確保した、と解釈した。[*49] ペレス・エムビド（一九四八年）もこの条約ではじめて大西洋が東西線で分割されたと述べた。[*50] アルマンド・コルテザン（一九七三年）は一歩踏み込んで次のように述べた。アルカソヴァス条約によってカナリア諸島南端の緯線、すなわち北緯二七度三〇分で東西に分割線が引かれ、以北がカスティーリャ、以南がポルトガルに留保されたのであるが、コロンブスの第一回航海における最北の発見地は北緯二七度のサン・サルバドル島であったのだから、コロンブスの発見はすべてポルトガルの圏内で行われた、と。[*51]

一方、ガルシア・ガリョはアルカソヴァス条約の要点は戦争の終結にあり、大西洋の取り扱いをそこに求めようとしても無益なことだと述べており、ホセ・ムニョス・ペレスも、条約締結当時の海外におけるポルトガルの最大関心事はギネー航路の支配にあり、テキストによる限り大西洋の分割は想定されていなかったという。通説化しているのはガリョやペレスの見方である。ルメウ・デ・アルマス（一九九二年）はカナリア諸島南端の緯線での大洋の分割を主張するジョアン二世の条約解釈は「ばかげている」と切り捨てた。[*52]

たしかに、一四七九年九月の時点でいうならばガリョらの見方に軍配があがる。私はこの点に異論はない。だが、一四九三年三月の時点で、はたしてジョアン二世の発言はばかげた主張と考えられていたのであろうか。この問題の核心はコロンブス帰還の直後「発見」地が地理的にどのように位置づけられていたのか、そしてその認識がどのように政治的に扱われたのかという問題におきかえることで明らかになる。

4　なぜコロンブスの緯度は変造されたのか

コロンブスに関する研究は分厚いが、その航海の再現は容易ではない。その背景には最大の史料たるべきコロンブスの『航海日誌』原本と唯一の写本が一六世紀半ばまでに失われ、写本の要約に基づくとされるラス・カサス編の『航海日誌』によらざるを得ないという事情がある。

「発見」地の位置づけに関して手がかりとなるのは『航海日誌』に残された四種のデータ、すなわち針路・距離・緯度・経度である。前二者は数多く記載されているが、海流や磁針偏差などの影響もあって、累計した場合の信頼性は単独で意味をなす緯度・経度には及ばない。

まず、緯度からみておこう。コロンブスはキューバ北岸の踏査中に四分儀【図14】によって「北緯四二度」という信じがたい計測結果を三回（一〇月三〇日、一一月二日、一一月二一日）にわたって記録し確認した。実際の位置はおよそ北緯二一度である。ラス・カサスでさえ写本の転記ミスを疑った。[*53] 海事史家S・E・モリソン（一九四二年）は、そもそも天文航法は当時の航海士や船長が身につけるべき職業的技能の一部ではな

【図 14】 14 世紀イギリス製の四分儀
[H. Higton, *Sundials*, London, 2001, 23.]

く、数学者・占星師・医師などの学識者の行うものであって、コロンブスは観測すべき星をとりちがえたにすぎない、という。[*54]

だが、二〇世紀後半の海事史研究とコロンブス関連の史料批判は、緯度の計測データは過誤によるものではなく捏造された可能性があることを示唆している。以下に述べるように、その要点は、コロンブスはポルトガルで初歩的な天文航法と北大西洋の海洋地理を習得し、それを第一回航海で応用したが、発見地がカナリア諸島より南に位置するという認識を持ちつつそれを隠蔽しようとした、ということである。

ボジャドル岬以南のアフリカ西岸からヨーロッパに帰航する場合、強い北東貿易風とカナリア海流にぶつかる。一四四〇年代までに出現した改良型のカラヴェラ船【図15】【図16】は、沿岸を離れ右舷に風を受けながら外洋で大きく弧を描いて北上し、アゾレス諸島付近に達すると、そこから偏西風にのって故国へ帰還。「帰航アーチ」《ボルタ・ペロ・ラルゴ》[*55]【図17】と呼ばれるこの航路は一四三五〜四〇年に成立した、と海事史家L・デ・アルブケルケは見ている。その根拠としてあげられているのは、一四四六年指揮官以下多くの幹部が死去した遠征隊の帰路、書記のアイレス・ティノコが航海術をほとんど知らない見習い水夫を指揮してギネーから二ヶ月間の「陸を見ない」航海をしてポルトガル中部シネス沖に到達したというアズララの記述、アンドレア・ビアンコ図（一四三六年）に「サルガソ海」《マル・デ・バガ》（藻海）が描かれていること、アゾレス諸島の植民が一四三九年から始まったことなどである。[*56]

このような陸標のない外洋航海が天文航法の発展を促した。ポルトガル人ディオゴ・ゴメシュ・デ・シントラの報告[*57]によると、ゴメシュは一四六二年のヴェルデ岬諸島サンティアゴ島発見の際に携行していた四分儀の盤面に北極星の高度を記入した。さらに、ゴメシュは帰路アゾレス諸島を経由した、という。この報告は天文航法の初期段階における事例として引用されるが、一四八四年六月にポルトガルにやってきたマルティン・ベハイムが採取した記録だけに、一四八〇年代の状況が混入した可能性がある。[*58]

ポルトガル人は一四七〇年代初頭に赤道に達し、北極星にかわって指針となる天体を求めていた。そこで、一

【図 15】復元された 15 世紀のカラヴェラ船
逆風に強い三角帆を備え船体が 50t 前後と軽く喫水が浅いので、沿岸での踏査検分に優れていた
[J. Mattoso, *História de Portugal*, II, Lisboa, 1993, 390.]

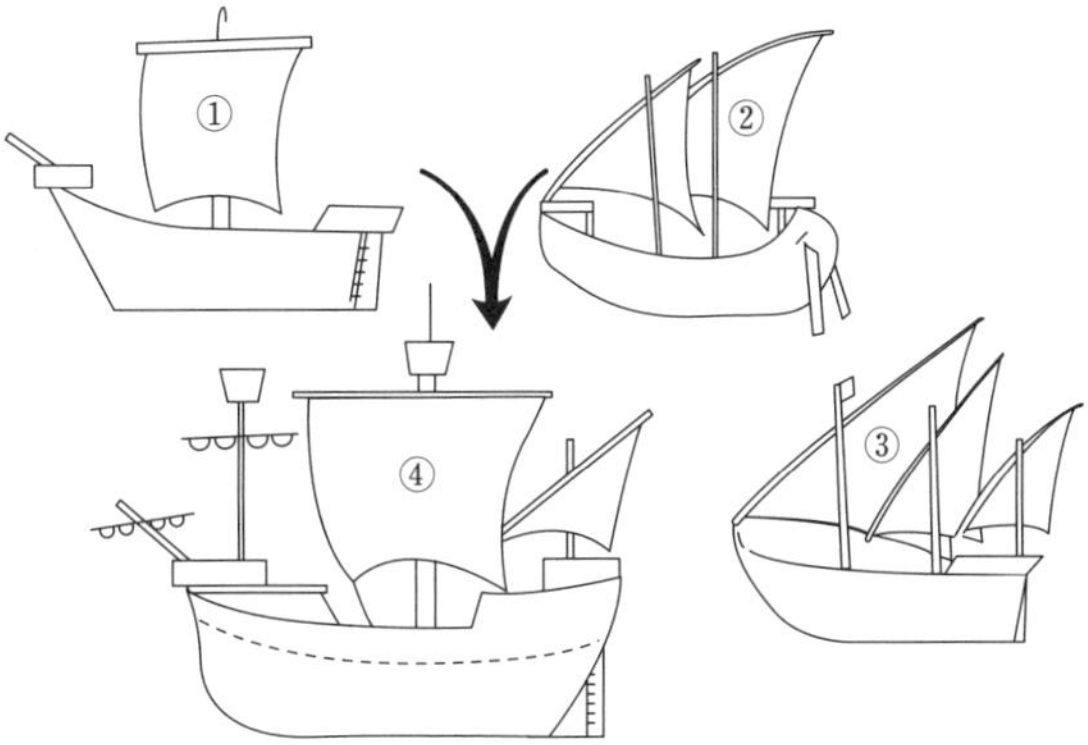

【図 16】①北方の横帆船、②地中海の縦帆船、③カラヴェラ、④初期全装帆船（ナウまたはカラック）
風上に向かうジグザグ航行（間切り）の運用は、現代のアメリカズ·カップの戦いにみえるように、船員と船体に多大なる消耗を強いる。帰航アーチの採用は省エネルギー効果があり、天文航法の発展とあいまって、外洋航海に強い全装帆船（④）が 15 世紀後半に出現する。コロンブスは③と④を併用し、マゼランは④をとった

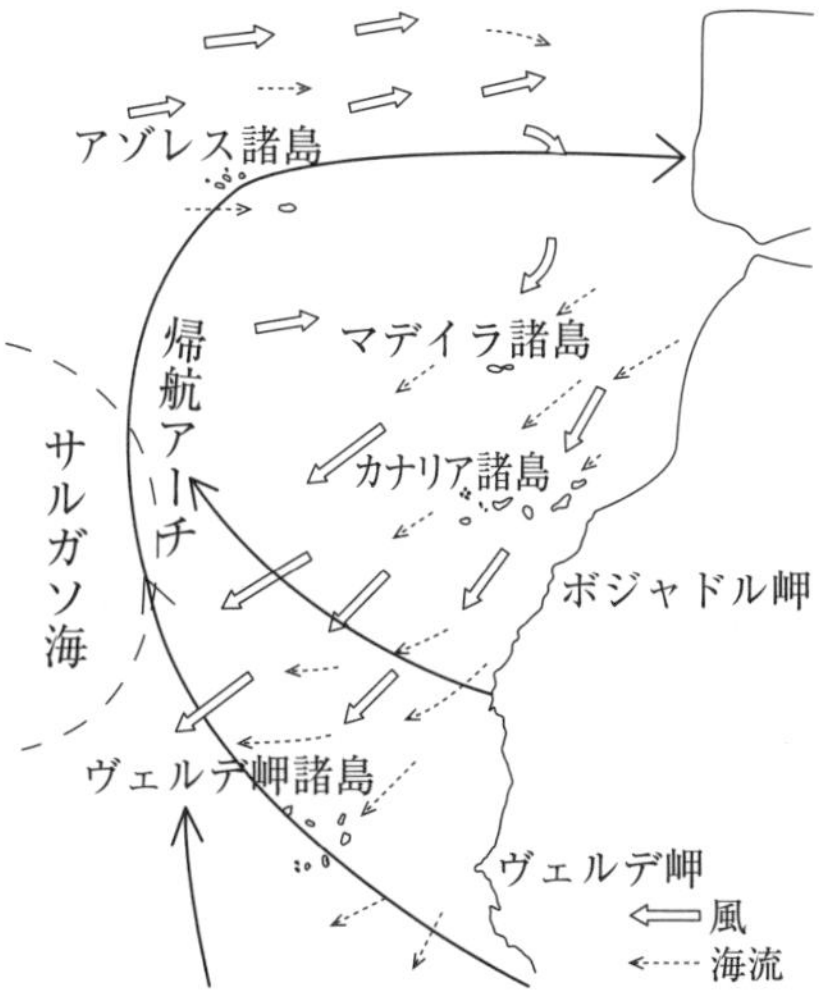

【図 17】「帰航アーチ」の成立
[G. Scott, *Geographie des Atlantischen Ozeans*, Hamburg, 1926, Tafl. XV, XXu, XXI. より作成]

四八〇年代半ばまでに太陽の南中高度による天文航法が開発された。コロンブスはこの時期のリスボンにいた。ジョアン・デ・バロスの年代記によると、ジョアン二世は一四八三年にコロンブスから西回り航海案を売りこまれた際、ディオゴ・オルティス〔元サラマンカ大学教授、一四七五年から在ポルトガル〕、メストレ・ロドリゴ、ユダヤ人メストレ・ジョゼ〔・ヴィジーニョ〕との会見をコロンブスに命じたが、その結果彼の提案は退けられた。諮問を受けた二人の侍医ロドリゴとジョゼおよび天文学者ジョアン・デ・モンテレギオ〔レギオモンタヌス〕の弟子であるというボエミア生まれのマルティン〔マルティン・ベハイム〕は「太陽の高度によって航海する方法を考案し、今日航海者の間で用いられているような太陽の赤緯表を作った」[*59]という。

さらに、コロンブス蔵書のエネアス・シルヴィオ・ピッコロミニ（のちの教皇ピウス二世）『世界誌』（ヴェネツィア、一四七七年）の余白書き込みによると、ジョアン二世は「一四八五年全ギネーにおける太陽の高度を把握するために侍医で占星師のユセピウス〔ジョゼ・ヴィジーニョ〕師をギネーに派遣した。彼は〔任務を〕やりとげてその成果を国王に報告したが、私は他の多くの人々とともにその場に居合わせた」。その報告によると、三月一一日シエラ・リオアの近くのイドロス島は北緯五度に位置する。ジョアン二世はさらに「何度かギネーに観測者を派遣」し、ジョゼの測定が確認された。〔サン・ジョルジェ・ダ・〕ミナ要塞は赤道上にある、と。コロンブス蔵書のピエール・ダイイ『世界の形姿《イマゴ・ムンディ》』（一四八三年）の余白書き込みによると、コロンブスは「何度かリスボンからギネアに向けて南へ航海し」赤道直下の城砦に滞在したことがあるが、「四分儀などの器具を用いて太陽の高度を何度も測定した」。また、一四八八年一二月リスボンに帰還したバルトロメウ・ディアスによる国王への報告に立ち会い、喜望峰は「アストロラーベによって」【図18】南緯四五度であると判明した。[*60]ただし、前者の余白書き込みに関しては、コロンブスが一四八四年末ないし八五年初めにポルトガルを去っていることなどから、また、後者の書き込みについても緯度の誤差が一〇度もあることから、記述の信頼性に疑問符が付けられている。[*61]

【図 18】航海用アストロラーベ（16 世紀初頭、ラス・パルマスのコロン家博物館所蔵）
青銅製、直径 22.3cm、現存するものとしては最古とされている

【図 19】トラヴァース盤（15 世紀末、グリニッジ海洋博物館所蔵）
木製の盤上にコンパスの全 32 方位を示し、それぞれの方位上に木釘を受ける８つの穴があいている。針路にそって半時間おきに木釘を動かし、航路を海図に記入する

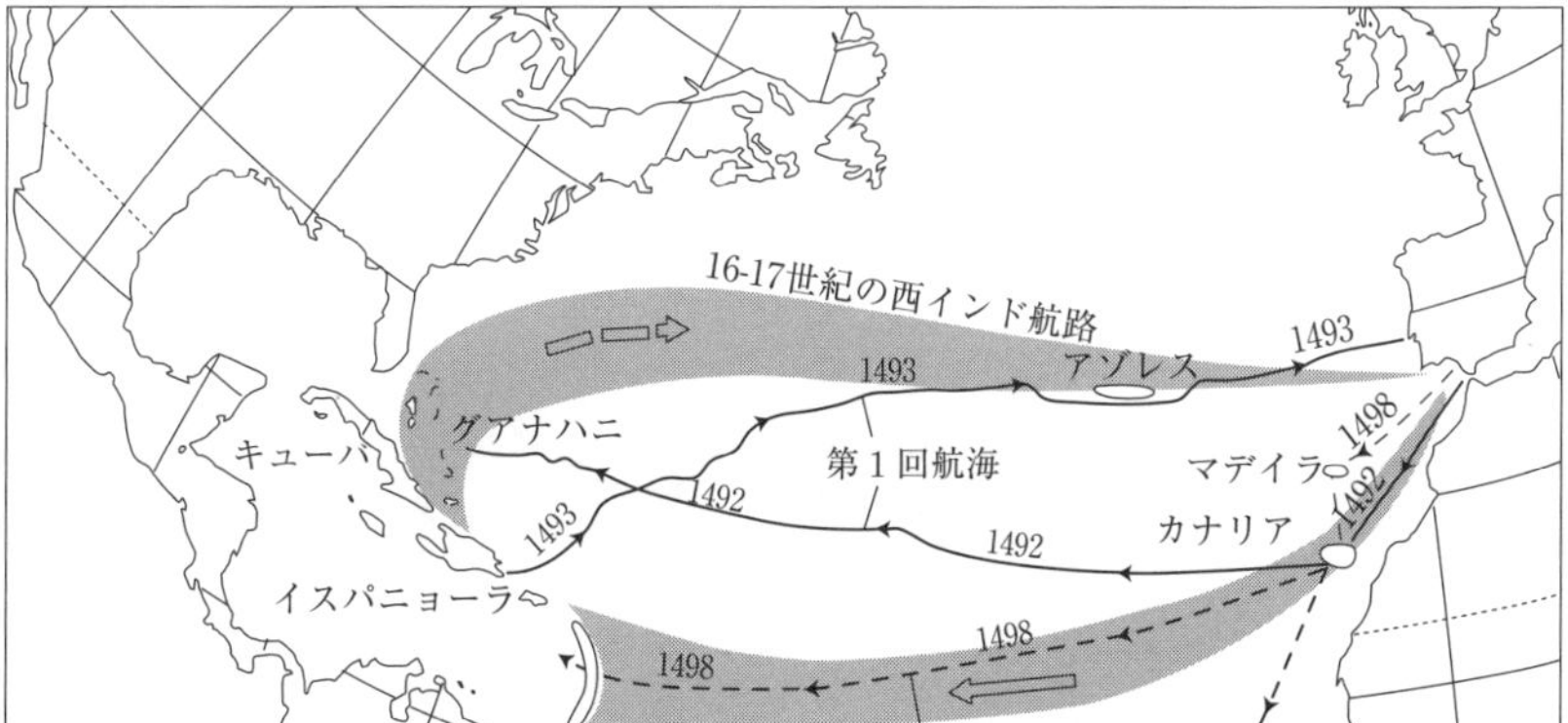

【図 20】コロンブスの第 1 回・第 3 回航海と 16-17 世紀の西インド航路
第 1 回航海は実線、第 3 回航海は破線、西インド航路は網かけで示した。なお第 3 回航海は、6 隻中 3 隻がカナリア諸島からイスパニョーラ島へ直行、コロンブス自身はヴェルデ岬諸島を経由した［P. Chaunu, *European Expansion in the Later Middle Ages*, Amsterdam, 1979, 176 より作成］

だが、かりにコロンブスが太陽の南中高度の測定と天文表の読み取りを航海者に強いる天文航法を充分に理解していなかったとしても、それは彼の航海の精度にほとんど影響しなかったはずである。第二段階の天文航法は赤道以南における外洋航海の必要から開発され実験されたのであり、四回の航海をすべて北半球で行ったコロンブスにとっては、それ以前の北極星の高度測定と旧来の推測航法の組み合わせで充分であった。

コロンブスの推測航法について、研究者たちは「手練れ」という評価をすることが多い。推測航法は針路と速度と航行時間から船位を推算する方法で、ポルトラーノ海図・羅針盤・水路誌・砂時計・トラヴァース盤【図19】・トラヴァース表《トレタ・デ・マルテロイオ》が用いられた。[*62]コロンブスが第一回航海で描いてみせた大四辺形の航跡、すなわち往路はカナリア諸島まで南下しそこからひたすら西行、復路は北上しておよそアゾレス諸島の緯度に達した後その緯度を保って東行しアゾレス諸島経由で帰還というルートは、ギネーからの帰航アーチを応用し推測航法と高度航法を実践したものと見ることができる【図20】。

海上における高度測定の試みは『航海日誌』に一例だけ記載されている。帰路一四九三年二月三日、北極星が〔ポルトガルの〕サン・ビセンテ岬で見るときと同じほどの高さに見えたが、波のためにアストロラーベでも四分儀でも高度を測れなかった、という。この記述や二月一五日および一八日の「これまでの航路にまちがいはなく」、現在アゾレス諸島海域に位置するという記述[*63]などから、コロンブスは実際には海上で何度か北極星の高度を測りアゾレス諸島の緯度を維持していた、と推定できる。北緯四二度という唯一記載された北極星の高度はキューバ北岸の踏査中に、おそらく陸上でえられたものである。この単純で間違いようのない北極星の高度の測定結果が実態とかけ離れた数値を示しているのはなぜか。

史家ディヴィッド・ヘーニッジ（一九九一年）は次のような謎解きを展開した。

『航海日誌』の一四九二年一〇月一三日の記述によると、グアナハニ島住民の肌の色はカナリア諸島の人々に近く、同諸島のイエロ島（北緯二七度四六分）はグアナハニ島と同一の緯線上にある。[*64] この緯度に関する記述は方便である。『航海日誌』に記載された針路と距離を累計すれば、カナリア諸島からの航海において南西方向での航行距離が北西方向を上回ることは明らかであり、コロンブスはグアナハニ島がカナリア諸島よりも南に位置することは認識していたはずだ。

一四九三年二月一五日付サンタンヘル宛の書簡のなかでコロンブスは発見した地域をまとめて北緯二六度に位置づけている。[*65] 現実のイスパニョーラ島やキューバ島は北緯二〇度付近にあり、二六度はカナリア対岸のボジャドル岬の二五度六分に近い。

同書簡は帰路アゾレス諸島で書かれた。リスボン上陸を前に、あるいはバルセロナ到達までにコロンブス自ら緯度を北寄りに変えたかもしれないが、『航海日誌』の緯度に関してはスペイン宮廷に預けられていた間に改竄された可能性の方が高い。第二回航海を準備中のコロンブスに宛てた書簡（一四九三年九月五日、バルセロナ）[*66] のなかで、女王イサベルは『航海日誌』の返却がおくれているのは宮廷に在中のポルトガル人の目をさけて慎重に転記されているからだ、と釈明している。[*67]

ヒーニッジ説は一見してアルマンド・コルテザンらの立場に先祖帰りしているようだが、『航海日誌』の記述を政治的な言説としてとらえた点が興味深い。インディアス到達というコロンブスの主張を認め、しかも到達地がカナリア諸島以南に位置する事実を隠蔽する意図がスペイン王室にあったとすれば、スペイン側はコロンブスの航海がギネーから「インドに至るまでの」島嶼をポルトガルに与えた勅書や「カナリア諸島から下へギネアに向けて」発見される土地をポルトガルに配分したアルカソヴァス条約に抵触する危険性を認識していたことになる。したがって、カナリア諸島南端の緯線での大洋の分割を主張するジョアン二世の発言は、アルカソヴァス条約第八条項の解釈として正当であるかどうかはともかくとしても、コロンブスの航海の本質をとらえていたのであり、カトリック両王にとって外交的に無視できないものと写っていたはずである。

O・H・K・スペイト（一九七九年）は、スペインの領分を教皇分界線の「西および南へ versus occidentem et meridiem」割り振った奇妙で矛盾した勅書の一節に着目し、教皇分界では子午線ばかりでなく東西の緯線も設定されていたにちがいない、とみている。[*68] スペイトが示唆しているのはいわゆる「アミティー・ライン」の原型である。

G・マティングリー（一九六三年）によると、近世のヨーロッパ外交には「線の彼方に和約なし《ノー・ピース・ビヨンド・ザ・ライン》」という諺があったという。これはヨーロッパ諸国間の取り決めは和戦を問わず特定のラインの外側では効力を持たないという意味で、一五五九年にスペインとフランスが締結したカトー・カンブレジ条約に付帯していた口頭の合意事項に基づいていた。そのラインとは北回帰線と本初子午線（通常はカナリア諸島の西端イエロ島を通る西経一八度線）であるが、緯線はもともと北回帰線（北緯二三度半）ではなく、ボジャドル岬（およそ北緯二六度）であった。[*69] つまり、ボジャドル岬以北・イエロ島以東の北西アフリカ・カナリア諸島・マデイラ諸島はヨーロッパ国際法の枠内にあるが、大西洋諸島のうちアゾレス諸島とヴェルデ岬諸島は除外されるということである。

ポール・E・ホフマン（一九九〇年）は、フランスとスペインは一五五九〜六〇年の交渉において「線の彼方に和約なし」という取り決めを交わしておらず、外洋での平和を求めていた、と述べている。[*70] スペイトの見方は認められていない。しかし、イギリスのジョン・ディーは一五七八年八月女王エリザベスに献呈した『英帝国の境界』のなかでスペイト説を支持する「西および南へ」の興味深い解釈を披瀝している。ディーによると、

イギリス王室は北緯四五度以北の大西洋全域に管轄権を有する。なぜなら前コロンブス期のイギリス人が北大西洋で航海を行っていたからであり、また教皇アレクサンデルの分界勅書は、金・真珠・宝石・香料に関心を持ちキンサイと香料諸島を目指すスペインの狙いを念頭に置いて、それら産物と土地が位置するアゾレス諸島の西および南、すな

わち北緯四五度以南にスペインの権利を「限定」することに本来の意図があったからである。[*71]

第三国の論者が勅書の権威を認める分界論を展開したのはきわめて異例のことであるが、スペイン・ポルトガル両国が南への強いまなざしをもっていたことを間接的に表現した点で注目に値する。

5　経度に手を加えたインディアスの副王

ポルトガルとの折衝に頭を悩ますスペイン王室にとって、『航海日誌』の内容は決して満足のゆくものではなかった。

原文のままであるとラス・カサスが強調する『航海日誌』序文において、コロンブスは新たな航海図および「すべての地点を赤道からの緯度と西への経度によって」記載した書とを作成する予定である、と述べているが、『航海日誌』の引き渡しからおよそ五ヶ月を経た一四九三年九月五日、カトリック両王はコロンブスに対して、この書をよりよく理解するためには「汝が見いだした陸地と島嶼が位置する度数と、汝が進んだ航程の度数を知る必要があり、我らが依頼した地図も〔第二回航海の〕出帆までには」提出せよ、と述べている。[*72]

『航海日誌』において緯度はわずかながらも記載されており操作も可能だが、分界の交渉に直接影響する点で政治的価値が高い経度については捏造以前の状態であった。第一回航海でコロンブスはレギオモンタヌスの天文暦を所持していたが、経度の測定に用いた形跡はない。

しかし、航海者としてはじめて経度を算出したのはコロンブスであるとみなされている。コロンブスは第二回航海において、一四九四年九月一四日エスパニョーラ島東端のサオナ島で月食を観測しヨーロッパにおける観測時との時間差を算出した、と述べているからである。とはいえ、その結果を記載した四者（ジェノヴァの公証人アントニオ・ガリョの報告（一五〇六年）、コロンブスの庶子エルナンド〔フェルナンド〕・コロンの『提督伝』、コロンブスの『預言書』（一五〇一～〇二年）、カトリック両王宛書簡（一五〇三年七月七日、ジャマイカ）、ラス・カサスの『インディアス史』）による六回の記述はじつに五種類の異なった時間差、すなわち四時間（基準地はセビリア）・五時間二三分（基準地はカディス）・五時間半以上（基準地はポルトガルのサン・ビセンテ岬）・九時間（基準地は不明）・一〇時間（基準地はカディス）を示している。サオナ島とカディスの実際の時間差は四時間一〇分である。[*73]五種類のうちの二種の時間差、すなわち九～一〇時間、経度差で一三五～一五〇度という法外な数値は、コロンブスの西回り航海案の骨子である小さな地球観に反しているようにみえる。地球の円周の三六〇分の一の距離については、古来から学説に大きな幅があったが、コロンブスはそれらのうち最短の五六マイル三分の二〔＝八三・八七キロメートル〕を、ピエール・ダイイ『世界の形姿』経由で九世紀のアルフラガヌス（アル・ファルガーニ）から採用していた。これは実値のおよそ二四・五パーセントの過小見積もりである。[*74]

史家K・A・ピッカリング（一九九七年）は、コロンブスが実際の二倍以上の時間差を「捏造」せざるを得なかった理由を以下のように推測している。

大洋の提督・新発見地の副王・総督としてのコロンブスの権原を確認する文書類『特権の書』（一四九二～一五〇二年）は、彼の領域を「インディアスの地域における大洋」に限定している。したがって、発見地がインディアス、すなわちアジアでない場合は、コロンブスの富はまるごと危うい存在となる。この懸念からコロンブスは第二回航海の乗員にクーバはアジアの大陸部であることを認める文書に署名させた。また、第四回航海についてのカトリック両王宛書簡（一五〇三年七月七日）において第二回航海時の観測に言及し、マリーノ〔マリヌス〕やトロメウ〔プトレマイオス〕によるとヨーロッパ＝アジア大陸の幅は経度で一五時間ないし一二時間（ゆえにヨーロッパとアジアを隔てる大洋の経度幅は九～一二時間）であると述べている。大洋の幅が九～一〇時間であれば、マリヌス説によってコロンブスの発見地はアジアの範囲におさまり、彼の特権は安泰である。

モリソンも、第四回航海の記述を引用してピッカリングと同様の見解を述べている。すなわち、『預言書』によると、コロンブスは一五〇四年二月二九日ジャマイカ島北岸のプエルト・デ・ラ・サンタ・グロリア〔現サンタ・アナ湾〕でも月食を観測し、カディスとの時間差は七時間一五分〔すなわち経度差で一〇八度四七分〕であるというが、実値四時間四四分〔七〇度五五分〕との誤差があまりにも大きく、コロンブスは西インディアスが東アジアの一部であることを証明しようと考えて意図的に数値をゆがめたにちがいない、と。[*75]

発見地の権利をめぐる「コロンブス訴訟」はよく知られている。スペインの年代記家ゴンサロ・フェルナンデス・デ・オビエド（一五三五年）は、コロンブスが到達した土地インディアスはギリシア神話に伝わる「エスペリデス〔ヘスペリデス〕の園」であって、古代のエスペロ〔ヘスペリス〕王の末裔たるスペイン国王はその土地を回復する権利を有すると述べたが、その言説は「発見」と教皇の「贈与」によるコロンブスの子孫たちの権利を弱める意図をもっていた。[*76] しかし、すくなくとも一四九五年春まではコロンブスに対するカトリック両王の信頼は絶大であった。

両者間で火種がくすぶり始めたのは一四九五年四月一〇日付のインディアス渡航・交易の自由化令の発布からであり、それを発火させたのは一四九八年ヴァスコ・ダ・ガマのインド到達である。コロンブスの「インディアス」は大きく揺らいだ。一四九九年五月以降スペイン王室はコロンブスの権原を定めたサンタ・フェ協約（一四九二年四月一七日）[*77]を事実上反故にしてピンソンらと協約を結んだ。

以上のように、のちに改竄されたにせよ、第二回航海の時点ではカディスから五時間二三分ないしサン・ビセンテ岬から五時間半というデータが得られていた可能性は認めてよいであろう。科学史家R・A・ラグアルダ・トリアス（一九七五年）は、コロンブスはサオナ島とサンタ・アナ湾の経度を、月食の観測によってではなく、航程から算出された東西距離の積算によって引き出した、と推測している。[*78] だが、すでに成立していた分界にそのデータが影響することはなかった。一四九四年一〇月コロンブスはアントニオ・デ・トーレスからカトリック両王の書簡（八月一六日付）をエスパニョーラ島で受け取った。そのなかで両王はトルデシリャス条約の締結にふれ、その分界線の確定作業に参加させるべくコロンブスないし弟バルトロメの帰国を促した。[*79] 踏査を中断させて呼び戻そうというのは、分界設定の過程にコロンブスが深く関与していたことを示唆している。緯度と経度以外でコロンブスが貢献できたとするならば、それは針路と航程の数値である。

6 大洋の分割と分界線の移動

二国間交渉の落としどころは大洋の分割であったが、大洋の分割は大洋の支配・領有を前提としており、その点でこれは従来の法的枠組みから逸脱した問題である。ローマ法の『学説彙纂 Digesta』と『法学提要 Institutiones』による限り、海は自然法によって万民に共有であって何人によっても所有されないもの、すなわち「共有物 res communes」にして「無主物 res nullius」である。この両者を重要な規範としたスペインの『七部法典』においても海は同様の位置づけを与えられていた。

だが、一三世紀頃、ヴェネツィア、ジェノヴァ、ピサなどが近海における管轄権を主張するようになると、後期注釈学派はその正当化のために一歩踏み込んだ解釈を提示した。バルトルス・デ・サクソフェルラート（一三一三～五七年）は、古くからの慣習ないし時効によって沿岸から「適正な距離」すなわち一〇〇ミリャ以内の島嶼の領有権は沿岸国のものであると主張したのである。そのためこの距離内の海域に沿岸国の管轄権が事実上認められたという解釈が生じた。ただし、それは決して近海の領有権を主張するものでなかった。バルトルスは「適正な距離」をこえた遠隔の島嶼は教皇がその主権をもつと考えたが、外洋そのものは総じて視野の外にある。バルトルスやその弟子バルドゥスの学説はこののち一六世紀に至るまでイベリア半島で大きな影響力を残した。[*80]

大航海時代初期、踏査検分や対外貿易のための航海は沿岸航行を主体とするものであったから、バルトルス流に近海の管轄権と島嶼の領有権が保証されれば充分だったはずである。アルカソヴァス条約における分配も本来はそこを狙いとしていた。だが、海洋地理および天文航法の知識とむすびついた帰航アーチおよびその応用ともいうべき大西洋横断航路の成立は、外洋における航路の防衛あるいは支配のイデオロギーを生み出し、やがて航路は外洋そのものに置き換えられ「閉鎖海」対「自由海」の論議の起源となる。

通説上、初めて「大洋を領有する君主」であることを言明したのはサンタ・フェ協約のカトリック両王である。ただし、大洋の領主としてのタイトルは航海後に挿入されたものであるというルメウ・デ・アルマス（一九八五年）の有力な推定を容認するなら、初の宣言はコロンブスの権原を確認した一四九三年五月二八日の書簡にある。そのなかでカトリック両王は「我らのもの」である大洋の限界は「アゾレス諸島からヴェルデ岬諸島へ、北極から南極へ至る」境《ラヤ》ないし線《リネア》にあり、その西側にあるものはすべて我らのものであるという。[*81]

この書簡と九月五日付書簡の「汝が述べた境《ラヤ》」という一節からルメウ・デ・アルマス（一九九二年）は、カトリック両王が教皇に求めた分界線はアゾレス諸島とヴェルデ岬諸島を結ぶ線であり、それはもともとコロンブスの発想であった、という。[*82] コロンブス第一回航海の旗艦サンタ・マリア号の船主・副長で第二回航海にも同行したファン・デ・ラ・コサの世界地図（一五〇〇年、マドリード海事博物館所蔵）【図21】はこの説に符号している。コサ図においてアゾレス諸島とヴェルデ岬諸島は南北に位置づけられており、しかも両諸島を地図中で唯一の「経線」が貫いているからである。

他方、ヒメネス・フェルナンデス（一九四四年）はアゾレス諸島とヴェルデ岬諸島を結ぶ線から西へ一〇〇レグアの教皇分界線こそがコロンブスの発案であるという。なぜなら、コロンブスは第三回航海に関する書簡（一四九八年一〇月一八日）のなかで、インディアスへの航海中アゾレス諸島の西一〇〇レグアの海上で、「空模様や星の位置、気温や海の様子が大きく変化」し、偏角が東偏から西偏へと転じた、と述べているからである。[*83] 海上での経度測定の困難なことを考慮すれば、航海者たちがこの指標に期待をかけたとしても不思議ではない。加えて、バルトルス流の解釈によってアゾレス諸島とヴェルデ岬諸島の近海にポルトガルの管轄権が認められていたと考えることもできる。

フアン・マンサノ（一九五二年）は、コロンブスはカトリック両王から「ギネーなどポルトガルに属するところから一〇〇レグア以内にたち入らないよう命ぜられていた」というアントニオ・デ・エレーラの年代記（一六〇一年）の一節に依拠して、沿岸から一〇〇レグアの海域は土地に付属するものであるという認識をカトリック両王がもっていたと推測している。[*84]

ところが、ヘロニモ・デ・スリタの年代記によると、ポルトガル国王ジョアン二世は、一〇〇レグアの海域はあまりにも狭くポルトガル船の航海はきわめて困難である、と反発した。カトリック両王は法廷での論議を求めたが、拒否されたため「譲歩」し、ヴェルデ岬諸島の西三五〇レグアの子午線で、あるいはヴェルデ岬諸島とコロンブスの発見地の東端との中間地点で「海洋を分割する」という案をポルトガル側に提示した。[*85] ガルシア・ガリョは、コロンブスが見積もったカナリア諸島とインディアスの東西距離七五〇レグアを二等分したものが三七〇レグアという距離であろう、と推測している。[*86] 一〇〇レグアを狭すぎるというポルトガルの主張は帰航アーチによる西方への張り出しを前提とするものであろう。だが、コロンブスの見積もりに基づいてスペイン側が大洋の分割を申し出たという推測は妥当であろうか。

ラス・カサスの『インディアス史』によると、コロンブスはカナリア諸島の「イエロ島からこの大洋を通って〔西へ〕七五〇レグア前後を航海すれば必ず陸地が見つかるはずであるいうことをつねに確信していた」。[*87] 実際に航海してみるとイエロ島からクーバ島までは一一四二レグアであったが、コロンブスは航程の見積もりを割り引いた数値で航海士たちに公表していた。「それは航海が遠距離に及んで船員たちがおそれを抱いたり気力を失ったりすることがないようにと〔コロンブスが〕考えたからである」[*88]。つまり航程の数値が二種類存在していた。二重の計測に関してはエルナンド・コロンも同様の解説を残しており、その見方を踏襲する研究者は少なくない[*89]。

だが、J・E・ケリー（一九八三年）は二種類の数値がおよそ六対五の比率であり、かつこの比率はイタリア・レグア〔二・六七マイルに相当〕とポルトガル・レグア〔三・二マイルに相当〕の比率に近似していることに着目し、コロンブスはイタリア・レグアを、スペインの水夫たちはいつものようにポルトガル・レグアを用いていた、と推測した。つまり、ラス・カサスはコロンブスによる単位の変換を意図的な二重の計測と誤って理解していた、とケリーはいうのである[*90]。

ケリー説を採用して、一〇月一日イエロ島からここまで五八四〔ポルトガル・〕レグアという記述を基準に積算すると、一〇月六日までの東西距離は七七八レグアとなる。以後「発見」の前日、一〇月一一日までの五日間コロンブスは西南西ないし南西の

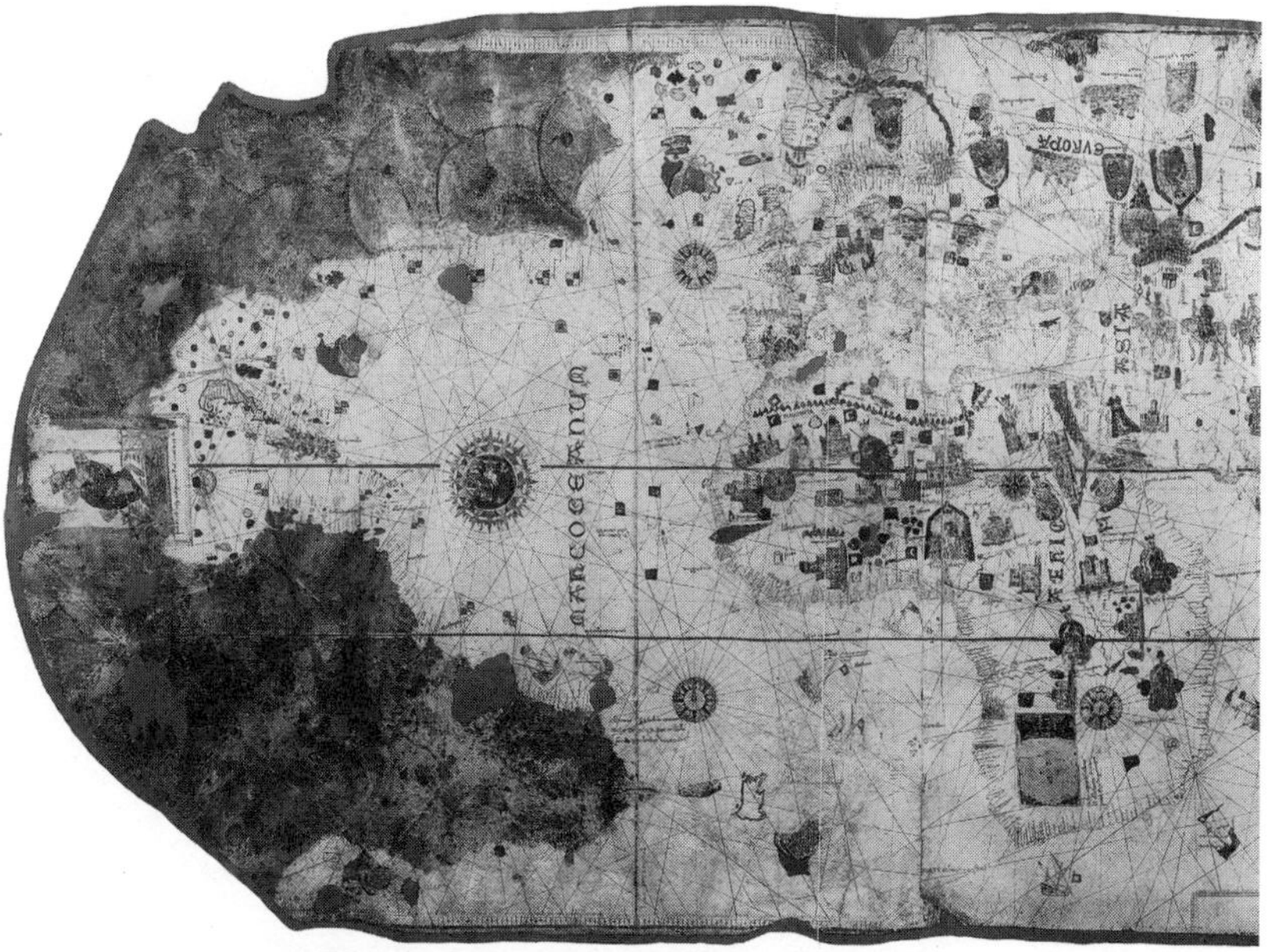

【図 21】フアン・デ・ラ・コサ図（部分、1500 年、マドリード海事博物館所蔵）

針路をとっているが、航程からトラヴァース表を用いて東西方向の航行距離を割り出して積算し発見地までの東西距離をはじき出すことは可能である。試算ではグアナハニ島までおよそ九〇〇ポルトガル・レグア。『インディアス史』によるイエロ島からクーバ島までの距離一一四二レグアは約九五一ポルトガル・レグアに相当する。

ただし、コロンブスはエスパニョーラ島から帰航するに際して海草の生えぐあいからさらに東の方に「多数の島や陸地が存在しているものと判断」し、カナリア諸島からインディアスまでは四〇〇レグアもあるまいと述べている。ラス・カサスはエスパニョーラ島の東サン・フアン島からトリニダード島へ連なるアンティリャス諸島およびそれに接する南米大陸の存在にふれてコロンブスの予見を賞賛しているが[*91]、第一回航海後の時点で確認された情報ではないうえに、換算すると約三三三ポルトガル・レグアとなる。九〇〇ポルトガル・レグアにせよ、三三三ポルトガル・レグアにせよ、等分すると三七〇にはほど遠い。

注目すべきは、第二回航海に関するディエゴ・アルバレス・チャンカのセビリア市会宛書簡(一四九四年一月末頃)である。チャンカは、コロンブスではなく艦隊の航海士たちの推計によって、イエロ島からアンティリャス諸島のドミニカ島までは七八〇〜八〇〇〔ポルトガル・〕レグアである、と述べている[*92]。おそらくカトリック両王あるいはセビリアのインディアス通商院に影響力を持つフォンセカは、この書簡を一四九四年春に閲覧する機会があったろう。ヴェルデ岬諸島がカナリア諸島の西に位置することを考慮に入れると、スペイン王室はチャンカ書簡の七八〇レグアから少し割り引いた数値を大洋の東西距離と考えて、ポルトガルとの交渉に臨んだはずである(図13参照)。

注意を要するのは、少なくともトルデシリャス条約締結の時点までの分界は世界分割、すなわち未踏の非キリスト教世界の二等分割を意味するものではなかった、ということである。トルデシリャス条約に分界の子午線は地球の反対側におよぶという規定はない。初期の分界はいわば仕切り直しのスタートラインであった。両王権は南方海域を意識しながら大洋を縦に等分割するという建て前によって妥協をはかったのである。

だが、ガリョが指摘しているように、この妥協は一見してスペインの譲歩である。なぜカトリック両王は教皇分界に固執しなかったのであろうか。

7　不均衡のフロンティア——スペインが譲歩した理由

史家トゥデラ・イ・ブエソ（一九七三年）は両国を分界の合意に導いた背景として、国際政治におけるアラゴンの立場およびイベリアの「同胞」としての意識をあげている。一四世紀後半以来の軋轢に比してこの時期のポルトガルとカスティーリャ（スペイン）王室は例外的に良好な関係を保持し、婚姻を密に重ねていた。トゥデラ・イ・ブエソは、カトリック両王が一四八六年一月のコロンブスの提案を受け入れるのに躊躇し航海の協約締結まで六年以上を費やしたのは、経費の心配や地理的論議のためではなく、ポルトガルの同胞への気遣いのためであったとみている。また、分界線の移動についても、一四九四年一月のナポリ王フェランテの死から同年三月教皇に対するフランス国王シャルル八世の最後通牒へと深刻化の一途をたどるイタリア問題において、フランスの陣営にポルトガルを取り込まれまいとするアラゴン王フェルナンドの配慮が働いていた。「発見」前のブラジル情報をえていたジョアン二世はこの状況を利用した、というのである。[*93]

ブラジルに関する最後の一節には解説が必要であろう。史家ジャイメ・コルテザン（一九三七年）らは、ブラジルは一五〇〇年カブラルによって発見されたのでなく、一四九四年時点のポルトガルですでに知られていたのであるが、ジョアン二世は発見・航海術・海図に関する「秘密政策」を貫徹してブラジル領有のために有利な分界線を獲得した、と主張している。[*94]その傍証としてしばしば引き合いに出されるのは、ポルトガル側には買収を含む交渉能力と海事の知見において一日の長があったというバルトロメ・デ・ラス・カサスの記述である。[*95]それゆえ、ポルトガルの歴史教育・研究の世界にはトルデシリャス条約を「ポルトガル外交の勝利」とみなす風潮が根強い。[*96]

しかしながら、前カブラル発見説にしても秘密政策説にしても、史料的間隙そのものを論拠とする危うさがある。ブラジルに拘泥せずに未征服地分配の地政学的言説として分界をとらえた場合、別の見方ができよう。条約締結からおよそ二〇年間ポルトガルはスペインにおくれをとっていたのであって、一五一四年一一月三日に獲得した教皇勅書 Praecelsae devotionis をもってフロンティアの範囲と限界の設定においてようやくスペインの立場に追いついた。つまり、両国間の対等な地政学的言説としての分界はこの時に成立した、と私は考えている。若干の説明を加えたい。

トルデシリャス条約によって勅書群は乗り越えられたという通説を敷延すると、分界は東と西へ漸進するふたつのフロンティアである。世界が球体であるからには（サクロボスコの『天球論』などの中世天地学のテキストにおいても『ミュンヘン手引き』などの一六世紀初頭の航海術書にも、世界が球体であるという認識は記載されていた）[*97]、漸進するフロンティアはいずれどこかでもうひとつのフロンティアとぶつかり、ふたつのフロンティアは同時に消滅する。消滅の地点は両者の「発見」と「先占」の速度しだいである。

だが、私見によると、両国はトルデシリャス条約によってアレクサンデル勅書群を乗り越えたのではなく、それぞれが獲得した勅書類のうえに立ちつつ教皇分界線を移動させるという一点において妥協をはかった。スペインにとってとりわけ重要なのは一四九三年九月二六日付の勅書 Dudum siquidem である。この勅書は同年五月発布の他のアレクサンデル勅書群の内容を大きく一歩進め、西方への航海で「発見」される土地（および航海・交易・漁業）の権利はそれが「東方」であろうと「インド」に属そうともスペイン国王のものであると定め、さらにポルトガルに与えられた勅書を破棄して、すでにポルトガルによって「発見」された土地でも未だ実効的占有にいたっていない場合は、スペイン国王にそれを支配する権限を付与している。これによってフロンティアの範囲と限界の設定は一方的にスペイン有利となっていた。ファン・マンサノにいわせれば、スペインは勅書

Dudum siquidem のおかげで不測の事態に至っても損害を被ることはない。[*98]

カタルーニャの天地学者ハイメ・フェレール・デ・ブラネスは一四九五年夏、カトリック両王に対して以下のように述べている。

この〔大西洋の分界〕線から左手〔東〕に向かってギネアまでに発見されるものはすべてポルトガル国王のものである。もうひとつの部分、つまり西まわりでオリエンテを経てアラビア湾に至るまでの範囲はわれらが両陛下のものとなろう。[*99]

フェレールの分界論をよりラジカルな言葉で述べているのはクリストバル・コロンブスである。コロンブスはヴァスコ・ダ・ガマの出帆を目前にした一四九七年七月一九〜二〇日、オルメドの近くラ・メホラダ修道院でカトリック両王と会見して次のように申し述べている。

双方向へ無限に航海できるというトルデシリャス条約の理解だと、「世界は丸いのだから」結局は一周してしまい反対側から分界線に達してしまう。これでは線引きが無意味になってしまう。カトリック両王がトルデシリャス条約でポルトガルに譲ったのはヴェルデ岬諸島の西三七〇レグアの分界線と喜望峰の間にある地域だけである。喜望峰は分割の「標識であり仕切り」である。[*100]

「インディアス」の副王・総督としての立場に脅威を感じるコロンブスの私的利害はあるにせよ、フェレールとコロンブスの分界論はいわば「不均衡のフロンティア」としてくることができる。両国の関心は大洋の分割からそれ、後述のように「対蹠分界」や先占によるアジアの争奪に移ろうとしていた。とはいえ、対蹠分界線は大西洋分界線の設定が前提である。しかも、一六世紀初頭アジアへつながる西回り航路の探索は、スペインは中米と南米で、ポルトガルもブラジル南方で試みており、両者の遠征は必然的にアメリカ沿岸における分界線の交差地点を通過することになる。この動きは大西洋分界にどのように影響したのであろうか。

8 分界のモラトリアム

成立後の分界の特徴は、両国の地図においてくっきりと引かれた分界線が現実の陸のうえでは決して引かれなかったことである。分界の棚上げについて史家L・デ・アルブケルケ（一九七三年）は、トルデシリャス条約の第三条項に実施の障害となるふたつの要因が内在していたと考えている。トルデシリャス条約の第三条項は以下の通りである。

> 条約締結時から一〇ヶ月以内に、両国の君主はそれぞれ一隻ないし二隻のカラヴェラ……で航海士・天文学者・航海者その他ふさわしい人材を双方同数送り込む。……この船隊はヴェルデ岬諸島へ航行し、そこから西へ三七〇レグアの距離まで直進する。……〔三七〇レグアの算定は〕太陽ないし北〔極星〕の〔南中〕高度〔による緯度測定法〕あるいはレグアの航程によるのが適当であるが、将来もっとよい方法で同意を見るかも知れない。境界線《ラヤ》は北から南へ北極から南極へ引かれる。……境界線が島ないし大陸を縦断する場合は、境界線とその島ないし大陸とがはじめて交接する地点に標識ないしは塔のようなものをたて、そこから上述の境界線と同一の線上に同様の標識を連立させる。[*101]

ここで「適当」とされている「太陽ないし北〔極星〕の〔南中〕高度〔による緯度測定法〕」についてはすでに述べたように、一五世紀後半にポルトガルで発展した天文航法のことである。もうひとつの「レグアの航程による」方法とは、トラヴァース表を用いた旧来の推測航法に緯度測定を組み合わせて東西距離を算出する方法で、「レグアの規則」と呼ばれていた。最古の「レグアの規則」は『ミュンヘン手引き』の通称を持つポルトガル語の天文航法マニュアル『エストロラビオと四分儀の手引書』（リスボン、一五〇九年頃）に記載されており、一六～一七世紀のほとんどの海事書にもみられる。[*102] この規則の運用で問題になるのは経線一度あたりの距離のとり方である。『ミュンヘン手引き』では一五世紀から一六世紀にかけてイベリアの航海者の間で流布していた数値、一度あたり一七レグア半が採用されているが、他に一度あたり一六レグア三分の二も有力であった。[*103] アルブケルケは、トルデシリャス条約第三条項が一度あたりのレグア数を指定していない点と、ヴェルデ岬諸島のどの島を起点とするかについて言及していない点が実施を妨げる要因であった、とみているのである。[*104] 加えてもう一点、「レグアの規則」を厳密に運用するためには経線に対して斜行することが必要であるが、ヴェルデ岬諸島から西に直行というトルデシリャス条約の一節はこの点が充分に理解されていなかったことを示している。

以上のような問題点に対して両国間で新たな合意作りに向けて努力がなされたであろうか。ポルトガルで一〇箇月間の執行猶予期間中に分界の実現のために何らかの手がうたれた証拠はない。他方、スペインでは前述のようにカトリック両王が八月一六日付の書簡で第二回航海中のコロンブスを帰国させて分界線確定の委員に入れようとしたが、[*105] コロンブスの帰国は大幅に遅れた。[*106] そこでカトリック両王はカタルーニャの天地学者ハイメ・フェレールに分界の方法について意見を求めた。フェレールは一四九五年一月二七日および二月二八日以降の書簡で次のように回答した【図22】。

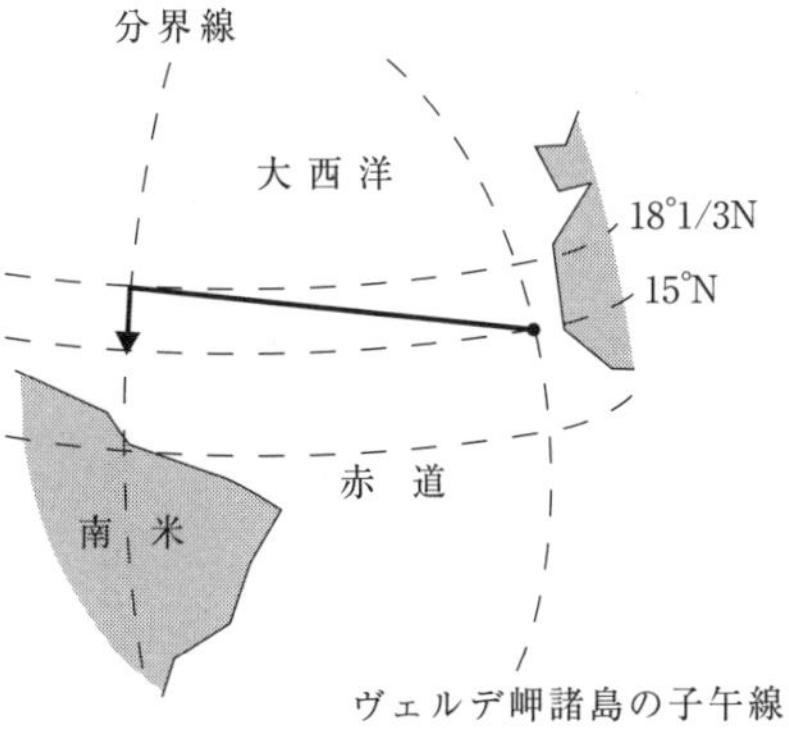

【図22】ハイメ・フェレールの分界実施案（1495年）

前記境界線《リネア》は昼夜平分線においては〔ヴェルデ岬諸島の子午線から西へ〕二三度である。……前記境界線を求めてヴェルデ岬諸島から出発する船は……北西微西に針路をとり世界の極が一八度三分の一にあがるまで航行しなければならない。その時船は三七〇レグアの果てを極から極にいたる前記境界線の真上にある。そこから船は向きを変え針路を前記の線上南極の方へとり北極が一五度にあがるところまでゆく。その時ヴェルデ岬諸島を通る線上および前記三七〇レグアの真の境界線上に位置するのである。[*107]

三七〇レグアの東西距離を二三度と経度で示したのはフェレールのこの回答が最初であろう。この数値はのちの『マゼラン覚え書』やバダホス＝エルヴァス会議で示される二二度という数値に近く、この時代としてはきわめて精度が高い。航海術に関してはポルトガルにおくれをとっていたスペインで「レグアの規則」の厳密な運用による分界実施案が提言されたことは評価できよう。しかしながら、この回答が外交の場で日の目を見ることはなかった。

結局、執行猶予の「一〇ヶ月以内」の期限がきれると両国は覚え書（一四九五年五月七日）を交わした。これによって分界の実施は分界線の近辺とおぼしき所で陸地が発見されるまで延期し、その代わりに両国の代表団が同年九月、国境付近に集い分界の方法をつめることとなった。[*108]だが、開催予定の会合は期日をすぎても開かれなかったし、一四九七年以降分界線の近辺とおぼしき所で次々と陸地が発見されても分界は実施されなかった。一四九七年のカボットおよび一五〇〇年のコルテ・レアル兄弟によってニューファンドランドないしラブラドルの踏査検分が行われ、さらに一五〇〇年ピンソン、レペ、カブラルらによって南米沿岸が踏査検分されたにもかかわらず、である。

なぜ分界の実施は先送りされたのか。アルブケルケは、フェレール以後の天地学者たちが「レグアの規則」による分界の方法をとらずに天文学的な経度測定法に見込みのない期待をかけたことが問題の解決を難しくしたと考えている。[*109]

しかし、この見方は知識の運用における政治の役割と制度的基盤を軽視したものといえよう。トルデシリャス条約第三条項は海上における分界の実施に際して、また翌年の覚え書は国境における分界の方法の討議に際して「航海士・天文学者・航海者その他ふさわしい人材」が協力してことにあたるよう定めており、フェレールはレグアの規則を理解するためには天地学者と算術家と航海者、これら三者の知識 sciencias が結びつく必要がある[*110]と述べているが、両国にその用意があったとはいえない。

ポルトガルでは天文航法の開発と運用に関して、ジョアン二世の海事面における諮問機関であった「数学者(天地学者)委員会」の学者たちが先行しており、学者と現場の航海士たちが実りある協力関係をうちたてることはきわめて難しかった。[*111] 一六世紀初頭のポルトガルには「インディアと大洋の航海の主席航海士」という役職があって、一五〇三年から二六年にかけて航海士のペロ・アネス、ゴンサロ・アルヴァレス、ジョアン・デ・リジボア、フェルナンド・アフォンソが任ぜられた。国王の任命状はかねてからの働きに応じた特権の付与には言及しているが、主席航海士としての職務は明記されておらず、航海士の教育や資格試験に貢献した可能性は低い。[*112]

一方、科学史家U・ラム(一九七四年)は、スペインではさまざまなディシプリンの分離状況を改善すべしとのフェレールの提言を受けて王権が各分野の専門家たちが集う会議に諮問する方向が定まったと推測している[*113]が、それが天文航法の習熟や分界の実現につながるものであるとする根拠は示されていない。

科学史家ラグアルダ・トリアス(一九七五年)は、分界のモラトリアムは政治的な問題としてとらえなければならない、と強調した。両国があの条項をまっとうしようと決意しさえすれば、たとえ精度において現代におよばずともフェレールの方法で分界は遂行できたはずである、と。ラグアルダ・トリアスは、一六世紀のスペインおよびポルトガル産のいくつかの海図に分界の子午線がそれぞれの国の政治的意図を反映して引かれている「事実」の一例としてカンティーノ図(一五〇二年)【図23】(第一章扉)をあげた。この有名な世界図はフェラーラ公エルコレ・デステの代理人アルベルト・カンティーノがリスボンにおいて一二ドゥカードで不明の人物から購入し密かに持ちだした。[*114] カンティーノ図は分界線を記載した現存最古の世界図である。ここでは分割線はコルテ・レアル兄弟の遠征（一五〇〇年、一五〇一年）によって発見された土地テラ・ノヴァの西を通っている。ポルトガル人は地理データを変造しこのカンティーノ図やそれに続く地図でテラ・ノヴァを分界線の東に置いた、とラグアルダ・トリアスはみているのである。[*115]

だが、海事史家A・テイシェイラ・ダ・モタ（一九七三年）は、一六世紀の大西洋の海図学を分析するうえで政治的動機から故意に地図が歪められていた可能性と技術的限界をともに考慮にいれなければならない、と釘をさした。

ポルトガルとスペインの大西洋海図は伝統的な地中海産のポルトラーノ海図を起源としている。後者は世界の球性のために子午線が極に向かって収束していることを考慮していない。そのためカンティーノ図の分界線は同じ子午線上にある地点を結んだ破線とズレを生じるが、それは意図された変造のせいではない【図24】。ただし、ブラジルの描写は別だ。ポルトガルで作られた（またはそのデータに基づいて作られた）地図はスペインの圏内にはいる地域の存在をできる限り隠蔽しようという政治的動機から変造されていた【図25】。ブラジルの海岸線はフリオ岬を廻るとほぼ東西方向の海岸線が続き、その西端カナネアの近くで分界線と交差するはずだが、一六世紀初頭のものは海岸線を南北方向に変えカナネアから先の土地がスペイン圏にあることを隠蔽している、と。[*116]

地図の変造は海事面におけるポルトガルの情報管理の強化と軌を一にしている。ポルトガルの「ギネー工廠《アルマゼン・デ・ギネー》」（後のインディア工廠）は、遅くともバルトロメウ・ディアスが喜望峰発見の航海後その財務官の地位に就いた頃から海図作成者を抱えた水路誌管理局としての役割を担っていた。ポルトガル国王マヌエルは一五〇四年一一月一三日の勅令で海図の管理を「インディア工廠」の管理官ジョルジェ・デ・ヴァスコンセロスに委ねて、コンゴ川以遠の航海に関するデータを海図と地球儀に盛り込むことを禁止した。[*117] 分界の実施や合同委員会の開催はそれだ

【図 24】カンティーノ図の分界線と子午線
[Mota, “Reflexos do Tratado de Tordesilhas,” T.T.,I, 143 より作成]

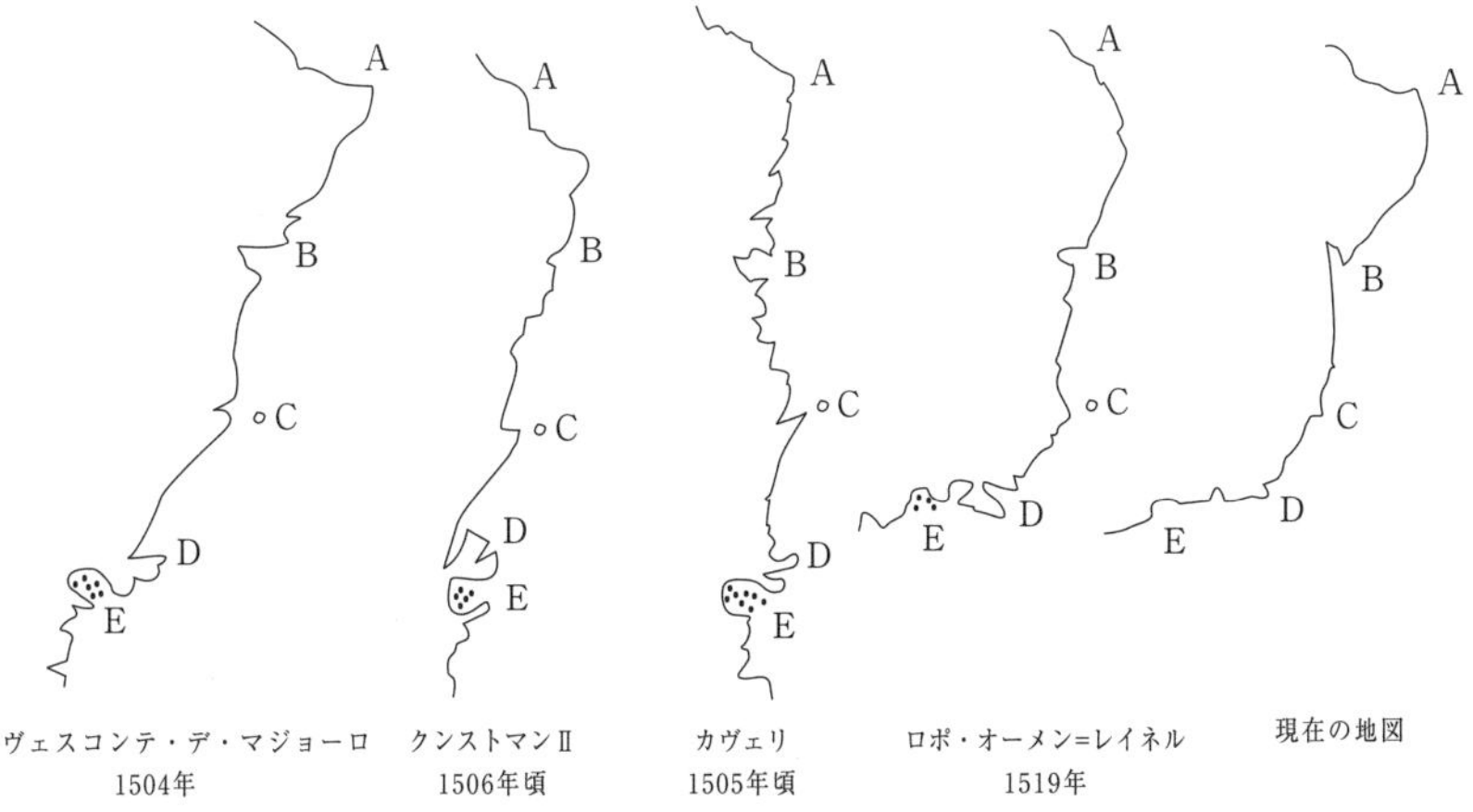

【図 25】初期のブラジル図にみる変造
A =サン・ロケ岬またはサンタ・クルス岬、B =バイア・デ・トドス・サントス、C =リオ・デ・サンタ・ルシア、D =フリオ岬、E =バイア・デ・レイス［Mota, “Reflexos do Tratado de Tordesilhas,” 145 より作成］

けで貴重なデータの流出につながるという見方をポルトガル国王がしたとしても不思議ではない。

だが、情報が管理しきれなかったことはカンティーノ図の存在が示しているとおりである。ヘルマン・アルシニエガスのアメリゴ・ベスプッチ研究（一九九〇年）は、カナネアの近くで分界線が海岸と交差するという認識を両国が共有していたことを示唆している。そのポイントはこの地図の情報源となった航海、すなわちポルトガルのブラジル遠征（一五〇一年五月一三日〜一五〇二年九月）の指揮権が途中二月一五日ベスプッチに委譲されたことにある。ロレンツォ・ディ・ピエル・フランチェスコ・デ・メディチの庇護を受けていたベスプッチは、一四九一年末ないし九二年初めからセビリアにあって海運業に携わり、一四九九年のスリナム・パリア間を踏査したオヘダ遠征に参加したが、翌年半ばに西インディアス遠征隊への外国人の参加が禁止されたため、ポルトガルへ移り、彼の能力と人脈を評価する国王マヌエルに厚遇された。カブラル隊の補給船がもたらしたカミーニャやメストレ・ジョアンらの報告を受けたマヌエルは、発見地に「サンタ・クルス」の名を与え、リスボン財務局の書記ゴンサロ・コエーリョにその調査を委ねた。職責不明ながらベスプッチも参加した。コエーリョ率いる三隻の遠征隊は八月サン・ロケ岬沖に達し沿岸を南下踏査した。ベスプッチ書簡によると、踏査の距離はサント・アゴスティーニョ岬から六〇〇レグアである。

アルシニエガスによると、ポルトガルの分界内での踏査を命じられていた遠征隊の幹部は、カナネア通過の地点からスペインの分界に入ることに配慮して、フィレンツェ人であるベスプッチに指揮を委ねた。ベスプッチ書簡には「南東《シロッコ》」への針路を維持して南緯五〇度ないし五二度に達したと記されているが、実際には沿岸を南南西へ進んだ、と。[*118]

M・ジュスト・ゲデス（一九九五、二〇〇〇年）は別の観点からこの遠征が分界に関与しており共通認識の形成に寄与したと主張している。すなわち、「南緯三二度で小熊座は消えたが大熊座はほぼ水平線上にあった」とベスプッチが記述する事象は南緯二五度三五分で生じるというアレクサンダー・フォン・フンボルトの説と、ベスプッチの航程は通常四〇パーセント以上過大見積もりであったことをふまえると、この航海の南限はカナネア付近〔南緯二五度〕である。この時カナネア島の向かいの岬に十字架と紋章付の発見の石柱碑〔一八六六年以降、ブラジル歴史地理協会が保管〕が建立されたが、それはコエーリョとその航海士が「すぐれた経度測定の能力」によってこの地がポルトガル領の限界であると認識したからである。コエーリョ隊に参加したアメリゴ・ベスプッチは一五〇八年航海士総監についたために、この認識はスペインでも共有されることになった、と。[*119]

ゲデスの結論は、地図の変造とは裏腹に両国間に合意が成立していた可能性を示している。当面カナネア以南へのポルトガル人の入植の動きがなかったことは事実である。しかし、石柱碑は最初の上陸地点にも建てられており、カナネアにおける経度測定の事実や限界についてのポルトガル王室の認識は実証されていないので、コエーリョによって事実上分界が実施されたとは言い切れない。マヌエルはすでにコエーリョ隊の報告でブラジルの経済価値を低く評価しており、毎年三〇〇レグアの沿岸踏査・商館の建設維持・二年目六分の一、三年目四分の一の上納を条件に、リスボン商人フェルナン・デ・ノローニャを筆頭とする新キリスト教徒の出資団にその交易権を三年間貸与した。沿岸をポルト・セグロ〔カブラリア湾〕まで進み、ブラジル《イビラピタンガ》の木と先住民を積んだ四隻の船隊がリスボンに到達したという知らせは、一五〇三年七月セビリアに届いた。ダミアン・デ・ゴイスによると、すでに同年一月一〇日コエーリョは再び六隻の船隊を率いてリスボンを出たが、今度の目的は南米を南に回航してマラッカに到達することであった。しかし、ベスプッチ書簡によると、八月一〇日旗艦が沈没したため予定を変更し、ブラジルの木を採集するはじめての商館を設け二四人と大砲一二門を残した。その位置はグアナバラ湾ないしゴヴェルナドル島と推測されている。[*120]

ゲデスは分界線とブラジル北岸の接点についても同様の見方を展開している。現ブラジル領を基準にすると、その発見者はカブラルではなくビセンテ・ヤニェス・ピンソンである。ピンソンは一五〇〇年一月末、コンソラシオン岬から沿岸をたどり大河の河口に位置するマリナ・トゥバル諸島でディエゴ・デ・レペ隊と遭遇した。一五〇一年九月五日の協約でピンソンは踏査した土地の総督職を付与されたが、先住民の抵抗や経済的魅力に乏しいことからその職務を果たさなかった。

ゲデスによると、一六世紀初頭のスペイン・ポルトガル両王室は分界線は南米北岸において赤道と交差している、という認識を共有していた。[*121] その根拠としてあげられているのはトーレ・ド・トンボ文書館所蔵のエステヴァン・フロイス書簡（一五一四年七月三〇日、サント・ドミンゴ）である。エスパニョーラ島のスペイン人に拘束されていたフロイスは国王マヌエルに宛てて次のように述べている。

クリストバル・デ・アロが艤装しディオゴ・リベイロが指揮を執ったカラヴェラ船は、ポルトガル王室に帰属する土地を発見するために派遣された。サン・ロケ岬以南の沿岸はすでに踏査されていたので、リベイロはその北へ進んだ。上陸地点で船長が先住民に殺され、舵の故障や水漏れなどのために避難できるところを求めたところ、「カステラ国王の土地」へ入り乗員は拘束された。「昼夜平分線から南は陛下［マヌエル］のものであり、その線の北は陛下の父王［フェルナンド］のもの」であるということは承知していた。[*122]

フロイスが言及する航海の時期については一五一一〜一二年ないし一五一三〜一四年と見方が分かれているが、いずれにせよ、ピンソンやコエーリョの航海から一〇数年ほどの間に共通認識が形成されていた、とゲデスは考えており、以下のように、傍証の地図を列挙しながら自説を補強している。

ヴェルデ岬諸島西端から三七〇レグアを数えると、分界線はバイア・マラパニムのアルゴトアル岬で南米と交差する。その座標は西経四七度三五分南緯〇度三五分である。[*123] アマゾナス付近で赤道と交差する分界線はポルトガル人ガスパル・ヴィエガスの大西洋図（一五三四年、フランス国立図書館所蔵）【図26】やスペインに仕えたポルトガル人ディオゴ・リベイロの諸地図（一五二五〜三二年）【図27】に示されている。地図による限り、一五八〇年代末までポルトガルの領土欲は赤道を越えていない。ルイシュ・テイシェイラ図（一五九〇年頃、リスボン・ア

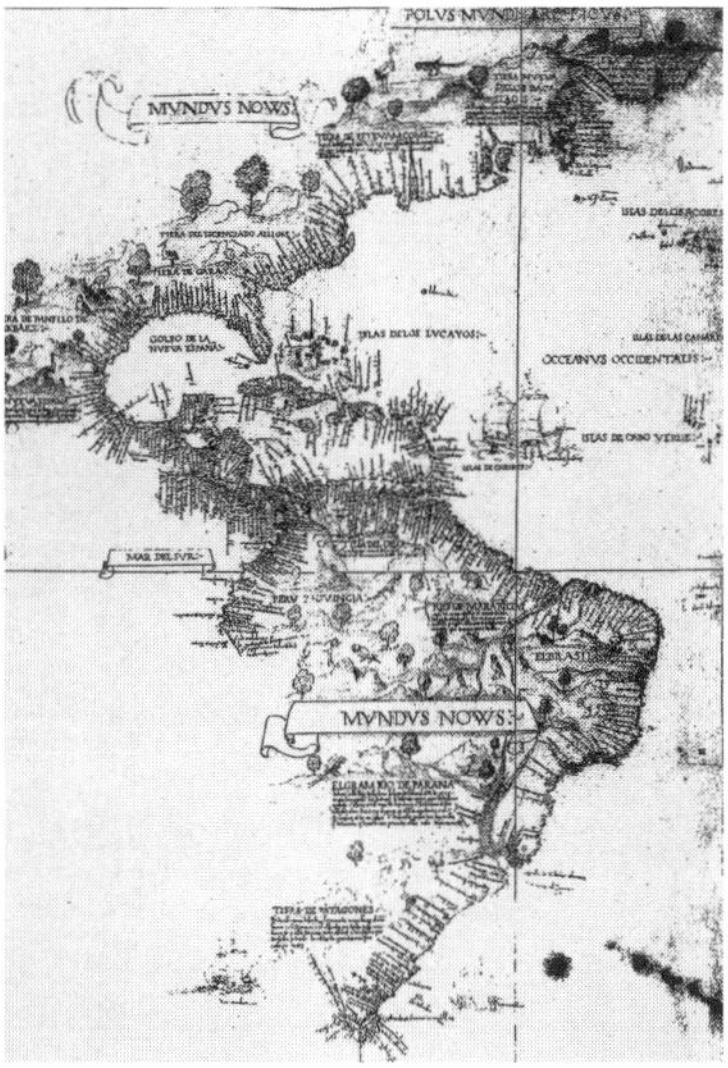

【図 27】ディオゴ・リベイロ作とされる世界地図（部分、1532 年頃、ヴォルフェンビュッテル・ヘルツォーク・アウグスト文書館所蔵）

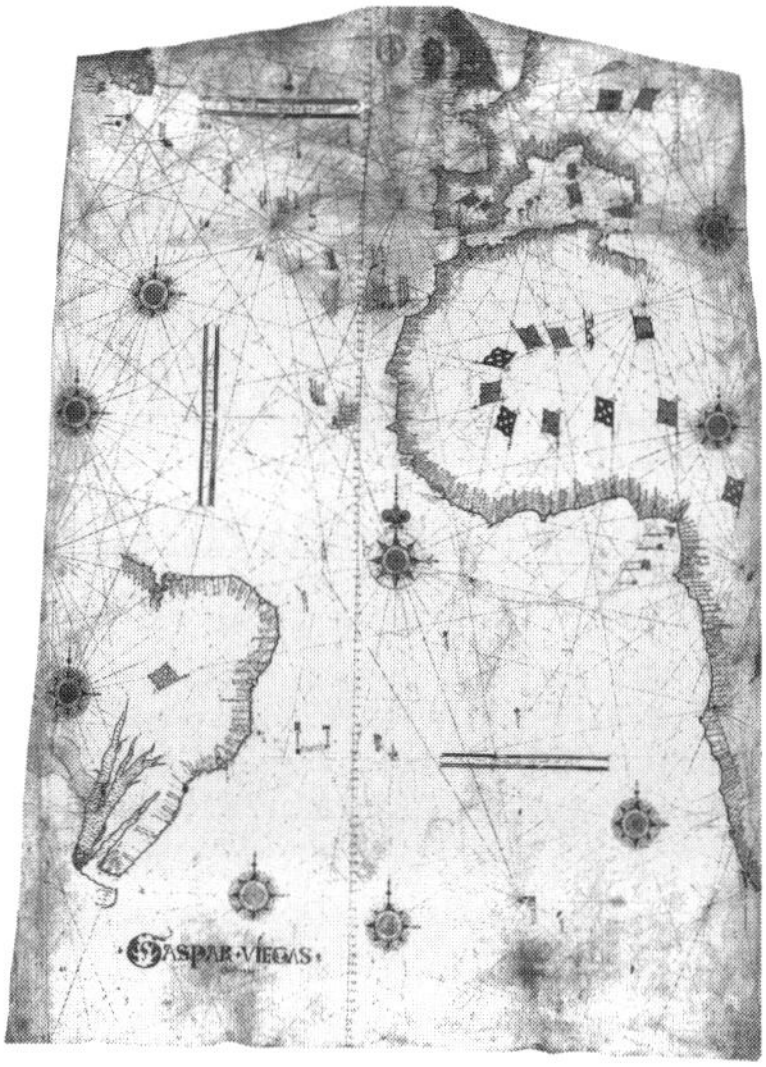

【図 26】ガスパル・ヴィエガスの大西洋図（1534 年、フランス国立図書館所蔵）

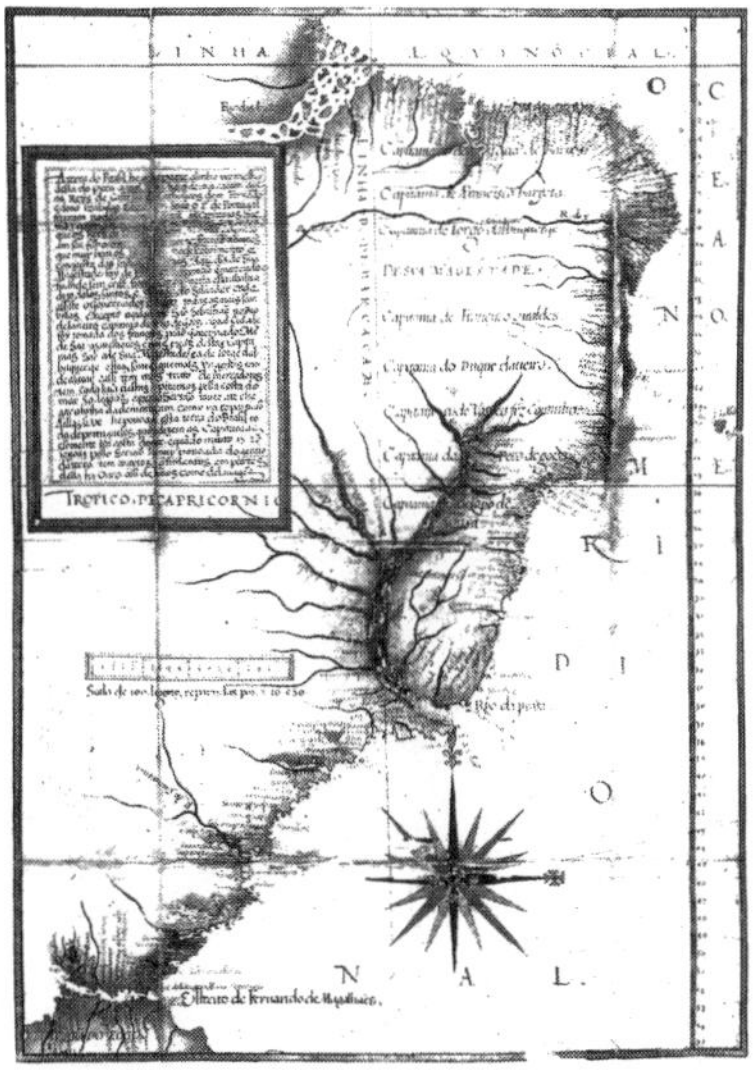

【図 28】ルイシュ･テイシェイラのブラジル図（1586-90 年頃、アジュダ文書館所蔵）

ジュダ文書館所蔵）【図28】の分界線はアマゾナスの河口部をすべてスペインの分界にとどめているからである、と。[*124]

ゲデスの見方は長期の展望としては正しいが、引用されている地図がすべてポスト・マゼラン期のものであることに注意したい。マゼラン航海の前についていえば、フロイス書簡とは反対の方向を示唆する史料があるので、とりあげておきたい。

その史料とは、一五一五年セビリアで開催された「航海士会議《フンタ・デ・ピロトス》」に関するものである。航海士会議における論点は、前年にポルトガル人たちが上陸したサン・アグスティン（サント・アゴスティーニョ）岬は分界線のどちら側にあるのかということであった。フェルナンドから諮問を受けたセバスチアン・カボート、アメリゴの甥フアン・ベスプッチ、フアン・ロドリゲス・セラノ、アンドレス・デ・モラレス、エルナンド・デ・モラレス、フアン・ガルシアの六名は一五一五年一一月一三日の日付の入った上申書を提出している。[*125]

年代記類では唯一エレーラがこの会議について簡単な記述を残している。エレーラによると、ことの発端はポルトガル人たちが「ブラジルの地からカスティリャ・デル・オロまでの沿岸とサン・フアン島を踏査した」後にサン・フアン島（ただし上申書によるとエスパニョーラ島）で捕らえられたことである。ポルトガル人たちは他の地域はともかく「サン・アグスティン岬はポルトガル〔の圏内〕に入ると主張した」。このことは「国王に大きな懸念」を与えた。「カスティリャの海図は〔サン・アグスティン岬の位置について〕一致していないようであったから、通商院の官史たちは国王に対してこれに関して航海士の会議を開き海図を修正したいのでその許可をいただきたいと懇請した。国王はこれを認めた」。ただし、エレーラは会議の内容やその成果については何も述べていない。[*126]

上申書によると、セビリア通商院の官史は彼らの前で国王の書簡を読み上げ、そこに記された問題点、すなわち「エスパニョーラ島で捕らえられた一一名のポルトガル人が〔スペイン〕国王の土地〔であるはずのサン・アグスティン岬〕を占拠したという主張」についてそれぞれの意見を求めた。だが、いずれも分界については論究していない。論議の焦点はサン・アグスティン岬を緯度で何度に位置づけるかであって、分界線との位置関係にはふれていないのだ。諮問委員たちの本意は分界のことよりも欽定図の作成・更新・管理における主導権争いにあるかのようである。アンドレス・デ・モラレスは自分の地図は「初期の発見者たちの情報」によって作成したものであり現航海士総監ソリスの審査も受けている。この地図ではサン・アグスティン岬は南緯一六度にある、という。これを擁護するのがセラノ。これに対抗するのがカボート、フアン・ベスプッチ、ガルシアの三名である。カボートらは、モラレスは岬に行ったことすらないと攻撃し、死去した先代の航海士総監アメリゴ・ベスプッチのデータに依拠して岬は南緯八度に位置すると主張した。

しかし、分界線とサン・アグスティン岬の位置関係が論究されていないのはいかにも不自然である。アメリゴ派にせよモラレス派にせよヴェルデ岬諸島のサンティアゴ島を起点とする針路と距離は与えられており、「レグアの規則」を用いればサンティアゴ島の子午線からから岬の子午線までのおおよその東西距離ははじき出せる。『ミュンヘン手引き』所収の「レグアの規則」を用いるとフアン・ベスプッチの数値で約一六六レグア、カボートとガルシアで約一七八レグア、モラレスとセラノだと約二二〇レグアとなり、いずれも三七〇レグアを大きく下回る。彼らは政治的配慮から分界線と岬の位置関係にふれることを避けたとみるべきであろう。[*127]

以上の考察をふまえると、大西洋分界の在処に関する共通認識はマゼラン航海までに形成されていた、とは言い切れない。分界のモラトリアムを突き破り、突き詰めた議論をせざるを得なくなるのは、分界の体現者マゼランが登場してからであり、その登場の前提は「対蹠分界」の理念である。

9　対蹠分界――地球を山分けすること

ガマ以降のポルトガル人による「発見」事業の急速な進展は、フロンティアの存在そのものを否定するもうひとつの分界解釈を惹起させた。それは、分界線は地球の反対側におよぶ「子午環」であってこの子午環によって非キリスト教世界はあらかじめスペインとポルトガルの間で二等分割されていた、とみなすものである。これを以後「対蹠分界」の解釈と呼ぶことにする。

おそらくこの解釈が両国間で強く意識されるきっかけとなったのはヨーロッパに伝達され流布されたマラッカ情報であろう。マラッカは香料の原産地ではないが、インド洋交易圏と東シナ海・東アジア交易圏をつなぐ海上貿易の一大拠点として栄えていた。ポルトガル国王マヌエルは一五〇五年三月初代インド領副王フランシスコ・デ・アルメイダへの訓令において、「セイラン、ペグー、マラッカ等の発見」に船隊を派遣せよ、と命じた。[*128] アルメイダは日付けなしの書簡で「マラッカとスマトラの香料はイスラム教徒が両海峡〔アデンとホルムズ〕へ運び、われらが妨げぬ限りはヴェネツィア人の手にわたる」と述べている。[*129] マラッカ情報はただちに伝播された。一五〇六年スペインを訪れていたヴェネツィア人ビンチェンツォ・キリニは母国宛の書簡において、「東インド India Maggiore のあらゆる商品が集結する北緯三度の港市」に言及し、そこで「ショウガを除くあらゆる種類の香料や、サリー、絹、磁器が船に積み込まれ、インドを経由してアレクサンドリアに至る」と述べた。[*130]

マラッカ情報と対蹠分界の解釈が関連づけられていたことを示しているのは、一五〇六年四月六日以前に書かれたと推測されているポルトガル国王マヌエルの書簡である。そのなかでマヌエルはアルメイダに再度マラッカ派遣を急げ、と命じた。なぜなら「聞くところによると、カステラ（スペイン）の艦隊がマラッカ発見のため今夏の出帆を目指して準備中であり、〔カステラでは〕それ〔マラッカ〕がわれら〔ポルトガル〕の領域《マルカス》のなかに位置することに疑念がもたれている。先にわれらがそこをとれば、われらの権利はまもられよう」。[*131] この国王書簡は、すでに両国間で対蹠分界の解釈が共有されていることを示唆するとともに、その解釈がマラッカ先着を目指すポルトガルにとって不利な内容であることを暗に認めたうえで先占が良策であるという認識を示している。結局、アルメイダはマラッカ到達を果たせなかった。

その役割はのちに第四代インド領総督となるディオゴ・ロペス・デ・セケイラに引き継がれた。上陸地点の地理座標を記録し石柱碑を建て、マラッカ情報を収集せよという訓令と四隻の艦隊を与えられたセケイラは一五〇八年四月五日リスボンを発した。[*132]

他方、香料諸島をめざすレースで大きく水をあけられたスペインが西回り航路の探索の動きを加速させたのはアラゴン国王フェルナンドのカスティーリャ摂政時代である。第四回の航海に出ていたコロンブスはベラグア(コスタリカ、パナマ)からガンジス川までは西へわずか一九日の行程であると両王宛に書き送ったが、[*133]摂政フェルナンドはインディアス統治全般を統べるファン・ロドリゲス・デ・フォンセカに香料原産地への遠征に向けてポスト・コロンブスの組織づくりに着手させた。

まず、一五〇一年からポルトガルに仕えていたアメリゴ・ベスプッチが一五〇五年初めセビリアにもどっていたので、同年三月トロに呼びよせ、ベスプッチにカスティーリャの市民権を与えたうえで西回り航海に派遣しようとした。この時ビセンテ・ヤニェス・ピンソンも招聘され、四月二四日サン・ファン島入植のための協約が締結された。だが、ベスプッチの航海は一五〇六年女王ファナの夫フェリペによる実権掌握・フェリペの急死・フェルナンドの帰還と続くカスティーリャ政権の混乱およびポルトガルの抗議で実現しなかった。[*134]

一五〇七年九月フェルナンドがナポリからカスティーリャに戻ると、パレンシア司教となっていたフォンセカのもとで、コロンブス派を排除しながら西回りでポルトガルよりも早く香料諸島に至る方策が再び検討されることになった。一五〇七年一一月七日、アメリゴ・ベスプッチ、ファン・デ・ラ・コサ、ビセンテ・ヤニェス・ピンソン、そしてファン(ジョアン)・ディアス・デ・ソリスの四名に招集の声がかかり、当代一流の航海者たちは当時宮廷が置かれていたブルゴスに集った。

ディアス・デ・ソリスについてはこれ以前の情報はほとんど得られないが、ダミアン・デ・ゴイスはポルトガル出身とみている。ソリスは一五〇六年四月インドに向かうトリスタン・ダ・クーニャ艦隊でアルブケルケ船長のシルネ号に航海士として乗り込む予定であったが姿を見せず、のちに妻殺しの科でカスティーリャに逃げた。スペインの年代記家エレーラは「当時その〔航海の〕技術で最もすぐれた人物」であったと評している。[*135]

このブルゴス会議の詳細は不明であるが、海事活動における役割分担が明確になった。国内で海事知の組織化へ向けて主導的役割を担わされたのはベスプッチである。一五〇八年三月二二日ベスプッチは通商院の初代「航海士総監《ピロト・マヨル》」に任命された。航海士総監は天文航法の運用に必要な知識を航海士に授けてその能力を検査すること、そしてインディアス航海のための「欽定標準図《パドロン・レアル》」の作成に責任をもたされた。[*136]

一方、香料原産地への通路ないし海峡の探索は一五〇八年三月二三日付の協約によってピンソンとソリスに委ねられた。探索の場所としてはブラジル南方ではなく、カリブ海の西が選ばれた。「北部で西方に向けて」という協約の一節から、コロンブスが第四回航海（一五〇三年）で踏査した中米沿岸の北限で西限のホンジュラス岬以遠が踏査される予定であった、と推測できる。[*137] フアン・マンサノは、フェルナンドはこの年コロンブスの長男ディエゴ・コロンがサンタ・フェ協約に基づく権利を主張して「コロンブス訴訟《プレイトス・コロンビノス》」をおこしたことに神経をとがらせており、ピンソン＝ソリスの踏査によってコロンの主張に地理的限界をもうけようとした、と推測している。[*138]

中米入植の準備も並行して進められた。一五〇八年六月九日ディエゴ・デ・ニクエサおよびアロンソ・デ・オヘーダとの協約によって、ウラバとベラグアへの航海が取り決められた。しかし、一五〇八年六月二九日セビリアの外港サン・ルーカル・デ・バラメダを発したピンソン＝ソリスの二隻の遠征隊は、所期の目的を達せず一五〇九年八月二八日帰還。ソリスはフェルナンドの信頼を失い投獄された。[*139]

おそらく一五一一年中頃解放されたソリスは一五一二年三月二七日、フェルナンドと協約を結んだ。ソリスは三隻の艦隊を率いて同年四月に出帆、東回りの航路をとり喜望峰を経てモルッカ諸島に遠征することになった。協約には次のように記されている。「航海術に精通した人々の報告によると、〔対蹠〕分界線はセラン〔セイロン〕

島」を通る。ソリスは「その分界線がわれらの諸王国とポルトガル王国との間で今後永久にかつ明確に認知されるようにできるだけすぐれた標識」を残す、と。[*140]

ソリスは協約締結の二日前、三月二五日にアメリゴ・ベスプッチ（二月二二日死去）の後を継いでセビリア通商院付の航海士総監の地位に就いていたし、同年七月二四日には国王令によってアメリゴの甥ファン（ジョヴァンニ）・ベスプッチとともに欽定標準図の改訂を任される。[*141] つまり、この頃のスペインにおいてソリスは航海術と地図作成に関する知的専門職の頂点に位置づけられていた。したがって、協約が示す対蹠分界観はソリス自身のものとみなしてよい。

当時スペインに駐在していたポルトガル公使ジョアン・メンデス・デ・ヴァスコンセロスはソリスと接触の機会をつかみ、ポルトガル国王マヌエル宛の書簡（ログローニョ、一五一二年八月三〇日）において、ソリスはモルッカ諸島のみならずマラッカまでも「カステラ〔国王〕の境界内に入る」ことを確信している、と報告した。これをうけてマヌエルはフェルナンド宛に書簡（九月二〇日）をしたため、ポルトガル人航海士ソリスを起用している点と喜望峰経由で東まわりという航路選択に異議を唱えて航海計画の中止を要求した。結局、フェルナンドは九月三〇日この航海の中止を決定した。[*142]

航海が中止されたとはいえ、スペインで初めて表明された対蹠分界観はポルトガル側に衝撃を与えたにちがいない。マヌエルは一五一三年六月六日付の書簡で教皇レオ一〇世にマラッカ占領を報告し、翌年春、恭順使節団を派遣した。レオ一〇世はこれに応えて勅書 Praecelsae devotionis（一五一四年一一月三日）を発布した。これはスペインが得た勅書 Dudum siquidem（一四九三年九月二六日）に対応するもので、ポルトガルに大西洋の分界線から東へ向けて無限の「発見」と「先占」の権利を与えた。[*143]

このような勅書をマヌエルが必要としたのは、ひとつには「不均衡のフロンティア」を「均衡したふたつのフロンティア」に修正したかったからであるが、もうひとつには、マヌエルはマラッカ以東の島嶼部とりわけモルッカ諸島への侵出をはかるうえで、対蹠分界の解釈が不利に働くかもしれないことを暗に認めていたからに他ならない。その認識はどのような構造を持つのであろうか。

10 地理パラダイムのなかの分界

大航海時代のヨーロッパにおける世界図作成上の難問は、「球」としての世界を平面上に映す投影法の問題だけではない。拡大する世界地理を東西三六〇度枠のなかに位置づけるというもうひとつ困難な課題があった。この課題が困難であるのは、ひとつには簡便で精確な経度測定法を欠いていたからであり、もうひとつには地理学パラダイムが強固に働いていたからである。

当時の地理学パラダイムとは一五世紀はじめに「復活」したプトレマイオスの『地理学』と世界図である。『地理学』の刊本は一四七五年から九〇年までに七版を数えた。ところが、一四九〇年から一五〇七年まではまったく刊行されていない。おそらく新しい地誌的情報の洪水のような流入に対応できなかったためであろう。一五〇七年以降、その編者たちはプトレマイオス原図の修正と「新図」の追加に意を注ぐことになる。[*144]

ところが、ユーラシア一八〇度枠の設定に関してプトレマイオスはその権威を保持していた。ユーラシア一八〇度枠とはプトレマイオスにとって既知の世界の西端にある「幸福諸島」(カナリア諸島)から東端にある「カティガラ」まで経度で一八〇度という東西距離の設定である。ただし、カティガラは現実の地名との比定が困難であったため、カティガラを擁する東アジアの大半島が一八〇度枠設定の基準となり、その西に位置する「大湾《シヌス・マグヌス》」、「黄金半島」、ガンジス河口、マラッカ、タブロバナ島等が経度による位置づけの間接的手がかりとなった。さらに、大半島の北東部にはカタイ、マンギ、シパンゴ(ジパング)など主としてマルコ・ポーロによる東アジア像が接ぎ木され、結果としてプトレマイオスのユーラシア大陸の東西距離はさらに拡大された。

その典型が、ヘンリクス・マルテルス図（一四八九年）やマルティン・ベハイム地球儀（一四九二年）【図29】である。マルテルス図ではヨーロッパの西端から東まわりでアジア東端までの東西距離は経度で一九六度、ベハイム地球儀にいたっては二三四度もある。

以後もプトレマイオスの枠組みを踏襲し南アジアの描写で新しい地誌的情報の導入を拒むこのような世界図は、強い影響力をもっていた。アメリカ大陸独立説をとるヴァルトゼーミュラー図（一五〇七年）【図30】でさえ、ユーラシア東西距離は二三八度にもおよぶ。これは地中海のポルトラーノ海図やアラビア地理学の系譜を引く一世代前の世界図における設定と比較すると、著しく大きな数値である。たとえば、ジェノヴァ図（一四五七年）は一三六度、フラ・マウロ図（一四五九年）は一二五度であった。[*145]

一方、一六世紀初頭の南アジアにおけるポルトガル人の踏査検分と現地の海図からえられた新しい地誌的情報は、ポルトガル王室の秘密政策にもかかわらず、カンティーノ図やカヴェリ図などの手書き海図の例にみられるように様々な経路でポルトガル外に流出した。カンティーノ図はユーラシア東西距離をベハイム型に比して大幅に縮小し、

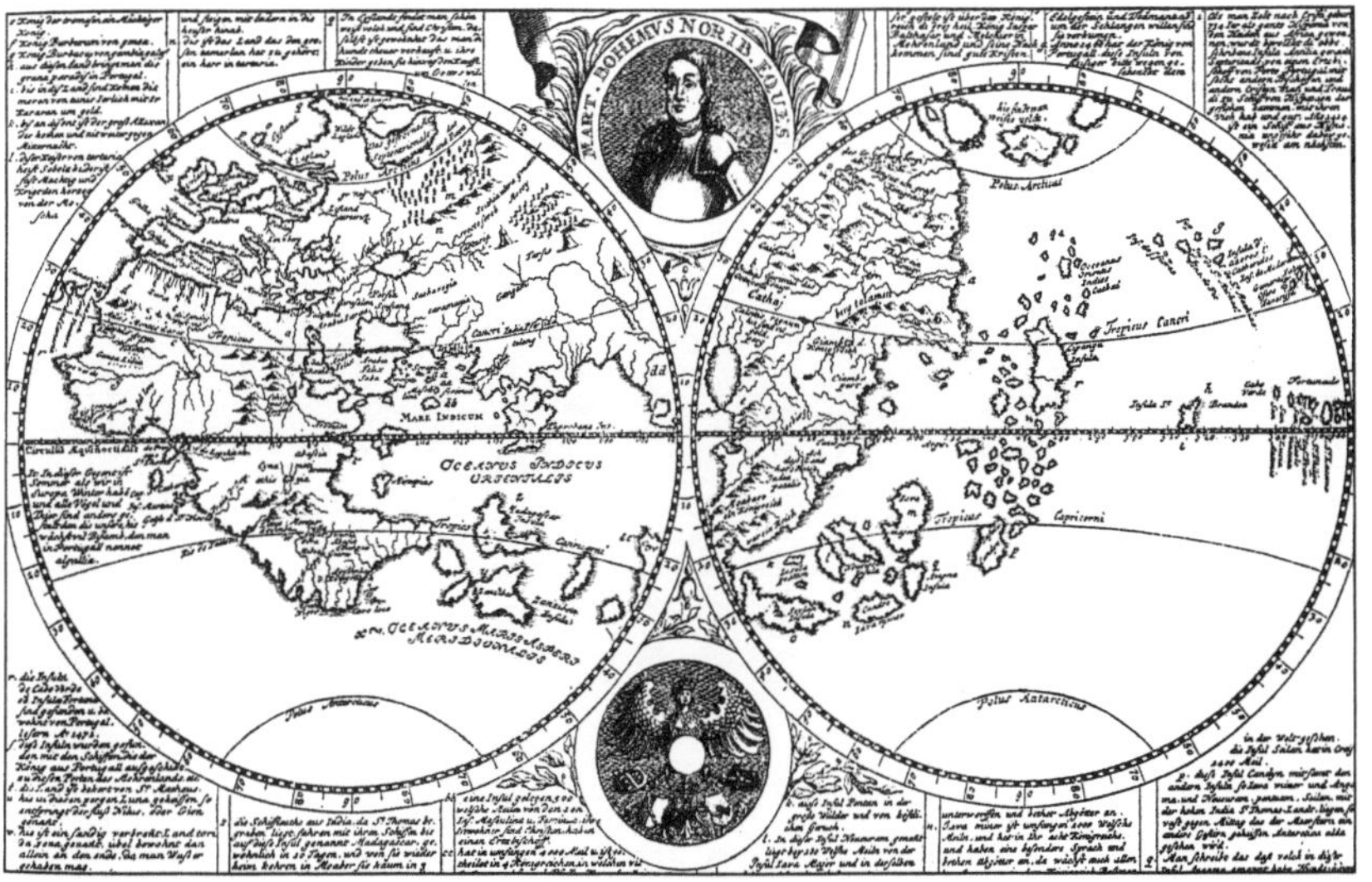

【図29】マルティン・ベハイムの地球儀（1492年）によって、ヨハン・ドッペルマイヤーが描いた世界図（1730年）［D. Hayes, *Historical Atlas of the North Pacific Ocean,* London, 2001, 9.］

大西洋の分界線からアジア東端までおよそ一六〇度に設定してある。

南アジアの新しい地誌的情報が学的権威をもつ世界図に取り込まれてヨーロッパ中に喧伝されるのはヴァルトゼーミュラーらサン・ディエの地図作成グループによる世界図の刊行（一五一三年[*146]、シュトラスブルク）を待たなければならない。この世界図は一六世紀末まで地理学の世界で大きな影響力を行使し、いわばヨーロッパの「共知」となった。ポルトガル系のカヴェリ図（一五〇五年頃）に依拠して南アジア沿岸の形状が修正された結果、ユーラシア大陸の東西距離はマルテルス図やベハイム地球儀に比べると縮小されている。ただし、この場合でも想像上の東アジア大半島やカティガラは残存し、新しい南アジア像に接合されている。また、西インディアスと東アジア大半島との関係は明示されていない。そのため全体の東西枠の見直しは放棄されたのも同然である。結果として、カナリア諸島からカティガラまでのユーラシア一八〇度枠は生き残っているのだ。

前出ソリスとフェルナンドの協約によれば、セイロン島を通る対蹠分界線はカナリア諸島から経度で東へ一二〇度のところに位置する。協約はこの位置づけを「航海術に精通した人々の報告」によるものであるとしているが、ラグアルダ・トリアスは、一二〇度という数値はプトレマイオスの『地理学』による、と推測している。[*147] したがって、大西洋の分界線とカナリア諸島の経度差は六〇度である。この六〇度は幸福諸島（カナリア諸島）を世界の西端におくプトレマイオス『地理学』の枠外の数値であり、その根拠は明らかではない。

しかし、六〇度という数値は当時としてもあまりに過大である。前述のように、フェレールは一四九五年の時点でカトリック両王に対して、大西洋の分界線はヴェルデ岬諸島から西へ二三度である、と言明しており、ヴェルデ岬諸島とカナリア諸島の若干の経度差を考慮にいれても、分界線とカナリア諸島の経度差は三〇度以内におさまる。さらに、以下に述べるように、一五一〇年代後半の両国が共有したと思しき地理観によれば、大西洋の分界線とカナリア諸島の経度差はおよそ三〇度と見積もられていた。

一五一三年のヴァルトゼーミュラー世界図が一六世紀ヨーロッパ地理学の共知であるとすれば、前マゼラン期イベリアにおける共知としての対蹠分界観を伝えるのは、地図学史のうえで有名なあるテキストである。それは、スペイン人天地学者マルティン・フェルナンデス・デ・エンシソによるカスティーリャ語の刊本『地理学大全』（一五一九年、セビリア）、ポルトガル人神学者・天地学者ペドロ・マルガーリョ（バダホス＝エルヴァス会議におけるポルトガル側の裁定者のひとり）によるラテン語の刊本『自然学摘要』（一五二〇年、サラマンカ）、ポルトガル人航海士アンドレ・ピレシュによるポルトガル語の手稿『海事書』の三著に共通してとりこまれている。

そのなかで「最近発見されたばかり」であるとされているフィゲラス港（現バリオス港）は一五〇八〜九年のソリスとピンソンの遠征で発見されたのだから、テキストの地理観は一五〇九年から一五一九年までに形成されたはずである。経度一度あたり一六レグア三分の二を採用し、一周三六〇度で六〇〇〇レグア。経度とレグア数算定の基準点は赤道上にあるサン・トメ

【図 30】ヴァルトゼーミュラーの世界図（1513 年、ジョン・カーター・ブラウン図書館所蔵）

島である。既知の範囲はフィゲラスから東へカティガラまで合計二六一度、四三五〇レグア。大西洋の分界線は「マラニョン〔アマゾン〕川と〔その西の〕淡水の海〔パリア湾〕の間でインディアス」と交差する。大西洋の分界線から東へマラッカまで二七七〇レグア。マラッカから二三〇レグアで「ポルトガル国王の領域がおわり、そのはてにガンヘス〔ガンジス〕の河口がある」。[*148]

一度あたり一六レグア三分の二（六六マイル三分の二）という値は、一一世紀セビリアのアブ・イブン・ムアドに由来し、バルトロメウ・ディアスら一五世紀の航海者によって用いられていた。実値より一五パーセント過少の見積もりであるが、コロンブスの二四・五パーセント過少より大幅に改善されている。[*149] このテキストも東西枠の設定に関してはプトレマイオスのパラダイムに依拠している。伝統的なプトレマイオス図では、カナリアあたりを通る子午線から東にガンジスのデルタまで一五〇度。したがって、カナリア諸島から西の分界線までは三〇度に設定されている。また、マラッカは実際と逆にガンジスより西に位置づけられているが、これはおそらくマラッカの対岸にあるスマトラがセイロンと混同されていたためであろう。たとえば、プトレマイオス型の伝統的なアジア観を踏襲したバルトロメ・コロンの地図（一五〇三〜〇六年頃）[*150] では、メラカ（マラッカ）はガンジスの西、巨大なタプロバナ（セイロン）島の東北の対岸に位置づけられている。一五一〇年代のポルトガル人やスペイン人による踏査検分の成果が取り入れられていないことは明らかである。南アジアについては一五〇〇年代初頭の情報さえ充分に取り込んでいないのだから、一五一三年のヴァルトゼーミュラー世界図よりも時代おくれである。モルッカ諸島に関してはまったく言及されていない。そこで、南アジアを除く全体の枠組みはヴァルトゼーミュラー世界図を基準とするが、南アジアについてのみ旧型のプトレマイオス世界図（一五一三年）またはバルトロメ・コロン図を下敷きにし、そこにテキストの東西距離の体系をあてはめて視覚化したのが、世界分割概念図I【図31】である。

以上のように、対蹠分界の共知（エンシソ＝ピレシュ＝マルガーリョ）は大航海時代の代表的世界観（ヴァルトゼーミュラー世界図）と同様に、学的パラダイムのなかに新しい地誌的情報を限定的に取り込むことによって成立していた。それはたとえ外交レベルで認知されなくとも、海事世界に影響を与えずにおかない。西回り航路はスペインにとってより重要となったばかりでなく、喜望峰航路をえたポルトガルもまたカナネア以南で海峡を探査する価値を見いだした。

11　南西航路の探索

一五一〇年代のポルトガルは、分界を意識してブラジル南方の海岸線を東へ湾曲させる傾向を一層強め、南米と「南方大陸《テラ・アウストラリス》」を連結させた地図を作り出していた。

その痕跡は、前出一五一三年のピリ・レイス海図と一五一九年頃の通称「ミラー・アトラス」（フランス国立図書館所蔵）所収のロポ・オーメン世界図[*151]にみられる。ピリ・レイス海図の書き込み【図32】六番において、全体の典拠がアラブの地図九葉、ポルトガルの新しい地図四葉、コロンブスの地図一葉であると明かされているが、南方大陸部分に関しては書き込み七〜一〇番において、もっぱらポルトガルの地図によることが示唆されている。[*152]ポルトガルのロポ・オーメン世界図【図33】では、類似した南方大陸がさらに東方へ延伸し

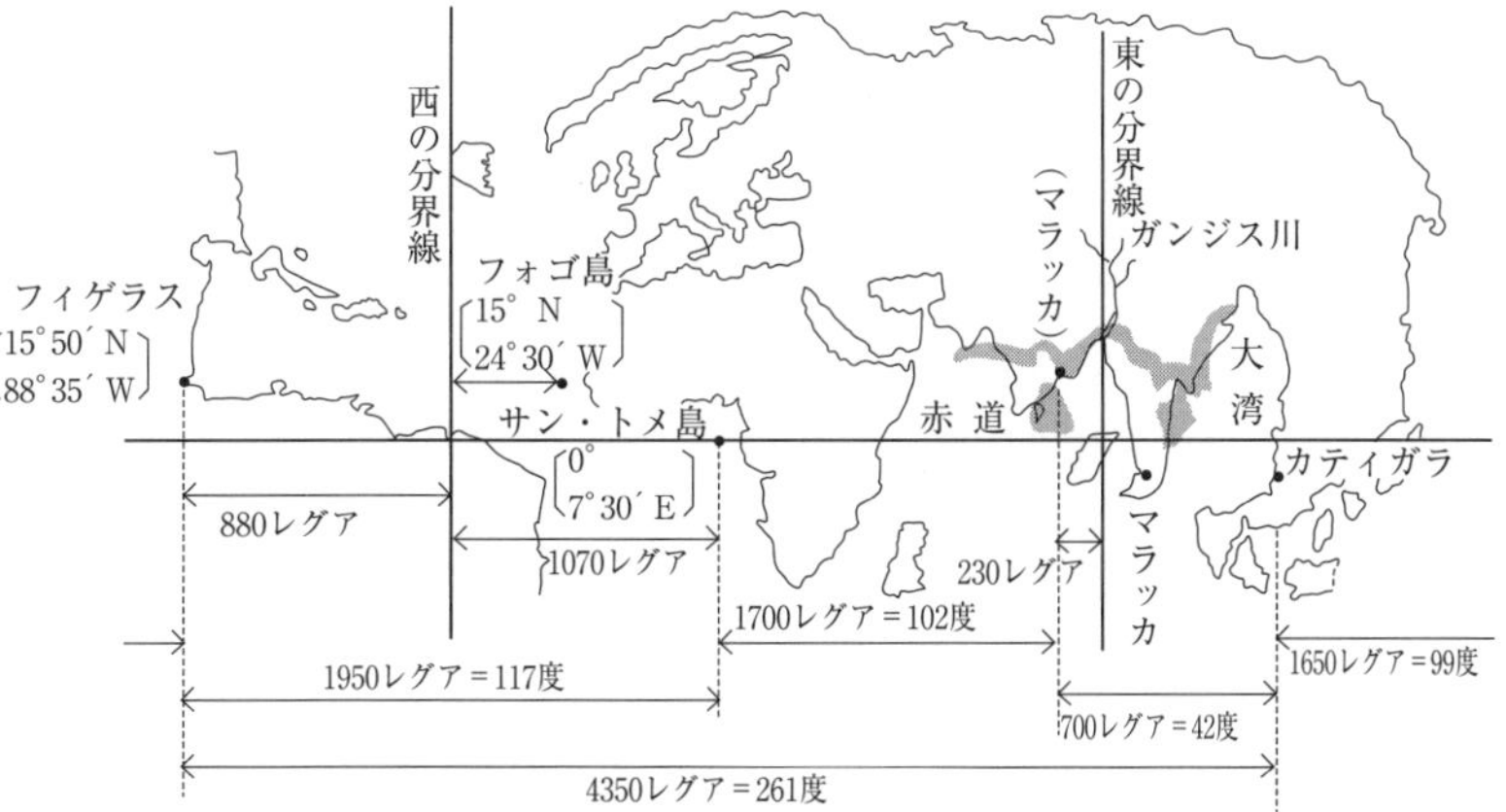

【図31】世界分割概念図Ｉ
エンシソ＝ピレシュ＝マルガーリョ（1509-19年頃）の数値を新旧プトレマイオス世界図にあてはめた。〔　〕内はグリニッジ子午線による座標。地図の実線部はヴァルトゼーミュラーによって補正された世界図（1513年）。影のついた破線部は旧型のプトレマイオス世界図（1513年）。ただし、（マラッカ）の位置はバルトロメ・コロン（1503-6年頃）による

東南アジアと連結している。両図にあらわれた巨大な陸塊は、アジアへの海路を喜望峰航路に限定せしめ、スペイン分界へつながる南西航路への期待を打ち砕く政治的意図をもつ。

だが、それは対外的なポーズであった。ポルトガル国王マヌエルは一五一一年から一四年までの間に、ブラジルを迂回する南西航路の探索を密かに行わせていた。遠征の出資者は、リスボン在住のブルゴス商人クリストバル・デ・アロと香料貿易の特権を与えられたヌノ・マヌエルである。

この遠征の成果は、ドイツ語の小冊子『ブラジルに関する最新報告の写本 Copia der Newen Zeytung ausz Presillg Landt』〔以後、『ブラジル新報』と略記〕にみられる。『ブラジル新報』には二種（ポルトガル王家の紋章付と諸島・船舶の図版付）五部の初期刊本とアウグスブルクのフッガー家文書館で発見された手稿一種がある。刊本はいずれも日付がないが、紋章付刊本の奥付にはアウグスブルクでエルハルト・エグリンによって印刷されたと記されており、手稿は遠征隊の一隻が帰路立ち寄ったマデイラ島で（おそらくドイツ商人の代理人によって）一五一四年一〇月一二日に作成されたことを示している。[*153]

『ブラジル新報』によると、二隻のポルトガル遠征隊は、ブラジル沿岸を既知の南限からさらに六〇〇ないし七〇〇ミリャ南方へ踏査し、ポルトガル国王の領域の果てにあるという〔サンタ・マリア〕岬に到達。遠征隊はこの岬を巡って出くわした水路〔ラ・プラタ河口部〕を北西へ六〇ミリャ航行した。この水路は南緯四〇度にある。ポルトガル人たちはめざす「海峡」に入ったと考えたが、悪天候のために撤退を余儀なくされた。遠征隊に乗り組んでいた「ポルトガル国王が有する最も著名な航海士」は、水路に入る手前の岬から西へ六〇〇ミリャ以内のところにマラッカが位置するはずだ、と述べた。[*154]

遠征の成果は、ふたつの同時代史料、遠征隊の航海士と推定されているジョアン・デ・リジボアの『海事書』と『エヴォラ航海手引書』（一五一六年頃）に盛り込まれた。それは南緯二四度のリオ・ド・サラネ（カナネ）すなわちカナネアから南緯三五度のサンタ・マリア岬まで一一ないし一二の地名と緯度のリストである。[*155] 水路らし

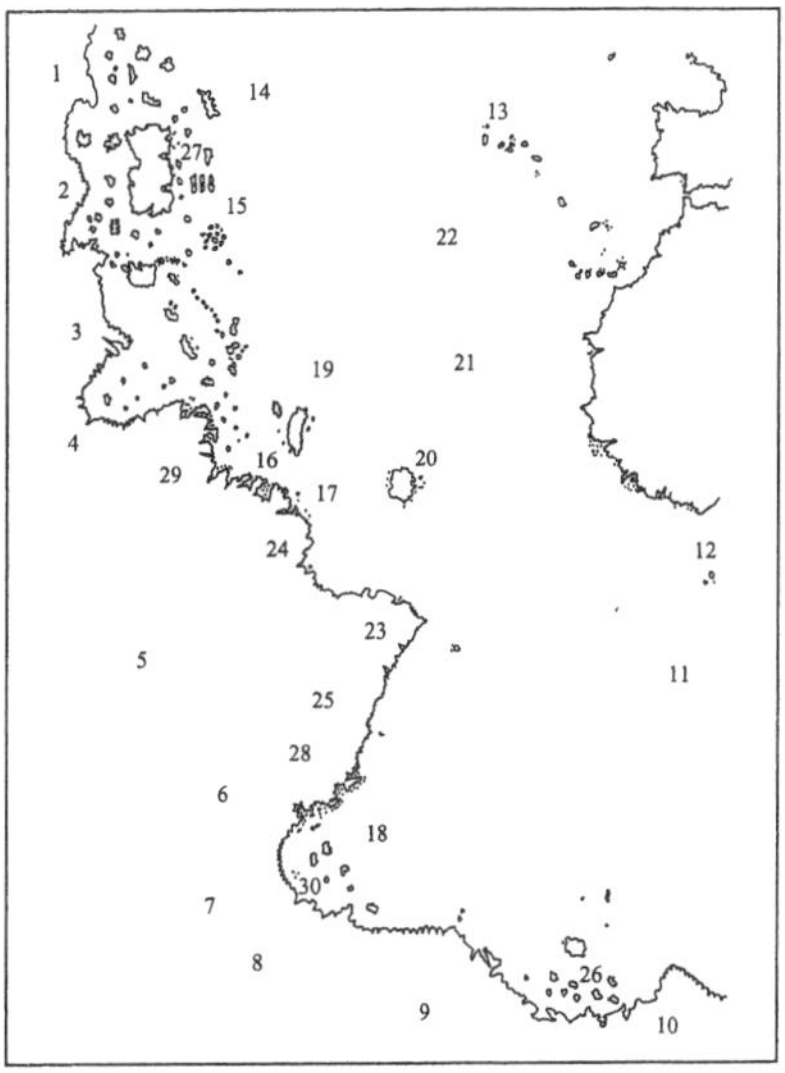

【図 32】ピリ・レイス海図の書き込み位置
［McIntosh, 16 より作成］

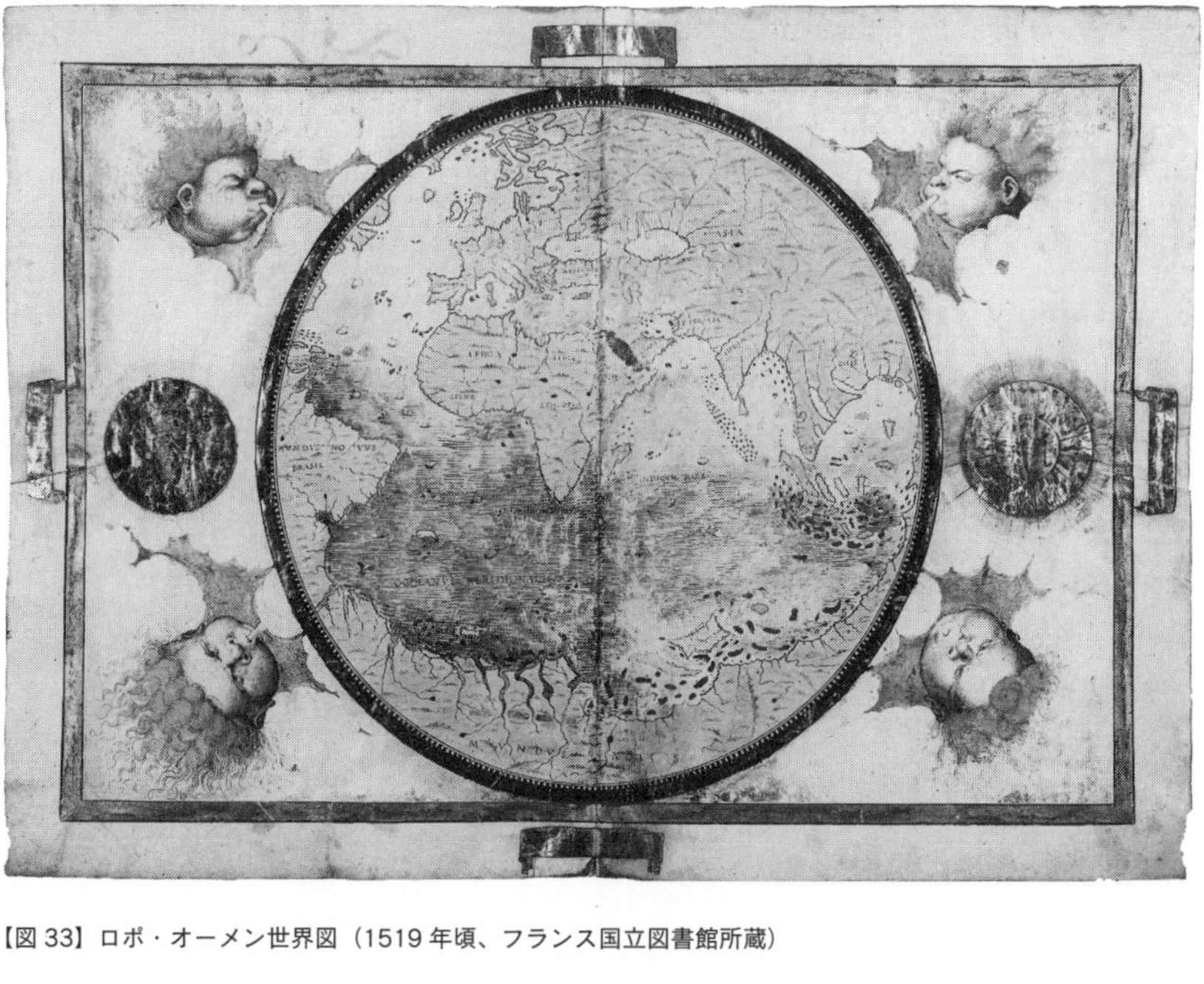

【図 33】ロポ・オーメン世界図（1519 年頃、フランス国立図書館所蔵）

きものを見いだした所が喜望峰に匹敵する南緯であったことは「海峡」発見への期待を強めた[*156]。ニュルンベルクの天地学者ヨハネス・シェーネルは『ブラジル新報』の知識を一五一五年作成の地球儀と付属の論考『簡明全地球誌』（ニュルンベルク、一五一五年）[*157]に取り入れ、南緯四五度にアメリカ大陸と未知の南方大陸「ブラシリエ・レギオ」とを分かち、大西洋と「南の海」とをつなぐ海峡を描いた。

　他方、スペインは海峡の探索に関して二股をかけていた。つまりほぼ同時期、中米と南米の両方面に遠征を派遣したのである。中米地峡の太平洋沿岸地域における黄金と真珠の噂は、アジアへの水路の発見とともにあるいはそれ以上に、征服者と探検家を引き寄せる要因であった。太平洋すなわち「南の海」は、ヴァルトゼーミュラーの地球儀と地図（一五〇七年）、グラレアヌスの世界図（一五一〇年）【図34】、レノックス地球儀（一五一一年）などに想像上の海洋として現れているが[*158]、黄金伝説に寄与したのは「発見」（一五一三年九月二五日）に約八ヶ月先立つ同年一月二〇日、バスコ・ヌニェス・デ・バルボアがダリエンから国王にあてた書簡である。このなかでバルボアは、先住民の話として「もうひとつの海の首長らの家には、われわれを狂気にするほど夥しい金」と大量の真珠がある、と述べている[*159]。

　スペイン国王フェルナンドはダリエンへの遠征と中米地峡の占有を企画し、同年七月二七日ペドラリアス・ダビラに「黄金のカスティーリャ《カスティーリャ・デル・オロ》」の総督職が与えられた[*160]。ダビラが率いる二二隻の艦隊は一五一四年四月一一日サン・ルーカル・デ・バラメダを発し、同年七月〜一五一九年、ダリエン、セヌー、真珠多島海、コイバへ遠征が行われた。この結果、地峡周辺に水路がないことが判明した[*161]。

　フェルナンドはダビラ隊を送り出した半年後の一五一四年一一月二四日、再びソリスを宮廷に招いて、ブラジル南方での「海峡」探索のための協約を結んだ。海峡から「南の海」すなわち太平洋に入り、分界線から数えて一七〇〇レグア以上にわたって踏査を続け、黄金のカスティーリャまで北上すること。経費はソリスの責任とされ、糧食は二年半分、利益は国王とソリスら幹部と乗員で分配することになった。ポルトガル国王の領域にはふれてはならないとされたが、一五一二年の協約で示されたように、対蹠分界はモルッカ諸島のみならずマラッカさえもスペイン国王の領域に置いてくれるはずだ。「南の海」が大洋の名に値するという認識はなかった。アメリカをアジアの大半島と見るか独立した大陸と見るかにかかわらず、ブラジルの南方の海峡を抜ければほどなく香料の原産地に行き着くはずであった。

航海日誌は現存しておらず、エレーラの年代記で概略がえられるにすぎない。ソリス率いる三隻六〇人の艦隊は一五一五年一〇月八日にサン・ルーカル・デ・バラメダ港から出帆、翌年二月現ウルグアイの沿岸に達し、サンタ・マリア岬を回航して淡水海《マル・ドゥルセ》すなわちリオ・デ・ソリス〔ラ・プラタ河〕に入った。マルティン・ガルシア島でソリスは南海への水路が得られないと悟り、先住民《グアラニス》に接触したところ、殺害された。遠征隊はソリスの義弟フランシスコ・トレスの指揮で九月四日セビリアに帰還した。[*162] ソリスはマゼランになりそこねたのである。

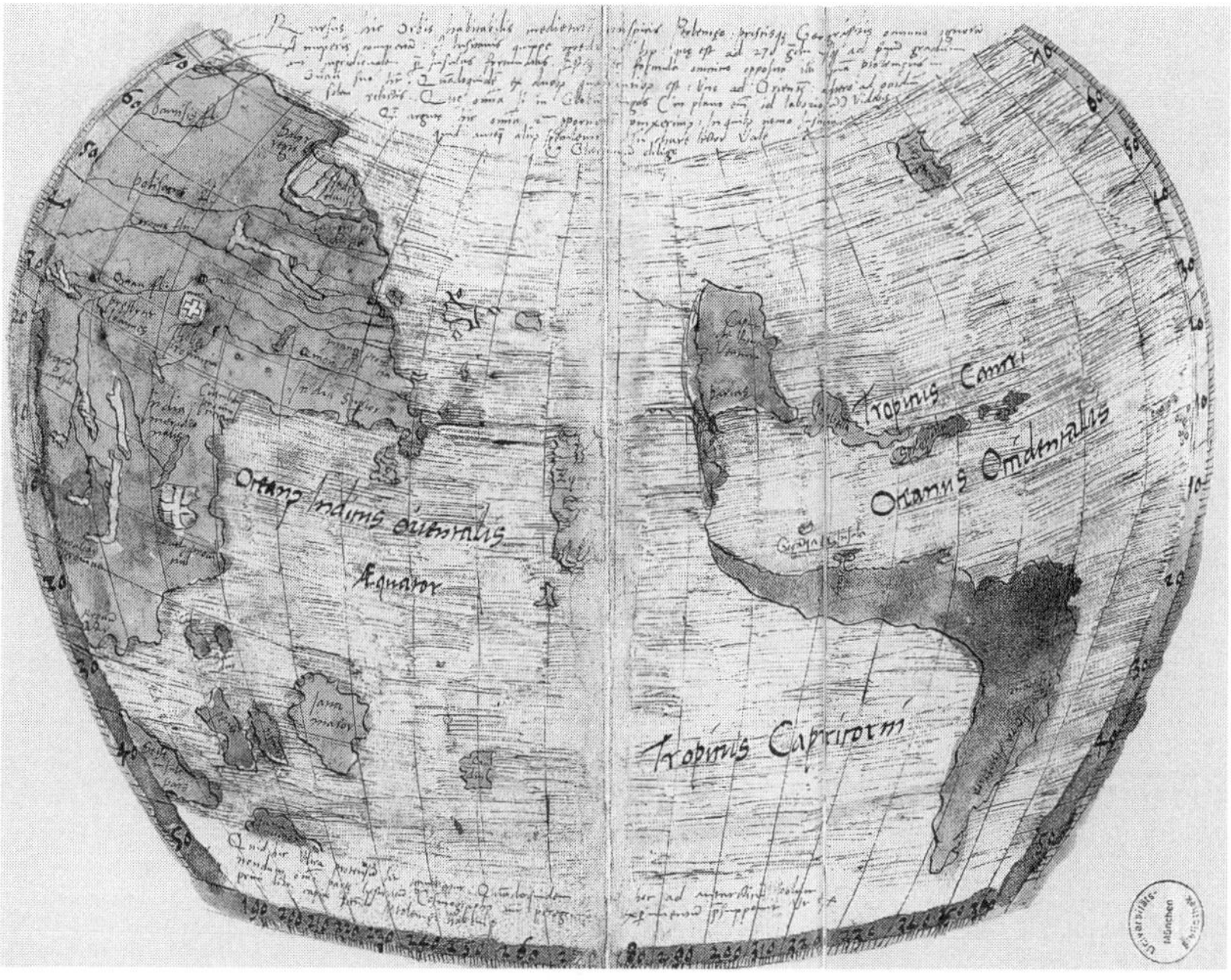

【図 34】ヘンリクス・グラレアヌス地球儀（1510 年頃、ミュンヘン大学図書館所蔵）

第二章

地の果ての外交

――一六世紀初頭のモルッカ諸島とポルトガル

【図 38】クローブ（丁字）　チョウジノキの花蕾を乾燥させたもの（左）。ナツメグとメース　果実の種子がナツメグで、種子を包む仮種子がメース（右）［『フローラ・香料植物』平凡社、1987 年、54-55］

1 極楽鳥《パサロ・デ・デウス》の招く海

インドネシア共和国の東部、スラウェシからニューギニアにかけてモルッカ（マルク）諸島あるいは香料諸島と呼ばれる島々がある【図35】。かつてこの群島はヨーロッパ人の欲望の対象であった。彼らを地球の反対側から引き寄せたのは、この地にのみ自生するきわめて高価な香料である。一六世紀初頭マラッカに滞在していたポルトガル人トメ・ピレスは次のようなマレー商人の言葉を引用している。

神は白檀《サンダロス》のためにティモールを、メース《マーサス》のためにバンダン〔バンダ〕を、クローブ《クラボ》のためにマルコ〔モルッカ〕を造りたもうた。世界で他のどこにもこれらの品々は見つからない。[*1]

当時モルッカ諸島は、ハルマヘラ島の西岸沿いに赤道をはさんで北から南に並ぶ五つの小さな島、テルナテ・ティドーレ・モテル・マキアン・バチャンを意味した。本書ではこのテルナテ・グループ五島を「モルッカ諸島」と呼び、バンダ諸島やアンボイナ島などを含む広義のモルッカ諸島は「香料諸島」と呼ぶことにする。

ヨーロッパ人のなかで香料諸島に先着したのは、ポルトガル人である。ポルトガル人は一五世紀後半、西アフリカ沿岸の交易・戦略拠点に商館や要塞をおいてそれらを海軍力でつなぐ交易拠点帝国を展開していたが、喜望峰航路の開設後も他者と肩を並べる通常の貿易の途はとらなかった。

交易拠点帝国の軍事・行政の組織であったインド領の総督アフォンソ・デ・アルブケルケ（一五〇九～一五年）は、ゴアを中心にインド洋沿岸の戦略拠点を次々と攻略して要塞を造営し、王室による香料貿易の「独占」を狙っていた。とくに一五一一年八月東西貿易の要衝マラッカ（ムラカ）の獲得は重要なステップとなった。[*2] アルブケルケはただちにマラッカ市の要塞化【図36】と東南アジア諸国および中国との修好と通商関係の樹立に取り組んだ。

一五一一年末、香料諸島への遠征もその重要な一環であった。モルッカ諸島のテルナテ島にポルトガルの要塞が建設されたのは一五二二年である。だが、スペインも西回り航路によるマゼラン遠征隊のティドーレ島寄港（一五二一年一一月）を契機にこの地域への介入を強めたため、両国の間にモルッカ諸島の領有権をめぐる係争が生じた。[*3]

むろん、それはスペイン・ポルトガル両国間の問題である前に、モルッカ諸島の諸権力とポルトガルあるいはスペインとの間に横たわる軍事と政治と交易の問題であった。かねてよりモルッカ諸島内で覇権を争っていたテ

【図 35】香料諸島付近図
［『コロンブス、アメリゴ、ガマ、バルボア、マゼラン航海の記録』大航海時代叢書 I、岩波書店、1965 年、648 より作成］

【図 36】マラッカのポルトガル要塞跡
［M. Teague, *In the Wake of the Portuguese Navigators*, Manchester, 1988, 106.］

ルナテとティドーレの両王権は、それぞれがポルトガルとスペイン両国の配下に入る形をとったが、両王権は完全に取り込まれたわけではなかった。むしろテルナテとティドーレ【図37】は一六世紀後半にはポルトガル・スペイン両国の競合関係を利用して、モルッカ諸島のみならず島嶼部東部において互いにその勢力圏を拡大するという点で実をとっていた。

テルナテ・ティドーレ両王権はなぜこのようなパワー・ゲームを展開できたのであろうか。史家レオナルド・アンダヤ（一九九三年）は、テルナテ・ティドーレの対立が構造化されたモルッカ世界像を提示したうえで、両王権の力の源は第一にクローブ貿易であり、第二にイスラム教であった、と述べている。[*4]

しかし、ポルトガル人の到来時に立ち返ってみると、テルナテ島とティドーレ島はクローブの生産力において突出していたわけではない。むしろマキアン島は生産力で両島に匹敵し、良港をいだき、しかも人口規模では両島を凌駕していたにもかかわらず、その王権はすでに弱体化していた。

また、テルナテ島とティドーレ島のイスラム化は香料諸島で最も早期に開始されたが、改宗は支配者層に限定され、住民の大半は「異教徒」のままであったし、その支配者層もムスリムとしての連帯感を強く抱いていたとは言いがたい。[*5]ポルトガル人がインド洋の貿易で支配的だったグジャラートのイスラム商人に挑戦し、さらに島嶼部イスラム化の起点とも言うべきマラッカ王国を滅ぼしたにもかかわらず、モルッカ諸島の主権者たちはポルトガル人の貿易参入を拒否しなかったばかりか、競って呼び込もうとさえしたのだ。史家ルイス・フェリペ・トマス（一九七五年）は、モルッカ諸島の人々がポルトガル人に組織的な敵対行為をとらなかった理由として、イスラム世界の周縁に位置する地理的要因の他に、ポルトガル人が提示した貿易の条件がマレーやジャワのイスラム商人を上回っていたことをあげている。[*6]

だが、私見によると、初期の段階からモルッカ諸島の主権者たちは貿易の条件のみならず軍事的取引にも重きをおいてポルトガル人と交渉していた可能性が強い。ポルトガル人がもたらす商品は基本的にマレーやジャワの商人と同様であったが、火器は別物であった。他方、ポルトガル人にとって香料諸島は地の果てに位置した。すでに手を広げ過ぎた感のある交易拠点帝国がとりうる選択肢はふたつしかない。ひとつはピンポイントでなけなしの資源を投下して拠点を確保すること、もうひとつは拡張を断念し他者と肩を並べる通常の貿易の途をとることである。

選択する前になすべきなのは、香料諸島の地政学的布置に関する情報を収集し、主権者たちの意図を知ることであろう。最初の接触から要塞建設までのおよそ一〇年間は、以上の交渉が集約的に行われたはずである。そして、この時期にポルトガル・モルッカ間で発生した「外交」がのちに展開されるパワー・ゲームの下地になったのではないか。

本章では、まずポルトガル人到来以前の香料諸島の地政学的布置について概観し、次にポルトガルとモルッカ諸島の初期の交渉史を詳細に検討する。[*7]

2　香料諸島の地政学的布置

モルッカ諸島は土地がやせており、クローブ以外にめぼしい産物を持たなかった【図38】(第二章扉)。とくにテルナテ島とティドー

【図37】テルナテ島・ティドーレ島
［生田滋『大航海時代とモルッカ諸島』中央公論社、1998年、67より作成］

レ島は狭小な火山島であったため、クローブの栽培と輸出を強化して生活必需品を入れざるを得なかった。モルッカ諸島の歴史はクローブとともにあったと言ってもよい。米やサゴなどの食糧はハルマヘラやモロタイなどの近隣諸島やジャワから輸入していた。

一六世紀前半の人口はテルナテ島で二〇〇〇ないし四〇〇〇人、ティドーレ島で二〇〇〇ないし三〇〇〇人、五島合わせても一万人程度であった。一六世紀以前の人口は明らかでないが、以上の規模を大きく上回ることはなかったであろう。

モルッカ諸島内ではテルナテ国王が最有力で、ピレスによると、テルナテの人々はモルッカ諸島の人々の間では「騎士」であった。テルナテ国王に息女を嫁がせる習いとなっていたティドーレ国王がこれに対抗できる力を持っていたが、加えてバチャン国王とハルマヘラ（バトシナ）島のジェイロロ国王も有力であった。ハルマヘラ島はモルッカ五島には数えられていないが、野生のクローブが手に入った。バチャン島でもクローブは内陸部で野生していたが、一六世紀初頭に急速に栽培が拡大した。かつてはジェイロロとバチャンではなくモテルとマキアンの二王が有力でテルナテ・ティドーレと四王国を形成していたらしい。マキアン島は人口・クローブの生産量ともに最大で良港をもっていた。だが、一六世紀初頭の時点でモテルはテルナテとティドーレによって分有され、マキアンはティドーレの支配を受けていた。

モルッカ諸島の南方、セラム島とアンボン島のさらに南に位置するのがナツメグとメースの原産地、バンダ諸島である。モルッカ諸島と同様に農業基盤が脆弱であったが、人口規模はさらに小さく、全諸島合わせて三〇〇〇人程度であった。バンダ諸島には国王が存在せず、長老たちが共同統治を行っていた。[*8]

通説上、貴重な香料の原産地としてのモルッカ諸島やバンダ諸島を「発見」し、これを外の世界と関連づけたのは中国人であった、と考えられている。一五三六〜三九年テルナテ要塞の長官を務めたポルトガル人アントニオ・ガルヴァンのものとされる『マルコ諸島誌』の記述によると、初めて外からこの地域に船でやってきたのは中国人であった。またモルッカ諸島で「初めて大規模にクローブを買い付けたのも中国人」であった。彼らの交易の拠点はマキアン島であった。[*9] 中国人は、汪大淵の『島夷志略』（一三四九年）の書かれた頃までに、「東洋針路」でフィリピン諸島西辺とスールー海域を経て香料諸島へ達し、その正確な認識を得るようになっていた。その背景にはジャワへの元寇（一二九三年）がある。泉州からベトナムを経て南方へのびる伝統的な西洋針路が打撃を受けたのである。『島夷志略』は「文老古」すなわちモルッカ諸島と「文誕」すなわちバンダ諸島に関してはじめてまとまった情報を伝えている。[*10] 中国人が直接大量にクローブやナツメグを買い付けたのもこのころであろう。

だが、アントニオ・ガルヴァンは、「いつ頃かは不明だが、かなり以前から中国人の船は来航しなくなった」、と述べている。[*11] おそらく一四世紀後半明代に入って海禁政策がとられたことやジャワの諸港市が興隆しマジャパヒトの影響力がモルッカ諸島やブルネイに及ぶようになったことなどのために、モルッカ諸島までの「東洋航路」は廃れ、中国船の来航は止んだ。鄭和の遠征記録はモルッカ諸島に関して沈黙している。[*12]

一五世紀に入ると、マレー半島のマラッカ王国が勃興し、島嶼部に商業覇権とイスラム化の波を及ぼしはじめた。ピレス、ガルヴァン、それに一六世紀の年代記家ジョアン・デ・バロスによると、ジャワ経由でモルッカ諸島にこの波が到達したのは一五世紀半ば過ぎである。イスラム化はアラビア文字によるマレー（ムラユ）語の表記や「スルタン」（ソルタン）の称号などをもたらした。スルタンを称したのはテルナテ国王（と、ピガフェッタによると、ティドーレ国王）だけで、その他の諸王は「ラジャ」あるいは「カシル」と称した。[*13] マレー語は島嶼部の交易共通語としての地位を確立しつつあった。モルッカ諸島に少し遅れてバンダ諸島もイスラム化し、マレー人やジャワ人が頻繁に出入りするようになった。[*14]

トメ・ピレスの『東方諸国記』によると、一六世紀初頭の時点でクローブとナツメグ・メースの貿易はマラッカ在住の「ケリン」商人ニナ・スリア・テヴァと、マラッカ出身でジャワ東部の港市アグラシ（グレシク）に拠る商人パテ・クスフが寡占していた。ケリン人は南インド・コロマンデル出身のタミール語系ヒンドゥー教徒で、マラッカに居留地を持つ外国人商人のなかでグジャラート出身のムスリム商人と並んで支配的な勢力を持っていた。ニナ・スリア・テヴァとパテ・クスフは毎年香料諸島向けのジャンクを合わせて八隻送っていた。季節風に乗るとマラッカから香料諸島まで一ヶ月間あまりの航海であったが、通常は直行ではなく、途中で何度か寄港して交易を繰り返していたため、二年ないし三年を要した。

マラッカから輸出される主要商品はインド綿の三大産地カンバヤ（グジャラート）・コロマンデル・ベンガルの綿布で、この良質の綿布がジャワで中国の銅銭と交換される。この銅銭はスンバワ島で米および質の劣る綿布に換わり、これらが香料諸島に持ち込まれてクローブ・ナツメグ・メースと交易された。マラッカに持ち込まれたクローブ・ナツメグ・メースの一部は中国やベンガル湾岸にも向かったが、その大半はグジャラートの諸港に運ばれ、さらに紅海・ペルシア湾を経て地中海に向かった。[*15]

攻略前年のマラッカで拘束されていたポルトガル人ルイ・デ・アラウジョの報告（一五一〇年二月六日）とトメ・ピレスの記述をつきあわせると、ポルトガルによるマラッカ征服の直前、クローブの年間生産量はおよそ六〇〇〇バールで、そのうちマラッカに入ったのは五〇〇〇バール弱、さらにそのうち四〇〇〇バールをグジャラート人が持ち出していた。一五世紀末におけるヴェネツィアの年平均のクローブ輸入量は五二トン（三〇〇バール）にすぎず、かりにこれを一六世紀初頭におけるヨーロッパの輸入量とすると、インド・西アジア・中東に三七〇〇バールものクローブがとどまっていたことになる。[*16]

以上のように、香料諸島は一五世紀を境に世界市場向けの商品、クローブ・ナツメグ・メースを通じて巨大な国際交易ネットワークのなかに組み込まれていた。注目したいのは、そのなかでモルッカ諸島とバンダ諸島の位置づけが微妙に異なっていたことである。香料貿易に関して外来商人に依存していたことは両諸島に共通しているが、一六世紀の年代記家フェルナン・ロペス・デ・カスタニェーダは、貿易に全く従事しないモルッカ人と香料諸島内の中継貿易に携わるバンダ人とを対比してとらえている。

カスタニェーダによると、モルッカ諸島の住民はコラコラなどの軍用の櫂船のみを有し、クローブを搬出する船も商人もいなかった。他方、バンダ諸島の住民は「マラッカの商人から得たインド綿をもってジャンク船でモルッカ諸島に交易にやってくる」。バンダ人はモルッカ諸島からクローブを持ち帰り外来の商人に引き渡していた。「マラッカの商人はバンダ諸島までやってくるが、モルッカ諸島へは行かない」。季節風待ちのためマラッカ＝モルッカ諸島の往復はマラッカ＝バンダ諸島の往復の二倍以上の時間を要したからである。すなわち、マラッカ発一月でバンダ着は二月、積み荷を終えバンダ発七月で、マラッカ帰着は八月、したがって計七ヶ月間。ところが、モルッカへ行く場合は、バンダ発は五月、風待ちでモルッカ発は翌年一月、さらに風待ちでバンダ発七月、マラッカ帰着は八月、したがって計一年七ヶ月間。つまり一年間もの時間差が生じていた。[*17]

ただし、バロスはモルッカ諸島のジャンクはクローブをバンダ諸島へ運んでいたと述べているので、必ずしもモルッカ諸島にはクローブを搬出する船も商人も存在しなかったとは断言できない。[*18] いずれにせよ、ジャワやマラッカの商人からみると、ナツメグ・メースの原産地バンダ諸島でクローブが得られるのだから、航海の効率を優先するならば、さらに一年間の時間を要するモルッカ諸島への航海は必要ではない。

要するに、バンダ諸島はナツメグ・メースの原産地としての利点に加えて、中継貿易のための地理的利点を持っていたが、その反面で、モルッカ諸島に比して政治的求心力が弱かった。ピレスによると、バンダ諸島には国王が存在せず、長老たちが共同統治を行っていたが、毎年やってくるジャワ人とマレー人が滞在中は彼らが「この国の支配権」を握っていた。バンダ諸島は「小さく弱い」ので到来するジャンクによって支配されるのだ、と。[*19]

他方、バロスによると、バンダ諸島では港に住みナツメグ・メース交易を統御する人々がもっとも有力であったが、全諸島のナツメグ・メースが集中して処理されるバンダ島はマルコ（すなわちテルナテ）国王の支配下にあった。[*20] 一六世紀初頭のインドに滞在していたポルトガル人ドゥアルテ・バルボザも、バンダ諸島の人々は「何人にも服従しないが、マルコの王に従う場合がある」と述べている。[*21]

また、モルッカ諸島に三年間滞在したバルトロメウ・ゴンサルヴェスの証言（一五二三年）によると、一五一九年頃バンダ諸島にはテルナテ国王の軍人《カピタン》たちが配属されており、人々はテルナテ国王に服していた。[*22] ただし、バンダ諸島におけるジャワ人とマレー人の支配とテルナテ国王の支配が併存していたのか、それとも移行したものなのかは明らかではない。

香料諸島の地政学的布置は、ポルトガル人にとって通常の交易の途をとるにせよ、交易拠点帝国の拡張をはかるにせよ、まず第一に知るべきことがらであったはずである。後述のように、ポルトガル人は香料諸島への到来直後はバンダ諸島への航海を主体にしていたが、数年後に方針を転換、モルッカ諸島へ傾斜を強めて行った。また、モルッカ諸島の主権者たちもなんらかの意図を持ってポルトガル人を招き入れた。

次節では「要塞」を軸とする交渉の過程を考察しながら両者の意図を探っていきたい。

3　前・要塞期の交渉——学説と史料

ポルトガルとモルッカ諸島の交渉は一五一一年末から翌一二年に始まった。マラッカから香料諸島へ、マラッカ在住の中国人イスラム教徒ナオダ・イズマエルのジャンク一隻、さらにその二、三日後にアントニオ・デ・アブレウ司令下の三隻の船隊が派遣されたのである。[*23] 通説上、以後の交渉史における画期は一五二二年テルナテ島におけるポルトガル要塞「サン・ジョアン」の造営におかれている。もともと島嶼部に存在しなかった石と煉瓦の要塞が、その威容と軍事・交易両面にわたる機能によって、ポルトガルとモルッカ諸島の関係とモルッカ諸島における生活を大きく変えたとしても不思議ではあるまい。

ポルトガル海外膨張史の通説を担ってきたV・M・ゴディーニョ（一九八二年）に言わせると、ポルトガルが要塞を建設したのはクローブ貿易の王室独占をはかるためではなく、西回り航路でモルッカ諸島へマゼラン艦隊を派遣したスペインに対抗するためであった。ポルトガルは結果として要塞の維持費捻出のために王室による独占貿易を狙うことになった、とゴディーニョは考えている。[*24]この考え方に立てば、前・要塞の一〇年間ポルトガルは他者と肩を並べる通常の貿易をめざしていた、ということになる。L・F・トマスも、前・要塞期の一〇年間は既存の交易体制への適応の時期であり、ポルトガル人は「見習い中」であった、と見ている。[*25]

たしかに、ポルトガル本国にはインド領における要塞の経済効率に疑問の声が多かったし、強硬な要塞推進派のインド領総督アルブケルケでさえ香料諸島に関しては慎重な姿勢を見せていた。カスタニェーダの年代記によると、総督アルブケルケはアブレウに以下の訓令を与えた。すなわち、

いかなる場合でも他の船舶に追尾や捕獲の姿勢を見せてはならない。どの港も攻撃してはならない。他の船舶の積み荷を妨害してはならない。それを扱う商人がだれであれどのような宗教をもとうとも、むしろ手助けするほどに丁寧に対処せよ。商務官と書記官その他四名を上陸させ、現地人との交渉はすべてこの六名を介して行うこと。港についたら国王と身分の高い人々に贈り物をせよ。あらゆる取引と対人関係においてポルトガル人以外の商人の例に倣え。各地の慣習を尊重せよ。[*26]

しかしながら、P・R・アブドゥラフマン（一九七八年）はポルトガルの意図についてゴディーニョと対極の見解をとっている。すなわち、初期の「緊張緩和」は総督アルブケルケの演出にすぎず、ポルトガル人は懐柔策の背後で常に香料貿易の独占を狙っていた、と。[*27]

両者の見方を統合した立場をとっているのは生田滋（一九九八年）である。すなわち、ポルトガルにとって要塞は、第一に来航が必至のスペイン船隊に対抗しモルッカ諸島がポルトガルの支配下にあるという既成事実をつくるために、第二に王室貿易の拡大強化のために必要であった。ただし、ポルトガルは当初は独占貿易を試みなかったが、要塞が建設され商品の供給体制が整うと独占の計画を実行に移した、と。[*28]

他方、要塞をめぐるモルッカ側の対応に関しても学説の振幅は大きい。アブドゥラフマンによると、ポルトガルの貿易独占の意図を見抜いてこれを警戒したテルナテ国王は要塞建設の「協定」をポルトガルと結びながら、その実施を先送りさせていた。テルナテ国王が要塞建設の許可をポルトガルに与えたのはティドーレ島へのスペイン人の到来を見たからである、と。[*29]

だが、要塞の建造に積極的であったのはむしろテルナテ国王の方であった、と考えているのはアンダヤである。アンダヤは、一七世紀初頭のスペイン人レオナルド・デ・アルヘンソラの記述に依って、テルナテ国王はアブレウ本隊からはぐれてモルッカ諸島に到来したフランシスコ・セランを歓迎し、ポルトガル人へのクローブの引き渡しを約束したが、その際に貿易の条件としてテルナテで要塞を建設するようポルトガル国王を説得してほしいとセランに依頼した、と述べている。[*30]

さらに、生田は、テルナテ国王のみならず、ティドーレ、マキアン、バチャンの各国王もセランの到来後間もなくポルトガルの要塞を誘致する意思を表明していた、と指摘したうえで、モルッカ諸島の主権者たちは横並びの状況から抜け出すきっかけをポルトガルの要塞に求めていた、と説いている。ただし、生田に言わせると、モルッカ諸島の主権者たちは要塞が建設され独占の計画が実行に移される段になって初めて要塞の意味を悟った。それはまさしく主権の否定である、と。[*31]いいかえれば、「要塞」なるものの実態と機能を知らずして熱心に引き込もうとしていた、というのである。

以上のように、要塞を縦糸とする初期交渉史はそのとらえ方に大きな差異が見られる。その理由のひとつはモルッカ側の史料がきわめて乏しいことにある。イスラム化によってアラビア文字表記のマレー語・ジャーウィは導入されはじめていたが、[*32]アントニオ・ガルヴァンによると、モルッカ諸島の人々は韻律と伝承で過去を記憶にとどめており、「年代記や歴史〔記述〕をもたず、文書館もない」。[*33]ティドーレ国王はポルトガル人との交渉のため使節を派遣した際、「書くことに不慣れであるため」口頭での伝達に信をおいてもらいたい、と懇請していた。[*34]

ただし、交渉の過程でおそらくはポルトガル人からの強い要望に応えて、モルッカ諸島の諸王権はプリミティブな様式ながらもいくつかの書簡を外交文書として残している。

他方、一六世紀のポルトガル人年代記作家のなかでモルッカ諸島に関して最も重要とされているのはジョアン・デ・バロスである。[*35] だが、反面バロスは海外膨張に関する「最大のイデオローグ」とも評されており、[*36] 実際、要塞の招致に関する記述では「現地からの要請」という要因が過度に強調されている。この点は他の史料と適切につき合わせて修正されなければならない。また、バロスは依拠した資料の出所としてアントニオ・ガルヴァンの名をあげているが、[*37] 初期交渉史に関してバロスはガルヴァンのものとされる『マルコ諸島誌』(一五四四年頃)に記載されていない情報を盛り込んでいる。

本章で重視したいのは、一五二三年に作成された『モルッカ問題供述調書』[*38] である。これはスペイン国王とポルトガル国王の代表団がモルッカ諸島の領有問題を討議するバダホス＝エルヴァス会議(一五二四年四〜五月)を前に、ポルトガルによるモルッカ諸島の「占有」を論証するための資料としてポルトガル国王が作成させたもので、証人として供述記録が残っているのは以下九名である。アレイショ・デ・メネゼス、ディオゴ・ロペス・デ・セケイラ、フェルナン・ペレス・デ・アンドラーデ、ラファエル・カターニョ、ジョルジェ・ボテーリョ、ガルシア・デ・サ、バルトロメウ・ゴンサルヴェス、ルイ・デ・ブリト・パタリム、ディオゴ・ブランダン。

九人のうちアンドラーデ、ボテーリョ、パタリムの三名は、アルブケルケのもとでマラッカ攻略に参加した。パタリムはマラッカ要塞の初代長官である。したがって彼らはマラッカ攻略直後の交渉史に詳しい。ただし、三名ともモルッカ航海の経験はない。残り六名は一五一〇年代半ば以降ポルトガル領インドで活躍したが、実際にモルッカ諸島ないしバンダ諸島に航海した経験をもつのはゴンサルヴェスとブランダンの二名のみである。ゴンサルヴェスはモルッカ諸島に三年間滞在した。ふたりともガルシア・デ・サがマラッカ要塞の長官であった時にデ・サによって派遣された。このデ・サとパタリムさらにアレイショ・デ・メネゼスの三名がマラッカ長官の経験者である。セケイラは初めてマラッカに到達したポルトガル艦隊の総司令でインド総督も務めた（在位一五一八〜二一年）。

質問の設定そのものは個々の年代の確定にあまり重きを置いていないし、個々の供述は相互に矛盾する場合が少なくないので、取り扱いに注意を要するが、他の史料にみられない情報を多く含んでおり、初期十年間の交渉史を再構成するためには不可欠である。以下、『調書』等のポルトガル人やスペイン人の記録とモルッカ諸島諸王権の書簡類を適宜参照しながら初期交渉史を再構成する。

4　要塞招致の虚構

アブレウの艦隊が出帆したのは一五一一年の「季節風の時期一二月」（ボテーリョ、アンドラーデ）で、フランシスコ・セランがモルッカ諸島へ到達したのは一五一二年（ボテーリョ）である。[*39] いずれの供述も、また年代記類も、アブレウ隊の目的地はモルッカ諸島であった、としているが、唯一アントニオ・ガルヴァンは、総督アルブケルケは「バンダの発見のために」アブレウ隊を派遣した、と述べている。[*40]

実際、アブレウ隊はバンダ諸島に到達、住民からマラッカ長官・インド総督への服従の誓いを受け（ブランダン）、ナツメグやクローブを積み荷した（アンドラーデ、ゴンザルヴェス）[*41] が、その後モルッカ諸島に向かうことなく、マラッカへの帰還の途についた。モルッカ諸島を目指さなかったのは船の状態が悪かったため（アンドラーデ、ボテーリョ、ブランダン）、あるいは季節風の時機を逸していたから（パタリム、アンドラーデ）、またはモルッカ諸島への航路をみせたくない現地人航海士の欺きのため（アンドラーデ）である。[*42] 帰還途上、フランシスコ・セラン率いるジャンク一隻が本隊からはぐれ、バンダ諸島の西二五レグアに位置するルセピニョ島で難破し、そこで二ヶ月間滞留した（ブランダン）。[*43]

ガルヴァンおよびバロスによると、セランらはこの島へやってきた海賊の船を奪い、ヒトゥ島のルソテロへ到達した。ルソテロは対立するセラム島のヴェラヌラとの戦いでセランらの支援を得て勝利を収めたため、これを記念してポルトガル人のために一種の見張り台を建てた。「この勝利はただちに島々の間に知れ渡った」。テルナテ国王とティドーレ国王はポルトガル人たちの存在を知ると、競って彼らを招致しようとそれぞれ船団を派遣したが、一足早く到着したテルナテの使者が彼らを獲得した。[*44] テルナテ島へ招致されたポルトガル人は八〜九名（パタリム）ないし一五名（ボテーリョ）であった。[*45] バロスによると、すでにテルナテ国王カシル・ボレイフェはアルブケルケによって派遣されていたナホダ・イズマエルからポルトガル人のことを聞かされていた。イズマエルのジャンクはクローブを積載して帰路についたが、ジャワで難破、一五一三年にマラッカから派遣された四隻の船隊によって積み荷が回収された。[*46]

従来、イスラム教徒ナホダ・イズマエルのジャンクは、アブレウ隊がモルッカ諸島に到達する前にポルトガル人によるマラッカ攻略の恐怖のイメージを和らげ交易と修好の意図をもたらす、いわば露払いの役を担わされていた、と推測されてきた。[*47] だが、ナホダ・イズマエルの出帆がアブレウ隊のわずか二、三日前であったことやアブレウ本隊の動き、この後数年間のバンダ航海の重視、アブレウはバンダを目指したというガルヴァンの言葉などを重ね合わせると、当初からナホダ・イズマエルはモルッカ諸島へ、アブレウはバンダ諸島へという役割分担があった、と考える方が自然であろう。ポルトガルの歴史叙述は先着のイズマエルよりポルトガル人セランの役割を強調した。

バロスによると、テルナテ国王カシル・ボレイフェは「ポルトガル人たちが完全武装で現れたのを見ると、両手をのべて神に賛辞を捧げた。なぜなら〔神は〕その死の前に鉄の人々を示すのだが、その力で王国は安定しその恩恵で子々孫々にわたってあの土地の国王の称号を保持し続けられるはずであったからだ」。[*48] こうしてポルトガル人たちは「大きな名誉」を受け（アントニオ・ガルヴァン、アンドラーデ、ボテーリョ）、セランは「国家」として処遇された（バロス）[49]。さらに、セランはテルナテ国王と通商関係を「確立」したという供述（アンドラーデ、ボテーリョ）もあるが[50]、軍事面にせよ交易面にせよ、協約に類するものが交わされた痕跡はない。テルナテ側としてはたまたま招致できたとはいえ高位の官職を持たないセランの言質に重きをおけるはずはなく、マラッカ長官あるいはゴアの総督、できればリスボンのポルトガル国王の意思を確認する必要があったであろう。事実、交渉が進みはじめるのは、翌一五一三年マラッカからアントニオ・デ・ミランダの艦隊が到来してからである。ジョアン・デ・バロスは以下のような「要塞」を縦糸とする交渉史を描いている。

アントニオ・デ・ミランダの到来後、テルナテ国王とティドーレ国王の間に「クローブの積み出しに関して、だれが彼〔ミランダ〕により便宜をはかれるかで争いが起こった」。ミランダは両者を調停しようとしたが、両国王はともにポルトガル国王マヌエル宛の書簡で以下のように懇請した。マヌエルに服属することとひきかえに「要塞」を建設してほしい。かりに両国王の要請がマヌエルを迷わせる場合は両国王が共有するマキエン島に要塞を建ててほしい、と。ミランダはクローブを満載し、両国王の要請文を携えたペロ・フェルナンデスらセラン配下のポルトガル人数名と帰還した。セランはテルナテ国王の期待を「保証するものとして」テルナテ島に留められた。

この頃、総督アルブケルケはバンダ島に商館を建設することを考えていた。しかし、両国王の「書簡の力で」マヌエルはモルッカ諸島における要塞の建設を決断し、一五一七年に出帆した艦隊にこの指令を託した。王令を受けてマラッカ長官はトリスタン・デ・メネゼスをテルナテに派遣、テルナテ国王は「タランガメ港で木造の要塞をトリスタンに設営させた」。この拠点ができたためにテルナテ・ティドーレ間に「新たな軋轢が生じた」。そこでトリスタンは貿易に支障が出ないよう事態の鎮静化をはかり、マヌエル王の書簡によって、〔本格的な石造の〕要塞は建造しない、と両国王に告げた。しかし、その後もモルッカ諸島の国王たちは「常にこの〔要塞誘致の〕要請に固執」したため、マヌエルはジョルジェ・デ・ブリトの艦隊を派遣した[51]。

以上のように、バロスの記述はモルッカ諸島の現地権力が臣従と引き換えに要塞を執拗に誘致したこと、これに対してポルトガル国王が貿易を優先し要塞の建設に慎重な姿勢をとっていたことを強調している。当初からモルッカ諸島の諸権力が要塞を求めたという記述はガルヴァンには見られないが、『調書』の供述にはバロスの典拠と思しき記述がある。すなわち、セラン到来の直後ポルトガル国王に宛てた書簡のなかでテルナテ国王は次のように述べた。「要塞と商館を造らせてもらいたい。〔テルナテ国王は〕ポルトガル国王に臣下としてすべてを委ねたのだから、と」（ボテーリョ）。[*52] また、マラッカ長官ジョルジェ・デ・アルブケルケもポルトガル国王宛の書簡（一五一五年一月八日、マラッカ）で、モルッカ諸島の王たちはポルトガル国王の臣下になりたがっており、また要塞をほしがっている、と述べている。[*53]

だが、テルナテ国王バヤン・シルラー〔カシル・ボレイフェ〕からペロ・フェルナンデスに託された書簡のポルトガル語訳と推測されている日付なしの書簡を読むと、自発的な臣従の対価が要塞ではなかったことが判明する。すなわち、

テルナテ国王はポルトガル国王の臣下として服従を誓い、テルナテ島をポルトガル国王に捧げる。モルッカ諸島には四人の国王がいるが、モルッカ諸島に国王はひとりで充分である。モルッカ諸島の他の国王たちはポルトガル国王を君主として認めたがらない。この地を敵から守るために武器と甲冑を提供してもらいたい。[*54]

要するに、テルナテ国王はポルトガル国王からの兵器供与とひきかえに臣従を言明しているのだが、要塞については言及していない。

さらに、モルッカ諸島のジェイロロ国王・テルナテ国王・マキエン国王からインド領総督ロポ・ソアレス・デ・アルベルガリア経由でポルトガル国王へ宛てられた書簡も、バロスの記述と食い違いを見せている。これはマラッカで一五一八年一〇月一〇日ポルトガル語訳されたもので、原マレー語書簡はみつかっていないが、おそらく一

五一五年にマラッカ長官ブリトによってモルッカ諸島に派遣されたアルヴァロ・ド・コショのジャンクがセランからの書簡ともども持ち帰ったもの（ブランダン、ガルヴァン）であろう。[*55]

書簡のなかで、ジェイロロ国王イスフォ〔ユスフ〕はマラッカ長官からの書簡と贈り物を受け取ったものの、テルナテ国王とセランに配慮し、ポルトガルとの今後の交渉については態度を保留している。テルナテ国王はポルトガルがジェイロロと接触したことに神経をとがらせてみせる一方で、毎年多くの船舶をテルナテに送るというマラッカ長官の言を引用し、暗にその確認を求めている。だが、両国王とも要塞に言及していない。マキアン国王レベチュセン〔ラジャ・ウセン〕は、マキアン島に要塞を建造するため艦隊を派遣するというポルトガルからの書簡に言及したうえで、テルナテ国王の威勢が強化されたため、すでにそれは不可能な状況である、と述べている。[*56]

以上のテルナテ書簡および三王書簡はポルトガルがテルナテ以外の王権にも交渉を持ちかけ、それがモルッカ諸島内に駆け引きを生じさせていた様子を浮き彫りにしている。だが、要塞に言及しているのはマキアン国王だけであり、バロスが伝えるような招致合戦の様相はうかがえない。それどころかテルナテ国王が要求しているのは要塞ではなく兵器と船舶（あるいは船積みの商品）であった。この点をより端的に示唆しているのは『調書』におけるカターニョの供述である。すなわち、テルナテ国王はポルトガル国王に「服従したらしいが、〔当初は〕ポルトガル国王や〔マラッカ〕長官、商務官との友好関係も敵対関係も望んではいなかった。対応がよくなったのは何でも与えられ〔るとわかっ〕たからだ」と。[*57] したがって、要塞の誘致合戦に関するバロスの叙述はモルッカ諸島におけるポルトガルの軍事的存在を正当化する虚構を含むものとして割り引いて受けとらなければならない。

5　ポルトガルとテルナテの軍事的取引

アンダヤや生田が主張するほどモルッカ側からの引き込みが強くなかったとすると、ポルトガルはどのような視点からテルナテ島における要塞の建設を決断したのか。

前述のようにゴディーニョが強調するのは、対スペインの戦略である。しかし、西回りでモルッカ諸島をめざす遠征でマゼランとスペイン国王が協約を締結したという知らせがリスボンに衝撃を与えるのは一五一八年三月、マゼラン率いるスペイン艦隊の殲滅と要塞建造の使命を帯びたブリトの艦隊が出帆するのは一五二〇年四月、スペイン艦隊のティドーレ到着は一五二一年一一月であるが[*58]、それらに先立つ一五一七年にポルトガル国王は要塞建設の決断を下していた。つまりポルトガル国王は対スペイン戦略を本格的に発動する前に決断していた。

次に、アブドゥラフマンや生田が重視するのは、香料貿易の独占ないし拡大強化であるが、貿易と航海の都合から言うならば、要塞はモルッカ諸島ではなくバンダ諸島でもよかったはずである。実際、セランの「発見」のバンダ諸島への往復航海はモルッカ諸島の半分の時間でこと足りたし、バンダ諸島ではナツメグ・メースのみならずクローブもえられた。この間にマラッカから香料諸島へ派遣された船舶のべ一四隻のうちバンダ諸島を目指していたのは九隻、モルッカ諸島は五隻である[*59]。バンダ諸島の住民はアブレウが初めて立ち寄った際に「マラッカ長官とインド総督に服従」を誓った（ブランダン、パタリム）が、一五一六年バンダ諸島に派遣されたマヌエル・ファルカンも「土地と交易」はポルトガル国王の手中にあることを確認した（ブランダン）[*60]。総督アルブケルケもまたバンダ諸島に商館を建設するようにいったん発令している（バロス）[*61]。

ところが、ポルトガル国王の書簡を携えたトリスタンの到来で状況は一変し、以後テルナテ島への航海がほぼ毎年行われることになる。事態を変化させたのは「通信」の一往復である。

一五一三年モルッカ諸王から発せられた書簡がミランダらを経てポルトガル国王にわたり、これに呼応したポルトガル国王の書簡が一五一七年に発せられトリスタンによってモルッカ諸王のもとに達したのが一五一九年（ボテーリョ）[*62]、つまり七年を経てようやく両主権者間の通信が一往復し、それが交渉相手の絞り込みにつながっていた。むろんポルトガル国王のもとに届けられたのは主権者たちの書簡だけではない。現存しないセランの書簡類がマゼランに大きな影響を与えたことはバロスによって知られているが[*63]、ポルトガル国王の判断の材料ともなったはずである。おそらく前述した香料諸島内の力関係に関する情報に基づいて交渉すべき相手がバンダ諸島からモルッカ諸島に移り、さらにモルッカ諸島のなかでテルナテ島が選ばれた。テルナテの選択には軍事的取引が要件としてあらかじめ組み込まれていたのではないか。この点は以下の交渉過程から推測可能である。

トリスタンがポルトガル国王の書簡を携えて到来すると、テルナテ国王は「完全なる服従の意をもって」彼を歓迎し（ゴンサルヴェス）、テルナテ島における最良の船着場であったタランガメで木造の仮設要塞を造らせた（バロス）[*64]。テルナテ国王は「火器を置いて出発してほしい」とトリスタンに懇願したが、婉曲に拒絶された。そこでテルナテ国王は息子にポルトガル国王・インド総督・マラッカ長官宛の書簡をもたせて使節としてマラッカに派遣した（ゴンサルヴェス）[*65]。この使節団を迎えたのは当時のマラッカ長官ガルシア・デ・サである。テルナテ大使はポルトガル国王に全面的な服従を誓ったうえ、五〜六ヶ月間の滞在中一五〇〜二〇〇名の兵士をマラッカ長官の求めに応じて奉仕させた（ガルシア・デ・サ）[*66]。この時マラッカ長官に手渡された書簡のポルトガル語訳と推測されているものによると、テルナテ国王はポルトガル国王への臣従を言明しながらも、「心中に多少の不満」があると述べ、暗にその解消のために、大小の火器・火薬・砲弾を要求している[*67]。この要求は満たされた。使節団は帰りに「名誉、贈り物、マルコ王の求めたものすべて」を与えられた（ブランダン）が、そのなかには「火器」があった（セケイラ、アンドラーデ、デ・サ）[*68]。

以上の交換はテルナテ王権とポルトガル王権の間に一種の軍事同盟が結ばれたことを示している。ポルトガルにとってこれはマラッカ防衛上の重要なパフォーマンスになったはずである。本来モルッカ諸島はマラッカ長官の管轄下にあったが、マラッカ自体に余力があったわけではない。マラッカ陥落後、前マラッカ・スルタンはジョホールに拠点を移してマラッカに対抗していた。また、スマトラの北端ではイスラムの港市国家アチェが急成長し、マラッカは海峡の南北から貿易と軍事の両面で挑戦を受けていた。アチェのマラッカ攻撃は一五一三年、ジョホールからの攻撃は一五一七年と一五二五年にも行われた。[*69] 総督アルブケルケはマラッカ長官に要塞の守備兵として三〇〇人、マラッカの海軍司令に一〇隻の艦隊と三〇〇人の兵士・乗員を与えていたが、[*70] 防衛は容易ではなかった。マラッカ長官にとって一五〇〜二〇〇人のテルナテ兵士は心強かったはずである。このテルナテによるマラッカ支援の実績はモルッカ諸島における本格的な要塞の建設に反対していた国王顧問会議を抑えるうえで効果があったかもしれない。

他方、人口二〇〇〇〜四〇〇〇人程度のテルナテ島から二〇〇人の兵士を半年間送り込むのはたやすいことではなかったはずだ。テルナテ国王がこのような大使節団を派遣してまでポルトガルの火器を求めたのはなぜであろうか。

モルッカ諸島に三年間滞在したゴンサルヴェスは、テルナテの国王は「マルコ第一の国王でありマルコの国王」であると位置づけているが、[*71] モルッカ諸島には四人の国王がいるというテルナテ王権自身の書簡に示されている[*72] ように、テルナテ国王は最有力とはいえモルッカ諸島内で強力な覇権を確立していたわけではない。仮設要塞の建設はテルナテの突出を示唆するものとして他の諸王権に危機感を抱かせ、マラッカへの使節派遣とそれに伴う軍事力の一時低下は反テルナテ＝ポルトガルの動きを惹起した。

ことの発端はトリスタンの帰航である。ガルヴァンによると、嵐のためトリスタンの船隊は離散し、一五二〇年四月トリスタンの船はバンダ諸島に達したが、部下のシマン・コレア以下一〇〜一二人（バロスによると七〜

八人）のポルトガル人はバチャン島に難を逃れた。バチャン島のポルトガル人たちは「多くの害悪」と「無節操」で顰蹙を買った。バチャン国王とトリスタンとの間で仲裁交渉が行われたが決裂し、ポルトガル人たちはひとりをのぞいてみな殺害された。[*73] ゴンサルヴェスによると、バチャン国王はテルナテ国王の「臣下」であったので、トリスタンはこのことをテルナテ国王に伝えた。テルナテ国王は「ただちに顧問会議の主だった人々とセランを召集した。会議の結果セランの指揮の下に艦隊を派遣し、パシャン〔バチャン〕島を完全に破壊することになった」。この時テルナテ宮廷にいたバチャン国王の娘は密使を走らせてこのことを父王に知らせた。そして父王の指令を受けてテルナテ国王とセランに毒をもった。国王は死去する前日王子たちを呼び集め、以下のような遺言を残した。年長の王子〔アブ・ハヤト〕はトリスタンの協力を得て即位して「ポルトガル国王に全面的に服従することを誓い、つねにポルトガル人たちとの通商と友好を確保しなければならない、と。王子たちと重鎮らはこれを約束した」。[*74]

テルナテ国王アブ・ハヤトはポルトガル国王宛のマレー語書簡のなかで、一連の事件がティドーレ・ジェイロロ・バチャンの三王の連携によって起こされた、と決めつけている。書簡によると、バチャンでのポルトガル人殺害からしてティドーレとジェイロロの差し金である。アブ・ハヤトの父テルナテ国王（バヤン・シルラー）はバチャンで奪われたポルトガル国王の「船舶・物資・兵士を取り戻すために」開戦を決意したが、反テルナテの三王はすでに準備を整えており、バチャン国王の娘にテルナテ国王を毒殺させた。ただし、セランは前もってティドーレに招かれて（マゼラン艦隊の一員アントニオ・ピガフェッタによれば、クローブの購入のためティドーレを訪れたところ）[*75] 毒をもられ、四日後に死去した。書簡のなかで最後にテルナテ国王アブ・ハヤトは、父王は死に臨んでアブ・ハヤトをその「叔父」であるポルトガル国王に託したと述べ、テルナテを救ってほしい、と支援を訴えている。[*76] だが、国王毒殺という重大事態に至っても支援要請のなかに「要塞」の言は含まれていない。

以上のように、ポルトガルは航海上の非効率にもかかわらず、テルナテを選択してそこに仮設要塞を得たうえで、テルナテ国王との間で火器と兵力の取引を成立させた。テルナテの急速な武力増強はティドーレをはじめとする他のモルッカ諸王権の迅速な反撃を招いた。

ポルトガル・テルナテ同盟とこれに対抗するティドーレ連合の図式。むろん、このパワー・ゲームを激化させたのは、次章以降でふれるマゼラン隊の到来である。

第三章

世界分割のパートナー——マゼランとファレイロ

【図 39】作者不詳のマゼラン像「高名なるフェルディナンド・マゲラヌス、南方海峡の征服者」（ウィーン美術史博物館アムブラス・コレクション）大公フェルディナンド 2 世が描かせたと考えられている

1　傷ついた軍人

マゼラン【図39】（第三章扉）の出生と幼少時の情報はきわめて乏しく確定しづらい。父は下層貴族《フィダルゴ》のロドリゴ、母アルダ・デ・メスキタ。弟ディオゴは父方の祖母の家名デ・ソウザを名乗った。

最初の本格的伝記を著したバロス・アラナ以来、一五〇四年一二月一七日ベレムにて作成された遺書[*1]に基づいて、マゼランはポルトガル北部トラズ・ウズ・モンテス地方ヴィラ・レアル近郊のサブロザ【図40】で生まれた、という説をとる研究者は少なくない。[*2]だが、この遺書は弟ディオゴ・デ・ソウザに言及していないうえに、その内容は一五一九年八月二四日セビリアのもうひとつのマゼラン遺書、[*3]およびマゼランの甥ロレンソ・デ・マガリャネスの訴訟文書（一五六七年）[*4]と齟齬をきたしており、一五〇四年遺書は捏造ないし同名異人のものとみなされている。

出身地について有力視されているのはふたつの見方である。ひとつは前記訴訟文書の一節「マガリャネス家、きわめて高貴にして古いノブレガの領主の家門」[*5]によってミーニョ地方のポンテ・デ・バルカ（ノブレガ）の出身とする立場。[*6]もうひとつはマゼランとファレイロがセビリア通商院のファン・デ・アランダと結んだ契約書（一五一八年二月二三日、バリャドリード）の一節、「マガリャネス、プエルト〔ポルト〕市の住人」[*7]に依拠してポルト生まれとする見地である。[*8]「住人《ベシーノ》」は出生地を指すとは限らないので、おそらく幼少時をノブレガで過ごしのちにポルトに移ったのであろう。

生年は一四八〇年頃というのが通説[*9]であるが、確たる根拠はない。史家J・トリビオ・メディナは、マゼランは王妃レオノールの小姓として仕えた（養育をうけた）というスペインのふたつの年代記の記述[*10]を手がかりに、レオノールが王妃となった（つまり夫がジョアン二世として即位した）一四八一年とレオノール死去の一四九一年の中間、一四八六年頃に一四歳前後で小姓となったと仮定し、生年は一四七二～七三年頃と推測している。[*11] ほぼ確実にいえるのは、一〇代前半に上京し、宮廷で教育と給与をうけてヴァスコ・ダ・ガマのもたらした物産と情報に接したはずだ、ということである。

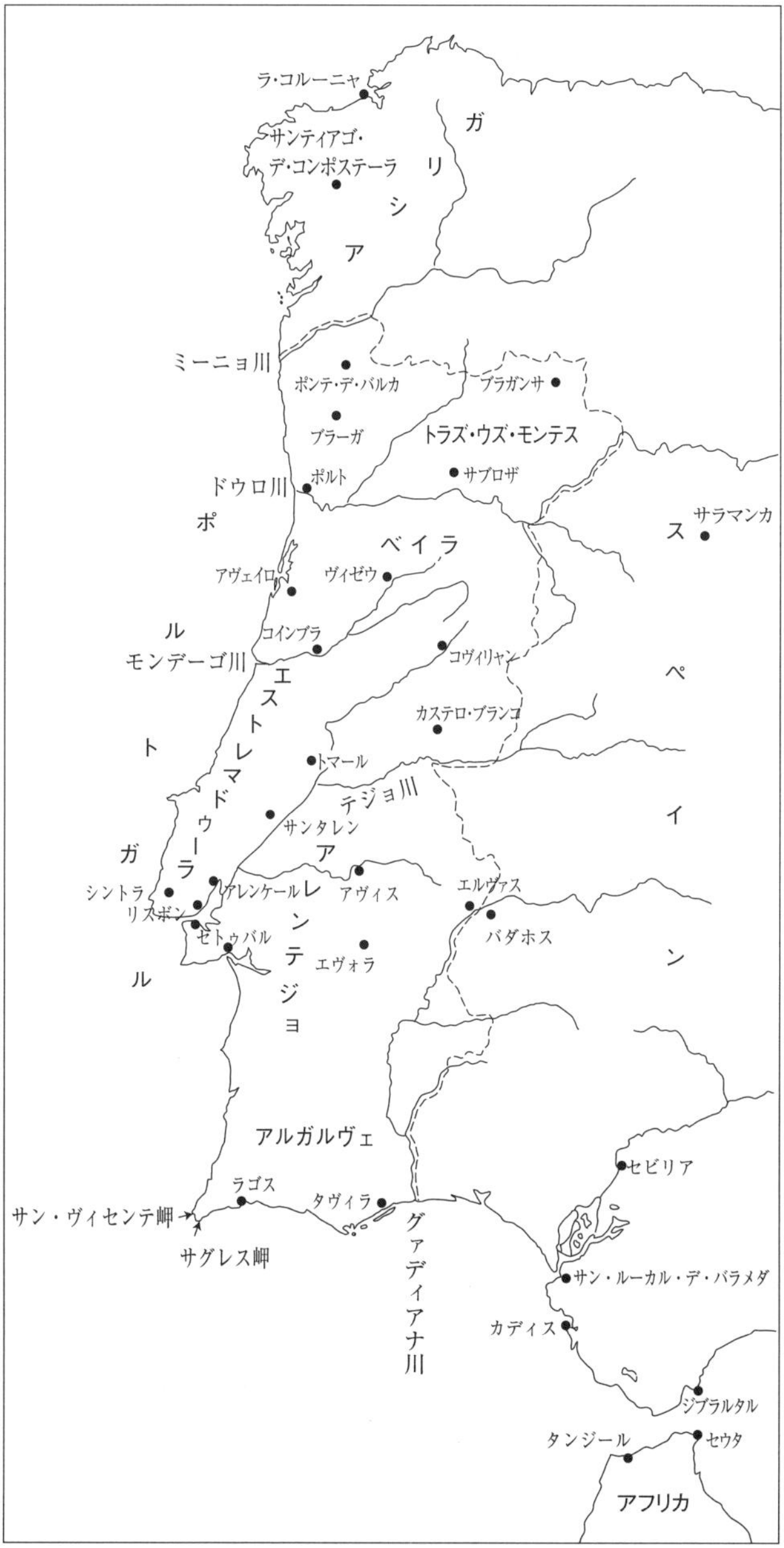

【図 40】ポルトガル地図［T. Joyner, *Magellan*, 35. 大航海時代叢書 II、巻末地図より作成］

さて、アジア・アフリカの商館から送られてきた香料・金・奴隷・砂糖などをフランドル商館で銀などと交換する王室貿易の中枢機能を果たしたのは、テージョ河畔《リベイラ》の王宮の一階におかれたインド商務院《カザ・ダ・インディア》である。一五〇六年、香料貿易による収益は王室歳入全体の二七パーセントを占めるようになっていた。[*12] この間、インド行きの艦隊に乗り組む下層貴族の数は増加していた。一五〇〇年のカブラルの艦隊では数人にすぎなかったが、インド領《エスタード・デ・インディア》の軍備増強のため一五〇二年のガマ艦隊と一五〇四年のロポ・ソアレス艦隊には多くの下層貴族が乗船した。[*13]

一五〇五年三月二五日、インド領の副王に任命されたフランシスコ・デ・アルメイダ率いる二一隻の艦隊には船員の他に兵士一五〇〇人・砲手二〇〇人・定員外四〇〇人の乗員があり、うち下層貴族は一〇七人であったが、定員外のなかに「王家の受給者《モラドレス》」フェルナン・デ・マガリャンイシュとその弟ディオゴ・デ・ソウザの名があった。両者はともに月給一〇〇〇レアルで乗り組んでいた。[*14] 艦隊は同年一〇月二一日、インドのカナノールに到着。そのおよそ一年後までにマゼランは船長《カピタン》の地位を得ていた。

一五〇六年一一月、マゼランはヌノ・ヴァス・ペレイラ艦隊でコチンから東アフリカのソファラ要塞支援のため派遣された。ペレイラ隊は一五〇七年一〇月にコチンにもどっている。一五〇八年のマゼランについてはほとんど情報がない。一五〇九年二月二日、アルメイダ艦隊はディウ沖の海戦でアミール・フサイン指揮のマムルーク・グジャラート・カリカットの連合艦隊を破って海上での覇権を確立したが、このとき上司のペレイラは死去しマゼランは負傷した。三月八日コチンに帰着したアルメイダらを待っていたのは後継総督アフォンソ・デ・アルブケルケであった。[*15]

マゼランの経歴上とくに重要なのは、交易拠点帝国【図41】の樹立を目指すアルブケルケのもとで東西交易の最大の拠点マラッカへの遠征に二度にわたって参加したことであろう。一五〇八年四月五日にリスボンを発したディオゴ・ロペス・デ・セケイラ麾下四隻の艦隊は一五〇九年四月二〇（ないし二一）日にコチン着、この地でマラッカ遠征隊に応募し署名した兵士七〇人のなかに、傷の癒えたマゼランおよび彼の友人フランシスコ・セランの姿があった。ふたりの関係はのちに重要となる。増強されたセケイラ隊は八月一八(ないし二八)日コチンを発し九月一一日にマラッカ到着。セケイラは中国人の仲介でスルタンと友好・通商関係を持とうとしたが、すんでのところで罠を察知して逃れ一五一〇年一月コチンの南トラヴァンコルへもどった。[*16]

ポルトガルの年代記家バロスとカスタニェーダは、同一月半ばにコチンから発した二隻の船隊がモルディブ諸島沖のパドゥア暗礁で座礁した事件に関連して、マゼランに唯一の讃辞を与えている。マゼランは指揮官と幹部らを先にボートで避難させ、自分はあえて水夫たちとともに現場にとどまって救援を待ち尊敬を得た、という。[*17] このエピソードはマラッカ遠征を経てマゼランが軍人として一定の評価を得ていたことを示唆している。救助された水夫たちは二月一七日のゴア攻略に振り向けられたが、マゼランの参加は不明である。[*18]

アルブケルケは一五一〇年一〇月一〇日コチンに「すべての国王の軍司令《カピタン》たち」を招集し、いったん攻略しながら五月三〇日に失ったゴアを奪還するために、コチンで積み荷を満載して待機中の商船を徴発したいのだが、いかがなものかと諮った。これに対してマゼ

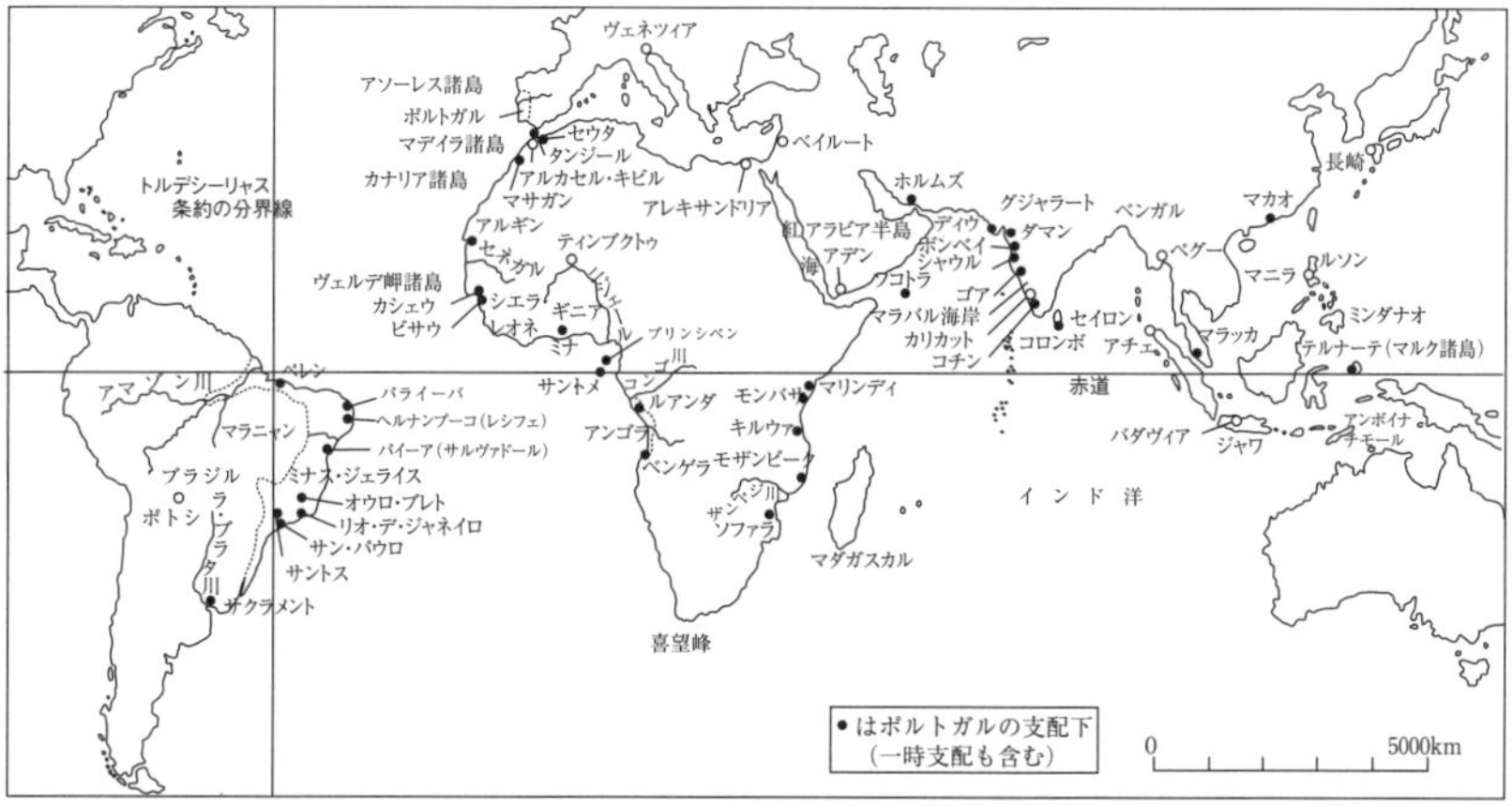

【図 41】ポルトガル海洋帝国の拠点
[合田昌史「ポルトガルの歴史的歩み」立石博高編『スペイン・ポルトガル史』山川出版社、2000 年、380 より作成]

ランは商船の徴発は好ましくない、と発言した。季節風の観点から言って、今からゴアに向かうならば本年中に商船がポルトガルへ向かうのは不可能であるから、と。[*19]

商船の徴発はゴンサロ・デ・セケイラらも強く反対を表明しており、アルブケルケは国王宛書簡でこのことを非難している。[*20] 一五一〇年八月にはディオゴ・メンデス・デ・ヴァスコンセロスの率いる艦隊がカナノールに到着。乗船したフィレンツェの商人ジョヴァンニ・ダ・エムポリによると、アルブケルケはこの四隻を接収し、抵抗したヴァスコンセロスらを拘束した。[*21]

一見してこの対立は、優先させるべきは戦略拠点の獲得かそれとも王室貿易か、という初期のインド領における路線の選択に関連しているようにみえる。王室貿易を重視するならば、季節風を理由とするマゼランの発言は当を得ている。一六世紀初頭の一〇年間、リスボンを目指す船はたいてい一月末までにマラバル海岸を離れていたが、インド領の官吏は一二月一五～二〇日の出帆を推奨していたからである。[*22]

しかしながら、その背後で私的利害が働いていたことは否定できないであろう。軍司令会議の八日前、一五一〇年一〇月二日コチンで公証人ロウレンソ・デ・パイヴァが作成した文書によると、マゼランは帰国間際の商人ペドロ・アネス・アブラルデスに一〇〇クルザードを貸与し、ポルトガルで二〇〇クルザードを受け取る契約を結んだ。借り主はベルトア・ヴェリョ号に積載の胡椒二〇キンタル、フロル・ド・マル号の四〇クルザード分の胡椒、その他ポルトガルへ発送する資産を担保とし、担保の胡椒を王室へ売却して二〇〇クルザードを確保することになっていた。[*23] つまり、マゼランにとってコチンの商船徴発は私貿易に支障をきたすことであった。

ポルトガル領インドは私貿易を排除できないふたつの理由をもっていた。ひとつはインド艦隊の艤装費を捻出するためである。国王マヌエルは一五〇〇年六月二四日、帰航の商品の四分の一を国王に委託させることとひきかえに、すべてのポルトガル人とポルトガル居住の外国人に、自船を艤装してマラバール貿易に参加する権利を付与した。一五〇一年のドン・アルヴァロとフィレンツェのマルキオーニ、一五〇二年のクレモナのアファイタ―

ティはその事例である。ヴェルザーらドイツ商人グループは一五〇五年マゼランのアルメイダ隊に出資し参画した。翌一五〇六年マヌエルはマラバール香料貿易の王室独占を標榜して私人の艤装を禁止したが、これを貫徹することはできなかった。

ふたつめの理由はインド領の人件費削減である。国王は職責などに応じて一定量の香料を自費で購入し運賃なしでリスボンへ輸送できる権利「インドの自由《リベルダデス・ダ・インディア》」（あるいは「キンタラダス」、「箱《カイシャス》」、「小室《カメラス》」）を給与の一部として認めた。のちに国王はこの権利を縮小し、一五二〇年に廃止した。[*24] キンタラダスがマゼランのスペイン艦隊で適用されることに留意しておきたい。

総督アフォンソ・デ・アルブケルケは、マラッカにおける香料貿易の対価として大量の綿布をカナノールで仕入れるとともに、復讐とポルトガル人捕虜解放の大義を掲げて、コチンでポルトガル兵八〇〇人、マラバル兵二〇〇人以上からなる一八隻の艦隊を編成、一五一一年七月一日マラッカに到達した。捕虜は解放されたが、ポルトガル軍は七月二五日～八月八日火器を駆使してマラッカ王宮を陥落せしめた。[*25] この戦いでマゼランは高い評価を得た、とスペインの年代記家アントニオ・デ・エレーラは述べている。[*26]

マラッカ攻略後、アルブケルケは矢継ぎ早にビルマやタイに使節を派遣し、一五一一年一一月ないし一二月に「マルコで価値の高い」カンバヤの綿布等を交易用にもたせて、アントニオ・デ・アブレウ司令下の艦隊を香料諸島へ送った。同艦隊はアブレウの帆船《ナウ》「サンタ・カタリナ」、フランシスコ・セラン指揮の帆船「サバイア」、シマン・アフォンソ・ビザグド指揮のカラヴェラの三隻からなり、ポルトガル人乗員は一二〇人で各船に奴隷二〇人が乗せられた。[*27] うち一隻の指揮をマゼランが取ったとスペインの年代記家レオナルド・デ・アルヘンソラは述べているが、[*28] ポルトガルの史料にこれを裏付ける記述はない。

マラッカ攻略以後およそ二年間のマゼランの動向は（後述のように、のちの航海計画を考えるうえで重要であるが）はっきりしていない。史家ギルマードは、マゼランは一五一二年六月一二日リスボンで「モラディア」月額一〇

○○レアルの受領書にサインしており、その少し前までに帰国していた、というが、メディナは、受領書にサインしたのは同名別人のマゼランである可能性が高い、とみている。[*29] ラゴアは、マゼランはマラッカ滞在中にモルッカ諸島のフランシスコ・セランからの書簡を何度も受け取ったというピガフェッタの記述によって一五一二年後半までこの東西交易の要衝にとどまった、と推測している。[*30]

おそらく、マゼランは一五一三年初めまでにマラバル海岸から帰国の途についたのであろう。およそ八年ぶりにリスボンに舞い戻ったマゼランを待っていたのは焦げついた債権であった。商人アブラルデスは王室からの支払いを確保する前に死去していたのである。[*31] マゼランの代理ディオゴ・デ・ソウザがアブラルデスの資産から約二〇四クルザードを回収できたのは一五一六年一一月二四日である。[*32]

この間にマゼランは再び軍人として海に出ていた。目的地はモロッコであった。ポルトガルはインド洋の交易拠点帝国の建設に邁進していたが、その一方で北西アフリカにおける領域支配という一〇〇年来の夢を捨てていなかった。一五一三年八月二三日マヌエルは、貢納を拒否したアザモル（アゼモウル）のムレイ・ザヤム討伐のために、ブラガンサ公麾下約四〇〇隻の大艦隊を派遣した。マゼランは弟ディオゴとともに騎馬を自弁してこれに参加した。戦いのなかでマゼランは騎馬を失い、自身も膝に槍傷を被った。アザモルの攻略後、当地の長官に就いたメネゼス伯は一五一四年三月フェズとメキネスからの反撃をも退けた。敵が見捨てた膨大な数の家畜類を処理したのは兵站部主任《クアドリリェイロ・モル》のマゼランとアルヴァロ・モンテイロであった。だが、この仕事に関してまもなくふたりは汚職の咎をかけられた。戦利品を不正に流用して私腹を肥やし、しかも敵方を利した、というのである。

同年五月頃、マゼランは上司の許可をうることなく帰国し、嫌疑について一切弁明せず、貴族の血が流れていることと、長年の王室への奉仕のために一度ならず負傷したことを訴えて、恩賜モラディアの加増を国王マヌエルに要求した。マヌエルはこれを退け、モロッコへ戻れと命じた。調査の結果、告発に根拠がないことが判明し容疑は晴れたが、その後もマゼランはモラディアの加増を願い出ている。[*33]

なぜマゼランはモラディアにこだわったのであろうか。

2　なぜマゼランは変節したのか

史家メディナは、「五レアルの加増は多大なる等級《グラドス》の加増に等しい」というマヌエル・デ・ファリア・エ・ソウザの記述（一六六六年）によって、モラディアの加増に経済的意味合いは薄く、むしろ宮廷における地位向上の指標であった、とみている。[*34]

史家リタ・コスタ・ゴメス（二〇〇三年）によると、ポルトガルのモラディアは一四世紀半ば以降記録に表れる給与の一種で、国王から（下僕《クリアドス》であるか臣下であるかを問わず）宮廷で奉職する者へ支給された。原則的には金銭の月給であったが、現物支給の場合もあり、その三区分（糧食《ラソンエス》・飼い葉《セヴァダ》・衣装《ヴェスティル》）からわかるように、生活維持に関わる部分と保有する官職などに対応する部分から成る。一五世紀はじめから受給者《モラドレス》は顧問官《コンセリェイロ》・騎士《カヴァレイロ》・従士《エスクデイロ》の三階梯に区分された。従士でありながら騎士よりも高額のモラディアを得る場合も少なくなかった。モラディアの額と受給者の地位は出自・官職・年齢など複数の条件を勘案して決められており、とくに国王の知遇が重要であった。[*35]

ポルトガルの宮廷年代記家ジョアン・デ・バロスによると、マゼランを毛嫌いしていたマヌエルは、わずか月額半クルザードの加増願いを拒絶した。[*36] ギルマードらは、このときマゼランは西回り航路によるインディアスないし香料諸島への航海を提言した、と推測しているが、[*37] 年代記等にそれを裏付ける記述は見られない。ガスパル・コレイアによると、最後にマゼランが他の君主に仕える許可を求めると、国王は好きなところへ行くがよいと答えた。[*38] この最後の謁見は一五一五年末ないし一六年初めとされている。[*39]

以上のように、ポルトガルの年代記類はマゼラン変節に至る直接の契機をモラディアの加増拒否に象徴されるポルトガル国王の冷遇としているが、「他の君主」が他ならぬスペイン国王であったことの理由としては、フランシスコ・セランからマゼランにもたらされた情報に重きを置いて記述している。

セランはマラッカ攻略後に派遣された香料諸島遠征隊のうち一隻の指揮をとっており、彼の一団だけがモルッカ諸島に到達した。ジョアン・デ・バロスによると、セランは国王のみならず、友人たち、とりわけマゼランへも書簡を送った。セランの書簡は現存していない。バロスは、のちにテルナテ島でセランの遺物から発見されたマゼランからの返書ともどもそれらを参照した、という。

バロスによると、セランは自らの航海を誇示するためにマラッカからモルッカ諸島までの「距離を実際の二倍とした。それは提督ドン・ヴァスコ・ダ・ガマが発見したものよりもさらに広大で、より遠隔ではあるが、いっそう豊かな別の新しい世界を発見したと思わせるためでもあった。そのような書簡類からこのフェルナン・デ・マガリャンイシュ〔マゼラン〕は新しい考え方をもつようになった。そのために彼は死ぬことになったのであり、この国〔ポルトガル〕を好ましからぬ事態に陥らせたのである」。新しい考え方とは、「マルコ〔モルッカ〕諸島はきわめて東方に位置しているので、カステラ〔スペイン〕の分界に入る」という認識であった。さらに、バロスによると、セラン宛の返書でマゼランは告げた。「まもなく会えるだろう、ポルトガルから〔の航海〕でないとすれば、カステラから。私は割の合わない立場に置かれている。そこ〔テルナテ島〕で待っていてほしい」[*40]。

モルッカ諸島はポルトガル人セランによって「発見」されたのだから、モルッカ諸島はスペインの分界に入るというマゼランの認識が、発見によって東と西へ漸進するふたつのフロンティアとしての分界観ではなく、地球をあらかじめ二等分割する対蹠分界の解釈を暗黙の前提としていることは明らかである。バロスは、この認識はセランの野心とマゼランの誤謬による産物である、と決めつけている。しかしながら、ビクトリア号の帰還者ゴンサロ・ゴメス・デ・エスピノサの証言（一五二七年五月一五日）によると、セランは「航海と計測された〔天体の〕高度《アルトゥラス》によるかぎり」モルッカ諸島はスペイン国王に帰属する、とマゼランに告げていた[*41]。その計測結果は記録されていないし、セランが天文学的経度測定をこなした、あるいはその能力と準備があったと思わせる別の証拠はえられていないのであるが、前述のように、ポルトガルに不利な対蹠分界観は、当時のスペインのみならずポルトガルでも地理学のパラダイムによって共知として認められていた。だからこそバロスは、セランの距離感とマゼランの分界観を見下してみせる必要があった。

スペインに移るまでの二年弱の間にマゼランの身に起こったことについては、ほとんど何もわかっていない。おそらく土地勘のあるポルトに滞在し、[*42] 債権の回収に当たるとともに、転機を求めて情報招集や人脈づくりに腐心していたはずである。遠征計画のパートナーとなる天地学者ルイ・ファレイロの知己をえたのもこの頃であろう。

バロスの表現を借りると、マゼランは「同様の悪癖をもった何人かの航海士を伴って」母国を離れた。のちに首席航海士に抜擢されるエステヴァン・ゴメシュ、ジョアン・デ・ロペス・カルヴァリョらである。[*43] ゴメシュは一四八四年頃ポルトで生まれ、すくなくとも一度ポルトガル艦隊でインド航海の経験があった。一五一八年二月一〇日の国王令で通商院の航海士にとりたてられた。[*44] カルヴァリョは一五一一年ブラジル木の交易のため派遣されたベルトア号の航海士で、四年間ブラジルに滞在していた。一五一八年四月二七日王室付航海士に任ぜられた。[*45]

マゼランがセビリアに現れたのは一五一七年一〇月二〇日、おくれていたルイ・ファレイロとその弟フランシスコは、一五一七年一二月はじめにセビリアに到着した。マゼランとファレイロは翌一五一八年一月～二月にバリャドリードへ移動した。二月二二日、両者は国璽尚書ジャン・ド・ソヴァージュ、枢機卿アドリアノ、ブルゴス司教フアン・ロドリゲス・デ・フォンセカのもとへ案内され、その後一七歳の国王カルロス一世に謁見を許された。[*46] その一ヶ月後の一五一八年三月二二日バリャドリードにて、カルロス一世はマゼランおよびファレイロと以下のような航海の協約を結んだ。

マゼランとファレイロはスペインの分界内で香料などの豊かな土地を発見する。そのために南の海への海峡を探査し西回りの航路を発見する。以後一〇年間は何人も許可なく同じ航路で航海してはならない。マゼランとファレイロおよびその後継者は発見した土地の総督ないし先遣都督《アデランタード》の称号を得る。両者は年に一〇〇〇ドゥカード相当の商品をその地で売却する権利を有し、収益の二〇分の一を国王に上納する。発見される諸島のうちまず六島は国王が選び取るが、残りの諸島からマゼランとファレイロは二島を選択し、その全収益から経費を差し引いた後の一五分の一をとる。この最初の遠征からの収益は五分の一を得る。遠征の船舶は五隻で、乗員は二三四人、二年間分の糧食が供給される。[*47]

新航路を開拓する踏査検分の航海はリスクが高いので、ディアス、コロンブス、ガマ、ソリスのように三隻程度で行われることが多かった。例外的に規模の大きいこの遠征を正式の提案からわずか一ヶ月という異例のスピードで採択させた要因は何か。人脈・財務・企画の三つの視点で整理しておこう。

3　割愛の背景

セビリアでマゼランらの身元引き受けの役を担ったのは同市在住のポルトガル人ディオゴ（ディエゴ）・バルボザである。バルボザはカトリック両王のためにグラナダやパンプローナなどで勤務し、一四九一年にサンティアゴ騎士団の受勲修道騎士《コメンダドール》に叙せられた。

このバルボザのパトロンはドン・アルヴァロ・デ・ポルトガルである。アルヴァロはポルトガル最大の貴族ブラガンサ公フェルナンドの弟であったが、一四八三年五月ジョアン二世に対する陰謀の科でブラガンサ公が拘束（翌年六月処刑）されると、カスティーリャに亡命してカトリック両王の厚遇を受けた。[*48] W・D・フィリップス（一九九二年）は、コロンブスとカトリック両王の間をとりもったのはアルヴァロであろう、と推測している。[49] ジョアン二世を継いだポルトガル国王マヌエルはブラガンサ家に大赦を与え、アルヴァロに財産の回復と年金を保証した。以来アルヴァロは両国王室間の仲介者としての役割を果たすとともに、アジア貿易に強い関心を示し、代理人をインド西岸の諸港に派遣した。カブラル艦隊の帰還できた六隻のうちの一隻はアルヴァロの所有であった。一五〇一年のジョアン・デ・ノヴァ指揮下のポルトガル艦隊でも、アルヴァロはフィレンツェ商人マルキオーニと協同で艤装した船にディオゴ・バルボザを司令として送り込み、代理人パイオ・ロドリゲスをカナノールに設営された商館の商務官として配置した。

バルボザは帰還後まもなく再びカスティーリャに移り、一五〇三年アルヴァロからセビリア王宮《アルカサル》の守備隊長《アルカイデ》職を与えられ、さらにセビリアの市参事会員《ベインティクアトロ》の地位を得た。マゼランはおそらく一五一七年内に六〇万マラベディの持参金付きでバルボザの娘ベアトリスと結婚した。[50] バルボザがいつころからマゼランと通じていたのかは不明であるが、ポルトガル領インドの知識をもってマゼラン案の価値を判断し、セビリアにおける地位を利してしかるべきルートへマゼランを誘うことは難しくなかったであろう。

マゼランは当初、王宮の一角を占めるインディアス通商院《カサ・デ・コントラタシオン・デ・ラス・インディアス》を通じて国王周辺への接近をはかった。国王代理人が通商院の商務官《ファクトル》フアン・デ・アランダに対する訴訟のためにマゼランから供述を得て作成した文書（一五一九年四月一九日、バルセロナ）によると、マゼランは、通商院幹事のなかで必要な情報を引き出せるのはアランダだけであると認識しながらも、「発見」事業の担い手と交渉し国王に報告する権能において十全の力を有していない、と判断してアランダに事業内容を開陳することを拒み、直接国王のもとへ赴くことにした。ただし、宮廷にゆく場合はファレイロと同行する約束であったので、しばらくセビリアにとどまった。この間、アランダはマゼランの人物調査のために何者かをポルトガルへ送り込んだ。これに呼応したのはリスボン駐在の商人ディエゴ・デ・アロと〔ディエゴ・デ・〕コバルビアスであった。アランダは得られた情報を国璽尚書〔ジャン・ド・

ソヴァージュ）へ送り、マゼランは「陛下に貢献できる人物である」と告げた。[*51]

遅れて一五一七年一二月に到来したファレイロは、約束に違えて交渉がすでに進展していることを知ってマゼランに怒りを見せ、アランダとするどく対立した。マゼランとファレイロは国璽尚書の返書を待つことなく、一五一八年一月二〇日アルコス公女一行についてセビリアを発ち、トレド経由の迂回路でバリャドリードを目指した。アランダは別途エストゥレマドゥーラ経由の直行路をとり、途中マゼランに「恩賜を与えたい」という国王書簡をえて、メディナ・デル・カンポでマゼランらと落ち合った。ファレイロとマゼランのバリャドリード着は二月一六日、その道中でアランダは取り次ぎや宮廷における会見のお膳立ての代償として遠征の利益の一部を要求、三者は激しい議論の末、八分の一の利益をアランダに与えるという内容の契約（二月二三日）を交わした。

ただし、先に引用した訴訟文書の存在から明らかなように、この私的な契約の存在はやがて露見されてフォンセカの怒りをかい、アランダは商務官の職とマゼラン招致のために投じた私財を回収する機会も失った。[*52]

以上の経緯のなかで注目に値するのはアランダの情報提供者がブルゴスの豪商アロ家の関係者であり、アランダ本人がブルゴス出身であったことだ。人脈は第二の視点・財務とからまっている。史家ファン・ヒル（一九八九年）は、マゼランらをスペイン王権側に引き寄せた力の中心はセビリアではなくブルゴスにあった、とみている。すなわち、スペインの貿易と金融の世界には南北すなわちセビリア対ブルゴスの対抗関係が存在しており、マゼラン遠征案の採択は「ブルゴス金融界の勝利」であった、というのである。[*53]

ブルゴスの力の源泉はフランドルとの羊毛貿易にあった。ジョセフ・ペレ（一九九九年）は、メリノ羊毛の輸出を事実上寡占していたブルゴス商人および一部の外国人とカスティーリャ内陸の毛織物業者との対立が、ブルゴスとフランドル生まれの新王カルロスとの結びつきを強めた、とみている。

フェルナンドからカルロスへの権力の移行期に摂政であったヒメネス・デ・シスネロスは、自国羊毛の三分の一をカスティーリャの産業のために確保した一四九二年の法令を遵守すべしという国内業者の要求をのみ、ブルゴス商人の怨嗟をかった。シェヴル侯らフランドルの寵臣に囲まれたカルロスは一五一七年九月一九日アストゥリアスのビリャビシオサに上陸。まもなく急病に陥ったシスネロスは一〇月八日に死去、その一〇日後、新王一行はバリャドリードに到着した。この日からアラゴンに向けて出立するまでの四ヶ月間、壮麗な祝典・行進・儀礼がひきもきらず執り行われた。[*54] まさにその門出の一五一八年三月二二日、マゼランとの協約が締結されたのである。

ブルゴスの目はヨーロッパ外にも向けられていた。一五世紀からギネーに拠点を持ちマデイラ諸島の砂糖業にも進出する商人もいたが、前マゼラン期でとくに力を入れていたのは西インディアス貿易である。一五〇八年ブルゴスの商人グループは総督ディエゴ・コロンの船隊用にエスパニョーラ島向けの積荷を準備した。サン・フアン島には財務官《テソレロ》としてブルゴス人アンドレス・デ・アロが食い込んでいた。その利害は当然セビリアと交差する。一五〇三年通商院設立時における三役人（売買を担当する商務官、納品を担当する財務官、記録と管理を担当する経理官《コンタドル》）のうちふたりは、ブルゴス人ヒメノ・ブリビエスカとサンチョ・デ・マティエンソであった。ちなみにもうひとりはフィレンツェ人ピネロである。一五一五年マティエンソは在任しており、あらたにフアン・デ・アランダが加わった。もうひとりはバスク人ロペス・デ・レカルデであった。

このようなブルゴス派を束ねる役割を演じていたのがトロ出身のフアン・ロドリゲス・デ・フォンセカである。史家A・S・ガマソ（一九九八年）によると、フォンセカは強力な「クリエンテラ」網を有していた。一五〇八年コロン船隊に参画した商人のひとりアルバロ・デ・サンドバルはミゲル・デ・パサモンテの配下にあり、さらにパサモンテはフォンセカの庇護を得ていた。通商院のマティエンソは一四九〇年一二月以降セビリア聖堂参事会においてフォンセカを補佐する立場にあった。サン・フアン島のアンドレス・デ・アロはフォンセカの重要な情報源であった。マゼラン企画を取り次いだアランダと航海に参画したフアン・デ・カルタヘナもその庇護下にあった。[*55]

財務面で最も貢献したのはフォンセカと協調関係にあったブルゴス商人クリストバル・デ・アロである。マゼラン艦隊のみならず、スペインのモルッカ遠征事業におけるアロ家の役割は重要である。アロ家の頭目ディエゴ・デ・アロとその弟クリストバルはアントウェルペンを拠点にポルトガルの香料貿易に関与していたが、クリストバルは一五〇五年頃リスボンに拠点を移し、[*56]アントウェルペンにとどまったディエゴと連携を図った。クリストバル・デ・アロは一五一〇年までに、同じくブルゴスの商人ディエゴ・デ・コバルビアスとともに、国王マヌエルから一五年間の交易特権を獲得し、西アフリカのシエラ・レオネの奴隷貿易やブラジル貿易にも進出した。一五一四年頃ヌノ・マヌエルとともにブラジルを迂回する南西航路探索の遠征に出資したことはすでに述べた。ところが、一五一五年、アロ家の船舶一六隻がギネー湾でポルトガル人エステヴァン・ジュザルテの艦隊による攻撃を受け、うち七隻が沈下した。マヌエルはアンダルシアへ逃れたジュザルテの拘束と処罰を命じたが、クリストバルが求めた一六〇〇〇ドゥカードの損失補填は拒否した。[*57]この一件を契機にクリストバルはリスボンを去りセビリアに移る意を固めた、とマルケス・デ・アルメイダ（一九九三年）は考えている。[*58]

しかし、ヘルマン・ケレンベンツ（一九八五年）は、クリストバルのいとこ、ニコラス・デ・アロがこの後もリスボンのアロ商会を維持したことから、ジュザルテの問題はセビリア移転の主たる理由ではなく、クリストバルはスペインの野心のなかに新しい針路を見いだした、という。[*59]クリストバルは新たな交易ルート開拓の狙いをもってマゼランとファレイロに接近し、財務面の支援を申し出た。それゆえカルロス一世周辺との交渉の過程でマゼランとファレイロは、クリストバル・デ・アロからの借り入れによって経費を自弁するという選択肢を書面で示すことができた。王室負担案と自費航海案が併記されたマゼランらのメモは写本で残っており、たっぷりとられたその余白には、提示された項目ごとに顧問官らがカルロスに示した助言と回答が記載されている。[*60]マゼランから自費航海案を突きつけられたカルロス一世は、収益を確保するため王室の全額負担を決断し、協約に署名した。D・ラモス・ペレス（一九九二年）は、ソヴァージュらフランドル人顧問官の間にブルゴス派の独占に対する懸念が強まり、私的事業から王室事業への転換がもたらされた、とみている。[*61]

ところが、王室による全額負担の決断は貫徹できなかった。カルロス一世は協約締結からおよそ半年後の一五一八年九月一日の通商院宛の書簡で、インディアスからの収益を一万六〇〇〇ドゥカード（六〇〇万マラベディ）まで遠征の準備費用に充てよ、と指示したが、翌一〇月には一万六〇〇〇ドゥカードでは船舶の購入や艤装はできても、艦隊に積載される商品が賄えないことがはっきりしていた。一二〇トンのサン・アントニオ号、一一〇トンの旗艦トリニダード号、九〇トンのコンセプシオン号、八五トンのビクトリア号、七五トンのサンティアゴ号の五隻の帆船《ナウ》に大小二艘のボートで、船舶の購入費用は計一三五万九二七一マラベディ半。これに資材・艤装経費一〇九万一六七一マラベディ半、営繕修理費二五万四〇五五マラベディ、糧食購入費一六五万四九四四マラベディで、総経費は六八〇万九一五マラベディ。これには人件費と商品購入費は含まれていないが、すでに王室が予定していた出資額六〇〇万マラベディを上回っていた。

交易（および戦利品取得）の権利は遠征の重要事項であった。そこで一五一九年三月一〇日カルロスはクリストバル・デ・アロに商品への投資を依頼した。クリストバルはこれに同意し、遠征における王室の商業的利害の代理人として、商品購入費のほとんど（一六一万六七八一マラベディ）と一部の艤装費（二六万三三四五マラベディ）、計一八八万〇一二六マラベディ（五一〇四ドゥカード）を出資した。商品購入費のうち王室の負担額は八万七五八三マラベディにすぎない。出資の交換条件として、クリストバルは香料貿易の独占権を持つ別個の通商院をガリシアのラ・コルーニャに新設する権限を得た。[*62]

ただし、財務面でクリストバル・デ・アロの演じた役割は、実質的にはドイツの大商人のものでもあったとする見方は、過去のマゼラン伝において繰り返し現れてきた。フッガー家がアロを背後で操っていた、というのである。チャールズ・マキュー・パー（一九六四年）によると、ヤコブ・フッガーは一四八六年までにクリストバル・デ・アロを「代理人」としてリスボンに送り込み、香料貿易等に割り込んでいったが、しだいにフィレンツェのマルキオーニ家などのイタリア商人に押された。ハプスブルク家のカール（カルロス）のスペイン国王即位を好機と見たフッガーは、セビリアに移ったクリストバル・デ・アロを通じてマゼランの遠征事業に資本を投下した、と。[*63]

たしかに、クリストバルはアントウェルペンのディエゴ・デ・アロと連携して香料貿易に利害をもっており、香料の対価でありインド・マラバールで商品としての価値も高い銅の買い付けを通じてフッガーと接触があった。一五一九年の皇帝選挙に際してフッガーがカルロス一世に提供した三九万ドゥカードに近い莫大な資金と比較すると、一万ドゥカードはさほどの大金とはいえまい。[*64]

だが、アロがフッガーの「代理人」としての姿を明らかにするのは一五二三年春であり、モルッカ諸島遠征へのフッガーやヴェルザーの直接投資は、一五二五年七月ガルシア・ホフレ・デ・ロアイサの航海からである【表1】【表2】。[*65] 間接的な投資はどうであろうか。ギルマードは、王室が拠出した一万六〇〇〇ドゥカードのうち一万ドゥカードはフッガーからの借入金であった、と指摘している。[*66] その根拠として引用されたのは、「アントニオ・フカル［アントン・フッガー］およびその商会がマゼランおよびガルシア・デ・ロアイサによるモルッカ諸島遠征のために国王に提供した資金の回収に関する裁判記録」（一五三九年五月一三日付）である。

そのなかでフッガー側は次のように主張した。ヤコブ・フッガーとその商会は国王の許可を得てマゼラン艦隊のために一万ドゥカードを用意し、後続の四つの艦隊にもそれぞれ一万ドゥカードを用意する特許を得た。それゆえ国王はアントン・フッガーとその商会に一万ドゥカードを一四パーセントの利息付で支払う義務がある、と。これに対して、国王代理人ビリャロボスは次のように述べた。フッガーはマゼラン隊のために何も用立てしなかった。マゼラン隊はモルッカ諸島の領有と占有を陛下に与えたが、フッガーが一万ドゥカードを供給したロアイサ隊は所有も占有ももたらすことはなかった、と。結局、フッガーは投資したと主張する一万ドゥカードを回収できなかった。[*67]

一方、一五三七年九月一五日～一五三八年六月二八日付のマゼラン隊およびロアイサ隊の準備に関する国王代理人とクリストバル・デ・アロとの裁判記録[*68]によると、裁定の結果、クリストバルはマゼラン隊の商品購入費として支出した一六一万六七八一マラベディを利息抜きで回収することとなった。ケレンベンツは、マドリッド国立歴史文書館で見いだした一五二四年六月～二七年一一月の文書によって、クリストバル・デ・アロは香料通商院の商務官として少なくとも二万五〇〇〇ドゥカードを王室に貸与しており、モルッカ事業の最重要投資家であったと評価している。[*69]

現在の史料状況ではアロによる商品への投資にフッガーや南ドイツの商人が間接的に関与していたかどうかは明言できないが、すくなくともマゼラン遠征の時点でクリストバル・デ・アロをフッガー

【表 1】西回り香料諸島遠征隊（アンダルシアないしガリシア発）の資金調達（単位はマラベディ）

	船舶数	王室の出資額	民間人出資額		総計（隊員俸給を除く）
			スペイン人	外国人	
1　マゼラン（1519）	5	6,545,209	1,880,126	−	8,334,325
2　アンドレス・ニーニョ＝ゴンサレス・ダビラ（1520）	3	1,800,000	1,995,823	−	3,795,823
3　エステヴァン・ゴメシュ（1525）	1	552,500	75,000	−	627,500
4　G・ホフレ・デ・ロアイサ（1525）	7	10,000,000	2,485,998	4,115,560 (a)	16,601,558
5　セバスチアン・カボート（1526）	4	1,308,000	3,173,502	4,998,090 (b)	9,479,592
6　ディエゴ・ガルシア（1527）	2	194,000	508,811	−	702,811
7　シモン・デ・アルカサバ（1534）	2	−	−	−	−
8　フランシスコ・カマルゴ（1536）	9	−	−	−	28,709,477

(a)ドイツ人 4,024,000（フッガー＝3,270,000／ウェルザー＝754,000）　フランドル人 91,560
(b)ジェノヴァ人 3,171,033　トスカナ人 598,380　ロンバルド人 25,491　イングランド人 795,306　ドイツ人 407,880（フッガー＝254,925／ウェルザー＝152,925）

【表 2】主な民間人の出資変遷（単位はマラベディ、＊＝出資額不詳）

	マゼラン	ダビラ	ゴメス	ロアイサ	カボート	ガルシア
ディエゴ・ベルトラン	−	−	＊	65,400	75,000	＊
ファン・デ・サマノ	−	−	＊	32,700	27,500	＊
エルナン・アンドラデ伯	−	−	＊	470,370	−	＊
クリストバル・デ・アロ	1,334,335	551,814	＊	703,050	−	＊
フッガー	−	−	−	3,270,000	254,925	−
ウェルザー	−	−	−	754,000	152,925	−

[Francisco de Solano, "Navíos y Mercaderes en la Ruta Occidental de las Especies (1519-1563)," MM, 593, 595, 598 より作成]

の代理人と低くとらえるのは疑問である。

注目したいのは、前記一五三九年五月一三日付フッガー裁判記録のなかで国王代理人が、マゼラン隊の艤装者《アルマドル》クリストバル・デ・アロはその航海の創案者《インベントル》である、と述べていることである。[*70] この言はクリストバル・デ・アロの遠征への貢献が財務に限定されず、マゼラン企画の内在的価値に及んでいたことを暗示している。

だが、人脈・財務・企画の三点すべてにおいてブルゴス派が主導的役割を果たしマゼラン遠征を構築したのであれば、その掌で転がされるのはマゼランとファレイロでなくてもよい。事実、ピガフェッタによると、ポルトガル人航海士エステヴァン・ゴメシュはスペイン王室に対してマゼランらと同様の航海案を売りこんだが、競り負け、マゼラン隊の首席航海士におさまった。[*71]

では、マゼランとファレイロの提案はどのようなオリジナリティと強みを持っていたのであろうか。協約へ向けた交渉の局面に立ち戻って検証するが、その前にこれ以降頻繁に引用する最重要史料、アントニオ・ピガフェッタの航海記について補足しておきたい。

ヴィツェンツァ出身のアントニオ・ピガフェッタは教皇使節フランチェスコ・キエレガティの随行員として一五一八年一二月ローマを発したが、サラゴサで遠征のうわさを聞くと、教皇使節の許可を得て遠征への参加を決意し、トリニダード号の定員外に月給一〇〇〇マラベディで登録された。一五二二年九月八日セビリア帰還後、国王への報告メンバーに選ばれなかったので、自らバリャドリードへ赴き、一五二二年一〇月二一日までにカルロスに謁見し、「日々の航海中に起こったすべてのことがらをあつかったわが手記」、おそらくは航海記の要約を献呈した。しかし、デル・カノらのような報償を得られず、各地を転々とした。ポルトガルのジョアン三世とフランスのマリー・ルイズに航海について物語り、マントヴァ公の求めに応じてヴィツェンツァで出版を準備中に教皇クレメンス七世に招かれて一五二四年初めにローマ着、ここで四月までに手稿を完成させた。ローマやヴェネツィアで出版を求めたが、結局刊行にこぎつけなかった。イタリア語ないしフランス語の原本と国王や教皇に献呈した写本の行方は知られていない。[*72]

現存する四種の初期写本（フランス語三種とイタリア語一種）はいずれもロードス（聖ヨハネ）騎士団長フィリップ・ド・ヴィリエ・ド・リラダンへの献辞を含んでいる。そのうち最も原本に近いとされるのは、ミラノのアンブロジアナ文書館所蔵イタリア語写本 Ambrosiana Ms. L.103 Sup.（紙面一四二葉）。三種のフランス語写本のうち二種はパリの国立図書館所蔵のB. N., Ms. fr. 5650(紙面一一四葉)とB. N., Ms. fr. 24224(皮紙面一〇三葉)。前者はジャン・デヌセ編で一九二三年刊行。第三のフランス語写本はイェール大学所蔵 Beinecke Ms. 351（皮紙面九六葉）、スケルトンの編訳で一九六九年刊行。以上の写本類には二三枚の地図がついている。

初期刊本はいずれも不完全な抜粋である。

パリでシモン・ド・コリーヌによって日付なしで刊行されたフランス語の要約版 *Le voyage et navigation faict par les Espaignolz es Isles de Mollucques* は不明のイタリア語写本に由来し、一五二六〜三六年の出版と推測されている。この刊本をベースに他の写本を加味して一五三六年ヴェネツィアでイタリア語版 *Il Viaggio Fatto da gli Spagnivoli a Torno a'l Mondo* が出版され、ラムジオの航海記集成で再版された（Gian Battista Ramusio, *Navigationi*, 1550, 379v-397v.）。

スケルトンの推測による四種写本とコリーヌ版の関係を示す【図42】。略記はデヌセ版以来の慣例に従った（A = B. N., Ms. fr. 5650; B = B. N., Ms. fr. 24224; C = Beinecke Ms. 351; D = Ambrosiana Ms. L. 103 Sup.; E = Simon de Colines〔1526-36?〕）。

私が参照したのは、イタリア語写本Dについては、アンドレア・ダ・モスト版

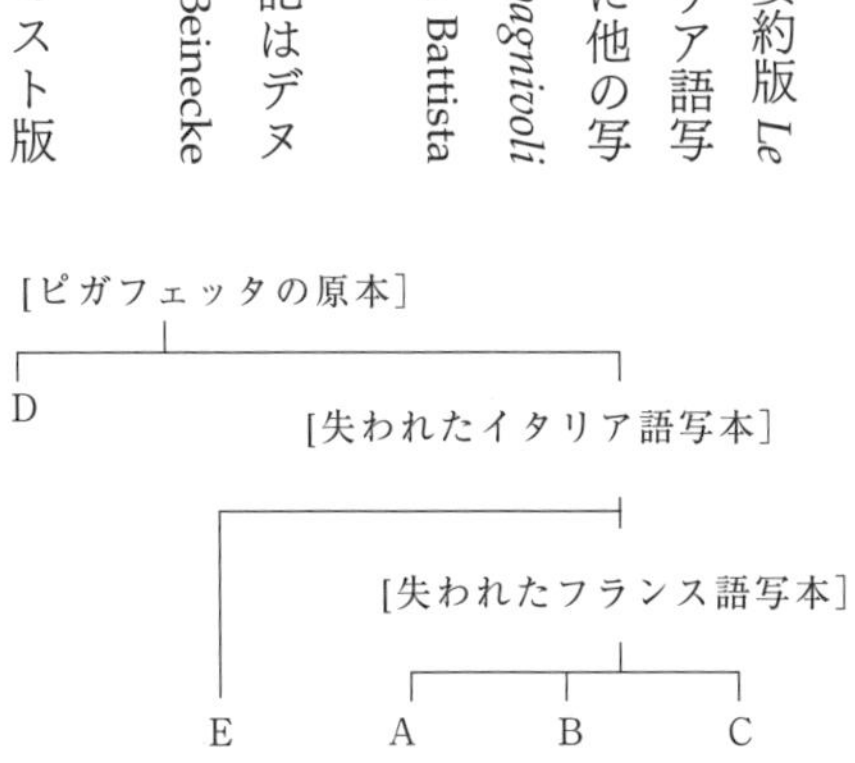

【図42】スケルトンの推測によるピガフェッタ航海記４種写本とコリーヌ版の関係

Raccolta di Documenti e Studi Publicati dalla R. Commissione Colombiana, Roma, 1894, Parte V, Volume III、ロバートソン版 J. A. Robertson, ed., *Magellan's Voyage Around the World*, 3 vols., Cleveland, 1906、アンドレア・カノヴァ版 Andrea Canova,ed., Antonio Pigafetta, *Relazione del primo viaggio attorno al mondo*, Padova, 1999 および邦訳版(長南実訳『マガリャンイス最初の世界一周航海』大航海時代叢書、岩波書店、一九六五年)の四刊本、フランス語写本Aについてはデヌセ版とラゴア版、フランス語写本Cについてはスケルトン版、フランス語刊本Eについては英訳付きの複写本 *The Voyage of Magellan, the Journal of Antonio Pigafetta*, a translation by Paula Spurlin Paige, N. Y., 1969 およびEに由来するラムジオ版である。フランス語写本Bは未見。

以下、原則としてDによるモスト版とロバートソン版および邦訳版から引用するが、必要に応じてA・C・Eにもふれる。

4 プレゼンテーション

一五一八年二月二三日、マゼランとファレイロはインディアス会議を構成するカルロス一世の四人の顧問官、カスティーリャ摂政のアドリアノ枢機卿、シェヴル侯ギョーム・ド・クロア、国璽尚書ジャン・ド・ソヴァージュ、そしてブルゴス司教フォンセカと会見した。会見の詳細は今日知られていないが、いくつかの記述史料からその概略をうかがうことができる。

しばしば引用されるのはフランシスコ・ロペス・デ・ゴマラの『インディアス全史』(一五五二年)の一節である。ゴマラによると、マゼランとファレイロは、ポルトガル国王所有のマルティン・デ・ボエミア(ベハイム)の海図によって南米沿岸を南緯六〇度以北にある海峡までたどれば、喜望峰経由よりもはるかに近道で香料諸島に着けると説き、モルッカ諸島は「パナマやサン・ミゲル湾に近い」と主張した。海図以外に論拠として提示されたのは、セランの書簡、ルイス・ベルトマン（ヴァルテマ）の報告、マラッカで入手した奴隷二人、そしてアジアでのマゼラン自身の七年の経験であった、と。[*73]

地理学史の通説によると、マゼラン航海の前夜、アメリカはアジアから東南へ張り出した大半島であるとするベハイムの地理観は、ヨハネス・シェーネルのアメリカ独立大陸説よりも優勢であった。[*74]また、海峡の在処をベハイムの海図で確信していたというゴマラの記述は、マゼランは「ポルトガル王室の宝蔵庫《テソラリア》」でマルティン・デ・ボエミアの地図を見たことがあり、それによって「あるきわめて狭い海峡」の存在を知っていたというアントニオ・ピガフェッタの記述と符合する。[*75]すなわち、マゼランは海峡の在処を確信しており、海峡の通過後に出会うバルボアの「南の海」は東アジア大半島とその西の黄金半島に抱かれた「大湾」であるから北上すればほどなくモルッカを含む香料諸島に到達できると考えていた、と。[*76]

だが、この通説は多くの矛盾を含む。まず、一五一三〜一四年ポルトガルと一五一五〜一六年スペインのラ・プラタ遠征のあとでは、海峡を南回帰線の緯度に位置づけるベハイムの地球儀（一四九二年）は時代遅れもはなはだしい。それゆえ、マゼランが実際に参照したのはベハイムと同じくニュルンベルク出身のヨハネス・シェーネルの地球儀（一五一五年）【図43】であったが、マゼランないしピガフェッタはそれをベハイム儀と取り違えたという説もある。[*77]

シェーネル儀に付属の論攷『簡明全地球誌』（ニュルンベルク、一五一五年）はヴァルトゼーミュラーの『天地学序論』に拠りながらも、[*78]一五一三〜一四年ポルトガルのラ・プラタ遠征隊の航海士からの取材でフッガーないしヴェルザーの代理人が認めた書簡『ブラジル新報』の知識で新味を加えていた。[*79]この遠征隊の共同出資者はリスボン時代のクリストバル・デ・アロであった。このふたつの事実がシェーネル説を側面から支える。『ブラジル新報』によると、遠征隊の航海士は南緯四〇度の岬を巡って待望の海峡（実はラ・プラタ河口部）に入ったと考えたが、悪天候で確認を断念、それでも岬から西へ六〇〇マイル以内のところにマラッカが位置する、と述べた。[*80] したがって、海峡に関してはブラジル航海の経験がないマゼランよりもアロの方が、情報源として信頼されていたかもしれない。アフリカと同様にアメリカも回航が可能なはずだという楽観的憶測もあったであろう。フンボルト以来、南米南端ないし海峡の在処に関して喜望峰（南緯三五度）の位置からの類推が働いていたのであろうという指摘はしばしばなされてきた。

しかしながら、未確認の海峡に関する憶測の言葉が交渉において重みをなしえたであろうか。前述のように、一六世紀初頭、西方で海峡を求める航海は失敗の連続であった。すでにヴェネツィア人ピエトロ・パスクアリーゴ（一五〇一年一〇月一八日）は、北のニューファンドランド・ラブラドルからアンディリエ〔西インド〕諸島を経てオウムの土地〔ブラジル〕に至るまで陸続きにちがいない、というポルトガル人たちの認識を伝えており、[*81] ドゥアルテ・パショコ・ペレイラ（一五〇五〜八年頃）も、西方の陸地は北緯七〇度から少なくとも南緯二八度半まで広がり、その果ては知られていない。陸は海を取り囲んでいるのだ、という。[*82] ジョヴァンニ・ダ・エムポリ（一五一四年八月二二日）はこの見方を強め、新大陸は未知の「南方大陸」と連結して東方へ延び東南アジアとつながっている、と述べている。[*83] スペインのエンシソ（一五一九年）は、まだ誰も到達していないというこの南方大陸を南緯四二度に位置づけた。[*84] 南米＝南方大陸連結説はピリ・レイス海図（一五一三年）、ロポ・オーメン図（一五一九年頃）、ファン・ベスプッチ図（一五二四年）で表現されている。

海峡の存在を否定したいポルトガルの意図を含むとはいえ、マゼランらの提案時に楽観的見通しに水を差すテキストや地図は少なくなかった。したがって、企画に信頼性をもたせるためには、海峡が見つからない場合を想定して第二の航路を用意しておく必要があったはずである。

ラス・カサスは、顧問官らへ提案中のマゼランに海峡が発見できない場合の対応について質したところ、マゼランらはそのときはポルトガル人の〔喜望峰〕航路をとる、と答えた。[*85] マゼラン海峡において総司令に無断で艦隊から離脱し帰国したサン・アントニオ号乗員からの聞き取り調査に基づいて通商院のファン・ロペス・デ・レカルデがフォンセカに宛てた書簡（一五二一年五月一二日、セビリア）によると、「共同司令官」たるカルタヘナらカスティーリャ人幹部から「予定の針路を開示せよ」と厳しく要求されたマゼランは、喜望峰とサン・ロレンソ〔マダガスカル〕島へ向かう、と答えたが、カナリア諸島のテネリフェ島を発して西アフリカ・ギネー沖を南下中、それとは異なる針路をとるように指令した。[*86]

　サン・アントニオ号の船長ヘロニモ・ゲラと航海士エステヴァン・ゴメシュは離脱の責任を問われる立場にあったので、彼らの供述に基づくこの書簡は真偽相半ばとみるべきである。喜望峰航路を当初からの予定というのは責任転嫁であろうが、針路変更は別の意味で事実であったはずだ。アントニオ・デ・エレーラの年代記によると、一〇月三日テネリフェ島を発し南西の針路で正午までに北緯二七度に達したが、以後五日にかけて針路は南または南微西となった。カルタヘナは北緯二四度までは南西の針路

【図 43】ヨハネス・シェーネルの地球儀（1515 年、フランクフルト市立博物館ワイマール大公図書館所蔵）

を保つことをセビリアで同意しテネリフェで確認したにもかかわらず、なぜ相談もなく針路変更をしたのか、南進はブランコ岬に接近しすぎるので危険だと詰め寄ったが、マゼランは理由を明らかにすることなく追従を要求した。[*87]

モリソンは、針路変更はマゼラン隊追尾のポルトガル艦隊の目を逃れるためであった、と言うが、海事史家ガゴ・コウティーニョはヴァスコ・ダ・ガマ艦隊の航跡との類似性を指摘した。ただちに南西へ針路をとると南東貿易風の影響を受けすぎてブラジル北岸方面へ流される危険があるので、あえて南西へ弧を描くタイミングを遅らせた、という。[*88]

次善の策として喜望峰航路をとる場合、マゼランに成算はあったのか。ジョアン・ダ・ノヴァの国王宛書簡（一五〇九年三月五日）によると、この頃ポルトガルでは喜望峰から一気に（またはマダガスカル島を経由して）マラッカへ向かう航海が真剣に検討されていた。[*89] さらに、ジョヴァンニ・ダ・エムポリの書簡（一五一四年七月一二日）によると、一五一〇年三月一六日にリスボンを出たディオゴ・メンデス・デ・ヴァスコンセロスの艦隊は寄港地のメリンデで、インドに寄らずマラッカへ直航するための水先案内役をメリンデ王に求めたが、得られなかった。[*90] ジョアン・ダ・ノヴァの情報はディオゴ・バルボザを通じて入手可能であろうし、ヴァスコンセロス隊とはマラッカ攻略時に接点があった。後述のように『マゼラン覚え書』は喜望峰から東北東の針路で一六〇〇レグアの航程の先にマラッカを位置づけている。このオランダ流の航路をとりマラッカ海峡ではなくスンダ海峡を目指せば、ポルトガル人との衝突を回避できる。喜望峰からマラッカへの直航の実例は一六世紀を通じてただひとつ知られている。マヌエル・アルヴァレスがマラッカからコインブラの友人に宛てた書簡（一五六二年一月五日付）によると、同年嵐のために一隻の船が喜望峰からマラッカへ到達し大きな驚きを持って迎えられた。[*91] 後述の太平洋における大胆な航跡を考慮に入れると、マゼランが直行路開設の先駆となった可能性は否定できない。

以上のように、海峡の在処の実証が必須の条件でなかったとするならば、マゼラン＝ファレイロ企画の強みはどこにあったのか。航海の協約におけるきわだった特徴は、分界への言及が頻出することである。
史家D・ラモス・ペレス（一九七五年）は、マゼランとファレイロは一五一二〜一八年に定着したスペイン有利の対蹠分界観に便乗した形で西回り航海の利点を説いた、と見ている。[*92] その根拠のひとつとして引用されている国王秘書官マクシミリアーノ・トランシルバーノの書簡（一五二二年一〇月二四日）によると、マゼラン航海の前夜、シナの海湾やモルッカ諸島がスペインの分界内にあることは「きわめて確かなこととして認められ噂されていた」。[*93] エスパニョーラ島サント・ドミンゴの判事《オイドール》であったアロンソ・デ・スアソは国王宛の書簡（一五一八年一月二二日）において、東方《オリエンテ》ではポルトガル人が多くの地域を占有しているが、世界分割によって、マラッカを含めそれらは［スペイン国王］陛下のものである、と述べている。[*94] マラッカがスペイン分界ならその東方のモルッカ諸島は当然スペインのものである。ソヴァージュの居室で顧問官らによる持ち寄りの審議を側聞したという神父バルトロメ・デ・ラス・カサスによると、「地球儀」を持参していたマゼランらは、モルッカ諸島はスペインの分界内に位置する、と述べた。ラス・カサスは、海峡もスペインの分界内にあり、だからこそマゼランはカルロスの元でモルッカ諸島への新航路案を提示したのだろう、という憶測を付け加えた。[*95]
分界に関しても、ジャン・デヌセ（一九一一年）[*96] 以来クリストバル・デ・アロの影を大きくとらえる見方は根強い。ラグアルダ・トリアスは、そもそもクリストバルがリスボンからセビリアに拠点を移したのは、マラッカなどがスペインの分界内にあるという認識を持っていたからだ、と述べている。[*97] また、ティム・ジョイナー（一九九二年）は、クリストバル・デ・アロは一五一四年までにマラッカ以東と南米へ送った船隊の報告によって、中国・インドシナ・東南アジア島嶼部からのちにマゼランの名をつけられる南米の海峡に至るまでスペイン王権の分界内に位置づけられるという認識を持つようになり、マゼラン企画を論議する顧問官らに影響を与えた、という。[*98] その重要な論拠は前記マクシミリアーノ・トランシルバーノ書簡である。宮廷に現れたマゼランと（ファレイロではなく）クリストバル・デ・アロは、対蹠分界に関する巷の「噂」は実証される確実なことであるから、ポルトガルの東回り航路よりも西回りの方がはるかに安上がりで、しかもスペインに帰属する土地の産物として香料を運べる、と述べて、海峡の有無を懸念する顧問官らを説き伏せた、と。[*99]

マクシミリアーノの妻はクリストバル・デ・アロの姪であって、アロ自身が提案したという箇所はそのまま受け取ることはできないが、西回り航路の実現性（海峡）よりも航海の経済効率（距離）と事業の合法性（分界）を強調し、いずれもスペイン有利とする提案内容の記述は当時の地理的認識に照らして信憑性がある。前述のように、スペイン有利の分界観はスペインのみならずポルトガルでもプトレマイオスのパラダイムによって共知として認められていた。スペインの天地学者M・フェルナンデス・デ・エンシソの『地理学大全』（一五一九年）、ポルトガルの神学者ペドロ・マルガーリョの『自然学摘要』（一五二〇年）、ポルトガルの航海士アンドレ・ピレシュの手稿『海事書』（一五〇〇～二〇年頃）の三著に共通してとりこまれているテキストによると、分界線はアマゾン河口付近で南米と交差し、対蹠分界線はガンジス河口を通る。したがって、ガンジス川以東のアジアはすべてスペインの分界内にある。

以上の考察を踏まえると、D・ラモス・ペレス説は正鵠をえたものとうつるはずである。だが、このストーリーは、次に取りあげる史料と齟齬を来すのである。

5　『マゼラン覚え書』の衝撃

大航海への出帆の直前、一五一九年九月にマゼランはスペイン国王カルロス一世に一通の覚え書【図44】を提出した。覚え書の写本はインディアス文書館に所蔵されている。その冒頭でマゼランは、ポルトガル国王がモルッカ諸島はその分界内にあると主張するために航程を「短縮」するよう命じたかもしれない、という疑念を表明したうえで、この点で自分ほど精通したものはいないと述べ、以下のように六つの重要地点の地理的座標を分界線

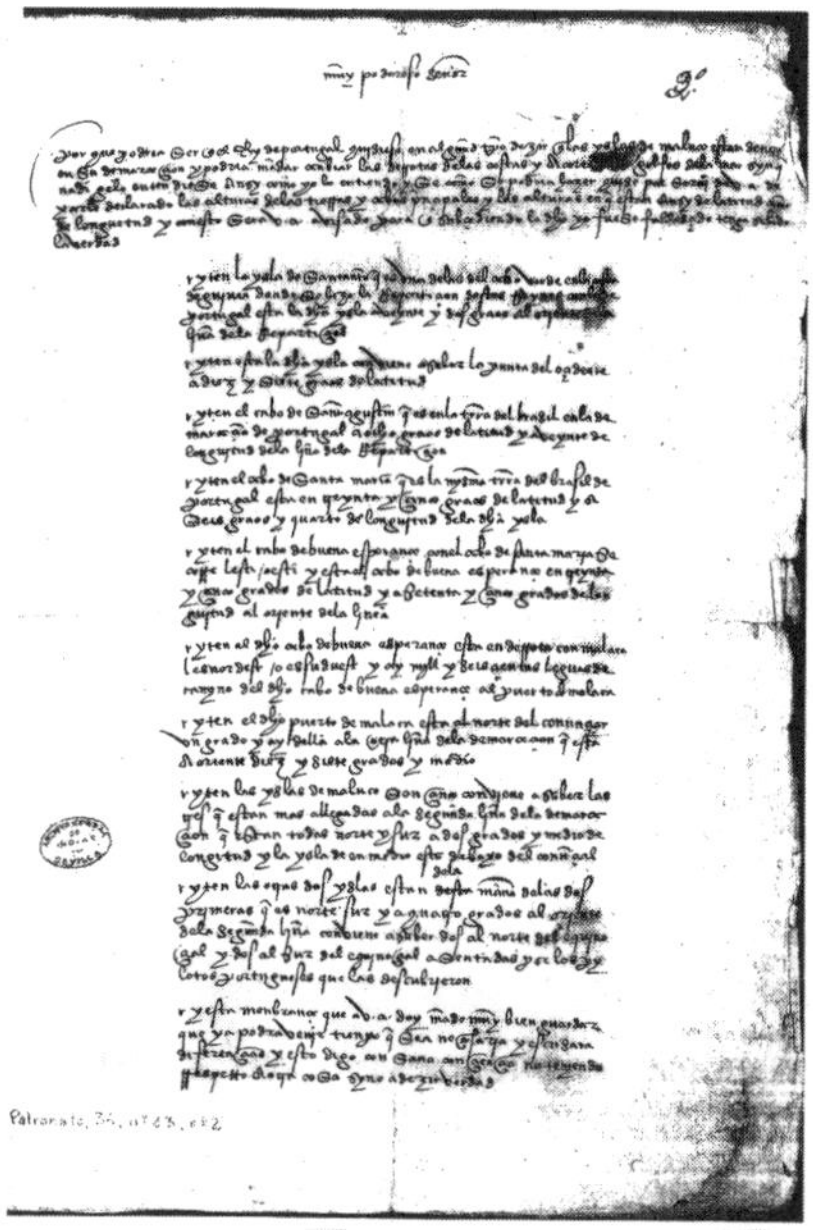

【図 44】『マゼラン覚え書』（インディアス文書館所蔵）

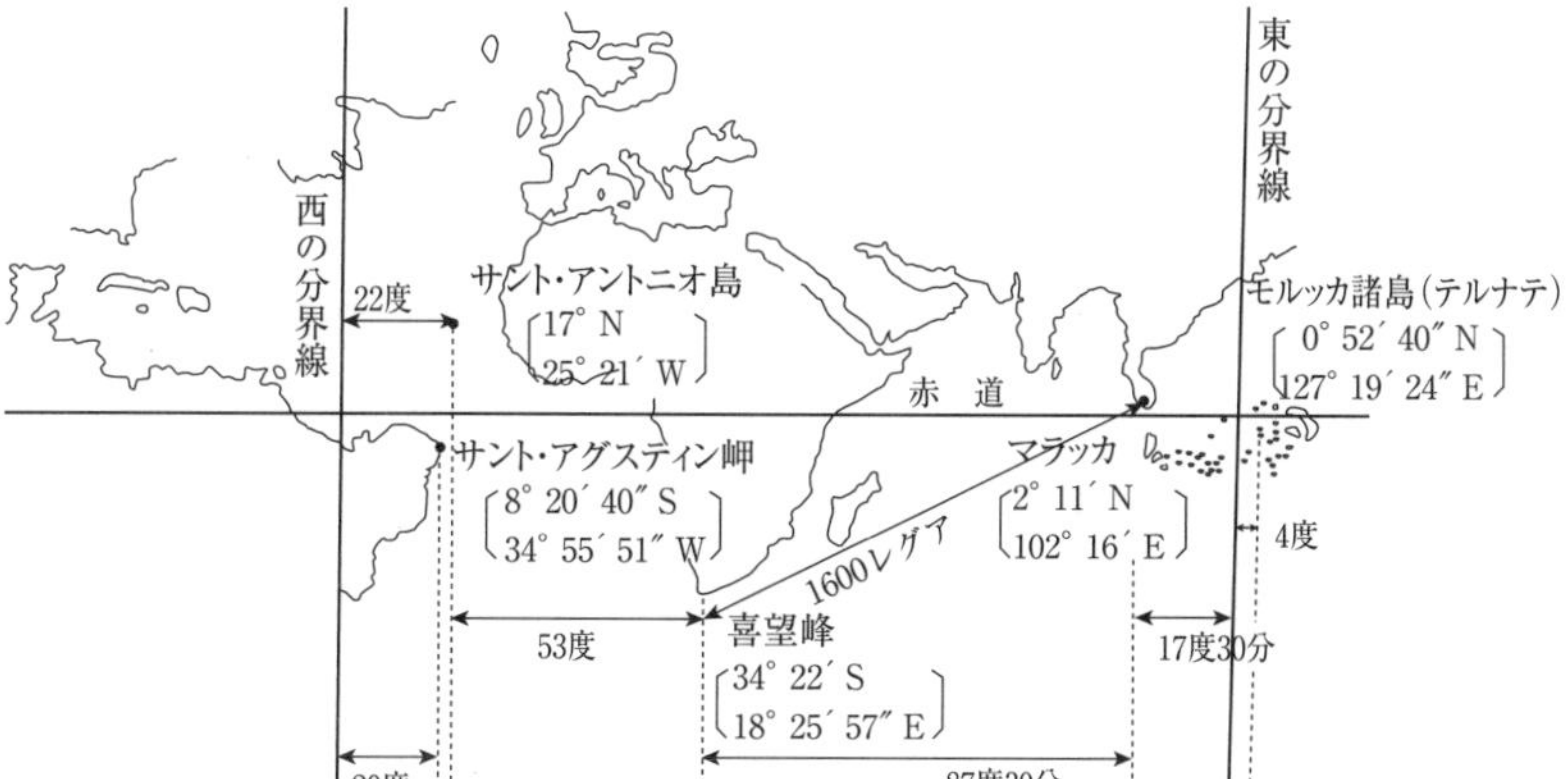

【図 45】世界分割概念図 II
『マゼラン覚え書』（1519 年）の数値を「クンストマン IV」（1519 年頃）にあてはめた。〔　　〕内はグリニッジ子午線による現在の座標

との関係で位置づけている【図45】。

ヴェルデ岬諸島西端のサント・アントニオ島（北緯一七度）から西へ三七〇レグア二二度に分界線。ブラジル東端のサント・アグスティン岬（南緯八度）は分界線から東へ二〇度。ブラジル沿岸における既知の限界点サンタ・マリア岬（南緯三五度）はサント・アントニオ島から西へ六度四分の一。喜望峰は分界線から東へ七五度で南緯三五度。喜望峰から東北東の針路で一六〇〇レグアの航程の先、北緯一度にマラッカ。マラッカから東へ一七度半で対蹠分界線に至る。マルコ五島はいずれも赤道付近で、対蹠分界線から東へ二度半〜四度の間にある[*100]〔したがって、六つの地点のうちでスペインの分界にあるのはモルッカ諸島のみである〕。

『マゼラン覚え書』は分界に対するスペインの関心の高さを示す重要な文書である。ナバレテの史料集に載録（一八三七年）されて以来しばしば刊行されてきたが、これを正面から取り上げた研究者は少ない。そのうちのひとり科学史家ラグアルダ・トリアスは、『マゼラン覚え書』では地球の円周三六〇分の一の距離がエンシソ＝ピレシュ＝マルガーリョの一六レグア三分の二〔誤差一五パーセント〕ではなく、より実値に近くのちにバダホス＝エルヴァス会議で採用される一度あたり一七レグア半〔誤差七パーセント〕が用いられていることを論証した。さらに、南米の二つの岬と喜望峰については経度で七〜一三度の見積もり誤差があるものの、喜望峰とモルッカ諸島の経度差にはほとんど誤差がないと述べ、タヒチ＝ニュージーランド間の航程で一〇パーセントの誤差を出した一七六九年のクックの航海を引き合いに出して、技術的落差を考慮に入れると『マゼラン覚え書』の精度の高さは特筆に値する、と評価した。[*101]

だが、本論にとって重要なのは、『マゼラン覚え書』が対蹠分界に関する議論でスペインの絶対優位を保証してくれる地理学のパラダイムから、あえて脱却している点である。前述のように、エンシソ＝ピレシュ＝マルガーリョはガンジス川以東のアジアをすべてスペインの分界内にとどめていた。ところが、『マゼラン覚え書』はかろうじてモルッカ諸島をスペインのために確保したにすぎず、マラッカを取りこぼし、コロンブスが喧伝したアジアへ至る短い西回り航路の魅力とスペイン分界のうまみを大きく削ぎ落とす内容となっているのだ。

『マゼラン覚え書』によると、サンタ・マリア岬から沿岸を南西へ経度で一五度四分の三進むとスペインの分界に入るが、モルッカ諸島へ行き着くには「海峡」を発見したうえで分界線からさらに西へ経度で一七六度の大航程を赤道付近めざして描かなければならない。インドを目指すポルトガル船のみならずマゼラン艦隊もその付近を通過したサント・アントニオ島を基準にすると、同島からモルッカ諸島までの経度差は東回りで一六〇度半、西回りなら実に一九八度である。つまりマゼランは地球半周を越え、喜望峰航路を三七度半も上回る長大な航海を出帆前から覚悟していたことになる。

『マゼラン覚え書』にみる地理的認識と、マゼランは海峡を通過したのち航海の長期化をまったく予想していなかったという通説が大きく乖離していることは明らかである。このような食い違いがあるからこそ多くの研究者はあえて『マゼラン覚え書』の存在に目をつぶってきたともいえよう。

逆に通説がよって立つゴマラの記述をあやしむべきとして退けたのは地図史家ヘレン・ウォリスである。ウォリスは未刊の学位論文（一九五三年）のなかで、『マゼラン覚え書』は「控えめ」の内容をもつからこそ真実味を帯び、スペイン当局の信用を勝ち取らせたにちがいない。したがってマゼランは矛盾した言辞で評価を損ねるはずがない、という。[*102] つまりウォリスは、マゼランは遠征計画のプレゼンテーション当初から『マゼラン覚え書』に至るまで一貫して辛口の分界観を披瀝していた、とにらんでいるのである。

ウォリス説は傾聴に値するが、マゼランがスペイン王室との折衝の段階から『マゼラン覚え書』の知識を有していたことを示す明確な証拠はない。私は『マゼラン覚え書』の典拠を検討し、マゼランとその対等のパートナー、ルイ・ファレイロの役割分担を推定することによって、年代記の記述と『マゼラン覚え書』の矛盾は解消できると考えている。以下、その理由をのべたい。

『マゼラン覚え書』の典拠がポルトガルの資料であることは疑いない。前マゼラン期のポルトガル領インド《エスタード・ダ・インディア》においては天文学的経度測定の事実は確認されていないが、緯度や針路から東西距離を推計し、それを積算することでおおよその経度を引き出すことは可能である。ジョアン・デ・バロスによると、変節前のマゼランは「いつも航海士たちと交際し、海図や東西の高度〔経度〕に関心を払っていた。[103] スペイン側から見てポルトガルの海事資料で最上の価値を持っていたのは、香料諸島へ派遣された遠征隊の航海士フランシスコ・ロドリゲスが一五一四年頃本国へ発送した水路誌・地図帳【図46】や、総督アルブケルケが国王宛に送ったというジャワ人航海士の地図の引き写しなどであろう。

だが、かりに局地的な水路誌や海図を入手できたとしても、それらを世界地理の枠に取り込み、主要地点の地理座標を特定する作業は、軍人マゼランのよくするところではない。ポルトガルの知的専門職が介在していたとみるべきであろう。ただし、それはルイ・ファレイロの役割ではない。後述のように、ファレイロの地理観は『マゼラン覚え書』に示されるものとはほど遠いからである。

ポルトガル人地図作成家ペドロ・レイネルとその息子ジョルジェがセビリアで作成したと推測されている一五一九年頃の世界図、通称「クンストマンⅣ」（ミュンヘンのハウプトコンゼルヴァトリウム・デア・アルメー所蔵、第二次大戦中に消失）[104]【図47】は、モルッカ諸島と対蹠分界線の位置関係について『マゼラン覚え書』と酷似しており、レイネル父子がマゼランの情報提供者であった可能性を示唆している。「クンストマンⅣ」は美麗でラテン語の説明文が多く、緯度と経度の目盛りをともに備えている。スペインの分界は一八〇度すべて、ポルトガルの分界は一五九度示されており、モルッカ諸島は対蹠分界線の東三度半~八度、したがってスペイン分界内に位置づけられている。

スペインの年代記家アルヘンソラは、顧問官らとの会見でマゼランが用いたのはペドロ・レイネルの平面球形図 planisferio であった、という。[105] ペドロの息子ジョルジェ・レイネルが本国で問題を起こしたのが一五一八年末

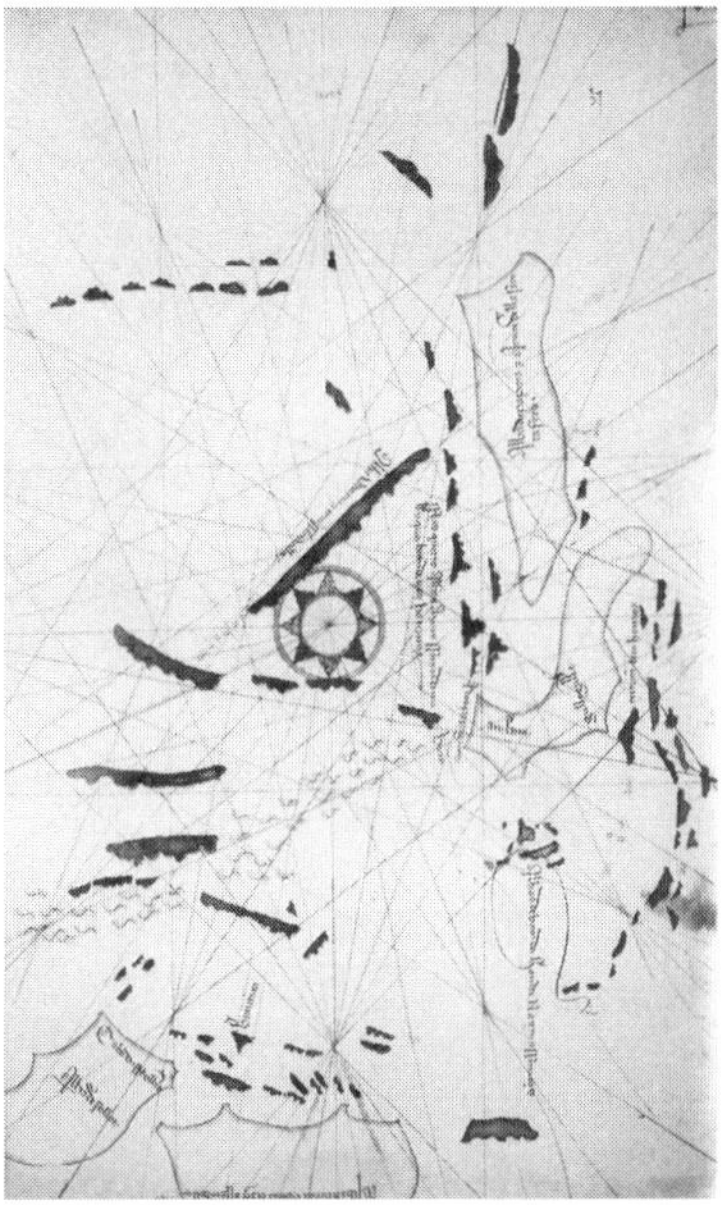

【図 46】『フランシスコ・ロドリゲスの書』第 37 葉、現インドネシア東部海図
（フランス議会図書館所蔵、1248ED, 19）

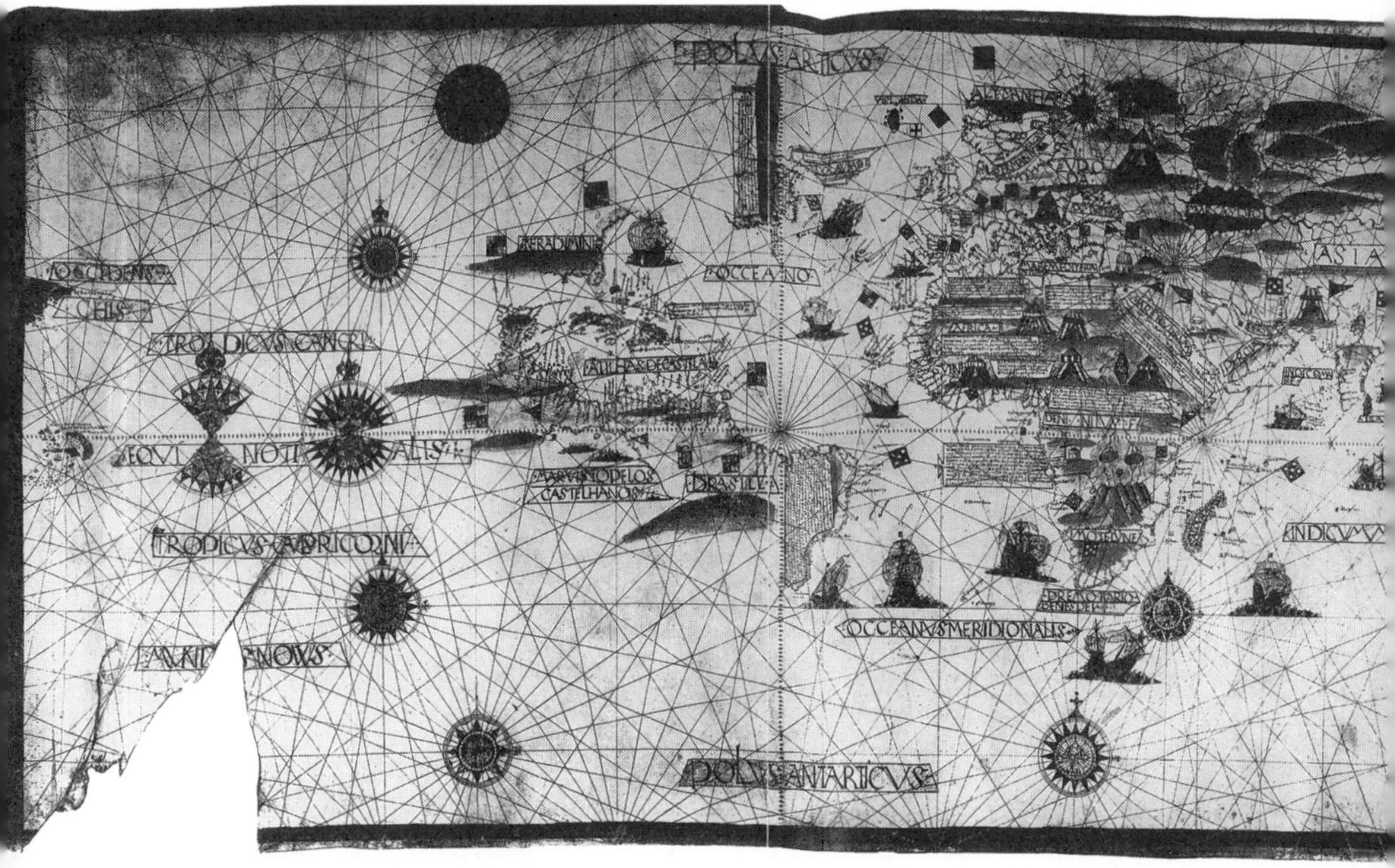

【図 47】無記名の世界図、通称「クンストマン IV」
（1519 年頃、ハウプトコンゼルヴァトリウム・デア・アルメー所蔵であったが第 2 次世界大戦で消失）

ないし一九年初頭、その後まもなく彼はセビリアに居を移した。在セビリアのポルトガル領事セバスチアン・アルヴァレスの書簡（一五一九年七月一八日）によると、

ジョルジェ・レイネルは「平面球形図 la poma y carta」[106]の作成に手を付け、ジョルジェを連れ戻すためにおくれてセビリア入りしたペドロがそこにモルッカ諸島を位置づけて完成させた。この図で予定の航路がわかる。すなわち、まず現リオ・デ・ジャネイロに近いフリオ岬に直航し、そこから「ブラジル沿岸を右手に見て境界線までたどる。さらにそこから西ないし北西へモルッカ諸島に向けて」航海する。ただし、フリオ岬からモルッカ諸島までの空間に土地は書き込まれていない。これを原図としてポルトガル人ディオゴ・リベイロによってマゼラン遠征隊用の海図類が作成された。[107]

さらに、カスタニェーダによると、マゼラン艦隊のトリニダード号から没収された平面球形図二葉はペドロ・レイネルによるものであった。[108]

しかしながら、地図史家アルマンド・コルテザン（一九三五年）は、遠征事業におけるレイネル父子の貢献は「偶発的」なものにすぎず、モルッカ諸島の位置づけに関してレイネルとマゼランの見解は相違していた、とみている。その論拠はふたつある。ひとつはレイネルの「忠誠」である。後述のバダホス＝エルヴァス会議中にポルトガル代表がジョアン三世に宛てた書簡（一五二四年六月九日）とカルロス一世が通商院に宛てた二通書簡（一五二四年五月二七日）によると、レイネル父子を引き抜こうとするスペインの試みが失敗し、以後も両者はポルトガル国王に仕えて恩給をえていた、とコルテザンはいう。[109] 地図史家A・ピニェイロ・マルケス（一九八七年）も一五四〇〜五〇年代の史料を引用してこれを支持している。[110]

もうひとつの論拠は『マゼラン艦隊の経費明細』（一五一八年八月一九日〜一九年九月二〇日）である。そこにレイネルの名は記されていない。艦隊用の海図二五葉のうちマゼランの指示によるものが一一葉で、一万一二五〇

マラベディがヌニョ・ガルシア・デ・トレノに支払われた。残り一四葉はルイ・ファレイロの指示によるものであるが、計上された二万六六二五マラベディの受領者は記載されていない。海図とは別に「平面球形図《プラノ・エスフェリコ》」一葉が国王のために作成され、四五〇〇マラベディがマゼランに支払われた。[*111] のちにフランシスコ・ファレイロはマゼランとファレイロ兄弟の指示でヌニョ・ガルシアとファン・ベスプッチが地図類を作成した、と述べている。[*112]

だが、海図に関しては支払先の記載がないものが多く、ヌニョ・ガルシアの背後でレイネルやリベイロが実務を行っていた可能性もある。個別の海図はともかく、世界図の作り手としてはレイネル派の存在感は群を抜いており、『マゼラン覚え書』のようなスケールの大きい地理資料の策定においてその影響を排除できたとは考えにくい。

注意すべきは東西枠に関するレイネルの認識がパトロンの変化にもかかわらず一貫性を示していたことである。ポルトガル時代のペドロ・レイネル作と推測されている一五一七年頃のアフリカ・アジア海図（ミュンヘンのハウプトコンゼルヴァトリウム・デア・アルメー所蔵、第二次大戦中に消失）[*113]【図48】は、おそらくロドリゲスらの資料をとりこんだ最初期の作品である。東アジア大半島（ないしアメリカ大陸の西岸）とおぼしき線が東アジアに接近し「大湾《シヌス・マグヌス》」のような海域を形成するなど、プトレマイオスの影響が残存している。大湾はその南方、赤道付近にモルッカ諸島を、北方に「チス」と名付けられた諸島、両者の中間に六島を抱く。クローブを生むマルコ諸島はポルトガル分界にある、と書かれている。ただし、経度の目盛りは刻まれておらず、一見して「クンストマンⅣ」との懸隔はきわめて大きい。

しかしながら、実のところ東西枠の設定においてふたつの地図は差がないのである。一五一七年頃のアフリカ・アジア海図の緯度目盛りをそのまま赤道に当てはめ、大西洋の分界線と喜望峰の経度差を「クンストマンⅣ」と同じく七二度半と仮定して実測すると、モルッカ諸島は対蹠分界線の東およそ一度半~四度半、ペドロ・レイネルの作とされる一五二二年頃の極投影南半球図（イスタンブール、トプカプ宮殿博物館所蔵）[*114]【図49】と同じく七一度と仮定すると、モルッカ諸島は対蹠分界線とその三度東の子午線の間に位置づけられ、いずれの場合もからくもスペイン分界内である。つまり、この五年間、パトロンの変化にもかかわらず、東西枠の設定にその影響が出ていない。読み手がくみとれるとは限らないが、知的専門職としてのレイネルの矜持を示すものであろう。この海図は経度目盛りを欠き、「大湾」とおぼしき東アジアの海域を示すなど、ゴマラの記述に符合する要素を顕現しながら、『マゼラン覚え書』に近い経度の認識を秘めているのである。

以上の考察はコルテザン説とは逆に、レイネル派の存在をマゼランに近づける意味がある。重要なのはレイネルの到来とファレイロの排除が相前後して起こっていることである。私の仮説は以下の通りである。

マゼランは「分界のダブルスタンダード」をとっていた。そのひとつは非キリスト教世界の二等分割の解釈にのっとって、仮説としての対蹠分界観を実証すること。たとえポルトガルが政治的意図から地図を改竄しようとも、遠征中に地理座標を測定しスペイン有利の対蹠分界観を実証できれば、「発見」と「先占」の競合のなかでスペインはひとつの外交カードを得ることになる。地理座標とくに経度の測定は一般の航海者の手に負えない難物で、天文学などの専門的知識が必要であった。そのために求められたのがポルトガルの天地学者ルイ・ファレイロの知識である。人が描く図面とちがって、天（太陽と星）と地（地磁気）は正直だ。

しかし、一五一九年夏までにファレイロは排除され、入れ替わるようにレイネル父子がセビリアに到来した。レイネルによる世界図は『マゼラン覚え書』の下敷きとなってくれたが、それは共知の対蹠分界観とは異なってスペイン有利ののりしろは実に薄く、かろうじてモルッカ諸島をスペイン分界内に確保したにすぎない。下手をすると遠征中の測定結果はスペイン有利の対蹠分界観を実証するどころか、逆に反証となってしまうかもしれない。したがって対蹠分界の実験に過大な期待はかけられない。そこで分界の本義、東と西へ「漸進するふたつのフロンティア」に保険をかけ、すでにポルトガルによって発見されたモルッカ諸島よりも未発見地への到達を優先させる。

仮説のポイントはふたつある。ひとつはルイ・ファレイロの処遇の変化、もうひとつは隠された目的地の存在

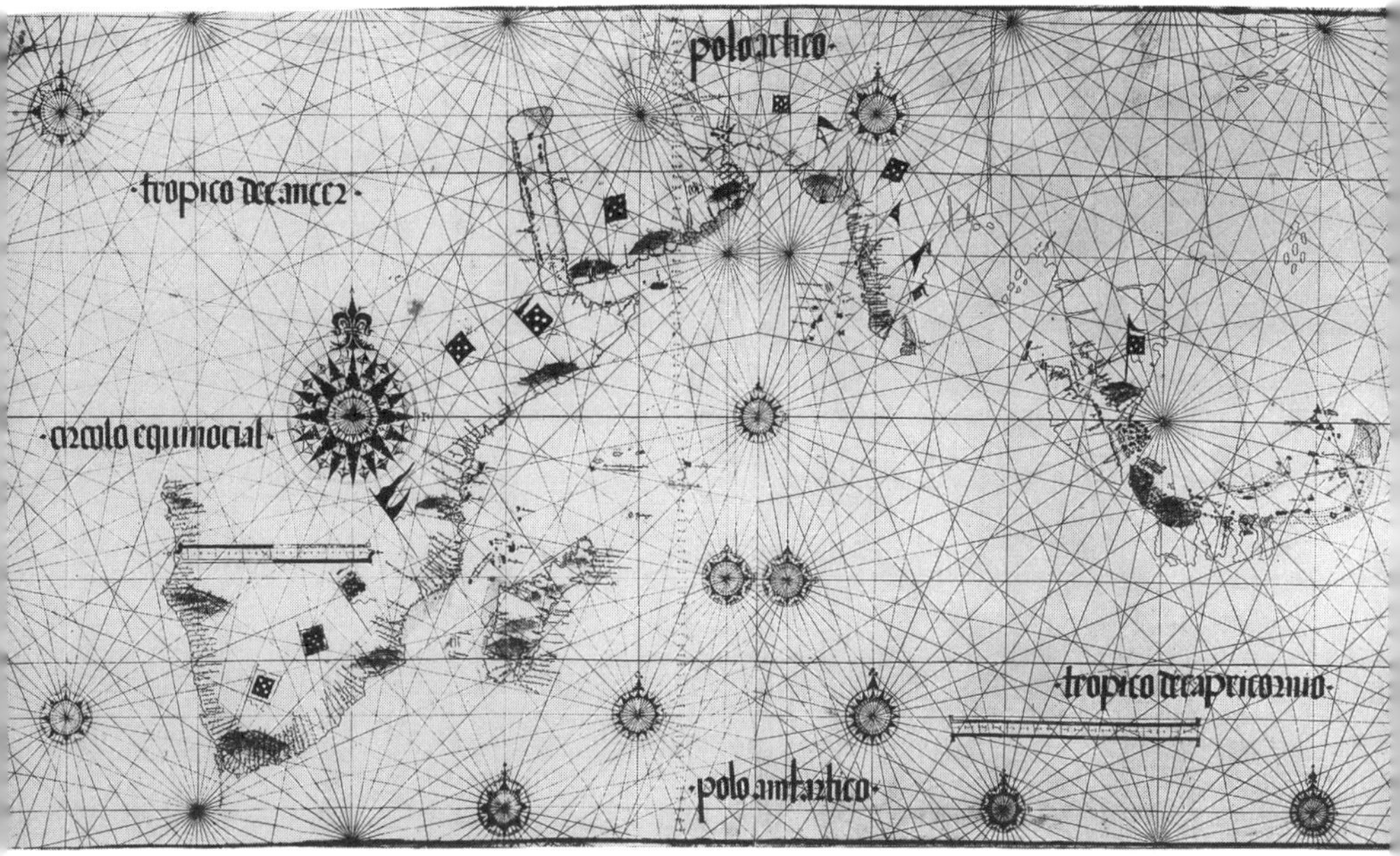

【図 48】無記名のアフリカ・アジア海図
（1517 年頃、ハウプトコンゼルヴァトリウム・デア・アルメー所蔵であったが第 2 次世界大戦で消失）

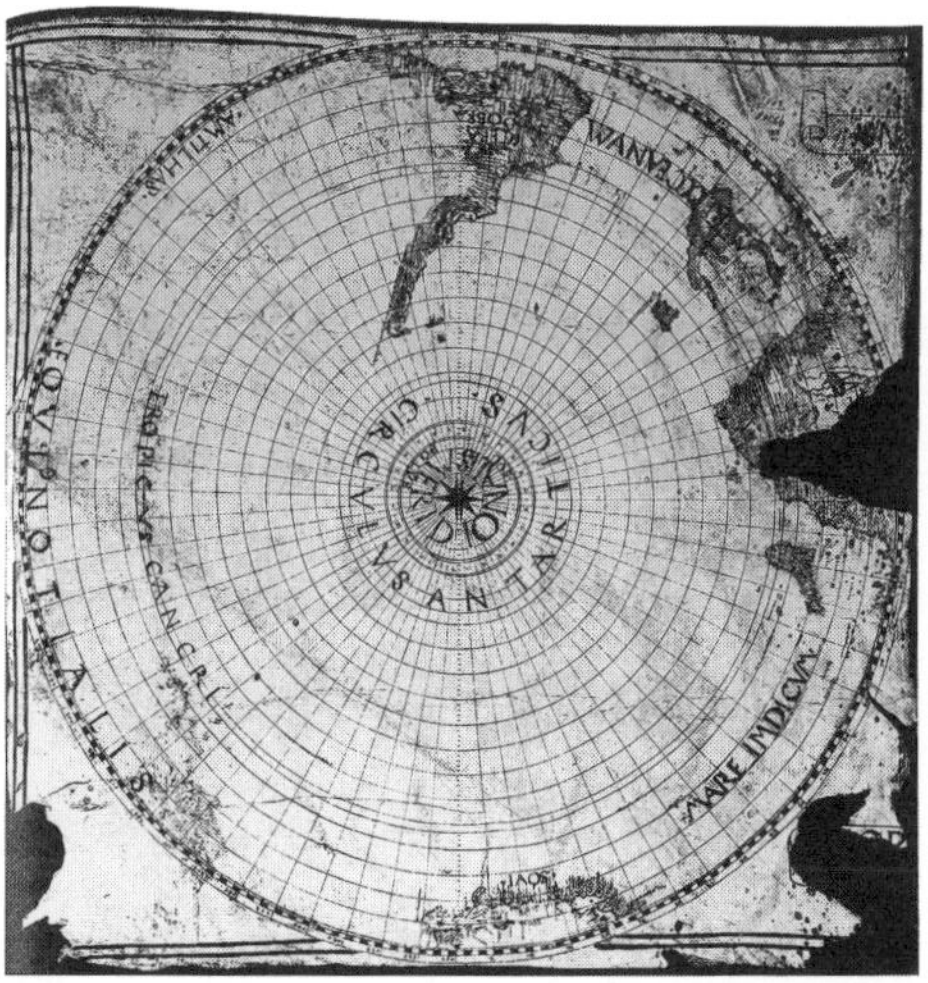

【図 49】無記名の極投影南半球図
（1522 年頃、トプカプ宮殿博物館所蔵）

である。

6 「魔」に通じた学者

ルイ（正しくはロドリゴ）・ファレイロ[115]は謎の多い人物である。コインブラの東方、エストレラ山脈のコヴィリャン出身[116]であったことを除けば、ポルトガル時代の確たる情報はほとんどない。

カルロス一世周辺に対する計画の開陳はもっぱらマゼランがファレイロよりも「海事についてうまく語ることができた」からだ、とポルトガルの人文主義者ダミアン・デ・ゴイスは述べている[117]。ファレイロは「得業者《バチリエール》」の号を冠して呼ばれていたが[118]、修学の経緯は知られていない。ポルトガルのロペス・デ・カスタニェーダは、ファレイロは「偉大な天文学者＝占星師《アストロロゴ》【図50】である〔とみなされていた〕が、実は何も知識を持たず、配下の魔《スピリト・ファミリアル》によって知っているかのように装っていたにすぎない」と述べており、スペインのアントニオ・デ・エレーラもポルトガル人らの情報によって同様の評価を下している[119]。

だが、このような年代記家らの低い評価と、航海の経験も強力な支援者もない学者がマゼランと対等な権限をもつ艦隊の共同司令官に任ぜられた事実との間には相当の落差がある。ファレイロはどのような仕事を期待されていたのであろうか。航海の技術的な準備に関わっていたことは明らかである。ルイ・ファレイロは艦隊用海図の作成を指示したほか、セビリアへ伴ってきた弟フランシスコ・ファレイロの協力を得て、天文航法に必須の観測器具、四分儀ひとつと木製アストロラーベ六器を作成している。ただし、それらは彼の主たる役割ではない。一五一九年五月八日の国王訓令は、「発見」地の地理座標（緯度と経度）を測定せよ、と命じている[120]。

緯度測定は比較的容易で一五世紀半ば以降のポルトガルで実績があがっていた。バロスの記述によると、ポルトガル国王ジョアン二世の治世、メストレ・ロドリゴ、メストレ・ジョゼ、マルティン・ベハイムの三名が「太

【図 50】『新発見』第 2 図「磁石」
書斎で計測器を操る学者を描いている。ふたつの机に羅針盤ふたつ、アーミラリ天球儀と別種の天球儀、携帯日時計、砂時計、四分儀、三角定規などがならべられており、学者は開かれた書物のテキストを左手で指しながら、右手の両脚器で羅針盤を読みとっている。これが航海に関わる営みであることは天井から吊された帆船の模型と窓からかいま見える大小の船によって暗示されている

陽の高度によって航海する方法〔等緯度航法〕を考案し、航海者たちが用いている太陽の赤緯表を作成した[121]」。

ジョゼの師であったサラマンカのユダヤ人アブラハム・ザクートは一四七三～七六年頃、ヘブライ語の『永久暦』を作成し、そのラテン語縮小版をジョゼが一四九六年レイリアで出版した。そこには赤緯表などの天文表が含まれていた。ザクートは一四九二～九六年ポルトガル国王に仕えており、おそらくザクートあるいはジョゼがヴァスコ・ダ・ガマのために簡略化された天文表と等緯度航法の手引書を用意した。[122]

しかし、分界に直結する経度の測定は、航海の現場では事実上不可能とみなされていた。その克服こそがファレイロに期待された仕事であった。のちに海洋列強は高額の懸賞金をかけてこの航海術の歴史上最大の難問に挑み、ようやく一八世紀後半クロノメーターの発明にゆきつくのであるが、理論的には一六世紀前半に三つの方法が有力視されていた。第一にニュルンベルクのヨハン・ヴェルナーが一五一四年に提示した「月距法」、第二にルーヴァンのヘンマ・フリシウスが一五三〇年に公表した「計時法」、そして第三にポルトガルの航海士ジョアン・デ・リジボアによる「偏角経度法」である。[123] ファレイロはどのような手法を選んだのであろうか。

カスタニェーダ、バロス、エレーラによると、ファレイロは「マルコとバンダの諸島がカステラの発見と征服〔の分界〕にあるか否か」つまびらかにするため、三つの経度測定法からなる「三〇節《カピトゥロ》の詳細な手引書《レギメント》」を準備していた。[124] この手引書は長年見失われていたが、ピガフェッタ報告のアンブロジアナ文書館（ミラノ）所蔵イタリア語写本を出版したカルロス・アモレッティは、同写本の末尾『航海術論』に含まれる「東西高度の算出法 *Capítulo primo che parla de l'altura de levante a ponente*」[125] がピガフェッタのものではなく、カスタニェーダが言及したファレイロの手引きの写しであろうと推測し、二〇世紀に入ってJ・ベンサウデらの賛同を得た。[126]

彼らの推測を実証したのはA・テイシェイラ・ダ・モタである。[127] モタは、インディアス文書館（セビリア）所蔵の一七世紀の経度測定法に関するカスティーリャ語手稿集に注目し、そこに含まれる一六世紀前半の一〇葉の「東西高度の算出法 *Capítulo primero que abla del altura del este hoeste*」（Patronato, legajo n. 262, Ramo 3）とピガフェッタのイタリア語手引書を比較照合し以下のように結論した。

セビリアのカスティーリャ語写本は南大西洋に向かう特定の遠征隊のための技術的手引書である。ラプラタ河口部のリオ・ドス・パトスに言及していることからソリスの遠征（一五一六年）以後のものである。テクストの精度はイタリア語写本よりもカスティーリャ語写本の方が高く、ピガフェッタは後者を元本としてイタリア語訳した。ただし、マゼラン遠征の知識をもって地理的記述の一部が改変ないし削除されている。カスティーリャ語写本は、経度測定の三つのプロセスを含む点と、三つのうちふたつは月と惑星・恒星との合および衝による天文学的方法で、もうひとつは「偏角経度法」であるという点で、ファレイロの手引きに関するカスタニェーダらの記述と符合している。カスティーリャ語写本のパラグラフ（当時はカピトゥロと呼ばれた）は三〇ではなく二九であるが、第四節が月の合を扱うという点でも年代記と同じである。したがって、セビリアのカスティーリャ語写本はルイ・ファレイロの手引書の写本ないし抜粋である。[*128]

ファレイロ手引書のめだった特徴のひとつは、偏角経度法が推奨されていることである。天文学的方法は天文学の素養がない者には実行困難であり、偏角経度法こそが一般の航海者にも手が届く最良の方法である、という。[*129] 偏角経度法は、羅針盤の針が指す地磁気の北極と地理上の北極のズレ、「偏角」【図51】の変化が経度の変化に相応するという（誤った）仮説に基づいて、偏角を測定し船位の経度を割りだす方法である。

G・ヘルマンの古典的研究以来、ドイツ製の磁石付き携帯用日時計などを根拠に、ヨーロッパにおける偏角の発見は一五世紀半ば頃とされてきた。[*130] その発見を踏まえて初めて定量的な偏角の測定記録を残したのはコロンブスである、という見方も定着している。[*131]

だが、このような通説を否定し偏角の発見と測定を一四世紀にまで遡らせたのは、D・ウォーターース（一九九二年）である。ウォーターースによると、一三世紀末のピサ図以降地中海の海図では羅針盤の偏角補整がなされていないため東西軸が反時計回りに一〇度ほど傾いており、この傾斜は一五二〇年代まで修正されない。他方、一三三九〜七〇年の海図四葉においてカナリア諸島の細長い二島の軸およびジブラルタル海峡の西スパルテル岬とグラン・カナリア島に面したジュビー岬をつなぐ直線が実際の方位よりも南北寄りに大きくずれているが、一三七五〜一四〇〇年の海図五葉においてはいずれもほぼ実方位どおりである。したがって、偏角は一三七〇〜七五年頃ポルトガルの航海者によって発見されていた、と。[*132]

偏角の存在ばかりか、その変動幅をあぶり出したのも大西洋におけるポルトガル人の航海であろう。ペドロ・レイネル図（一五〇四年頃）[*133]のニューファンドランド付近に刻まれた斜行目盛りは偏角の補整のために導入されたと推測されている。アフリカ南端のアグリャス湾では偏角ゼロの地点が見つかった。ポルトガル領インドの第四代副王であったジョアン・デ・カストロ（一五三八年）によると、航海士たちはアグリャス岬では磁針〔アグリャス〕は全く偏向しないことを知っていたので、その名が付けられた。[*134]すでにカンティーノ図（一五〇二年）にアグリャス湾の名がみえる。マゼランが乗り組んだ一五〇五年のアルメイダ艦隊の無名氏日誌によると、南緯四〇度の大西洋で一方位角の西偏が観測された。[*135]

羅針盤とポルトラーノ海図による推測航法になれた航海士にとって、偏角の存在は頭痛の種であった。羅針盤の作成者たちは作成の場所における偏角を考慮して、コンパスカードに手を加えた。そのため作成場所の異なる複数の羅針盤を同じ地点で用いると、指し示す方向にばらつきが生じる。その事情を知らない航海士たちは、羅針盤の混乱を磁針の磁化など作成の過程における誤りのせいであると考え、羅針盤を解体してその地点の地理上の南北を指し示すように調整する。こういったプロセスが重なると、羅針盤に依拠して作成されるポルトラーノ海図は必然的に歪んでくる。だが、これが経度測定という航海術の最大の難問に寄与するならまさに一石二鳥。一部の航海士と天地学者はその現象と経度の相関性に注目した。

その最初期の成果が、手稿『ジョアン・デ・リジボアの海事書』に収められた「磁針論」（一五一四年）である。

ジョアン・デ・リジボアによると、偏角ゼロの「真子午線」はアゾレス諸島のサンタ・マリア島を通り、そこから東西に向けて偏角は漸増し九〇度離れた子午線上で最大の四五度に達する。したがって偏角を測定すれば船位の経度がわかる、と。[*136]

地図史家アルマンド・コルテザンはインド航路の航海者ペロ・アネスのポルトガル国王宛書簡（一五〇五年三月以前）などに依拠して、偏角による経度算出法はメストレ・ディオゴなる人物からペロ・アネスを経て、一五〇六～〇八年頃コチンでジョアン・デ・リジボアに伝授された、と推測している。[*137] ただし、スペインのアロンソ・デ・サンタ・クルスは『経度の書』において、この方法の起源はセビリアのフェリペ・ギレンである、という。[*138] ルイ・ファレイロの偏角経度法は手引書の第七～一〇節で詳説されている。ファレイロの理論は、偏角ゼロの子午線がテネリフェ島を通ることと偏角の最大値が九〇度である点がジョアン・デ・リジボアと異

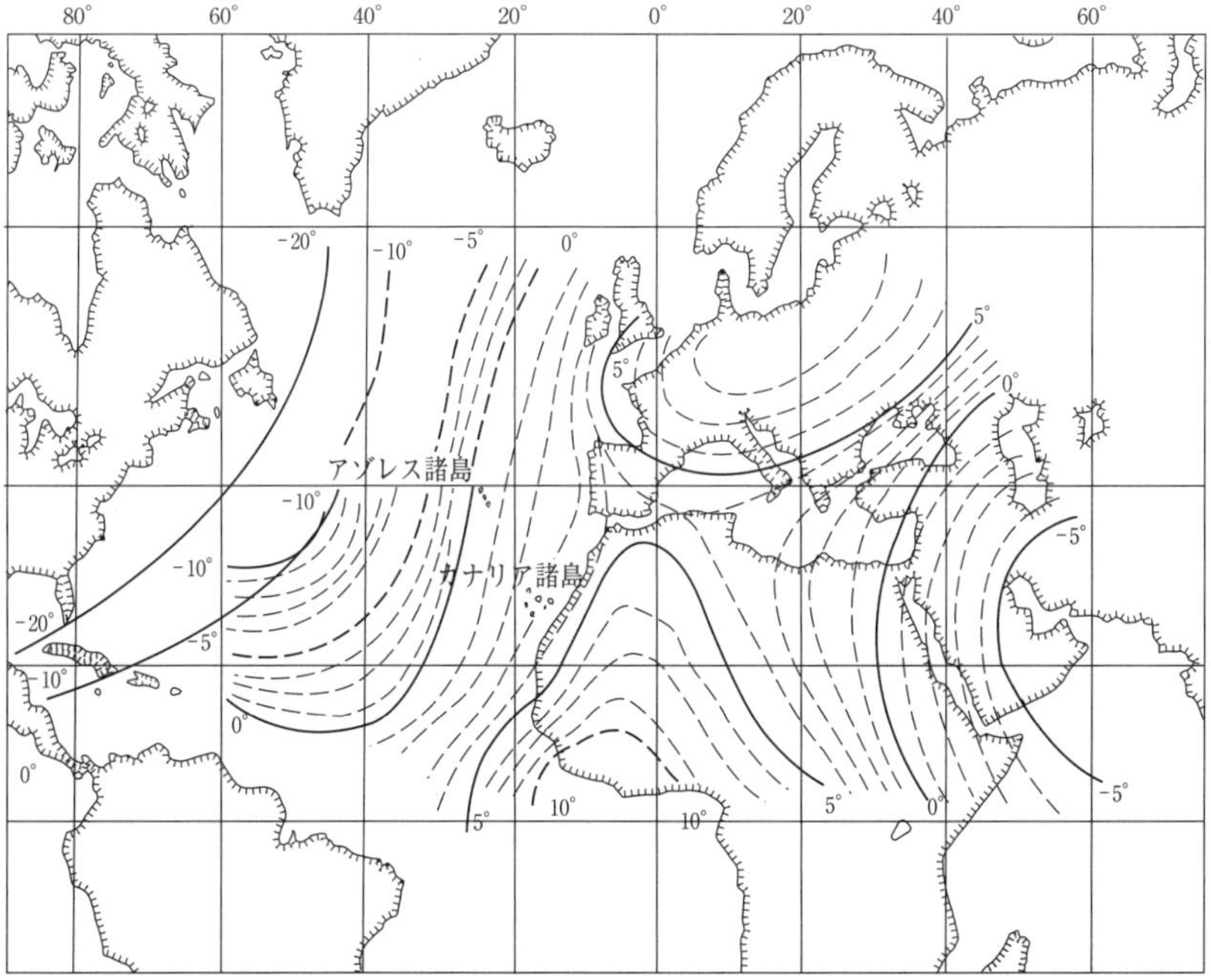

【図 51】1500 年頃の等偏角線図（コロンブス航海日誌、フアン・デ・ラ・コサ図、1502-04 年のペドロ・レイネル図、アロンソ・デ・サンタクルス『経度の書』のデータによる）
［R. C. Martínez, “Aportación al Estudico de la Carta de Juan de la Cosa”, M. Pelletier, ed., *Géographie du Monde au Moyen Âge et à la Renaissance*, Paris, 1989, 157. より作成］

なる。[*139]

協約成立の頃、このファレイロの知識に大きな期待がかけられていたであろうことは想像に難くない。推測航法の誤差に惑わされることなく天文学的手法より簡便な方法で経度を算出できるならば、このたびの遠征はスペイン有利の分界観を実証するはじめての試みとなるはずだ。

だが、協約から一年数ヶ月を経た一五一九年夏までに状況が変わった。国王は一五一九年七月一六日付の通商院宛の書簡で、ルイ・ファレイロはマゼランの遠征に同行せず後続遠征隊を準備せよ、と命じた。[*140] 事実上、共同総司令官ファレイロは解任されたのである。

通説上、これはファレイロが精神に異常をきたしたからだ、とされている。その根拠はポルトガル大使アルヴァロ・ダ・コスタの国王宛書簡（一五一八年九月二八日、サラゴサ）と前出ポルトガルの駐セビリア領事セバスティアン・アルヴァレスの書簡および年代記家オビエド、ゴマラ、アルヘンソラの記述である。[*141]

通商院のファン・ロペス・デ・レカルデとドミンゴ・デ・オチャンディアノの枢機卿宛書簡（一五二〇年七月三一日）によると、ファレイロは「病から立ち直るために危険を冒して」故国に戻ったが、ポルトガル国王の命によりコヴィリャンで一時拘束されていた。通商院宛のスペイン国王書簡（一五二三年二月一三日）によると、ルイ・ファレイロは病のために受領の署名ができず、年金の支給が止められていたが、ルイの病中は弟フランシスコに署名させよ、と国王は命じている。[*142] だが、両書簡とも病の詳細や発病の時期は明らかにしていない。その後国王に宛てた二通の書簡（一五二三年三月二二日）で、ルイ・ファレイロはいぜんとしてモルッカ遠征への意欲を強くにじませており、少なくとも文面から異常を読み取るのは困難である。[*143]

実のところファレイロが司令職から外された理由に関しては、マゼランとの諍いのせいであるという見方（エレーラ）や、ホロスコープで航海中の悲劇と自らの死を予見し狂ったふりをしたのだというあやしげな説（バロス）さえあり、はっきりしていない。[*144]

ファレイロ排除の意味を理解するには、遠征の構成に関わる政治的背景とファレイロの知識に内在する問題をともに考慮に入れなければならないだろう。前者については、外国人とくにポルトガル人の乗員登用に抵抗する通商院と、艦隊幹部の人事を掌握しようとするブルゴス司教フォンセカの影がみえる。一五一九年六月一七日以降、ポルトガル人の雇用を五人以下に制限するようスペイン国王および通商院から圧力がかかった。航海士二人他数名の縁者と一九人のポルトガル人を雇用しようと考えていたマゼランは、国王との協約や訓令をたてにこれに強く抗議した。実際のところ、二年間の糧食を持って未踏海域を航海する遠征とわかると、登録間もなく脱走する者は後を絶たず、充分な数のスペイン人の徴募は困難を極めていたので、結果的に少なくとも三一人以上のポルトガル人が乗員として出航した。うち三人（ドゥアルテ・バルボザ、アルヴァロ・ダ・メスキタ、クリストヴァン・レベロ）はマゼランの縁者であった。[*145]

問題は幹部の乗員である。すでに艦隊の監査役《ベエドル・ヘネラル》に任ぜられていたフォンセカ腹心のブルゴス人フアン・デ・カルタヘナは、一五一九年三月三〇日付で第三隻の船長職《カピタン》を与えられ、ファレイロ排除後には準司令官《コンフンタ・ペルソナ》に昇格した。[*146] さらに二人のカスティーリャ人、ルイス・デ・メンドサとガスパル・デ・ケサダが四月六日までにそれぞれ船長職に任命され、五隻中三隻でカスティーリャ人が船長となった。メンドサは艦隊の財務官を兼務した。枢要の技術専門職、航海士は五隻中三隻でポルトガル人のエステヴァン・ゴメシュ、ジョアン・ロペス・カルヴァリョ、ヴァスコ・ゴメス・ガレゴがついた。ゴメシュは主席航海士であった。だが、サンティアゴ号はカスティーリャ（エストレマドゥーラ）人のフアン・ロドリゲス・セラノが船長と航海士を兼務し、カルタヘナ船長のサン・アントニオ号はポルトガル乗員が皆無で、航海士（兼占星師＝天文学者）として登録されたのはセビリア生まれのアンドレス・デ・サン・マルティンである。[*147]

技術面でファレイロの役目を引き継いだのはこのアンドレス・デ・サン・マルティンである。[*148] 彼は一五一二年航海士総監職《ピロト・マヨル》に名乗りをあげたが、フアン・ディアス・デ・ソリスに競り負け、五月二二日王室付きの航海士に年俸二万マラベディで任命された。[*149] 一五一八年二月五日再び航海士総監の争いでセバスチアン・カボートに敗れている。ルイ・ファレイロの技術的代役としてはのちに『天球論』（一五三五年）を出版する弟フランシスコ・ファレイロの可能性もあったが、フランシスコも同様に遠征から排除され、一五一九年四月一九日の王令でマゼラン隊の後続遠征隊の準備のために年俸三万五〇〇〇マラベディを与えられた。

知識の内在的な問題については二点あげられよう。ひとつは磁針偏差による経度の測定方法への信頼性である。ファレイロの手引書は事前に接収されていた。「ルイ・ファレロ〔ファレイロ〕止めおきの指令に関してマガリャネスが通商院官吏に要請したこと」〔日付なし〕によると、「ルイ・ファレロは〔通商院の〕役人たちや彼〔マゼラン〕に東西の距離の高度〔経度〕とそれを導くすべての手引書を引き渡した。それが通商院にとどめおかれ遠征隊において携行されるように」。[*150] ところが、アンドレス・デ・サン・マルティンや他の航海士らはその運用を義務づけられていなかったのである。マゼランは南米サン・フリアン港での越冬中（一五二〇年三月末〜八月二四日）、艦隊の航海士たちとサン・マルティンにファレイロの手引書を見せて以下のように述べた。「これが理解できる者はその旨を告げよ。それを航海に利用してもよい、と。航海士たちは、あの手引書は使えないし、航海に利用していないと書面で回答した」。[*151] 他方、サン・マルティンは一五二〇年七月二一日、手引書に示された羅針盤や四分儀などを携えてサン・フリアン港に上陸しファレイロの偏角経度法を実験した。その結果彼は八度四分の一西偏という数値を得たが、[*152] それを経度に結びつけていない。サン・マルティンは似非科学と判明する前の偏角経度法に縛られていなかった。南米沿岸とフィリピンにおける計八回の経度測定はすべて天文学的方法であった。しかも、サン・マルティンは手引書の天文学的方法と天文表を修正したうえで用いたのである。[*153] サン・フリアンでのやりとりから推して、マゼラン自身も手引書の実用性に少なからず不安を抱いていたはずだ。

もうひとつの問題点は手引書の分析から浮かび上がる。それは地理的認識におけるマゼランとファレイロのズレである。手引書セビリア写本の第二四節の末尾と第二六〜二九節には、以下のような予定の航跡と地理的認識が示されている。

その航海は〔南米ラ・プラタ河口部の〕サンタ・マリア岬から西への針路をとる。サンタ・マリア岬からから経度で六〇度、緯度で北へ五度のところにジャバ・マヨル島がある。リオ・デ・ロス・パトスから距離で八三五レグア、サンタ・マリア岬から七五〇レグア。南回帰線上、経度で一二二度のところに白檀が豊富な大島〔ティモール〕がある。経度で一四三度、緯度で三四度のところに香料類の豊富な大島ジャバ・メノルがある。この島から緯度で六〜七度でアベラ・クレオソネセ〔黄金半島《アウレア・ケルソネソ》〕に至る。トロメウ〔プトレマイオス〕によると、世界でもっとも豊かである。[*154]

ピガフェッタによるイタリア語訳の「東西高度の算出法」においてはこの箇所が削除されている。遠征で得られた地理的知見からすれば、あまりに古い知識であり、当然のことであろう。『マゼラン覚え書』とセビリア写本の地理との間には大きな溝がある。後者は、ゴマラの記述と同様に、海峡通過後まもなく東アジア大半島と黄金半島が形成する「大湾」に入ることを示唆しており、広大な海洋の存在と航海の長期化はまったく想定していない。この認識をプレゼンテーションの時点までのマゼランとファレイロが共有していたとすれば、協約締結後マゼランは変化したということになり、ゴマラ記述と『マゼラン覚え書』の矛盾は解消される。

だが、両者が対等のパートナーとして性格の異なる二種の知識を別々にプレゼンテーションの道具として用意していたとするならば、矛盾の存在はそのまま容認できる。マゼランは経度より信頼性の高い緯度の知識と経験をもって具体的な地名とその産物を示したのではないか。後述のように、マゼランは赤道直下のモルッカ諸島ではなく北半球の特定の緯度を狙っていた。これはファレイロ手引書における南緯の目的地とはっきり異なるが、ファレイロの役割は緯度ではなく経度の算出であった。プレゼンテーションの時点で『マゼラン覚え書』の経度が示された可能性は低い。ファレイロの経度認識はおそらくエンシソ＝ピレシュ＝マルガーリョのテキストの分界観に準じゴマラ記述と矛盾しないものであっただろう。

協約締結から出帆までのおよそ一年半の間のある時点で、マゼランはおそらくはポルトガルの地図作製者たちとの接触から『マゼラン覚え書』に示されたような東西距離の積算による新たな分界認識を入手し、ファレイロ手引書の偏角経度法と地理に疑念を覚えるに至った。ウォリスが指摘するように、協約締結後の変化は企画の信頼を損ねる懸念はあるが、それは経度担当のファレイロに責任を転嫁して切り捨て、ブルゴス派幹部の登用を許容することによって相殺されたのではなかろうか。ファレイロの手引書が万一役に立たないなら、あるいは使えたとしてもスペイン有利の対蹠分界観を突き崩す結果をもたらす危険性があるなら、対蹠分界の実験に過大な期待はかけられない。分界の本義「漸進するふたつのフロンティア」に即して、未発見地への到達と「占有」が、論理と武威の両面で準備される必要があった。

第四章

遠征の論理と形相

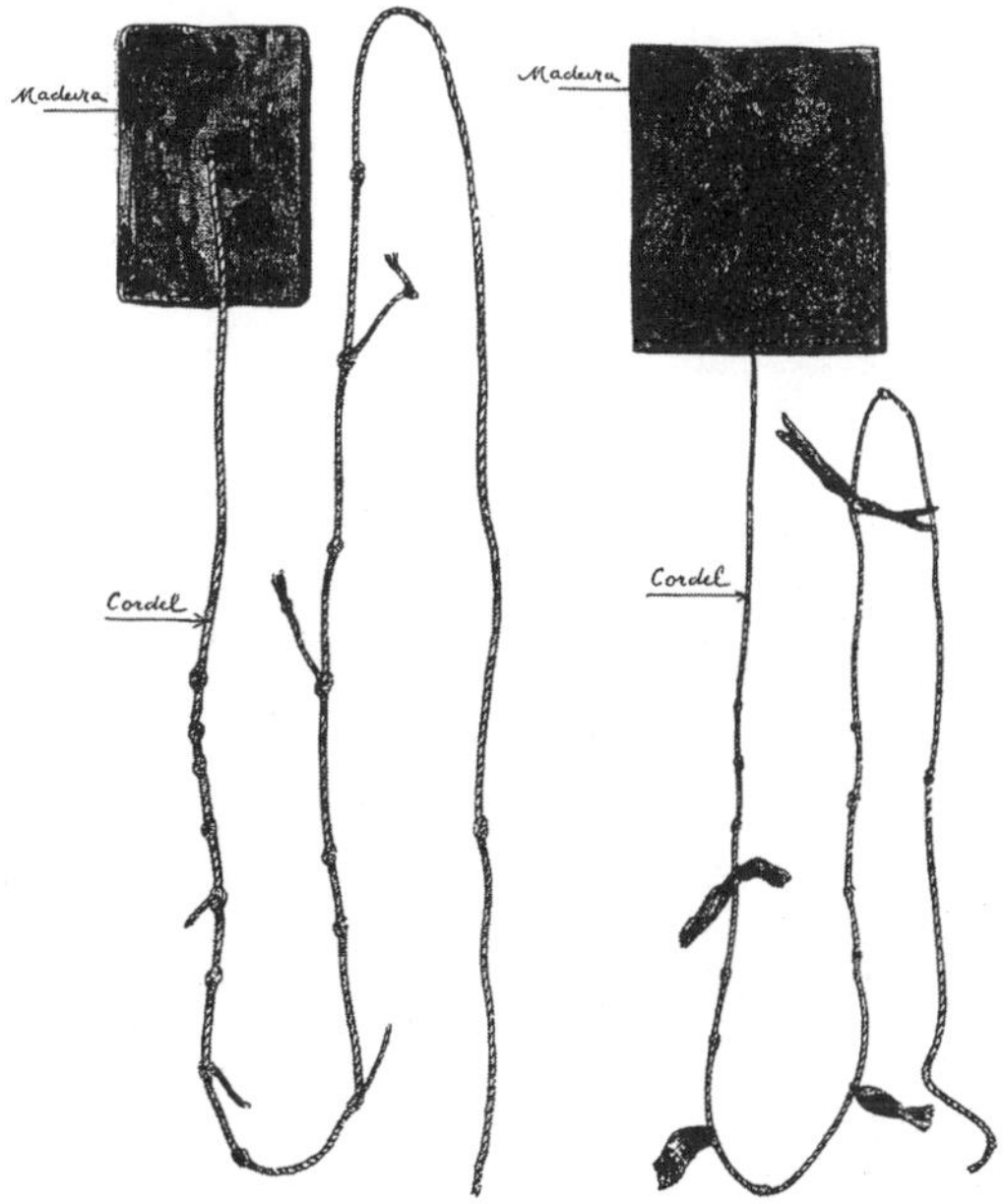

【図 58】カマール（ハンブルク民俗博物館所蔵）
かつてインド洋で用いられていた天体観測具

1　占有と修好の間に

史家ケラー＝リスィツィン＝マンは『象徴行為による支配権の創出』（一九三八年）のなかで、「発見」地に関して近世のスペインは他国に比して形式が整い明示的な「占有」を展開しており、ポルトガルはモルッカ問題の議論の後にようやく形式の強化に乗り出した、という。[*1] 引用される事例はポルトガルの方が古い。カン、ディアス、ガマ、カブラルは発見の要所で石柱碑《パドロン》あるいは十字架を建てた。ガスパル・コレイアによると、それは「後に続いて到来するすべての国々がみてとれる」ようにするためであった。それにもかかわらず、この古典的研究においてスペインに優位が与えられているのは、占有の宣言とそれに伴う象徴的支配の行為が同時代史料に克明に記述されているからである。

コロンブスは一四九二年一〇月一二日グアナハニ島に初上陸した。このときコロンブスは「発見」という言葉を発していない。航海日誌や書簡に描かれているのは「占有」の儀礼である。スペイン国王の長旗が掲げられ、多くの船員の前で国王のためにその島を占有する旨が宣言され、島に名が与えられ記録された。この宣言は反駁されなかったとコロンブスは付記してる。S・グリーンブラッドは、この儀礼の根底にあるものを「公然たる閉じられた形式主義」と呼ぶ。先住民に向けられているにもかかわらず、先住民の介入や理解さえ前もって排除しており、他のヨーロッパ諸国が認識したときに十全の意味をなすからである。[*2]

占有の儀礼の際に十字架を立てるケースは少なくない。ヤニェス・ピンソンとディエゴ・デ・レペは一五〇〇年南米沿岸で十字架を立てる、木を切るなどの儀礼を行った。同年アロンソ・デ・オヘダの協約では「その航路でのイギリス人の発見に歯止めをかける」ため、王家の紋章付の標識を発見地にたてるよう指示された。ポルトガル人航海者フアン・ディアス・デ・ソリスに与えられたスペイン国王の訓令（一五一四年一一月二四日）では、木と枝を切る、穴を掘る、小さな建物を造る、といった土地に刻印する行為が儀礼の細目に付加された。刻印の対象となったのは土地だけではない。バスコ・ヌニェス・デ・バルボアは占有の儀礼を海洋に適用していた。ゴンサロ・フェルナンデス・デ・オビエドの年代記によると、一五一三年九月二九日、バルボアは国王旗を掲げさせ抜き身の剣と楯を持って膝がつかるまで「南の海」（太平洋）に入り、彼が発見した海の占有を宣言した。「何ら反駁を受けることなく」、と。ペドラリアス・ダビラは南の海へ流れ込む水域の土地に対して占有を宣言し、分水界の理念を先駆けた。[*3]

パトリシア・シードは『ヨーロッパの新世界征服における占有の儀礼』（一九九五年）のなかで、占有の儀礼は各国の歴史的文化的個性を反映していた、という。すなわち、イギリスは「囲い込み」、フランスは「行進」、スペインは「宣言」、ポルトガルは「緯度」、オランダは「地図」によっていた。シードによると、一六世紀後半の外交文書にみるスペイン語とポルトガル語の占有は、英語の占有が意味する実効的支配ではなく「規定」（ないし宣言）にすぎない。スペインの宣言とは「投降勧告状 requerimiento」を読みあげることである、と。[*4]

投降勧告状は、アメリカ大陸部における植民の端緒を開いたペドラリアス・ダビラの遠征を機に、征服戦争を正当化する目的で作られた文書である。一五一二〜一三年のスペインではアンティリャス諸島の先住民搾取に対するドミニコ会士の糾弾やサン・フアン・バウティスタにおける擾乱をうけて、先住民社会への武力介入が合法か否かという論議が巻き起こっていた。最初の植民法典たるブルゴス法（一五一二年一二月二七日）には先住民の保護が盛り込まれたが、ラス・カサスやオビエドによると、投降勧告状はブルゴス法の編纂に携わった法曹家フアン・ロペス・デ・パラシオス・ルビオスによって起草された。[*5]その内容は以下のようなものである。

キリスト教の神からペテロを経て継承された全世界を支配し統括する者としての立場から、ある教皇〔アレクサンデル六世〕はカトリック両王に大洋の島々と陸地を「贈与」した。それゆえ、お前たち〔先住民〕は〔スペイン国王〕

陛下を支配者として認め、陛下が派遣する聖職者を受け入れよ。さもなくば戦争を仕掛け、お前たちを教会と陛下の支配下に置くであろう。その結果、財産が没収されたり奴隷として売られることもあろう。ことによると死者が出るかもしれないが、それはお前たちの責任である。[*6]

これは最後通牒である。その理念は贈与の教皇勅書に直結しているが、先住民の奴隷化が正当化されている点で後者と異なる。一五〇四年以降「反抗的」先住民の強制的隷属化を認可する国王令はたびたび発布されており、[*7]投降勧告状にはこの流れを追認する意味が含まれていた。シードはこの文書に対するモンテーニュやウォルター・ローリーらの嘲笑の言を引用し、これほど念入りの宣戦布告の儀礼は他国に例を見ないスペイン独自のものであるという。[*8]だが、同時代のスペインでも非難の声が挙がっていた。フランシスコ・デ・ビトリアは文書に挿入された「改宗を強いるものではない」という一節の欺瞞を認識し次のように述べた。「これほど愚かしいことが説かれたことはない。蛮人たちがキリストの統治を拒んでも罰せられることがないといいながらも、その代理者〔教皇〕の支配に服することは強制され、逆らえば交戦を余儀なくされ財産を奪われ処罰をうけるというのだから」。ラス・カサスもこれは笑うべきと言うよりも慨嘆して涙を流すべきことだ、と述べている。[*9]

征服と植民の現場でも同様の声が聞こえた。ペドラリアス・ダビラは先住民の集落に攻撃を加える前に「必要な限り何度でも」投降勧告状を読み上げるべし、という訓令を与えられていたが、ダビラ隊の一員であったオビエドはこの文書を無人の村に向かってカスティーリャ語で読んだと自嘲した。[*10]投降勧告の実態はマゼラン協約成立の前に本国へ報告されていた。ギョーム・ド・クロア宛のアロンソ・デ・スアソの書簡（一五一八年一月二二日）によると、やはりペドラリアス・ダビラの部下で一五一四年七月中米のサンタ・マリア・ラ・アンティグアから内陸へ遠征隊を率いたフアン・デ・アヨラは、書記に命じて先住民らの前で投降勧告状を読ませたのだが、彼らはそれに従うそぶりはなかった。カスティーリャ語で、しかもきわめて遠くから読み上げられたため、首長以下インディオは誰も理解できなかった。アヨラ隊は村に夜襲をかけ火を放ち彼らを奴隷として連れ去った。[*11]

他方で、先住民の理解を前提とした投降勧告も報告されていた。同じくダビラ隊のマルティン・フェルナンデス・デ・エンシソは対蹠分界観を示すテキストとして先に引用した『地理学大全』(一五一九年、セビリア)のなかで、一五一四年中頃セヌー遠征で出くわした先住民に投降を勧告したところ、彼らはこう答えた。天地を統べる唯一神が存在するというのは結構なことだが、自分のものでないものを贈与した教皇は酔っぱらいに違いないし、他者のものを欲しがって贈与を得た国王は気が狂っているに違いない、と。[*12]

ラス・カサスは初対面の相手がこのような会話を交わせるはずはない、この一節は作り話にすぎないと看破したうえで、エンシソの政治的意図を指摘した。すなわち、エンシソはもともと法律家であったから、投降勧告を行うことによってセヌーで行おうとする強奪と暴虐を、勧告を行わなかったファン・デ・アヨラらよりも正当化することができると考えたはずだ、と。[*13]

以後も、投降勧告の実例はエルナン・コルテスやフランシスコ・ピサロの場合にみられるばかりでなく、その精神は、一五四二〜四三年の新法制定後もペルー副王メンドーサ宛の訓令(一五五六年五月一三日)など、発見・占有の指針となる多くの国王訓令に盛りこまれていた。[*14]

むろん、その前提は彼我の軍事的格差である。武力のみならず「疫病」への抵抗力において西洋に劣る新大陸(西インディアス)では、占有の儀礼にせよ投降勧告にせよ、非キリスト教世界の支配の正当性を示す閉じた言説はコミュニケーションの成立を必要条件としていない。だが、バルボアの視線のはるか彼方で大洋が洗う岸辺は、もはや新大陸ではなく、人口圧と生産力で優越し疫病と火器を西洋と共有したアジア(東インディアス)である。マゼラン隊はどのような論理と形相をもっていたのか。

マゼランはスペイン国王から遠征の実施細目として七四項目からなる詳細な訓令(一五一九年五月八日、バルセロナ)[*15]を与えられていたが、そこに投降勧告の項目はない。おそらく新大陸の先住民向けの勧告とはニュアンスの異なるものが口頭で与えられていたのであろう。のちにフィリピン総督フランシスコ・テリョ・デ・グスマンは国王宛書簡（一五九九年七月一二日、マニラ）において、フィリピン諸島の征服にあたって土地の人々は「インディアスの他の地方と同様に何度も投降勧告を聞かされ、国王への服従を強要された」と回顧したが、一五五九年にミゲル・ロペス・デ・レガスピに与えられた訓令は慎重な姿勢を見せている。すなわち、降伏の勧告を三回繰り返し行い、かつ同行の聖職者と協議の上で植民を行うべきことが述べられており、正当戦争や住民の奴隷化は言及されていないのである。[*16] おそらく、マゼラン遠征の教訓とビトリアらの批判をふまえた修正であろう。

ラゴアは、マゼラン宛の訓令にポルトガルの遠征隊に与えられた訓令の影響を認め、一五〇七年フェルナン・ソアレス宛および一五〇八年ディオゴ・ロペス・デ・セケイラ宛の二つの訓令に類似した二〇の項目を指摘した。[*17] ポルトガル色の強い項目として注目すべきは、未知の到達地点にスペイン王章付の「石柱碑」を建立するべし、という占有の儀礼に関わる第七および一四項目である。ポルトガルの石柱碑はコンゴからモンバサまでのアフリカ沿岸部で一一基発見されているが、アジアでも立てられた。ロペス・デ・カスタニェーダとジョアン・デ・バロスの年代記によると、一五〇九年八月にコチンを発したロペス・デ・セケイラは、ペディルとパセムで現地権力と修好後にポルトガル王旗のついた石柱碑を建立しており、アントニオ・デ・アブレウの香料諸島遠征隊は一五一二年アガシム、アンボイナおよびバンダで「発見の石柱碑」をたてた。[*18]

他方、史家F・モラレス・パドロンは、一五一八年までのスペインの遠征隊に与えられた九つの訓令とマゼラン宛訓令を比較検討し、一五〇二年コロンブス宛、一五一四年ペドラリアス宛、一五一八年コルテス宛の三つの訓令にのっとった二九の項目を摘出した。[*19] ラゴアとパドロンの指摘箇所は一四の項目において重複する。

マゼラン宛の訓令において前例がないのは、もうひとつの閉じた支配の言説「分界」の強調である。分界への言及は一二回におよぶ。ポルトガル国王の分界で踏査せず、われらの分界内でインディアスの諸島と大陸を発見せよ、と再三指示されており、到達地点の緯度と分界線からの経度を測定し記録することが義務づけられていた

（第七項）。ただし、スペインの分界外でモロの船舶に出会った場合は、これを「正戦」で捕獲してよい。モロがスペインの分界内の土地の出身でありそこに利益が見込まれる場合は、丁重に扱い、修好と交易の意図を知らしめる（第一五・一六・一八項）。遠征の主目的は到達地とくに香料の土地における交易拠点の確保と現地人との協定の締結にある。総司令マゼランは同盟関係を結ぶための権限を有する。（第一二〜一四・二六項）。総司令は協定のためであっても人質なしで上陸してはならない。拠点を得たところでは慎重に修好し、首長らに贈り物を怠らない（第二七〜二九項）。国王の商品を最初に最高価格で売却する。ただし、武器と鉄器は贈り物でも交易でも与えてはならない。将来の交易を阻害するような敵対行為は避ける。威嚇のために大小の火砲を撃ってはならない（第四〇項）。

マゼラン隊は金属・織物・日用品を中心に膨大な数量の商品を積み込んでいた。『マゼランの航海のために通商院諸吏が調達すべき物品一覧』（一五一八年）[*20]によると、主な商品は以下の通りである。

銅二〇〇キンタル、鉛一〇〇キンタル、明礬一〇〇キンタル、水銀二〇キンタル、辰砂三〇キンタル、サフラン二〇リブラ、各種の布地七六反《ピエサ》、黄色マタムンド一万束、帽子二〇〇個、セピア二〇〇、象牙一〇本、釣り糸一万本、櫛一〇〇〇マラベディ、真鍮と銅の腕輪四〇〇〇個、大小の型たらい二二四個、三種類の鈴二万個、ドイツ製ナイフ四〇〇ダース、ハサミ五〇ダース、大小の鏡一〇〇〇枚、ガラス細工五〇〇リブラ。

交易は国王の専権事項ではない。訓令には総司令マゼラン以下一般の乗員による私的貿易（および戦利品取得）のための規定が盛り込まれていた（第二一〜二五項）。リスクの高い航海で乗員を確保するのは容易ではなかったからである。マゼランの要請を受けて一五一九年八月九日セビリアで作られた文書は、スペイン人の募集がうまくいかず、外国人に頼らざるを得ない状況を明らかにしている。[*21]ナバレテによると、乗員二六五人のうち外国人は九〇人、三五パーセント強であるが、[*22]実際にはスペイン人と偽った者も少なくなかった。『マゼラン艦隊でマルコへ赴いた者たちに負う給与に関する報告』〔日付なし〕で言及された一〇七人のうち外国人は四八人で、四五パーセントを占める。[*23]

登録の歩留まりをあげるために、乗員には個人の商品搬送用に占有できる船内のスペースが職責に応じてキンタル（＝四六キログラム）数で割り当てられていた。これを「キンタラダス」という。司令官は八二キンタル、船長・財務官・主計官は五九キンタル、書記官は二五キンタル、副長・航海士は一七キンタル、水夫長は一三キンタル、一般の水夫で特許を得たものは三キンタル半。帰還時に一キンタルの香料を四二ドゥカード（一ドゥカード＝三七五マラベディ）で売却したとすると、水夫は航海中の給与として三万九五二〇マラベディ、香料の売却益から税を控除した分として四万四四九三マラベディを得たことになる。デル・カノは給与で一〇万四五三五マラベディ、香料で五〇万八七二〇マラベディの権益を持っていた。[*24]

むろん、修好と通商の意図がいかに強かろうとも、武力の発動がこの遠征において重要なオプションであったことに変わりはない。武器、とくに火器に関しては『マゼラン艦隊経費詳報』[*25]と前記『マゼランの航海のために通商院諸吏が調達すべき物品一覧』で数量に相違がみられる。前者によると、ベルソ五八門、ファルコン七門、大型《グルエサ》ロンバルダ三門、パサムロ三門だが、後者によると、ベルソ六二門、ファルコン一〇門、大口径のロンバルダ一〇門でパサムロは記載されていない。他の武器の数量表記に差異はない。ロンバルダは錬鉄製の後装式大砲ボンバルダ（ボンバルデタ）の異称である。石・鉛・鉄の砲弾を用いる。ファルコン（ファルコネテ、ファルソン、ファルコネッチ）はボンバルダよりも小型の先込め式旋回砲で、ベルソはファルコンよりも軽量で砲身の長い旋回軽砲である【図52】。肩撃ち銃エスコペタ五〇丁と火薬・鉛・砲弾等を含めると火器類は計三四万七五七九マラベディ。艦隊中最も高価なサン・アントニオ号の購入費三三万マラベディを上回る額である。これに、通常の兵器、すなわち石弓六〇丁と石弓の矢三六〇ダース、槍（ランサとピカ）一二〇〇本、盾二〇〇個、甲冑一〇〇式の購入費を加えると、武器の経費は総計で五六万一六八七マラベディになる。『マゼラン艦隊の水夫・見習水夫・

年少に支給された俸給一覧』（一五一九年、セビリア）[*26]によると、砲手《ロンバルデロ》と砲手長《コンデスタブレ》は計一五名、すべて外国人である。

艦隊の武威は当時の遠征において相対的にどの程度であったのか。一四九六年のフォンセカ法令は、インディアスへ向かう探検の遠征隊はボンバルダを一〇門装備せよ、と規定している。一四九八年の第三回航海でコロンブスのニーニャ号は一〇門装備していた。ただし、小型のニーニャ号やジャマイカの上陸用ボートに積載された火器は小型のボンバルダ（あるいは軽砲ファルコンの類）であろう。同じボンバルダの名称で記載されていても、大型は一八〇〇キログラム近い重量とおよそ三〇センチメートルの口径で七〇リブラ（一リブラ＝四五〇グラム）の弾丸を投射するが、小型になると九センチメートル口径・八〇キログラムで投射物は二リブラ程度にすぎない。一五〇九年の国王令によると、西インドへ向かう一〇〇トン級の帆船はそれぞれ大型ロンバルダ二門と〔中小の〕ロンバルダ一〇門を装備することになっていた。

一五一四年四月にサン・ルーカル・デ・バラメダを発してダリエンを目指したペドラリアス・ダビラの二二隻の艦隊は次のような火器を搭載していた。三二二キログラムの

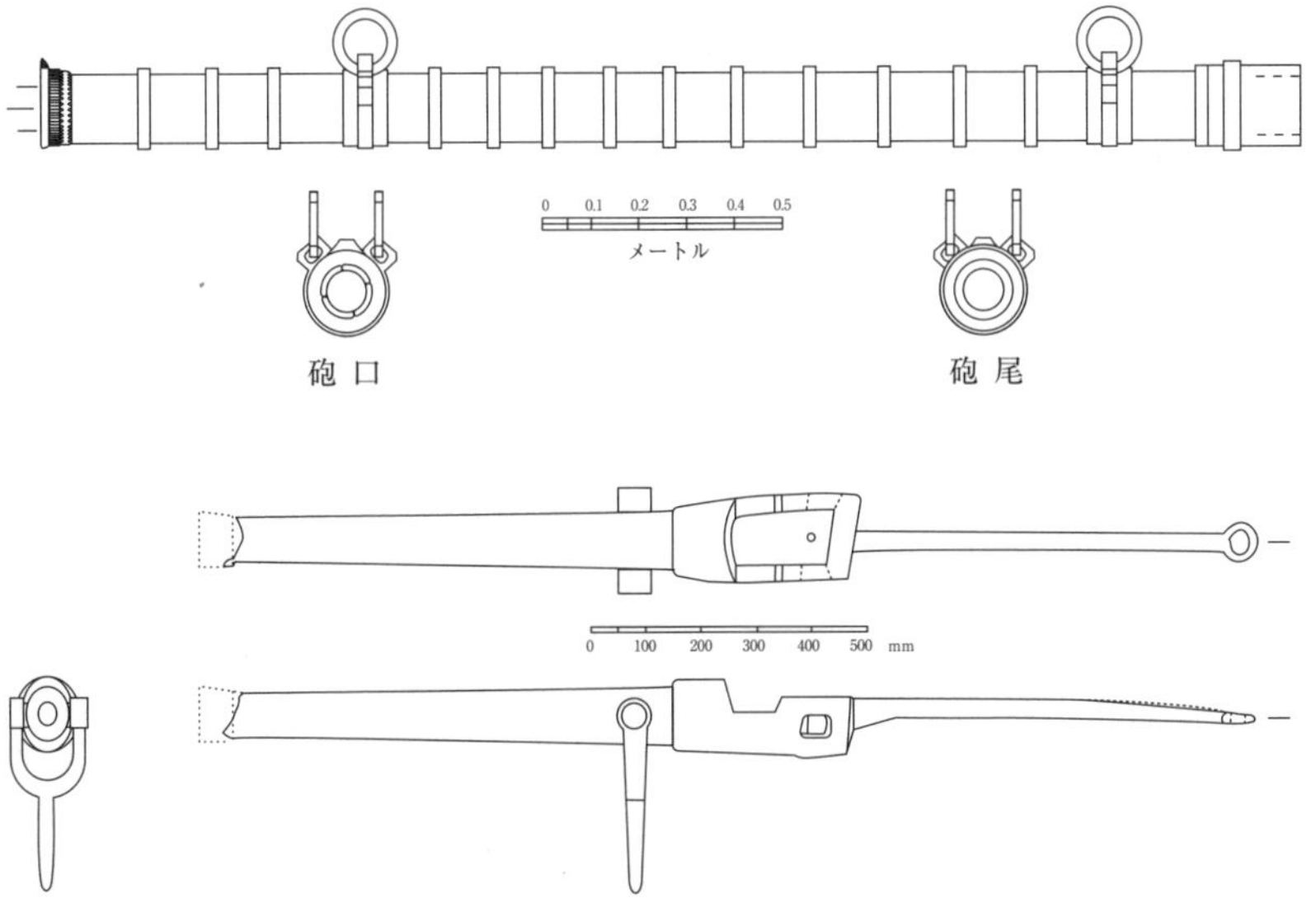

【図 52】鍊鉄製の後装砲ボンバルデタ（上）、後装式旋回軽砲ベルソ（下）
1980 年代、水中考古学協会（テキサス）によって、東カリブ海モラセスリーフから引き上げられた 16 世紀前半の遺物の一部〔J. J. Simmons, III, "Wrought-iron ordnance; revealing discoveries from the New World," *The International Journal of Nautical Archaeology and Underwater Exploration*, 17-1, 1988, 25-34. より作成〕

軽砲ファルコネテ（小型ファルコン）二門、九二キログラムの軽砲六門、二三〜三五キログラムの火縄銃アルカブス四〇丁、肩撃ち銃エスピンガルダ二〇〇丁、火薬・硝石各一〇〇キンタル、硫黄三〇キンタル、鉛三〇〇キンタル。石弓は五〇丁と石弓の矢六〇〇ダース。一五二〇年以降新世界の征服が大陸に移ると、スペイン船は火器の装備をさらに重くした。一五二二年の国王令は、西インドへ向かう一〇〇トン級の帆船はそれぞれ大型ロンバルダ四門と一門あたり三ダースの砲弾、軽砲パサボランテ一六門と六ダースの砲弾、肩撃ち銃エスピンガルダ八丁、火薬と砲弾製造用の金型と鉛を大量に装備せよ、と定めている。

他方、ポルトガルは喜望峰航路開設後、武威による交易へと傾斜した。一四九七年ガマの四隻の艦隊はボンバルダ一〇門にベルソとエスピンガルダを装備していたが、一五〇二年ガマの第二回航海は格段に多くの火器を積載した。一〇隻の帆船《ナウ》のうち小型船は主甲板にボンバルダ六門、後甲板に二門、船首・船尾楼にファルコネテ八門と相当数の旋回軽砲、五隻のカラヴェラは甲板にボンバルダ四門、後甲板と舳先にファルコネテ六門と旋回軽砲一〇門。大型帆船の装備は不明である。一五〇四年のジョアン・セラン指揮のカラヴェラ船一隻はボンバルダ二〇門、一門あたり一七六二キログラムのカメロ六門、ファルコン一二門を備えていた。[*27]

したがって、マゼラン隊の武威はインド航路開設後のポルトガル艦隊や大陸征服を目指すスペイン艦隊に比すと強力とはいえないが、探検の遠征としては一四九六年のフォンセカ法令の大砲基準を満たしており、軽砲・鉄砲類を含む火器全体では一五二二年の国王令の内容を先取りしていた、といえよう。

2　太平洋横断を再現する

そもそもこの艦隊はどこを目指しているのか。すでにモルッカ問題について多くの紙面を費やしていながら、改めて行き先を問う節をもうけるのは奇異に思われるかもしれない。マゼラン艦隊の目的地は香料諸島だという噂が事前に流れていた、とマクシミリアーノ・トランシルバーノは述べているが、航海の協約はスペインの分界内で香料等の豊かな島や大陸を発見すべしと曖昧な表現にとどまり目的地と航路を明確にしていない。

船長以下、航海士や末端の水夫に目標が明示されたのは、協約から一年以上あとの国王令（一五一九年四月一九日、バルセロナ）においてである。マゼランの指示に従い、「まず何よりもさきにマルコ〔モルッカ〕諸島へ向かうべし、と。[*28] このころ国王は登録した乗員の離脱が相次いだことに神経をとがらせていた。航海中の財産保全などの措置と抱き合わせで、乗員に香料の入手という経済的動機付けを与える意図があったのであろう。

しかしながら、マゼランの遠征には隠された別の目的地があった、という一部研究者の見方は根強い。その論点は大別してふたつある。ひとつは太平洋横断の航跡、もうひとつは参照された地理文献である。

マゼラン艦隊の太平洋航海を再構成するために依るべき一次史料は、乗員による以下の五種の記録である。すなわち、フランシスコ・アルボの『フェルナンド・デ・マガリャネスの海峡を探索する航海の水路誌、サン・アグスティン岬以遠』（一五一九年一一月二九日～一五二二年九月四日）[*29]【図53】、ピガフェッタの航海記、不詳ポルトガル人（おそらくはヴァスコ・ゴメス・ガリェゴ）の航海記『オドアルド・バルボザのポルトガル人同僚の報告』[*30]、不詳ジェノヴァ人（おそらくはトリニダード号の熟練水夫でのちに航海士となったレオン・パンカルド）の『フェルナン・デ・マガリャンイシュの航海の日誌』[*31]、トリニダード号の水夫ヒネス・デ・マフラの報告。[*32]

この他、一次史料に準ずるものとして、サン・マルティンの航海記録〔現存せず〕等を没収したモルッカ諸島テルナテ要塞の長官アントニオ・デ・ブリトの一五二三年五月六日付ポルトガル国王宛書簡[*33]とサン・マルティンの航海記録を参照したというバロスおよびエレーラの年代記、および帰還者たちに取材したペドロ・マルティールとマクシミリアーノ・トランシルバーノの記録があげられる。

なかでも南米到達以降ほぼ毎日船位の緯度と針路を記載したフランシスコ・アルボの水路誌は最重要の史料とみなされており、スタンリーやギルマードら多くの研究者は主としてこの水路誌によって以下のような航路を推定してきた。

艦隊は一五二〇年一一月二八日に南緯五二度付近の「待望の岬」を通過してマゼラン海峡を脱し、その後およそ二〇日間チリ沿岸沖を北上した。一二月一八日、南緯三三度半に達すると、針路は北西ないし西北西に変更され、ほぼそのままの針路で南太平洋を横断。翌二一年二月一三日に西経一六〇ないし一七〇度で赤道を通過したが、その後も北西ないし西北西の針路を保持した。二月二六日北緯一二度でようやく針路を真西に変更し、三月六日北緯一三度の「泥棒諸島」（おそらくロタ島・グアム島付近）を経て三月一六日フィリピン諸島中部のスルアン島に達した【図54】。

マゼランをコロンブスの風下におく通説、すなわちマゼランはコロンブスと同様に南米を東アジア大半島とみなしており、バルボアの「南の海」は茫漠とした大洋ではなく東アジア大半島と「黄金半島」で形作られる大湾であるとみていたので、「海峡」通過後に北上すればほどなく香料諸島に行き着けると考えていた、という見方を信じるならば、一二月一八日〜二月二五日までの七〇日間大洋を斜めに突き切るこの大胆な航跡はありえない。航路とアメリカ西岸の間に横たわる未踏の大海域が踏査検分の対象から外されているからである。航海術の限界を考慮に入れるならば、異様と形容しても過言ではない。

アレクサンダー・フォン・フンボルトの報告（一七九九年）によると、クロノメーターの発明で船上での経度測定が可能となった一八世紀後半でさえ、「緯度と経度の双方を変化させながら対角線上を進む」新しい航法は「苦闘」を航海者に強いた。[*34] ましてや経度測定が困難な一六世紀にあっては、目的地の緯度に達するまで北上ないし南下しその後東進ないし西進する「等緯度航法」によって直角の航跡を描く方が、理にかなっている。船位の緯度はアストロラーベや四分儀で太陽の南中高度を測り、その数値を天文表で補整することで一〇〜六〇分程度、通常は三〇分以内の誤差で得られた。[*35] コロンブスは第一回航海においてカナリア諸島まで南下しその後まっすぐに西へ針路を定めた。マゼランの場合でいえば、チリ沿岸沖を赤道に到達するまで北上し、その後赤道上をひた

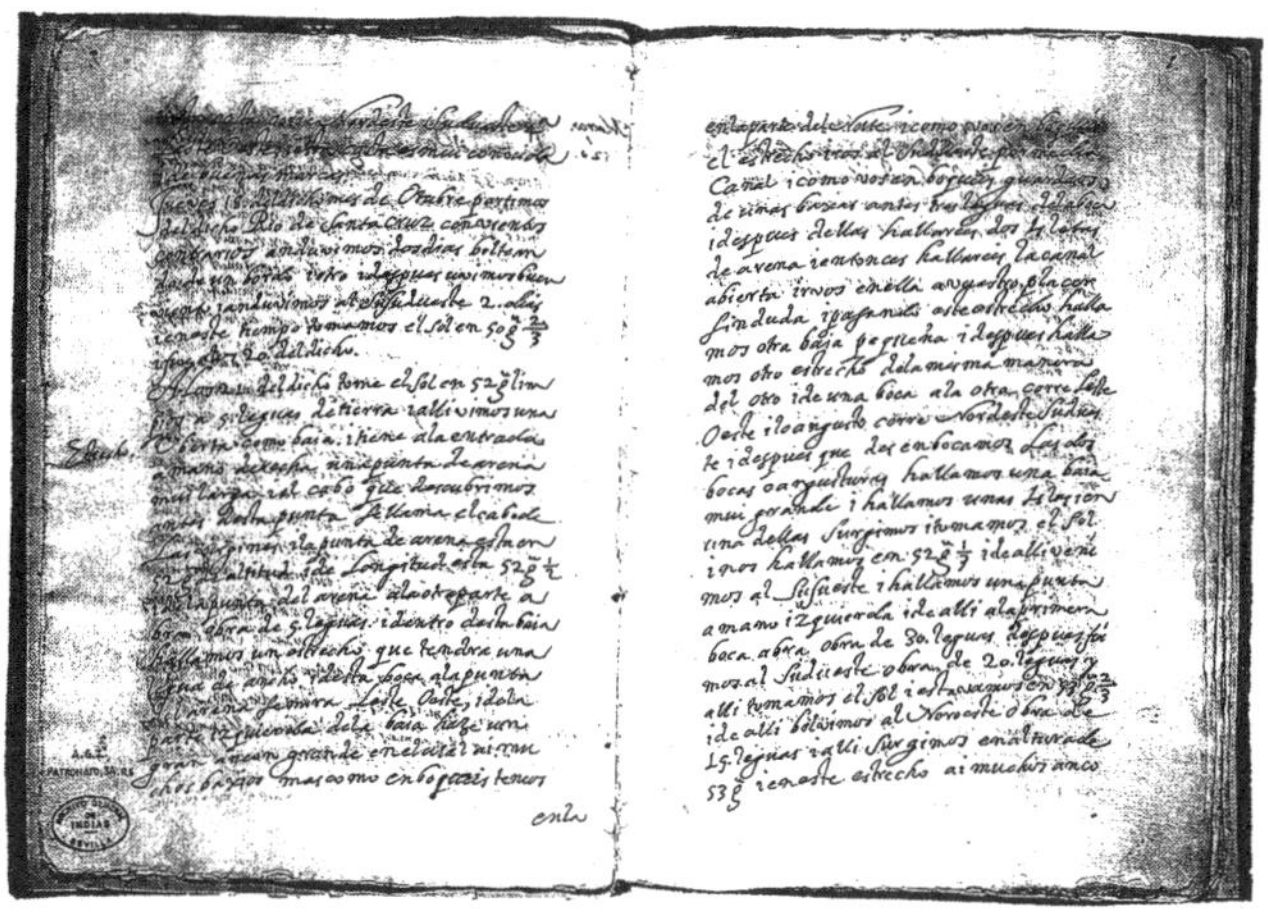

【図 53】フランシスコ・アルボ『水路誌』（1519-22 年、インディアス文書館所蔵）

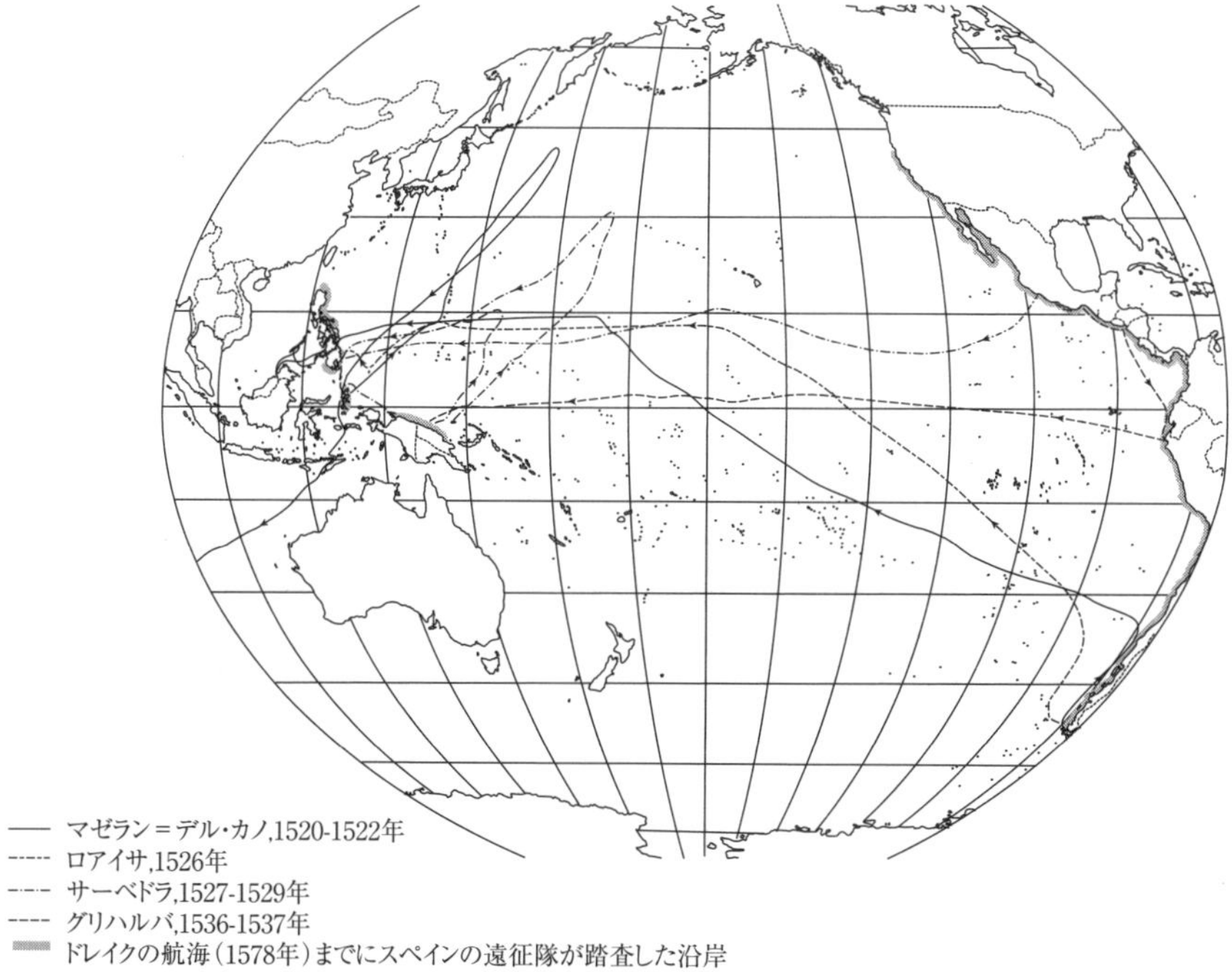

【図 54】マゼランとその後続隊の航跡［Friis, ed, *The Pacific Basin,* 116-117 より作成］

すら西へ向けて進むのが、地理的認識と航海術の実態に即した航路ということになる。

それゆえ、アルボらの記録の信憑性に疑念を呈し、実際には直角に近い航跡が描かれていたはずだ、という地理学史家G・E・ナン（一九三四年）の見方も無理からぬところだ。ナンは、三ヶ月あまりの太平洋航海でマゼラン艦隊が出会ったのがわずかに無人の二島のみで、陸から半径五〇マイル程度の航続距離をもつグンカンドリさえ認めなかったというのは信じがたいと述べ、太平洋の幅を縮めモルッカ諸島をスペインの分界内におさめようという政治的意図から航跡が捏造されたに違いないと断定した。

具体的に検証しておこう。ナンはチリ沿岸沖における針路変更に問題ありという。アルボに反して、ピガフェッタ・不詳ポルトガル人・不詳ジェノヴァ人の乗員記録は海峡通過後の北上に言及しておらず、艦隊はただちに西北西の針路をとったと述べており、矛盾をきたしている、と。[*36]

だが、貿易風・潮流・気温の三つの自然条件と他の記録とをつきあわせると、アルボの記録は充分擁護できる。英国水路局編『南米水路誌』によると、海峡の西出口付近に位置するエバンへリスタス諸島（南緯五二度二四分）の一二月の気温は摂氏三〜一一度であるが、その北方に位置するファン・フェルナンデス島（南緯三三度三七分）の一二月の気温は摂氏一二〜二三度である。チリ西岸沖で南緯四〇度以南は偏西風と西からの海流が強いが、以北では貿易風と潮流の優位な方向は時計と逆に転回しており、南緯四〇〜三〇度付近を境に南西から南東へ方向が転換している[*37]【図55】。

したがって、ピガフェッタらが述べているように、海峡の西出口付近で北西ないし西北西に針路を定めると、風と海流の抵抗が強く、間切るのは大きな困難が伴ったはずであるが、アルボらが示した地点まで北上すれば、順風をえて北西ないし西北西への航海ははるかに容易となったであろう。実際、マフラ、ブリト、バロス、エレーラは一致して、マゼランが北上を命じたのは早急に温暖な気候帯に達するためであったと述べており、エレーラ（南緯三二度二〇分）・ブリト（三二度）・マフラ（三〇度）の三つの記述が北西ないし西北西への針路変更地点の緯度を明示している。また、エレーラは、寒冷で荒れた天候と逆風の海域を脱すると、風はしだいに順風に転じマゼラン艦隊は北西に向けて進みやすくなった、と述べている。[*38]

大西洋の海洋地理からの類推が働いていた可能性もある。ポルトガル人の大西洋航海の経験は、マゼランまでに一〇〇年の蓄積がある。西アフリカ沖は北から順に、北東の貿易風域、赤道無風帯、南東の貿易風域、そして南緯四〇度以南に偏西風域があり、海流ではギネー南岸を東進する海流と西進する赤道海流が強力で、他に南ア

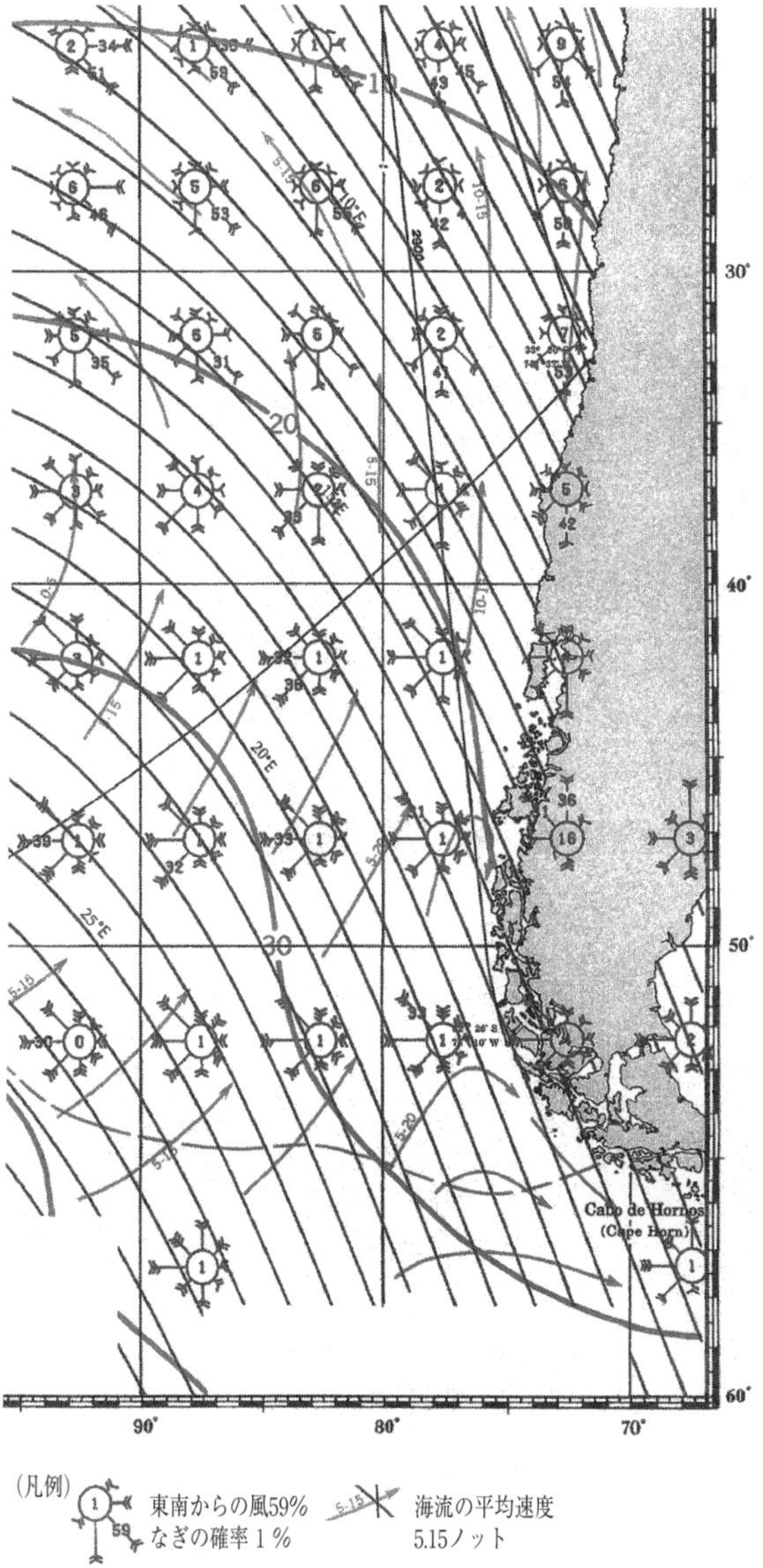

【図 55】チリ沖 12 月の風と海流［*Atlas of Pilot Charts, South Pacific Ocean*, 1998.］

フリカの西岸沖を北ないし北西へ進むベンゲラ海流と南米沖のブラジル海流がある。注目すべきは貿易風の季節変動である。南東の貿易風域の南限は南米側では南緯一六度付近で固定しているが、アフリカ側では季節変動があり、八月では南緯二六度、二月では南緯三二度となる。[*39] マゼラン海峡通過後の一二月に偏西風に出会い、チリ沖南緯三三〜三〇度で南東からの風を受ければ、以上の大西洋の知識が「南の海」でも応用できるとマゼランが確信しても不思議ではあるまい。

もちろん、自然条件への適応と類推だけで迷いのない針路設定の理由が説明できるわけではない。航跡より北東の未踏海域を切り捨てることができた最大の理由は前述の『マゼラン覚え書』に秘められている。この文書の地理と照らし合わせることによってアルボ水路誌の信憑性は了解できよう。マゼランは海峡通過後の大航程を覚悟せざるをえなかったが、その反面で海峡通過地点の地理座標を算出すれば、すでに経緯度が特定されているモルッカ諸島までの航程でとるべき針路と距離は推計できた。アルボはフィリピン諸島東端と海峡西端との経度差を一〇六度半としているので、海峡を抜けた一一月二六〜二八日の前後に経度が計測されたはずである。[*40]

だが、太平洋の航跡に関して、この文書をもってしても解けない問題がまだ残っている。モルッカ諸島は赤道付近にあるという認識があらかじめ『マゼラン覚え書』で示されていたにもかかわらず、マゼラン艦隊は赤道到達後西へ針路を転じようとせず、その後約二週間北西ないし西北西の針路を保持した。なぜモルッカ諸島へ直航しなかったのか。H・ウォリスは食料の確保のためであったとみている。[*41] マゼラン隊は太平洋横断中に食料不足と壊血病で一九人の乗員を失っていた。ジェノヴァ人航海士によると、艦隊が赤道に達したときマゼランは、われらはすでに「マルコ〔モルッカ〕の近辺」にあると述べたが、「マルコでは糧食が得られないという情報」をもっていたので、北緯一〇ないし一二度まで航海を続けるつもりだと述べ、実際には一三度に至った、と。[*42]

だが、極限の状況にありながらあえて迂回路をとるのは、よほどの確信がなければできないことであろう。モルッカ五島は自給生産力をもっていなかったが、イエズス会のアントニオ・ダ・マルタ（一五八八年）によると、島民は「ブレドス」・「サグ」〔サゴ椰子のパン〕・魚・果物・米を主食としており、米は隣接するジロロ島および遠隔地から輸入されていた。[*43] むろん食糧の輸入を保証していたのは特産のクローブである。[*44] マゼランはマラッカで得た情報やセランの書簡からこのことは知っていたはずである。

戦略的な航路設定と見る向きもある。ジョアン・デ・フレイタス・リベイロ（一九三八年）は、マゼランはモルッカ諸島のポルトガル人を意識してその北方に軍事拠点を構えようとしていた、という。[*45] これはセブにおけるマゼランの行動と符合しているので有力に見えるが、モルッカ諸島をにらむ軍事拠点を求めるのならば、航行距離の長くなる北半球ではなく、モルッカ諸島の東方や南方に位置し、かつ相当の生産力を持つ地域でもよかったのではないか。実際、トメ・ピレスがマラッカ滞在中の一五一一〜一五年頃に執筆した『東方諸国記』によると、モルッカ諸島の東方および南方に位置する「異教徒」の島々、すなわちパプア島〔ニュー・ギニア西北部〕、アル諸島およびセラン島では、サグが生産されていた。[*46]

北上の理由として糧食の確保や戦略的意図以外にどのようなことが考えられるであろうか。私見によると、二つの可能性がある。ひとつは、中国南部から台湾・ルソン・ミンダナオを経てスールー海域・香料諸島へのびる「東洋針路」の知識をポルトガルに先んじて仕入れ、中国への足がかりを確保するねらいである。もうひとつはマゼラン研究史における伏流とも言うべき「黄金島伝説」である。これらの考察から北緯一二〜一三度という設定の拠所が浮かび上がってこよう。

3　黄金島伝説(1)――レキオス

J・デヌセ、C・E・ノーウェル、J・ヒルらに言わせると、マゼランはモルッカ諸島以外に、金の産地〔黄金島〕を秘密の目的地として隠し持っていた。[*47] その重要な論拠は、一五一六年頃に書かれたアジア地誌『ドゥアルテ・バルボザの書』である。記述の範囲は喜望峰の東にあるサン・セバスチアン岬から「レキオス」までである。一六世紀半ば、レキオスは琉球諸島とフォルモザ〔台湾〕を包含する地名ないし民族名として使われるようになる。

『ドゥアルテ・バルボザの書』の原本は残っていないが、ラムージオによるイタリア語抜粋版〔一五五〇年〕以外に、ポルトガル語五種・カスティーリャ語六種・フランス語一種・ドイツ語一種、計一三種の初期写本が伝わっている。[*48] 同書の記述内容を検討するにあたって以下の刊本・写本を参照した。すなわち、⑴主にカダヴァル家文書館〔リスボン〕所蔵の一五五八年ポルトガル語写本〔Muje, ms. VI, 10, fls. 27r. -106r.〕によるリスボン王立科学アカデミー版〔一八一二年〕[*49]、⑵セビリアのインディアス文書館所蔵のカスティーリャ語写本〔AGI, Patronato 34, ramo13, num.1〕とそのフィリピン煙草会社版〔一九二〇年〕およびナバレテ写本[*50]、⑶マドリード国立文書館所蔵のカスティーリャ語写本〔Ms. Reservados 2. II〕のデルガド・アギレラ版〔一九二〇年〕とナバレテ写本[*51]、⑷ポルトガル語五種・カスティーリャ語一種〔バルセロナ大学図書館所蔵〔Ms. 835〕〕の写本とリスボン王立科学アカデミー版を照合したM・アウグスタ・ダ・ヴェイガ・エ・ソウザ編『ドゥアルテ・バルボザの書』〔一九九六〜二〇〇〇年〕[*52]、⑸バルセロナ写本によるスタンレイの英訳版とリスボン版によるデイムスの英訳版[*53]、である。

デヌセ〔一九〇七年〕は、⑴リスボン王立科学アカデミー版と、⑵セビリアのインディアス文書館所蔵のカスティーリャ語写本とを比較照合し、両者間のわずかな差異に注目した。⑴リスボン版ではシナについての記述のあとを以下のようなレケオス〔レキオス〕の記述が締め括っている。

> シナの大陸に面して多くの島々が海上にあり、そのむこうにきわめて広い土地がある。大陸らしい。そこからマラッカへ〔毎年〕三〜四隻の船が来た。その住民はシナ人と同様に色白で、きわめて富裕な商人であるらしい。多くの金・銀・絹・磁器など多種の商品をもたらしていた。……マラッカの人々がいうには彼らはシナ人よりも優れており、商

人としてはより富裕で、しかもより名誉を重んずる。彼らについてあまり情報がないのはマラッカが〔ポルトガル〕国王陛下のものとなって以来沙汰やみとなったからだ。[*54]

他方、(2)セビリア写本は、デヌセによると、筆者バルボアに近しいマゼランがリスボン版と同じ原本によって修訂しフォンセカ司教の手を経て国王カルロスに提出したものである。このセビリア写本も末尾はリスボン版とほぼ同様のレキオスの記述であるが、その項目には「タルシス・オフィール」の名があてられている。タルシス・オフィールは、古代イスラエルのソロモン王が大量の金を得たと旧約聖書・列王記に記された伝説の地名である。デヌセは次のように考えている。

マゼランは修訂に際してバルボザの知見が充分とは言えない地域を削除する方針をとっていた。リスボン版ではジャバ国から順にジャバ・メノル、チモール島、バンダン島、アンダン〔アムボン〕、マルコ〔モルッカ〕、セレベス島、テンダヤ島、ソロル、ボルネオ島、チャンパ、シナ大国、レケオスであるが、セビリア写本ではアンダン、セレベス、テンダヤ、ソロル、ボルネオ、チャンパが脱落している。バンダンの重複として除かれたであろうアンダンは別として、それ以外は風聞によって知られるにすぎないので削除した。それにもかかわらず、未踏のシナおよびタルシス・オフィールを落とさなかったのはこれらの地域を探索する意図があったからだ。[*55]

岡本良知（一九七四年）は、リスボン版とセビリア写本が同じ原本によるというデヌセの推測に疑問を呈し、セビリア写本は、(3)マドリード国立文書館所蔵のカスティーリャ語写本（Ms. Reservados 2. II）ないし同種の写本の改作であろうと推測した。[*56] 書誌学者G・シュールハンメル（一九六五年）やM・アウグスタ・ダ・ヴェイガ・エ・ソウザも、セビリア写本はマドリード写本の抄本である、と断定している。[*57] 重要なのは、このマドリード写本の冒頭に「この書は前記〔諸地域〕を実見し巡歴したポルトガル人航海士フェルナンド・マガリャネスが作成」

と記されていることである。それゆえ岡本は、マゼラン自身が国王周辺に献呈したのはマドリード写本であろうと述べながらも、修訂者と献呈先の名が明示されていないセビリア写本もまたマゼランの「同志」から国王に呈せられたと推定し、大筋でデヌセ説を容認している。

しかしながら、デヌセ説はその前提にひとつの問題がある。それは『ドゥアルテ・バルボザの書』の作者とマゼランの親密な関係が所与の条件となっている点である。セビリアにおけるマゼランの身元引受人となったのはポルトガル人ディエゴ・バルボザであり、マゼランはディエゴの娘ベアトリスと結婚したが、デヌセは、ディエゴの息子でマゼラン遠征に同行し一五二一年セブで命を落としたドゥアルテ・バルボザが『ドゥアルテ・バルボザの書』の作者であることを前提としている。ラムージオの同定以来、この前提に立つ研究者は少なくない。[*58] だが、マゼランの義弟にあたるドゥアルテ・バルボザはマゼランのセビリア到来の頃シグエンサ司教フラディケに仕えており、[*59] 遠征前にポルトガル領インドに滞在していたと思わせる証拠はない。

『ドゥアルテ・バルボザの書』の作者として最も有力なのは、一五四五年頃インドで死去したもうひとりのドゥアルテ・バルボザである。[*60] 後者のバルボザは叔父のゴンサロ・ジル・バルボザとともに一五〇〇年のカブラル船隊でポルトガル領インドへ赴き商務員補佐や通訳として職務を始めたが、一五〇六年にいったん帰国、一五一一年ノローニャ船隊でインドに戻りカナノールやカリカットの商館で書記を勤めた。[*61] ポルトガルの年代記家ガスパル・コレイアはインドにおいて書記バルボザと面識を得ており、彼が「レケオスに始まり海を経て喜望峰に至るまでのすべての土地と民族と法律と慣習と交易を扱った論攷」の筆者であるという。[*62] 経歴と記述の両面から見て書記バルボザがセイロン以東を訪れた可能性は低く、書記バルボザとマゼランとの接点も不明である。『ドゥアルテ・バルボザの書』の作者とマゼランの親密な関係というデヌセ説の前提は崩れた。

もう一点、デヌセ説の欠点を指摘しておく。デヌセは、セビリア写本のレキオスの記述の欄外項目名としてレキオスではなく「タルシス・オフィール」の名があてられているというが、同写本の当該箇所【図56】をみると、タルシスとオフィールは分離されており、項目名レキオスは生きている。すなわち、第二〇葉シナの項目前半の食文化に関する記述の欄外にタルシス（Ⓐ）がおかれ、末尾第二一葉の欄外にレキオス（Ⓑ）、その下にオフィール（Ⓒ）が書き込まれている。このことは黄金島の在処が絞り込まれていないという印象を与え、前節でふれたピンポイントに近い緯度設定とそぐわない。また、セビリア写本で削除されたという記述に関しても、アンダン、ソロル、ボルネオ、チャンパは欄外の項目名は落ちているが、それぞれの記述は簡略化されながらも残っている。セレベスとテンダヤはたしかに削除されているが、それはセビリア写本だけではない。バルセロナ写本を除くと、マドリード写本およびほとんどのポルトガル語写本で欠落している。[*63] したがって未踏の地のうちシナとタルシス・オフィールだけ特別視していたという見方は疑念符を付けざるを得ない。

しかしながら、以上の考察は必ずしも黄金島探索説の有効度を否定するものではない。マゼラン隊とその後継隊の史料が一致してそのことを示唆してい

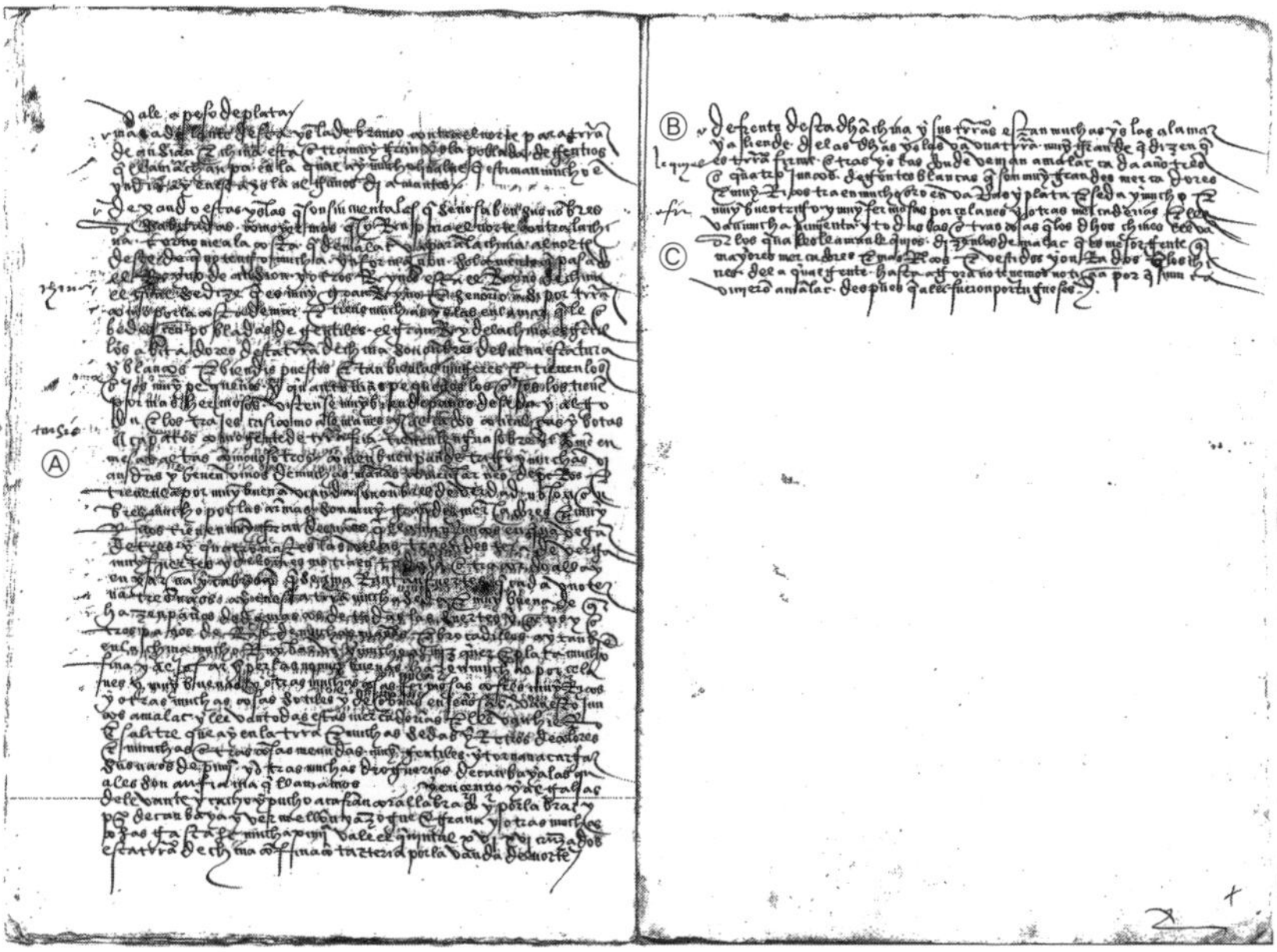

【図 56】『ドゥアルテ・バルボザの書』（インディアス文書館所蔵）
Ⓐ＝タルシス、Ⓑ＝レキオス、Ⓒ＝オフィール［AGI, Patronato 34, r. 13, n. 1, f. 20-21.］

るからである。

ピガフェッタによると、マゼラン艦隊は一五二一年三月一六日サン・ラサロ諸島（現フィリピン諸島）の中部サマール島へ到達した。遠征隊は「ここではじめて金のある徴候を見つけた」。とくにマザーナ（現リマサワ）島は「多量の金を産する」。ヒネス・デ・マフラによると、マザーナでの金発見のあとマゼランは「部下に語った、われらは求めていた土地にいるのだ、と」[*64]。隊員たちは色めき立ったが、マゼランはあたかもこの事態を想定していたかのように断固として金の交易に縛りをかけた。金よりも自分たちの交易品の方を高く評価しているのだ、ということを島民たちに示そうと思ったからである、と。一五二二年一〇月一八日バリャドリードで聴取された帰還者デル・カノ、アルボ、エルナンド・デ・ブスタマンテの供述が一致して認めるところによると、「マゼランは死罪をもって金の取引を禁じた」[*65]。

のちにデル・カノが水先案内をつとめたロアイサ麾下の第二回遠征隊（一五二六年）も表向きはモルッカ諸島を目的としながら、実際にはこの緯度を狙っていた。アンドレス・デ・ウルダネタの報告によると、ロアイサ隊は太平洋横断中北緯一四～一五度で「シパンゴ」を目指していたが、隊員の疲弊でモルッカへ進路変更。途中ミンダナオ島のビサヤで黄金が豊富にみつかったが、やはり購入は禁じられた、と[*66]。さらに、アントニオ・デ・エレーラの年代記によると、セバスチアン・カボートも西に向かう航海（一五二六年）の目的地としてカタヨ・オリエンタルやシパンゴと並んでタルシスとオフィールを想定していた、という[*67]。

以上の経緯と証言は、マゼランが当初から黄金島を求めて航海していたという学説を裏付けるものとみなしてよいだろう。

4　黄金島伝説(2)——チャンパとジャワ

前節において引用されている複数の地名の相関を考えるうえで参照に値するのは、チャンパの概念を中心に長期的で広範な視点から黄金島伝説を整理した的場節子の研究（二〇〇一、二〇〇三年）である。的場説は以下のように二段に分けられよう。

(1)マルコ・ポーロの黄金島は日本ではなく、占城から東方海上へ拡散したチャム人の地「シャンパグ（チャンパン）」である。マルコは一二九二年頃泉州で南海島嶼部の「諸蕃国 tjiapancoe」に対する元寇の噂を耳にした。その発音はジパングではなく、『東方見聞録』のトスカナ語・フランス語写本にみえるツィパングないしチパングとして口述されルスチケロによって筆記されたが、この名称は東方の情報が集積したヴェネツィアで一三二〇年頃までにチンパグ、チャンパグに修正され、ラテン語本もそれに準じた。

(2)一六世紀のスペイン・ポルトガルにはイタリアのニコロ・ディ・コンチやルドヴィコ・ディ・ヴァルテマの黄金島ジャワに触発されて、北回帰線と赤道の間の東南アジア島嶼部、とりわけ西沙群島・中沙群島・南沙群島やビサヤ海域で黄金島シャンパグ（チャンパン）を求める空気があった。その根拠はエル・エスコリアルのサン・ロレンソ修道院図書館所蔵の地理手稿、マゼランのアジア海域報告書、エンシソの地理書、デル・カノらマゼラン隊員の記録、アロンソ・デ・サンタ・クルスの著作、ディオゴ・オーメンの地図などである。[*68]

引用した的場説の前半(1)は興味深いが、中世泉州方言による諸蕃の発音に関して根拠が示されておらず、[*69]また、『東方見聞録』においてチパング（シパング）の項とチャンバ（シアンバ）の項が別記されていることの説明が欠けており、評価はむずかしい。

本書のテーマに直接関わる(2)については問題点をひとつ指摘しておきたい。サン・ロレンソ修道院図書館所蔵の地理手稿においてコンチの黄金島大ジャワがシャンパグに比定されており、的場はこれを「当時の一般概念を記したもの」とみている。つまり、的場は一五世紀前半〜一六世紀初頭の黄金島チャンパンの所在に関するイタリア人の認識が一六〜一七世紀のイベリア半島で共有される経緯に焦点を合わせている。だが、その反面で共有認識と秘匿情報の差異が軽視され、黄金島所在の想定範囲が北はルソンから南はジャワまで拡散しているのである。

引用された西洋史料のうち前マゼラン航海期のものと言えるのは、イタリアのコンチとヴァルテマ、ポルトガルのトメ・ピレス『東方諸国記』、マゼランのアジア海域報告書〔バルボサの書〕[*70]、フランシスコ・ロドリゲスの地図、ロポ・オーメン図、そしてスペインのエンシソ地理書である。このうちコンチ、ヴァルテマ、エンシソはマゼラン航海までに出版されており、受容面での他の史料との落差は看過できない。

ヴェネツィア人コンチが二五年のアジア滞在の後帰還したのは一四四四年頃、フィレンツェ人教皇秘書ポッジョ・ブラッチョリーニは『運命の気まぐれ』の第四巻（一四四七〜四八年）に、コンチからの聞き取り『インド再考《インディア・レコグニタ》』をのせた。ポッジョによるコンチ報告のラテン語初版は一四九二年クレモナで出たが、一六世紀前半における流布に寄与したのは『東方見聞録』と抱き合わせのポルトガル語版（一五〇二年）とカスティーリャ語版（一五〇三年、一五一八年、一五二九年）である。ラムージオはイタリア語写本やラテン語版からではなく、ポルトガル語版からイタリア語に再訳し、一五五〇年の旅行記集成に取り込んだ。[*71] 私が参照したのは一五一八年セビリアのカスティーリャ語版（複写版）である。[*72]

コンチ報告によると、

> インディアはペルシアからインダスまで、インダスとガンジスの間、ガンジス以遠の三つに区分される。中央インディ

アの果てに大小のラバ〔ジャバ〕島がある。大陸から一ヶ月の航程の距離にある。その東にナツメグとメースの育つサンダイ島とクローブが育つ唯一の島バンダンがある。その向こうの海は航行不能である。商品を持ってジャバを離れ西へ一ヶ月の航海でアロエ、樟脳、金の豊富な港市シアムパに達した。

イブン・サイードらアラブの地理学者や旅行家は、スマトラ島にJáwaの名を与えていた。カタルーニャ・アトラスの世界図も同様である。大小ジャバの呼称はマルコ・ポーロによって広まった。大ジャバはジャワ、小ジャバはスマトラとみなされている。[*73] コンチはスマトラをタプロバナと呼んでいるので、大小ジャバはジャワとスムバワに、またはボルネオとジャワに比定される。コンチの旅はジャワないしスムバワまでであったと考えられている。[*74]

間接的な知識の限界は香料諸島にあり、航行不能の海が東のトーレス海峡、北のスールー海域のいずれかは不明である。コンチ報告は写本の段階ですでに一四五七年のジェノヴァ世界図（フィレンツェ中央国立文書館所蔵）と一四五九年のフラ・マウロ図に影響を与えているが、前マゼランの四版によって一六世紀初頭に共通認識の形成に寄与したはずである。ただし、コンチ報告の大ジャバは黄金島ではないし、シアムパと明確に区別されている。シアムパ、ジャバ、香料諸島は東西に並べられており、緯度の手がかりは与えられていないが、文脈からしていずれも赤道付近の熱帯と受け取られていたはずである。

ゴマラはマゼラン提案の論拠としてヴァルテマの書に言及していた。ボローニャ生まれのルドヴィコ・ディ・ヴァルテマ（一四七〇年頃～一五一七年頃）は一五〇〇年ヴェネツィアを発してアレクサンドリアを経てインド洋にわたり、マラッカやジャワまでアジア各地を七年間遍歴した。この間一五〇五年一二月～一五〇七年一二月の二年間マラバールでポルトガル領インドのために働いた。とくに一五〇七年一一月二三日パナネの海戦で軍功をあげ、一二月四日副王アルメイダによって騎士に叙せられた。この叙任は喜望峰航路で帰還後の一五〇八年七月一九日マヌエルによって確認された。[*75]マゼランとの接点は不明である。

ヴァルテマは、ヴェネツィア元老院に旅行談を呈して二五ドゥカードを得た。[*76]ヴァルテマの旅行記《イティネラリオ》は、当代における知名度ではマルコ・ポーロ以後最上の部類に属した。とりわけクローブとナツメグが生育する香料諸島の記述はヨーロッパではじめて流布したものである。しかし、この箇所も含め、ホルムズ・ペルシア内陸・コロマンデル以東（テナセリム、ペグー、ベンガル、マラッカ、ジャワ）の行程と記述内容の信憑性に関しては研究者から疑問符を付けられることが少なくない。[*77]モルッカ諸島が限界で東洋針路の認識は得られていない点でコンチと共通するが、黄金島ジャワを伝えている点でコンチと相違する。旅行記によると、

バンダン島から一二日間の航程でクローブの自生するモノク〔モルッカ〕島に達する。北極星は見えない。モノクから南へ約二〇〇ミリャのところにボルネイ〔ブル？〕島。大量の樟脳が輸出される。ボルネイから南へ五日間の航程で美島ジアバ〔ジャワ〕に着く。船長は羅針盤と海図を有し、四つないし五つの星を示した。うちひとつは北極星と真向かいの星である。ジアバではおびただしい量の生糸、最上のエメラルド、大量の金と銅と穀物がえられる。[*78]

赤道付近のモルッカ諸島を除いて南緯にあることは容易に読み取れる。ヴァルテマの書は初版（ローマ）の出た一五一〇年からマゼランが航海の協約を結んだ一五一八年までの九年間に限っても、イタリア語四版、ドイツ語四版、ラテン語一版の計九版を重ねた。

エンシソの黄金島地理は以下の通りである。

マンギとカタヨの最大の都市ツェイトナ〔泉州〕から南へ五〇〇レグア、南緯一二度に大島シアムパがある。ここには金と宝石が大量にあり、オリエンテ全域で最も富裕である。王宮は金で覆われている。屋根は金の板がしかれ、窓や柱も金でできている。シアムパから北東微東へ一五〇レグア、南緯一〇度に大ジャバ島。肉桂、クローブ、胡椒、

生姜などの香料と金が豊富である。そこから八〇レグア南東にホコト島がある。金が豊富で象や猿なども多い。ここがオフィルであると考えられている。ホコトの先三〇レグアに小ジャバ。一角獣が成育するというガティガラ〔カティガラ〕の近くである。南緯九～一〇度。アウレアから東へ二〇〇レグアにガティガラがあり、その間にマレ・マグヌムという海湾が入り込み、〔北緯〕二〇度のアガナゴラの地に達する。そこから先の土地の情報はない。*[79]

以上のように、エンシソはシアムパ、大ジャバ、ホコトと列なる黄金諸島を南緯九～一二度に位置づけている。コンチ、ヴァルテマ、エンシソと時代が降るにつれて黄金島が南下してゆく点に注目したい。

ジョアン・デ・バロスによると、マゼラン航海と同時期のポルトガル人も南方海域で黄金諸島の探索を行っていた。すなわち、インド領総督ロペス・デ・セケイラの指令を受けたディオゴ・パシェコの船は、一五一九年五月黄金諸島を目指した。スマトラ島のダヤ王国を経てその西岸を南方へ向かい、バロス王国のバルス港に到達、コチンの綿布で少量の金などをえた。パシェコは二、三人を買収してバロスから一〇〇レグア以上東南の難所の海域に黒人の住む黄金島があるという情報を得た。情報の錯綜に困惑したパシェコはマラッカに帰還、マラッカ長官ガルシア・デ・サから二隻を与えられ、一五二一年再び黄金島を目指した。しかし、バルス港に先着していた四、五隻のカンバヤ船がパシェコの入港を阻んだ。パシェコ隊は嵐にあって難船、生き延びたマレー人たちがマラッカで隊長の死亡を報告した。*[80]

ディオゴ・パシェコの黄金島探索の航海を伝える史料はバロスのみであるが、少なくともマゼラン航海の直前のスペインとポルトガルで黄金島の探索場所についてジャワ以南がひとつの選択肢と見なされていたことがうかがえる。したがって、マゼラン隊が北緯一二～一三度で西行の針路を保っていた事実は、マゼランがコンチ・ヴァルテマ・エンシソの黄金島の影響下になかったことを示している。マゼランは共通認識の典型としてヴァルテマの書を掲げたかもしれないが、その提案が説得力を持ち得たのは彼がマラッカ攻略の前後にえた独自の情報をそこに上乗せできたからではないか。

赤道近辺の情報が集積されるにつれて、黄金島が南と北へ分離してゆくのは理の自然としても、共有された知識の分布は北に傾いていた。ジョバンニ・マテオ・コンタリニ図（一五〇六年）のマンギ（中国南部）沿岸部における説明文によると、コロンブスは西航して「イスパナス諸島」に達したあと「シアムバ（チャンパ）地方」に赴いたが、その地は「大量の金を有する」。コンタリニ図において、またヨハン・ルイシュ図（一五〇七年）においてもシアムバの地名は北回帰線付近にある。コンタリニ図のマンギ東方海上、北緯一〇～三〇度には黄金の「ジパング島」があり、ルイシュ図でも位置不特定ながら北緯一〇～二〇度の説明文中で「シパンゴ島」の記述がある。両図ともにレキオスは現れていない。

だが、ポルトガルのマラッカ到来を契機にレキオスを含む南シナ海以北の様々な地名・民族名が、黄金情報に関連して報告されるようになった。刊図や刊本による共通認識とラムジオによる一五五〇年のイタリア語抜粋版まで写本でしか接し得なかったバルボザの書やトメ・ピレスの『東方諸国記』[*81]との差異は小さくない。ここで注目したいのは、第二章で言及したモルッカ諸島を「発見」した中国人の「東洋針路」の認識である。

5 黄金島伝説(3)——東洋針路の要所にて

再び、『ドゥアルテ・バルボザの書』にもどろう。モルッカ諸島のあとその記述の対象は島嶼部を北上してブルネイに至り、インドシナ半島では唯一チャンパに一瞥を与えたあとで、シナとレキオスに言及している。この配置は東洋針路に一部重なり、原本成立時点でポルトガル人がいまだ関係を結んでいない諸地点を示している。その記述は以下の通り。〔　〕はセビリア写本で省略された部分である。

ソロル。マルコ諸島をすぎて北へシナ方面に向うと、別の大島がある。食糧が豊富に供給され、ソロルと呼ばれる。住民の肌はほぼ白い。異教徒で見目がよい。この島には異教の王と独自の言語がある。金が豊富にある。小粒の真珠が大量にあって住民が集める。良質の真珠もある。

ボルネオ。このソロル島からシナ方面へ向かうと、別の島がある。やはり食糧が豊富に供給される。住民は異教徒で、異教の王と独自の言語がある。そこでは竜脳が大量に見つかる。インド人にいたく尊重されており、同じ重さの銀の価値がある。粉状で筒に入れてナルシンガ、マラバル、ダケムまで運ぶ。この島はボルネオという。

シャンパ。ボルネオ島から北へ、アンシアンとシナ方面へ向ってゆくと、シャンパという異教徒の大島がある〔そこには異教の王と独自の言語があり、数多くの象《アリファンテス》が馴化され周囲にもたらされる〕。この島にはアロエの木が多く〔自生し、モーロたちはアギラやカラムブコと呼ぶ。カラムブコは良質でアギラは劣る〕、アロエの木は〔モーロや〕インド人にとって重要な商品で、〔カレクテではアラテルあたり四〇〇レアルの価値がある。彼らは白檀、麝香、バラ香水と混ぜ合わせて塗布することを好むからである。同諸島のなかには異教徒の多い諸島もあれば無人の諸島もある。いくつかの島には多くの〕ダイヤモンドがある〔土地の人々はそれを集めて多くの地域で売る。それはナルシンガ産のものほど良質でも硬質でもない〕。

以上、三節いずれもシナへの航程の途中であることが記述されており、大国への関心の高さが透けて見える。このシナへの航程、すなわち東洋針路の要所の知識を、モルッカ諸島のポルトガル人に先んじて仕入れることが、北緯一二〜一三度にマゼランが狙いをつけた理由のひとつであったかもしれない。的場は、西洋における東洋針路の認識は一二世紀後半ナバラ王国のユダヤ人ベンヤミン・デ・トゥデラの旅行記にさかのぼる、とみている。[*82] ただし、その認識の継承はあきらかではない。

「シンス çhijns」についての情報収集が指示されたのは、国王マヌエルがマラッカ遠征を託したディオゴ・ロペス・デ・セケイラ宛の訓令（一五〇八年二月一三日）においてである。カスタニェーダによると、ロペス・デ・セケイラは一五〇九年九月マラッカで四隻の中国のジャンク船に出会い、うち一隻の船上で夕食を饗された。[*83] トメ・ピレスによると、マラッカには居留外国人の行政と交易を統括する役人シャバンダールが四人おり、シナ人のシャバンダールは同時にレキオス、チャンパ、「シャンシェオ」（シンチェウ）の船舶も取り扱っていた。[*84] ただし、桃木至朗（一九九九年）は、ポルトガル到来の直前、レキオス＝チャンパ＝マラッカの同盟が形成されていた、とみている。[*85] 一五三〇年代のヴァスコ・カルヴォの証言によると、レキオスはポルトガルを嫌いマラッカの代替地としてパタニを選んだ。[*86]

一五〇三～一七年ポルトガル船に便乗して三度アジアに赴いたフィレンツェ人ジョヴァンニ・ダ・エムポリは、四〇〇人のシニがポルトガルのマラッカ攻略に助力した、とのべているが、[*87] シンチェウについてローデリッヒ・プタック（二〇〇二年）は、シンス（シニ）と区別された福建省南部の出身者であり、マラッカ攻略後にポルトガルとシャムの外交関係の樹立に貢献したシェイラタなる人物も福建派であろう、と推測している。[*88]

すでにガマの第一回航海の時から、シャムは「キリスト教徒の国」シャルナウスとして知られていた。[*89] マラッカで拘束されていたルイ・デ・アラウジョから、シャムは非ムスリムの大国で食糧に富み、しかもマラッカのスルタンと不仲であるという情報を得ていたアルブケルケは、マラッカ征服の直前、一五一一年七月末に帰航間際の中国船でマラヨ（マレー）語に通じたドゥアルテ・フェルナンデス（アラウジョの捕囚仲間）をアユタヤに派遣した。アユタヤ朝のラマ・ティボディ二世はこれを歓迎し、陥落直後のマラッカに大使を送った。一五一二年初めにも使節が往来した。[*90] 先にポルトガルが外交関係を結んだシャムへマゼランが照準を合わせていたとは考えにくいが、チャンパやコチンシナなどの周辺諸国に関する情報はマラッカで得やすくなったはずである。

一五一三年、中国から四隻のジャンクがマラッカに到来した。うち一隻はかつてセケイラがまみえた中国人の所有であった。マラッカ長官ルイ・デ・ブリト・パタリムはベンダハラのニナ・シェトゥのジャンクに国王とシェトゥ折半で胡椒の積み荷をさせ、ポルトガルの商務官と書記官をつけて中国ジャンク船隊の帰航に同行させた。商務官ジョルジェ・アルヴァレスは初めて中国に石柱碑を建立した。[*91] ジョヴァンニ・ダ・エムポリは一五一五年一一月一五日の書簡（コチン）でこの航海に言及し、「世界一富裕できわめて友好的な」中国が発見された、と報告した。[*92] このとき広東沖の「タマン島《ヴァニアガ》」に交易拠点を設けられた。ダミアン・デ・ゴイスの年代記、クリストヴァン・ヴィエイラやヴァスコ・カルヴォの書簡（一五三四～三六年頃）によると、以来追放令が出る一五二一年まで、この拠点に「レケオス」、「ゴーレス」、「ジャパンゴス」、「シャム」、「パタニ」などの多くのジュンコが集った。[*93]

ジョヴァンニ・ダ・エムポリは父親リオナルド宛の書簡（一五一四年七月一二日リスボン）のなかで「シニ」（シナス）と「レチ」（レキオス）と「ゴリ」（ゴーレス）をつらなった全体の一部ととらえ、ヨーロッパのフランドル・ドイツ・ブラバントの関係になぞらえている。[*94]

以上のような黄金島及び東洋針路に関わる地名リストにルソンとペリオコを加えたのはマゼランとほぼ同じ時期にマラッカに滞在していたトメ・ピレスの『東方諸国記』と、アルブケルケの庶子ブラスによる『アフォンソ・デ・アルブケルケ回想録』（一五五七年）である。

ピレスによると、レキオス人は人口の多い大島に住み、「ゴーレス」とも呼ばれる。シナ国王に朝貢している。毎年一～三隻のジュンコで黄金・銅・武器・金箔細工・扇・小麦・紙・生糸・刀剣・麝香・陶器などをマラッカにもたらし、ベンガラ産の衣服など、シナ人が持ち帰るのと同じ商品を持ち帰る。レキオスは七～八日の航程のところにある「ジャンポン」島へそれらの品を携えて赴き、「黄金や銅と交換する」。ただし、交易品については記述に矛盾がある。武器・金箔細工・扇・刀剣はレキオスの製品であると延べながら、他方で、「レキオスのところからくるものは皆レキオスがジャンポンから携えてくるものである」という。ピレスはマラッカ以東で「もっともつまらない商品」は黄金であると述べ、代表的な金産地としてスマトラのメナンカボ、チャンパ、カウシ・シナ、レケオ、そしてルソンをあげている。さらに、ピレスによると、マラッカのミンジャン区には五〇〇人ほどのルソン人がいる。「ルソン人はブルネイから海路一〇日ほどのところにいる。ブルネイ人がマラッカに運んでくる黄金はルソン人やその周辺の島々で産するものである」[*95]。したがって、フィリピンの存在はマゼランを含むマラッカのポルトガル人に知られていた。

『アフォンソ・デ・アルブケルケ回想録』の記述は以下の通り〔傍点は引用者による〕。

ゴーレスについて。アフォンソ・ダルボケルケ〔デ・アルブケルケ〕がマラッカ攻略時に得た情報によると（今はもっと正確な報告を得ているが）、彼らの土地は大陸であるが、一般には島とされており、そこからマラッカへ毎年二～三隻でやってくる。その商品は生糸・絹織物・金襴・磁器・大量の穀類・銅・明礬・砂金・砂銀。彼らは国王の印を刻した小金塊を大量にもたらす。これら小金塊が彼らの貨幣なのか、由来する港でそれが流通していたことを示すために刻印したのか、はっきりしない。彼らはきわめて寡黙であり、祖国のことについて語らないからだ。この金は彼らの島に近いところにある島からくる。ペリオコと呼ばれ、そこには大量の金がある。彼らゴーレスの土地はレキアという。人々は見目よく、頭巾のないマントのようなものを来ている。トルコ風だが、やや細身の長剣と二掌尺ほどの短剣をもつ。彼らは剛胆で、この〔マラッカの〕土地では畏怖されている。……居留地はもたない。故地から離れることを好まないからである。一月にマラッカへ向けて出帆し、八～九月に帰路につく[*96]。

両史料の共通点はレキオスはゴーレスであるということ、相違点は黄金の出所がジャンポンとペリオコと分かれていることである。的場は、ロポ・オーメン図（一五一九年）の南海においてポルトガル王旗のたつパリオコ島と大陸部のパリオコ河に注目し、ペリオコ（パリオコ）は蘇方を意味するルソンの名詞が地名と化したものだと推測したうえで、『アルブケルケ回想録』の「国王の印を刻した小金塊」は『本草綱目』と『東西洋考』で蘇方国と称された熱帯の島で仕入れたもので、マカオやマニラでパン、日本で南蛮印子金と呼ばれていた舟型の金インゴットだという。「ゴーレス＝琉球人」説はほぼ通説化しているが、ゴーレスを日本人と見る立場や[*97]「ゴレアすなわちコレア〔朝鮮半島〕の人々」であるとするマヌエル・ゴディーニョ・デ・エレディアの記述（一五九七〜一六〇〇年）[*98]、さらにゴリはコシの誤記でカウシ・シナ（コチンシナ）を意味するという見方さえ[*99]ある。だが、的場はガブリエル・レベロの『モルッカ諸島誌』（一五五九年頃）とピガフェッタが採録したモルッカ諸島の単語帳およびイブン・マージドの記述などを引用し、ゴーレスは刀剣を指すのであり、一五世紀末頃には琉球人が日本刀を南方に輸出していた、と推定した。[*100]

もちろん、マゼランないしその情報提供者にとって入手ないし閲覧の可能な史料に限るならば、このような立ち入った認識はえられない。この場合、ピレスと並んで重要なのは『東方諸国記』の写本と綴り合わされた『フランシスコ・ロドリゲスの書』である。これは航海手引・水路誌二篇・海図二六枚・素描六九枚の四部から構成されている。一五一一年末マラッカ発の香料諸島遠征隊に航海士として参加したフランシス

【図 57】『フランシスコ・ロドリゲスの書』第 39 葉図（フランス議会図書館所蔵）

コ・ロドリゲスの手になるもので、一五一四年頃急遽とりまとめられて国王マヌエルに献呈された。最初の短い水路誌「ダーラクへの航海」では「ロバン・ピロート・モーロ」ないし「ロバン・モーロ」への言及が七回を数えており、現地の水先案内人の貢献度が高いことを示唆している。海図は地中海・黒海（三枚）、ヨーロッパ～東アフリカ（九枚）、東アフリカ～マラッカ（三枚）、スマトラ～モルッカ（六枚）、マラッカ～中国（五枚）の五群からなり、後二群は西洋にとって初の情報である。なかでも第三七葉の海図はモルッカ・バンダ・チモールなどの香料諸島を含む東インドネシア群島域を描いている。さらに、第三九葉【図57】の海図の上方には広東付近の海岸線が描かれており、その南方に岩礁などを意味する多くの波線と「浸水諸島《イリャス・アリャガダス》」という名をもつ群島がある。同郡島の東隣に五つの島があり、さらにその北北東に位置する島には「レケオリェル」（レキオス）という名が与えられている。[*101]

ジョゼ・マヌエル・ガルシア（二〇〇二年）は、浸水諸島はポルトガル人が「パルセイス」と呼んでいた航海上の難所、現・西沙諸島《パラセル》（ダナンやフエの東方海域、北緯一六～一七度付近）であり、レケオリェルは琉球ではなく現フィリピン諸島である、と推測している。[*102] 黄金島伝説を媒介にレキオスとフィリピンを関連づける記述は、一五三六～三九年モルッカ諸島のテルナテ要塞の長官であったポルトガル人アントニオ・ガルヴァンの『インディアス発見記』（一五六三年）に見られる。すなわち、「シナの突端はルソンイス、ボルネオス、レキオス、ミンダナオスなどこの帯〔緯度〕に位置する諸島と」つながっており、伝説のタルシスとオフィールは「今日、ルソンイス、レキオス、シナスと呼ばれているところにちがいない[*103]」。

以上のような記述史料や地図からチャンパ、カウシ・シナ、ルソンなどに絞り込んでゆくことができる。しかしながら、それによって北緯一二～一三度というピンポイントの所以を解き明かせるわけではない。そこで、次に緯度の出所を考えてみたい。

6 イスバの習得

前マゼラン期のヨーロッパが持ち得たアジアの緯度としてはヨハネス・シェーネルのものがあるが、[104]より重要なのは現地調達の地理座標である。ポルトガルは遠征先の東南アジアの沿岸部で「発見」の石柱碑[105]を建立するに際して緯度計測を行っていたし、インド洋沿岸部や島嶼部の現地航海士たちの有するデータを吸収していた。イブン・マージドの『航海の原理についての指南書』(一四七五年頃)とスレイマーン・アル・マリーの論攷(一五一一年)によって知られているように、アラビア人は「カマール」【図58】(第四章扉)【図59】の類を用いて「イスバ」とその八分の一「ザーム」の単位で天体の高度を表していた。イスバは二二四分(または二二〇分)の三六〇度であった。[106]スレイマーン・アル・マリーによると、「シャンバ」(チャンパ)は北極星の高度で七イスバ、[107]すなわち北緯一一度四分の一ないし一二度に位置する。太平洋横断中のマゼランが狙っていた緯度に近似していることに注目したい。

ボルトガル人はインド洋到来の直後から現地航海士らと接触し緯度計測の手法を学習した。ジョアン・デ・バロスによると、ヴァスコ・ダ・ガマは東アフリカのメリンディでまみえたグジャラート出身のモーロ人航海士「マレモ・カナ」[108]から、天体の高度を計測するための

【図59】カマールによる北極星の観測
H. コングリーヴェが19世紀中頃インド洋の航海者に接してスケッチしたもの
[G. Ferrand, *Introduction a L'Astronomie Nautique Arabe*, Paris, 1928, 26.]

「三つの板の器具」《インストルメント・デ・トレス・タボアス》を見せられた。

ガマが太陽の高度を測るために携行していた木製と金属製のアストロラーベを見せたところ、その航海士は驚くそぶりもみせず次のように言った。紅海の航海者たちは三角形や四分円型の真鍮の器具を用いる。それで太陽やとくに星の高度を計り、航海に活用する。だが、彼とカンバヤやインディア全域の航海者たちは、北〔半球〕と南〔半球〕のいくつかの星や中空を東から西へ移動する他の重要な〔星〕による航海については、そのような器具ではなく彼自身が持っていたものでその距離〔星の高度〕を計る、と。その際に彼が見せた器具は三つの板から成り立っていた。……その使い方は我らにとっては航海者がバリェスティリャと呼ぶ器具を用いるやり方〔と類似している〕。[*109]

カブラルの第二回インド航海に航海士として乗り組んだ国王マヌエルの侍医メストレ・ジョアンは一五〇〇年五月一日付の書簡において、アストロラーベによる計測でヴェラ・クルス（ブラジル）を南緯一七度と位置づけ、初めて南十字星を観測したことをマヌエルに報告しているが、「インド計測盤」《ラス・タブラス・デ・ラ・インディア》も携行しており、イスバに相当する単位「プルガダ」（ポレガダ）で緯度計測を試行した。[*110] インド計測盤はおそらくガマが持ち帰ったものであろう。三つの板の器具やインド計測盤はカマールの類と推測されている。

バロスのいうバリェスティリャとは一四世紀前半南フランスのユダヤ人レビ・ベン・ゲルソンの考案とされる天文器具「クロス・スタッフ」のことであるが、一五二四年以前に航海用に使われた形跡はないので、クロス・スタッフの海事利用は、持ち帰られたカマールの影響かもしれない[*111]【図60】【図61】。ジョアン・デ・リジボアの『海事書』[*112]には大小ふたつの板による緯度計測法が言及されている。小板は五〜一四度、大板は一五〜二四度に対応する。アンドレ・ピレシュの『海事書』の「モーロのバリスティニャによる計測」の節では、板で計測されたインド洋沿岸部一二カ所の緯度が「ポレガダ」（プルガダ）の単位で記載されており、別の節で五ポレガダは八度に相当する（つまり一イスバは一度三六分）と明記されている。[*113]

【図 60】クロス・スタッフによる北極星の高度測定（1594 年）
［G. Willemsen van Hollesloot, *Die Caerte vande Oost ende Westzee*, 1594.］

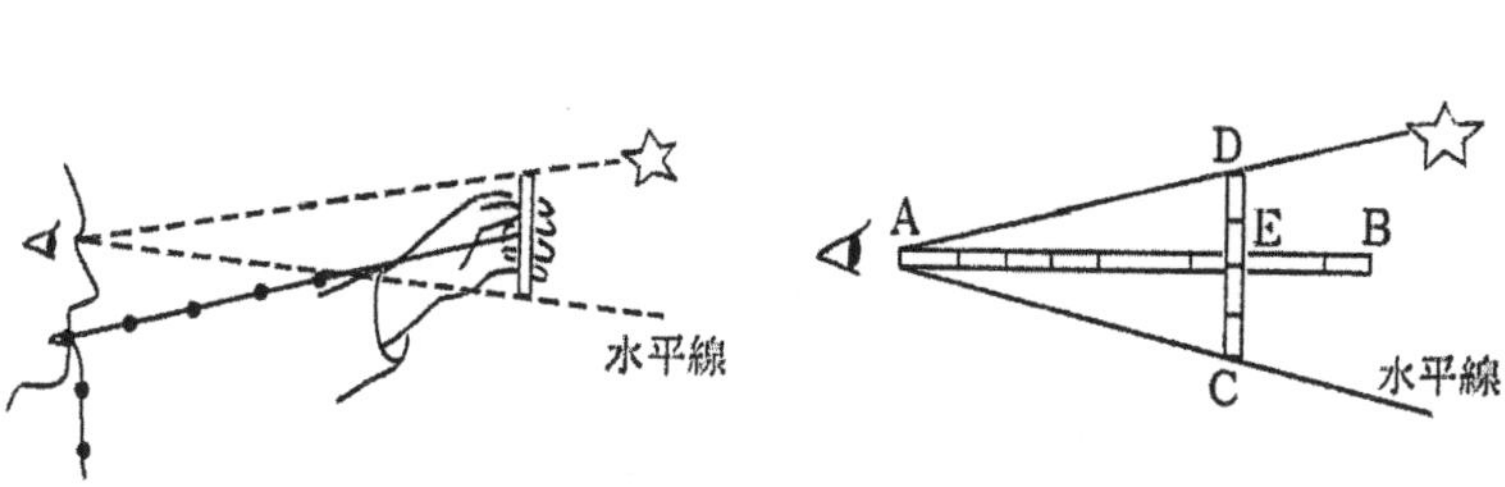

【図 61】カマール（左）とクロス・スタッフ（右）のしくみ
原理的には「カマール」の四角い板の辺は、クロス・スタッフの CD に、結び目のついたひもは AE に相当する

カンティーノ図（一五〇二年）のガンジス以東の形状は一見粗略に見えるが、マレー半島東岸から北へ華南方面の沿岸部にかけて書き込まれた九つの地名（カンバヤ、カティガム、カリガム、セナ島、フルカンドラ岬、バイシャス島、シャンポカシン、シナコシン、プサ島、メノルテ島、マムカメトラン岬、キリティリア）とそれぞれのポレガダの数値をみると、南シナ海における緯度の知識が早期に吸収されていたことがわかる。とりわけ注目すべきは、「チャンポカチン」（シャンポカシン）が六ポレガダ、すなわち北緯一二度五六分に位置づけられていることである。[*114]

このチャンポカチンについて、エルネスト・ミラノ（一九九一年）はカンボジア、[*115]Ｌ・デ・アルブケルケ（一九六七年）とＷ・Ａ・Ｒ・リチャードソン（二〇〇一年）はチャンパ[*116]とみなしており、見方が分かれている。「ラケル、ベンジョイン、ブラジル、サンダロ、アルミスケル〔麝香〕、リナロエ」などの香料資源に富みという当該箇所の記述や海岸線が東に向いている点はチャンパ説に有利だが、一四世紀の地理学者アブルフェダ（アブ・アル・フィダ）のサンフはチャンパのみならずカンボジアをも含む広い地理的概念であったというヘンリー・ユールの指摘（一八六六年）[*117]を考慮に入れると、両地名が混成してチャンポカチンとされたのかもしれない。『西洋朝貢典録』（一五二〇年）や『武備志』所収の海図に表れているように、中国人もイスバとザムを「指」と「角」によみかえて緯度の認識を持っていた。[*118]したがって、ポルトガル時代のマゼランあるいはマゼランが接触した航海者がインド洋の航海士やマラッカの華人経由で北緯一二〜一三度という絞り込まれた数値を手にしていた可能性は決して小さくない。

だが、マゼランは「求めていた土地」で悩ましい問題にぶつかった。分界の実験結果である。

7　世界分割の経度

航海中、アンドレス・デ・サン・マルティンは経度測定を遂行した。テイシェイラ・ダ・モタは、アンドレス・デ・サン・マルティンの観測は「月距法」による経度測定の最初の試みである、と高く評価している。ヴェルナーの月距法に似ているが、カスタニェーダの記述によって、イベリアの天文学者によく知られた手法に基づく、と地域的基盤を指摘したうえで、サン・マルティンはコロンブスやベスプッチに比して優秀であり、一六世紀初頭のスペイン航海学の代表であった、という。[*119] その成果を記録した文書の在処は今日確認されていないが、一五二一年五月一日セブ島におけるサン・マルティン死去の後、その文書はヒネス・デ・マフラが保管し、彼の航海記において利用したという。ラグアルダ・トリアスは、サン・マルティンの死後天文学的な経度測定はなされなかったが、サン・マルティンが最後に算出したスルアン島（ピガフェッタを信じれば、サン・マルティンの生前マザナ島とセブ島でも経度が測定されている）の座標を基準として海図の操作によってトリニダード号の水夫長フランシスコ・アルボがそれ以降の経度を算出した、と推測している。[*120]

バロスによると、アンドレス・デ・サン・マルティンの記録はトリニダード号がモルッカ諸島のポルトガル人によって拿捕された際没収され、テルナテ島要塞の商務官であったドゥアルテ・デ・レゼンデからバロスはその一部を入手した。「アンドレス・デ・サン・マルティンが自ら記した書物には航程と彼が得たすべての高度・観測・合朔が記載されている」。[*121] バロスの他カスタニェーダとエレーラもこの記録を引用している。ただし、年代記の記述は測定の手続きに関する誤解を含むばかりか政治的判断による観測地点や数値の隠匿もあって、読み解き辛い。日時・場所不明、セビリアとの時差四二分間というバロスの記述を除外すると、年代記類は以下のような経度測定を示している。

(1)一五一九年一二月一六～一七日、サンタ・ルシア湾（現リオ・デ・ジャネイロ）、月と木星の合、時差一七時間五五分〔セビリアの西二六八度四五分〕。[*122]
(2)一五二〇年二月一日、（リオ・デ・ラ・プラタ）、月と金星の衝、不明。[*123]
(3)一五二〇年二月二三日、サン・マティアス港、太陽と月の衝、不明。[*124]
(4)一五二〇年四月一七日、サン・フリアン港、日食、セビリアの西六一度。[*125]
(5)一五二〇年一〇月一一日、リオ・デ・サンタ・クルス、日食、不明。[*126]
(6)一五二〇年一二月二三日、海峡通過後〔アルボによるとチリ沖南緯三〇度の海上〕、太陽と月の衝、不明。[*127]

以上六回の観測のうち成果が記載されていないケースは四回あり(2)(3)(5)(6)、二度の日食による測定(4)(5)については虚偽が疑われている。(6)は唯一洋上での観測であるが、揺れる甲板における天体観測の現実性に疑問符がつく。また、(1)は実値三七度一四分との誤差が異常に大きく、サン・マルティンは、算定に用いたアブラハム・ザクートとレギオモンタヌスの天文表に欠陥ありと断定した。

対蹠分界に深く関わる地点の経度については、フランシスコ・アルボの水路誌とピガフェッタの航海記に記載があるが、両者の隔たりが大きく問題をはらんでいるので、別表にまとめた。太平洋横断後、初の座標測定は一五二一年三月一六日フィリピンのスルアン島において行われた。ピガフェッタによると、この地は大西洋の分界線から西へ経度で一六一度。[*128] ところが、アルボは「経線」から一八九度という。

海事史家R・C・マルティネスは、アルボのいう経線は大西洋の分界線ではなくカナリア諸島のイエロ島の子午線であり、アルボとピガフェッタは同じ成果を別の基準で表したとみている。なぜなら、両者が記載した数値を比較すると、その差はコンスタントで平均して約二五度であって、イエロ島と大西洋分界線の経度差は二三度あまりであるから、と。[*129]

たしかに、アルボ水路誌に記載された九つの経度のうち、万聖海峡フェルモソ岬からサン・ラサロ〔フィリピン〕諸島までの経度差一〇六度半を別とすれば、七つ〔一五二〇年一〇月二一日ビルヘネス岬五二度半、一五二一年三月一六日フィリピンのスルアン島一八九度、キピット島の岬一九一度半、モルッカ諸島のテルナテ島一九〇度半、モティル島一九一度四五分、ブロ島一九四度、ティモール島一九七度四五分〕は算定の基準となる子午線が特定されていない。[130] しかしながら、ブルネイの経度二〇一度五分は「分界線から」と明記されており、[131] 少なくとも太平洋横断後に別の子午線を基準にしたと思わせる記述はない。「経線」は分界線と読むべきであろう【表3】。

経度測定能力をもつのが事実上アンドレス・デ・サン・マルティンひとりであるにもかかわらず、記載された二種類のデータは正反対の意味を持つ。ピガフェッタによると、フィリピンのみならずブルネイ、チモール、モルッカもまたスペインの分界であるが、アルボによると、すべてポルトガルの分界なのである。

現存するアルボ水路誌の手稿は原本ではなく抄本であるが、分界に関して改竄の可能性が高いのは、早期に刊行されて世に喧伝されたピガフェッタの航海記である。アルボ水路誌の九つ

【表3】フランシスコ・アルボの水路誌にみる8地点と基準線の経度差

観測地点	ビルヘナス岬（海峡東端）	サン・ラサロ諸島の東端（スルアン）		ボルネイ（ブルネイ）	キピット	テレナテ（テルナテ）	モティル	ブロ（ブル）	ティモール
経度差	52 1/2	189	106 1/2	201 1/12	191 1/2	190 1/2	191 3/4	194	197 3/4
基準線・点	不明	不明経線	万聖海峡 フェルモソ岬（デセアド岬）	分界線	不明経線	不明経線	不明経線	不明	不明

【表4】ピガフェッタ異本4種にみる12地点と分界線の経度差（　　はイタリア語写本Dと異なる数値）

	赤道通過点	泥棒諸島（グアム）	ズルアン（スルアン）	マザナ（リマサワ）	スブ（セブ）	キピット	プラオワン（パラワン）	ブルネ（ブルネイ）	タドーレ（ティドーレ）	バンダン	マルア（アロール）	ティモール
伊語写本D	122	146	161	162	164	167	171 1/3	176 2/3	161	160 1/2	169 2/3	174 1/2
仏語写本A	122	146	161	162	164	166	161 1/3	166 2/3	161	163 1/2	169 2/3	164 1/2
仏語写本C	122	146	161	162	164	166	160 1/3	176 2/3	161	163 1/2	169 2/3	164 1/2
仏語刊本E	120	146	161	162	159	170	179 1/3	176 2/3	171	160 1/2	169 2/3	174

の経度差のうち、フェルモソ岬＝サン・ラサロ諸島の一〇六度半は実値一五九度二〇分との差があまりにも大きく、一六〇度半を誤写したものであろう。[*132] その他の数値の誤差はプラス二～七度におさまっている。

他方、ピガフェッタ航海記における一二地点と分界線の経度差は、イタリア語写本Dの場合、マイナス一七～二九度もの誤差があり、加えて異本四種間で多くの異なる数値を示している【表4】。さらに、ピガフェッタは赤道通過点での、つまり揺れる甲板上での経度測定という、およそありえない事実を主張している。

スペイン不利を示すアルボの記録が疎まれたのは当然である。アルボはまもなくスペインから姿を消し、その水路誌は一九世紀まで出版されなかった。

マゼランは経度測定の結果をどう受け止めたのであろうか。「絶望から死を求めた」というのは史家ラグアルダ・トリアスの穿った見方であるが、対蹠分界と心中するほどマゼランは単純ではない。私見によると、フィリピンを「発見」したマゼランは分界の本義、「漸進するふたつのフロンティア」に立ち返ったのである。

8　黄金諸島総督の夢――ビサヤ諸島にて

現在、フィリピン共和国のセブ国際空港は、セブ島ではなく橋でつながった隣の小さなマクタン島にある。この空港に降り立つ外国人観光客のお目当てのひとつはダイビングである。一九九〇年代、マクタン島の北東部にいくつかの豪華なリゾートホテルが競って建設された。

その最大規模のホテルの間近に、フィリピンの国民的英雄「ラプラプ王」の記念像が海に向かって屹立している【図62】。ラプラプが高名なのは航海者マゼランを殺害したからである。本多勝一のルポルタージュで知られているように、[*133] マクタン島のバランガイ浜ではラプラプ像が建てられた一九七九年以降、毎年四月二七日のマゼランの祥月命日に記念祭「マクタンの勝利《カダウガン・サ・マクタン》」が催され、マゼラン麾下のスペイン軍を敗走せしめた戦いが俳優たちによって再現されている。[134]

ラプラプ像を抱くこの公園は、呉越同舟のきわみである。ラプラプ像の背後には国旗をはさんでオベリスク型の白い石塔が立っており、四つの面に「スペインの栄光」という言葉とともに、スペイン女王イサベル二世（在位一八三三～六八年）、フィリピン総督ミゲル・クレウス、そして「エルナンド・デ・マガリャネス」の名が刻まれている【図63】。

マゼランの石塔が建てられたのは、ラプラプ像に一〇〇年以上先立つ一八六六年のことである。この国は西洋の最初の侵攻に抗した首長を讃えながらも、そのおよそ半世紀後から三世紀以上の長きにわたってスペインの支配を受け、東南アジア最大数のキリスト教徒を擁するに至った歴史的経緯を軽んずることができないのであろう。

マゼランはフィリピンにおけるキリスト教扶植の出発点である。セブ市には「マゼランの十字架」などの史跡があり、マゼランが異様な情熱を傾注した改宗活動の証をとどめている。アントニオ・ピガフェッタの記述によると、わずか八日間でセブ王フ

【図 63】マゼランの石塔（1866 年建立）

【図 62】ラプラプ王記念像
左手奥にマゼランの石塔が見える

マボン以下すべての島民にキリスト教の洗礼をうけさせたという。[*135]

この改宗活動は通商・同盟関係の構築と表裏一体であった。初見の地で多重のコミュニケーションは確保できたのであろうか。フィリピン史家W・H・スコット（一九九二年）は、言語の障壁を誇張し問題視するのは近代人の先入観であると述べたうえで、イベリア半島のラテン化したイスラム教徒《モロス・ラティナドス》は長期にわたって地中海アフリカを経て東へ流れており、前マゼランの東南アジアにはすでに「地中海コネクション」が浸透していた、という。[*136]

事実、ポルトガル人たちはインド洋において、通訳とは別にカスティーリャ語を話せる社会的地位の高い人々と出会った。後述のように、マゼラン隊はブルネイでカスティーリャ語がわかるモロのパセクラン、パラワン島でポルトガル語を話すモルッカ諸島出身のバスティアン、モルッカ諸島ティドーレ島でカスティーリャ語のウスマンらと出会っている。加えてマゼランはふたりの奴隷、スマトラ出身でマレー語のできるエンリケ・デ・マラッカとアラビア語を解するジョルジェを同行させていた。

ピガフェッタによると、三月二八日、レイテ島の南にあるマザーナ（リマサワ）島でマゼランの奴隷エンリケが島民の言語を解することがわかると、マゼランは軍事的威圧と宗教的儀礼を交えながらミンダナオ北部のブトゥアンとカラガンの領主でスルアン島とリマサワ島を支配する兄弟、ラジャ・コランブおよびラジャ・シアイン（シアウイ）との取引を深めていった[*137]【図64】。

ヒネス・デ・マフラによると、フムヌ（ホモンホン）島やリマサワ島で金の発見についての報告を受けたマゼランは「［われらは］求めていた土地にいるのだ、と述べた」。コランブは、ブトゥアンにも大量の金がある、と囁いた。[*138] ペドロ・マルティィルによると、チピコ（キピット）でも金が得られると知らされた。[*139] 隊員の士気は否応にも高まった。だが、デル・カノ、アルボ、ブスタマンテの供述調書が一致して認めているところによると、マゼランは「死罪をもって金の交易を禁じた」。なぜなら、マゼランは「金を見下す態度をとりたかったからである」（デル・カノ）。[*140]

ピガフェッタによると、マゼランはコランブと互いの血の混じった酒を飲む「兄弟の契り」を結んだあと、艦砲斉射や甲冑のデモンストレーションでコランブを驚かせた。三月三一日には復活祭のミサを執り行い、山頂に十字架を立てることを約束させた。十字架の存在によって、他のスペイン人やヨーロッパ人が来航の折りに島民の生命と財産が守られる、と。おそらく山頂の十字架は訓令に示された石柱碑の代用品とみなされたのであろう。さらにマゼランはコランブらがモロならぬ「異教徒」であることを確認すると、コランブに敵対する二つの島を襲撃し服従させてやろう、ともちかけた。だが、コランブはその時機にあらずと述べてこれを拒否した。軍事的取引が成立しなかったこと、そして充分に食糧が補給できなかったことのために、マゼランはコランブの勧めに従い、四月二日、コランブの案内でこの地域随一の交易センターでコランブの縁者が支配するスブ（セブ）に向かった。[*141]

レガスピ遠征隊員による二通の報告書（一五六四〜六五年）によると、セブ島には一四ないし一五のバランガイ（集落）があり、とりわけ東岸のセブ港市は人

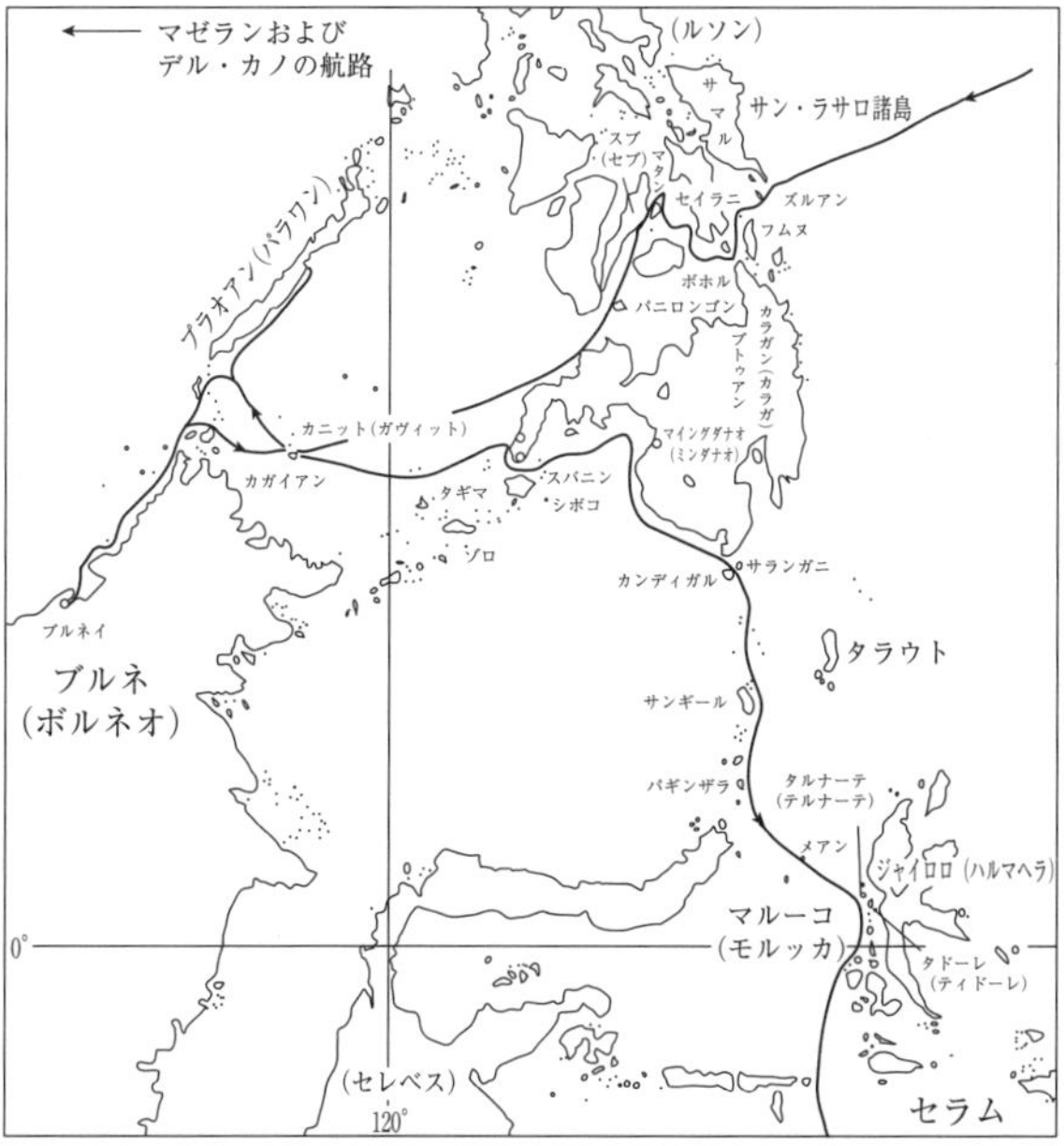

【図 64】フィリピンおよびモルッカ諸島［大航海時代叢書Ⅰ、586 より作成］

口稠密で金と米などの穀類が豊富に入手できた。[*142] W・H・スコット（一九九四年）は、ビサヤ諸島は米の余剰生産力をほとんどもっておらず、セブ港市のスペイン人にとってはルソンなどの遠隔地からの食糧供給が不可欠だった、とみている。[*143] 港湾のにぎわいは中国物産の取り扱いによるところ大であった。セブ市の考古学的調査によって明朝初期の陶器が多数発見されているからである。[*144] 一五二五〜二六年のロアイサ遠征に同行したウルダネタは、中国人はセブの金を目当てに毎年交易にやってくる、と述べている。[*145] 一五二七〜二八年のサーベドラと一五四五〜四六年のビリャロボスの遠征報告でも、同様の記述がある。[*146]

ただし、これらの記述は二次的情報に基づいており、「チナからのジュンコ（ジャンク）」とは中国の物産を積んだルソンやブルネイの船舶であったかもしれない。[*147] 他方、セブ島で発見された陶器の三分の一は中国以外の産物であり、とくに前スペイン期のセブ市ではシャム起源のものがめだつ、という研究もある。[*148] 後述のシャム商人の存在はその傍証と見てもよいだろう。また、ピガフェッタは、セブでモルッカ諸島についての情報を収集できたと述べており、パナイ島で一〇年間滞在したスペイン人ミゲル・デ・ロアルカは国王宛の報告書（一五八二年）で次のように述べている。セブの南東に位置するボホル島にはかつて大きな集落があったが、スペイン人が到来する少し前にモルッカ人の襲撃をうけて衰えた。近隣で唯一モルッカ諸島と交易関係を有しているのはセブ港市である、と。[*149] ただし、マゼラン到来時にモルッカ諸島がセブの交易圏にあったかどうかははっきりしていない。

マゼラン艦隊がセブ港に到着したのは一五二一年四月七日である。入港すると、ただちに艦砲斉射。驚愕するセブ王フマボンに対してマゼランは奴隷エンリケを通じて告げた。発砲は訪問先に敬意を表すスペインの習慣であり、われらは世界一の国王のためにモルッカ諸島への航海中であるが、よき噂を聞くセブの支配者と修好し食料を購入したい、と。フマボンが慣例によって入港税を要求すると、マゼランは武力の行使をちらつかせて、のちにこれを撤回させた。この間、セブに滞在中であったシャムのモロ商人がフマボンに、マゼラン隊はカリカットやマラッカを征服した報復心の強い連中〔ポルトガル人〕だ、と警戒を呼びかけ、また、コランブがフマボンの説得のために上陸している。

四月九日、この両人の立ち会いのもとにトリニダード号船上でマゼランとフマボンは修好と交易の儀礼を交わした。ピガフェッタによると、マゼランはフマボンにキリスト教の説教を行い、「自由意志で」キリスト教徒になるならば、武具を贈呈しよう、と述べた。この時フマボンは改宗については明言を避け、「忠実なしもべ」として スペイン国王との永久平和を誓ったが、その後いったん王宮に戻ったフマボンのもとにマゼランは使者を送り、再度キリスト教徒になるようにというマゼランの「勧告 lo exortamento」がフマボンに伝えられた。

翌四月一〇日(水曜日)朝、隊員の遺骸を埋葬するため上陸したピガフェッタと通訳に対してフマボンは回答した。われらはマゼランに「完全に服従」する。この土地はすべてマゼランのものである、と。日曜日に改宗することも約束された。同日夕刻、フマボンが安全を保証する建物にスペインの商館が設営され、四月一二日から交易が始まった。[*150] 四月一四日(日曜日)、マゼランは隊員四〇名を率いてはじめてセブ島に降り立った。セブの広場に大きな十字架がたてられ、フマボンとその妻女・廷臣およびコランブが洗礼をうけた。フマボンには洗礼名ドン・カルロスが与えられた。これを皮切りに初日だけで五〇〇人、以後八日もたたぬうちに全島民と一部の近隣住民が洗礼を受けた。[*151] ヒネス・デ・マフラによると、一五日たらずで一万人以上がキリスト教徒になった。[*152]

ピガフェッタやマフラ、マクシミリアーノ・トランシルバーノは改宗が自発的なものであったことを強調しており、洗礼による重病人治癒の「奇跡」が弾みを与えていたと述べているが、[*153] ピガフェッタがなにげなく記した「勧告」を軸に前後の文脈を見直すならば、恫喝的な征服者=宣教師としてのマゼランの姿が浮かび上がってくる。おそらくこの勧告とは、アメリカ先住民の前で読み上げられた「投降勧告状」の類である。前述のように、マゼランに与えられた訓令に投降勧告状に関する記述はない。発見地における軍事や交易の状況が西インディアスと異なる場合を想定したためであろう。

だが、起草と初の実行から数年を経たこの儀礼が口頭でマゼランに与えられていた可能性は排除できない。教皇「贈与」を論拠とする投降勧告は開戦を正当化し、フロンティアとしての分界を漸進させる。火器と通訳を有するマゼランがエンシソと同様の意図を持って実行すれば、ダリエンでのダビラ隊の先例とは比較にならないほどの成果が上がるはずであった。実際、服従が表明されて大規模な集団洗礼が行なわれたのであるから、国王布教保護権《パトロナト・レアル》（改宗の義務とひきかえに授与される聖職者推薦権や十分の一税の収受権などの諸特権）の確立に貢献できた、とマゼランは鼻高々だったにちがいない。

ただし、ムチだけでなくアメが併用されていたことも重要である。マザーナの場合と異なり、セブでは軍事的取引が成立していた。ピガフェッタによると、洗礼に先だってマゼランが、キリスト教徒となれば今までよりも簡単に敵を屈服させられようと述べたところ、フマボンは、自分は喜んでキリスト教徒になるつもりだが服従を拒む「領主 principali」が何人かいる、と訴えた。マゼランはフマボンに服従しない領主たちを全員召集し、殺害と資産没収の脅しでフマボンへの服従を強要した。さらにマゼランはフマボンに告げた。スペインから充分な戦力をもって再来するあかつきには、最初のキリスト教徒である貴殿をこの地域最大の支配者にしてさしあげる、と。[*154] マフラ、不詳ジェノヴァ人航海士、デル・カノ、そしてポルトガルのテルナテ長官ブリトは一致して、マゼランはセブの領主たちに対してフマボンへの服従を要求した、と述べている。[*155] この第二段階の勧告がマゼラン戦死への伏線となった。

9　マゼランの死

ピガフェッタはビサヤ諸島域の記述で、フマボン、コランブ、シアインの三者に「ラジャ」の称号をつけて他の領主たちと区別しているが、[*156] ラジャと領主たちの関係はつまびらかにされていない。ミゲル・デ・ロアルカによると、セブ社会は上から「ダトゥス」（貴族）、「ティマグアス」（自由民）、「オリペン」（隷属民）の三層から成り立っており、ダトゥスのなかからバランガイの首長が選出された。[*157] それぞれの首長を戴く複数のバランガイが対等な関係で集落を形成していた可能性はあるが、バランガイよりも上位の構成単位が存在していたことを示す証拠はえられていない。フマボンが支配するセブ港市はきわめて大型とは言え、バランガイのひとつにすぎず、セブ島の領主たちがフマボンの宗主権を認めていたとは言い難い。ピガフェッタは、セブ島にはフマボン以外に少なくとも八人の領主がいたが、いずれもマゼランに服従し貢納した、と述べている。[*158] だが、アントニオ・デ・エレーラによると、セブ島にはフマボン以外に領主が四人おり、そのうち二人はフマボンに服従し他の二人がこれを拒んだ。[*159] マフラは、服従を拒否したセブ領主はひとりだけである、という。[*160]

マゼランはセブ島の東に隣接する小島マタン（マクタン）の領主にもフマボンへの服従を要求した。デル・カノとブスタマンテの供述によると、マクタン国王はスペイン国王に服従することは望んでいるが、「対等の」セブ国王には服従しない、と回答した。[*161] ピガフェッタによると、マゼランはマクタン島のブライアという集落を焼き滅ぼした。さらに四月二六日、マクタン島の集落マタンによる二人の領主のひとり、ズラから次のように懇請された。もうひとりの領主ラプラプがスペイン国王に臣従することを拒んでいるため、貢納を完全には履行できない。ボート一艘で兵士を派遣してほしい、と。[*163]

他方、エレーラはセブとマクタンの領主たちが連携してマゼランを陥れたとみている。すなわち、マゼランは四月二六日夜半に二艘のボートで反抗するセブの領主の町を強襲して焼き払い食糧を強奪したうえで、さらにマタン島のラプラプに対して「キリスト教王」フマボンに臣従しないなら町を焼き払うぞと脅したが、ラプラプは屈しなかった。フマボンはマゼランに忠告した。服従したかに見えたセブ島の二人の領主と町を焼かれたもうひとりの領主はすでにマタン島に六〇〇〇人の兵士をそろえ待ちかまえている、と。[*164] マフラによると、ラプラプの妹と結婚していたフマボンは次のように述べた。マタン島の「尊大な領主」に懲罰を科する必要はない。「あの反抗者は手なずけることが可能である」、と。[*165]

ピガフェッタによると、部下たちも出兵を思いとどまるように訴えたが、マゼランは自ら三艘のボートと六〇人の兵士を率いて出征した。フマボンも二〇～三〇艘のカヌー（マフラによると一〇〇〇人の兵士）[*166]を率いて同行した。翌二七日未明にマタンに到達、（マフラによると、現地不案内を心配するフマボンの助言で夜明けを待ったため）[*167]ただちに開戦せず、シャムの商人を派遣して服従を説得させたが、失敗した。マゼランは岩礁に乗りあげることをおそれて（エレーラによると、引き潮のため）[*168]、沿岸から軽砲二射程以上の距離でボートを降り、フマボンに加勢するな静観せよと厳命して[*169]、四九人（エレーラによると五五人、マフラによると三五人）[*170]で上陸した。だが、待ち伏せしていた一五〇〇人以上（マクシミリアーノによると三〇〇〇人、不詳ジェノヴァ人航海士によると三〇〇〇～四〇〇〇人）[*171]の兵士に包囲強襲された。マゼラン隊は火縄銃（マフラによると砲手アルカブセロは一三人）[*172]で対抗したが、劣勢に陥り退却を余儀なくされた。この闘いでラプラプ軍は一五人、スペイン側はマゼランを含む九人（マフラによると一二人）[*173]が死亡した[*174]。

以上のように、マゼランは部下の制止とセブ王の援護の申し出を退け、総司令自らわずかな手兵を率いて、しかも、味方の艦砲射撃が届かない遠浅の海岸から上陸をはかって迎撃された。大航海の途中反乱を鎮圧し飢餓と壊血病で崩壊寸前の遠征隊を統率しきってみせた沈着な指揮官の面影はそこにはない。マゼランはなぜこのような無謀な戦いに身を投じたのか。従来のマゼラン研究はこの問いに満足のゆく答えを与えていない。

フィリピン到達から戦死までの六週間にマゼランの野心は凝縮して表現されている。セブ王に肩入れすることで実質的にスペインの支配、そして自らの権益の確保を目指していたことは明らかである。ヒネス・デ・マフラによると、マゼランは「いくつかの島を永久に与えられると考えていたが、とりわけセブをとりたいと欲しており、たびたびそのように言明していた」[*175]。国王との協約によると、六島以上「発見」の場合、二島がマゼラン（とファレイロ）に与えられる。マゼラン以前にポルトガル人がセブ周辺に到達していた証拠はないだけに、漸進するふたつのフロンティアとしての分界解釈に立てば、「発見」と「占有」は大きな権原となる。

ただし、往路一年半の遠隔地において「発見」から「先占」への道は険しい。「発見」の次になすべきことが交易拠点の確保と現地権力との同盟であることは一五一九年五月八日の国王訓令に明記されている。「発見」後に拠点を得た場所では贈与を怠らず慎重に友好な姿勢を保つべし、と再三記載されているが、第一四項は、和約を結ぶためとはいえ総司令自ら上陸してはならない、と釘を刺しており、また第四〇項は「発見」地で大小の銃砲を用いて脅してはならない、という。[*176] したがって、マゼランの無謀な開戦は再訪の機を待ってキリスト教王の権勢拡大をはかるという自語に背くばかりでなく、訓令のいくつかの項目に違反していたのである。マゼランをそこまで踏み込ませた理由とはなにか。

マゼランは、一五二〇年四月南米サン・フリアン港における反乱の鎮圧にあたって政界の大物の縁者を厳しく処罰[*177]していた。そのため「占有」へ向けて大きく踏み込んだ実績を持たずして帰還した場合には大きな困難に直面することを、予見していたはずである。また、マゼラン隊殲滅の命を帯びたポルトガル艦隊の到来[*178]を予期して、その前にセブ周辺を固めたいという焦りが働いていたのかもしれない。つまり、間近に迫ったふたつのフロンティア遭遇への意識である。

ポルトガル交易拠点帝国の形成過程を体験し、その最末端の情報をセランから得ていたマゼランは、モルッカ諸島におけるポルトガルとの差別性を顕示しようとしたのであろう。その核は教皇「贈与」の対価、キリスト教の扶植である。モルッカ諸島にはすでに「モーロ」(イスラム)の波が先着しており、海難で本隊からはぐれ一〇人前後の仲間とともにテルナテ島スルタンに招致されたセランは、威圧できるほどの武器を持ち合わせておらず、改宗勧告の余裕はなかった。一方、マゼラン宛の訓令はモーロとの折衝を想定していたが、セブ周辺の住民はモーロならぬ「異教徒」であって、なによりもマゼランは三隻の船隊に火器を満載していた。武威を用いて一気に同盟と布教を展開しよう。投降勧告が功を奏し短期間で多数の改宗者を確保できたことが武力の落差と相まって、マゼランに過信を与えた。宣教師としての善業を積んだからには、わずかな手兵と火器で事足りる、と。

ヒネス・デ・マフラは「さして重要でないことに介入」したマゼランの行いを「軽率」と断定し、次のような評価を下している。マクタンの敗戦で「〔スペインの〕権威はいたく傷つけられた。重大な交渉の任務を帯びた人物は力を誇示する必要はない。勝利したからといっても、なすべき仕事のために益することはほとんどないし、逆にきわめて重要な艦隊の交渉を危険にさらしてしまう」[*179]。

後日、メキシコの征服者エルナン・コルテスは、スペイン国王に代わってマゼランの行動について謝罪し、拘束されていると思しきスペイン人の解放を懇請する旨の書簡（一五二七年五月二八日付）をセブ国王に送っている。スペイン国王カルロスは、マゼランが「携行していた国王訓令から逸脱したこと、なかでも貴殿らと争いないし不和をなしたことについて深く遺憾の意を表す」と。[*180]

コルテスはアステカ征服の直後から「南の海」への進出を構想していた。カルロス一世宛の第三書簡（一五二二年五月一五日、コヨアカン）において、「金・真珠・香料が豊富な諸島」を発見すべく、すでに四人の部下を派遣し、サカウトラやテワンテペクの海岸で発見と「占有」を執り行わせた、と述べており、同日付の短い書簡では南の海の踏査のため数隻の船舶を建造し始めた、と報告している。一五二三年六月二六日付の国王令では、コルテスの第三書簡が引用され、南の海の踏査を継続し、大西洋につながる別の海峡を探索するように指示された。コルテスがマゼラン航海について知識を得たことを示しているのは第四書簡（一五二四年一〇月一五日）である。[*181]

マゼランが戦死したマクタン戦の直後に、後継の共同総司令に任ぜられたマゼラン義弟のポルトガル人ドゥアルテ・バルボザとカスティーリャ人フアン・セラノ以下二六人（ブリトによると三五〜三六人）までも、通訳エンリケとセブ国王の裏切りによって五月一日にセブ島で虐殺ないし拘束された経緯[*182]を考慮に入れると、セブ国王宛のコルテス書簡はきわめて低姿勢である。スペインにとってのセブの重要性を示したものと言えよう。

10　コーランと十字架の誓い——パラワン・ブルネイ・モルッカにて

一五二一年五月一日にドゥアルテ・バルボザら大半の幹部を失った艦隊は、危うく難を逃れたポルトガル人航海士ジョアン・カルヴァリョを総司令に選出して、急ぎセブ港から出帆、乗員不足のためやむなくボホール島でコンセプシオン号を焼却した。残る二隻でミンダナオ島キピットとカガヤン・スルを経由してパラワン島に達し、ようやく飢餓を脱した。リンネル・ナイフ・ハサミ・ガラス細工などと引き替えに米・豚・鶏・山羊などの食糧を得たのである。[*183]

このの ちカルヴァリョのスペイン隊は、ボルネオ島のブルネイ港を目指した。ピガフェッタとマクシミリアーノによると、ブルネイは二万〜二万五〇〇〇戸を有する大きな港市であり、「この航海で発見した最もすぐれた恵まれた島」であった。[*184] 本来の目的地たるモルッカ諸島への路をたどるための知識と余裕はなかった。保存食の確保と遠征隊の建て直し、および確実なモルッカ情報の取得のために、手近で噂に聞く寄港地を求めて転々としたのである。

もっとも、マゼランは東洋針路につながるブルネイを当初から目的地のひとつとして想定していたかもしれない。アントニオ・デ・エレーラの年代記によると、スペイン隊は「国王の指令を果たす約束」のためにブルネイへ赴いた。[*185] マゼランは西洋初のブルネイ記述を載せたルドヴィコ・ディ・ヴァルテマの旅行記（一五〇五年頃）やドゥアルテ・バルボザの地理書（一五一一〜一六年頃）[*186] に目を通していたが、マラッカ滞在中にブルネイに関する情報を自ら取得していたかもしれない。マゼラン同様マラッカ攻略に参加しマラッカ要塞の初代長官となったルイ・デ・ブリト・パタリムの書簡（一五一四年一月六日）やマラッカ攻略後に商館の書記・経理官としてとどまったトメ・ピレスの『東方諸国記』（一五一二〜一五年）によると、ブルネイは竜脳などの特産品を持ち、黄金や真珠、食糧などの交易でルソンとマラッカをつないでいた。[*187] スペイン隊以前にポルトガル人がブルネイに達していたとする明白な証拠はないが、ポルトガルによるマラッカ攻略の知らせはこの港市に届いていた。当初カルヴァリョのスペイン隊はポルトガル人と誤解されていた、とアントニオ・デ・ブリトは報告している。[*188]

セブ・マクタンにおける手痛い教訓と指揮系統の乱れ、戦力の減退、そしてブルネイの人口圧と王宮の城壁に備えられた青銅製と鉄製の大砲ボンバルダ六二門[*189]の威力のためであろう、ピガフェッタの記述に高圧的な「勧告」や「占有」の儀礼は示唆されていない。

ただし、スペイン隊は海上での軍事的優位を意識しており、モルッカ諸島への水先案内を求める意図もあって、再三海賊行為に手を染めた。七月二九日スペイン隊はブルネイ港に停泊中のジュンコ四隻を捕獲し、ブルネイの将軍でルソンの王子(のちのラジャ・マタンダ)を拘束したが、総司令のカルヴァリョは私的な取引でこの王子を釈放したため、指揮権を剥奪された。

かわって総司令に選出されたゴンサロ・ゴメス・デ・エスピノサはブルネイを離れて、九月末パラワン島を再訪した。これ以降、スペイン隊はパラワン島王権およびモルッカ諸王権と様々な交渉を展開するのだが、その実態を知るうえで前記基本文献以外にとくに重視したいのは、インディアス文書館所蔵の『マルコ諸島の諸国王と結ばれた和約と修好の記録』(モルッカ修好録)(一五二一年九月三〇日〜一二月一七日)[*190]である。ビクトリア号の書記から艦隊の経理官に昇格したマルティン・メンデスの手になる。この記録によると、エスピノサはファン・セバスチアン・デル・カノおよびファン・バティスタと三頭体制を組んでいた。以下、『フィリピン諸島史料集成』第三巻所収一九二〇年版[*191]を底本とし、M・オブレゴンによる一九八四年版とアルシニエガスらによる一九九八年版を参照しながら、『モルッカ修好録』の概略を記す。三つの版に差異がある場合は(　)内に後二者の表記を示した。〔　〕内は引用者の補足である【図65】。

九月三〇日、艦隊はブルネイからポロアン〔パラワン〕島へやってきたジュンコ一隻を拿捕した。ジュンコにはポロアン島の領主トゥアン・マームドとその弟が乗っていた。[*192]艦隊はブルネイ港でルソン王子所有の「カスティーリャ語をいくらか解するモロの奴隷、パセカラン（パセクラン）」をとらえていたので、このモロを介して、彼らと以下のような取り決めを結んだ。トゥアン・マームドは八日以内に米四〇〇量目、山羊二〇頭、豚二〇頭、鶏一五〇羽を

【図 65】モルッカ諸島付近図［大航海時代叢書 I、648 頁より作成］

艦隊に供給し、艦隊はトゥアン・マームドに「安全の書状」を与える。次回以降カスティーリャの船隊がやってきた場合も商品ないし金銭とひきかえに糧食が与えられる。さらにトゥアン・マームドは述べた。皇帝・カスティーリャ国王の「しもべ」となりたい、と。一〇月一日、トリニダード号船上で三首脳は神・マリア・十字架にかけて、マームドはその法と「モロの慣例」に従って、友好と和約の遵守を誓った。一〇月七日、約束の糧食を供給したのち、マームドは皇帝・カスティーリャ国王の「友」として青銅の大砲ロンバルデタスを受領し、満足の意を表明した。

〔このおよそ一ヶ月後に艦隊はモルッカ諸島に到達。主な交渉はティドリ島で行われた〕

一一月八日、トリニダード号へやってきたティドリ国王スラタン・マンソルの使者に対してカルロスの修好と交易の意図を表明。ティドリ国王は皇帝・カスティーリャ国王を「友」として遇すると回答した。翌九日、ティドリ国王がみずから現れ、艦隊の到来を二年前から夢で予知していたと告げた。三首脳は艦隊と乗員で貢献したいとのべ、衣類などを贈った。翌一〇日、経理官メンデスと航海士カルヴァリョが上陸し王邸へ。国王曰く、艦隊の維持に必要なものはすべて提供したいが、現在ティドリには充分なクローブがないので、他の諸島〔ピガフェッタによるとバチャン島〕[*193]から入手する、と。

〔ピガフェッタによると一二日から交易が開始された。[*194]アントニオ・ガルヴァンによると、スペイン隊は「きわめて高い価格で」クローブを買い入れた[*195]〕

一一月一三日にはセバスチアン・デル・カノ、メンデス、カルヴァリョが王邸に赴き、スブ島到達以後の経緯を物語った。総司令マゼランはスブ国王と修好していたが、裏切りによって死去。マルコ諸島への水先案内を求めてキピットへ。さらにブルネイに達しブルネイ国王と和約を結んだ。その近海でジュンコ二隻とパラオ一艘を捕獲、うち一隻にロソン〔ルソン〕の王子がいた。ポロアン島でもジュンコ一隻を捕獲、そこにはポロアン島の領主がいた。あるモロの助言でメンダナオへ向かい、キピットの近海でとらえたパラオの乗員の案内で、カンディンガス、カランガニ諸島へ到達。そこでティドリ島への水先案内を入手した。以上の〔拉致行為〕はすべてマルコ諸島へ行かんがためのもので、軋轢をなそうという意図はない。とらえた男女は二名を除いてすべて提供したい、と。

翌一四日、デル・カノとメンデスからロソン王のジュンコの女三名とメンダナオのパラオの乗員を受け取ったティドリ国王は、ロソンの女性は受領するが、メンダナオの男たちは取りなしのための書簡をつけてメンダナオ国王へ送り返す、と述べた。翌一五日、ティドリ国王曰く、マキアン島とモティル島へ赴き船隊に積むためのクローブを持ち帰る、と。

〔ピガフェッタによると二五日に最初の積荷が行われた〕*196

だが、一一月二七日、三首脳はカスティーリャ語を解するティドリ人ウスマンを介してティドリ国王に通告した。もはや積荷は期待しない。われらを引き止めるために時が費やされたのかもしれない。ただちに出帆したい、と。慌てたティドリ国王が「モロとして法とコーランにかけて」友好を保ち約束を守ると誓った。そこで三首脳は、積荷のために一四日間待とう、と回答し、求めに応じてカスティーリャ国王の旗と皇帝署名の書状を渡した。さらにティドリ国王がティドリ島に六人のカスティーリャ人をとどめおき、数門の砲をいただきたい、と要請すると、四人を残し、青銅の大砲ロンバルデタス四門、パサムロ一門、ファルコネテ一門を提供する、と約束し、一二月九日に火器を引き渡した。

〔この間、ジロロ、マキアン、テレナテ、バチャンの各王権も接触してきた〕

一一月六日〔おそらくピガフェッタが伝える一六日*197の誤記〕、ティドリ港内のトリニダート号にジロロ島の国王ヨソポト〔ラジャ・ユスス〕が現れ、曰く。提供できるクローブは少ないが七ないし八年あればクローブを改良できる。木であれ糧食であれ、求めに応じて提供できる。「カスティーリャ国王はジロロの土地と島を自らのものとして自由に扱える」。一二月一九日、ジロロ国王はカスティーリャ国王宛の友好の書簡、臣下一名、鸚鵡、少量のクローブなどを贈呈、三首脳も友好の書簡を与えた。

マキアン国王キチル・ウマルは一一月一九日、ティドリ国王が乗船中のトリニダード号に乗ることを許され、友好の取り決めを交わした〔ただし、ピガフェッタによると、マキアンにはすでに国王がいなかった〕[*198]。

一一月一一日、ティドリ港内のトリニダード号の側にテレナテ国王アボアヤトの弟キチルデルネス(キチルデメス、チチル・デルネス)が現れ、皇帝・カスティーリャ国王の友であり、カスティーリャ国王はテレナテ島を自らのものとして自由に扱える、というテレナテ国王の言が〔ピガフェッタによるとポルトガル人ペロ・アフォンソ・デ・ロロザの下僕の通訳によって〕[*199]伝えられた。さらに、艦隊がテレナテへ来るならば同島のクローブをすべて与えよう、と。これに対して艦隊首脳は、カスティーリャの皇帝はテレナテ国王やその他のマルコ諸島の諸国王・諸領主との修好を大きな喜びとするが、すでにカスティーリャに向けて出発するべき時であるとのべ、友好の印としてカスティーリャの物品を与えた。一二月四日、キチルデルネスを含む四人の王弟がトリニダード号を訪れ前日の言を書面にするとのべ、ティドリ王邸に滞在中のテレナテ国王と王母との会見を勧めた。ティドリ国王はテルナテ王妃の父である。デル・カノとメンデスは上陸しティドリ王邸へ赴いた。王母曰く、彼女とテレナテ国王とテレナテ島はカスティーリャ国王に仕える。カスティーリャ国王は「真の友」であるからテレナテ島をわがものとして扱える、と。デル・カノは以下のように応えた。皇帝・カスティーリャ国王の友であり兄弟であるテレナテ国王と王母は艦隊を自由に扱える。カスティーリャから別の船隊が訪れるあかつきにはテレナテのために仕えるであろう、と。一二月一七日、キチルデルネスは皇帝宛のテレナテ国王の書簡をもって現れた。

バチャン国王サバスル(スバスブ)は一二月一六日、ティドリ王邸に滞在中のデル・カノを訪れ、ティドリ国王の面前で、自分はカスティーリャ国王の友であり臣下であるから、カスティーリャ国王の船隊がバチャンに来るときは島のクローブをすべて与える、と告げた。さらにバチャン国王は一年以上前にバチャンで死去したポルトガル人たちの行状について、ペルシア語を話すモロのカリンに報告させた。シモン・コレアら八人のポルトガル人はクローブ購入のためジュンコでやってきたが、バチャン人とバチャン国王に対する非道な言動を繰り返したため、バチャン人は国王の許可を得ることなく彼らを殺害した、と。通訳は総司令の下僕ホルへが行った。バチャン国王は、ポルトガル人に悪事をさせぬために、友好と保証の書状および皇帝の旗を所望した。デル・カノはこれらを与えると回答し、さらに以下のように述べた。ティドリに四人のカスティーリャ人をとどめおくので、ポルトガル人がバチャンに現れたら彼らが支援に駆けつけよう。シモン・コレアらのものであった五〇〇バールのクローブはカスティーリャ国王の指令が届くまで保持しておくべし。彼らの資産はカスティーリャ国王に帰属する。〔マルコ諸島が〕カスティーリャ国王のデマルカシオンの限界・境界内に入っているからである、と。バチャン国王はこれを了解した。居合わせたのはティドリ国王、通訳のカリンとホルへ、航海士フランシスコ・アルボ、書記バルトロメ・サンチェス、水夫マルティン・デ・フデシブス。翌一二月一七日、バチャン国王はカスティーリャ国王宛の書簡、年少の奴隷、二バールのクローブ、羽根飾りを託した。代わりに与えられたのは、カスティーリャ国王の旗と三首脳およびメンデスの署名入りの修好状であった。

ビサヤ諸島の場合とは異なり『モルッカ修好録』における交渉相手は「モロ」である。特徴的なのはスペイン側が常に修好と取引を優先し、モロの権力者と「友」としての関係を結んでいる点である。捕獲されたパラワン島のマームドだけは一度カスティーリャ国王の「しもべ」となりたいと述べているが、その一週間後には「友」として食糧を供給し火器を受領している。モルッカ諸島の諸王権は「臣下」と「友」という相反する言葉でスペインとの関係を定義しているが、必ずしも矛盾を示すものではない。「カスティーリャ国王はテレナテ島を自らのものとして自由に扱える」というテルナテ国王の言は「カスティーリャ国王の友であり兄弟であるテレナテ国王と王母は、艦隊を自由に扱える」というデル・カノの言と交換されているからである。多くの幹部を失った手痛い教訓が影を落として、マゼランの逸脱は修正され、訓令の精神に立ち戻ったといえよう。

ただし、モルッカ諸島における取引の内容は一様ではない。火器をえたのは「スラタン」を自称するティドレ国王だけである。武器の供与は訓令で禁止されていただけに、その意味は小さくはなかったはずである。ティドレ重視はカスティーリャ人四人を駐留させた事実からも明らかである。しかしながら、セブにおけるマゼランと異なり、ティドレ国王に改宗を説いたりティドレへの服従を他の諸王権に強要するなどの、占有へ向けた恫喝的な態度はみられない。分界へ言及されるのはバチャン国王との交渉においてのみである。これはモルッカ支配の論拠ではなく、ポルトガルの資産であるクローブの没収の口実である。モルッカ諸島はスペインの分界内であるとのべながらも、それゆえにモルッカ諸島はスペインのものであるとは展開していないのだ。

ピガフェッタはティドレおよびバチャンとの交渉を中心に記述しており、この点では『モルッカ修好録』と相通じるが、外交的等価交換のニュアンスを伝えることなく、ティドレおよびバチャンの両王権はスペイン国王に臣従した、と述べている。さらにモルッカ諸島のすべての国王（マクシミリアーノによると、ふたりの国王）はスペイン国王の「忠実な臣下」である旨の書簡をしたためた、という。[*200] このような書簡は間接的引用も含めてこれまでのところ確認されていない。モルッカ諸王権によるポルトガル国王宛のいくつかのマレー語書簡[*201]の存在を念頭に置くと、スペインはモルッカにおける支配の正当性を示す内向きの論理を構築する上で弱点を抱えていたといえよう。

マルティン・メンデスは帰路補給のためにヴェルデ岬諸島に立ち寄ったとき、他の一二人共々ポルトガル当局に拘束された。ビクトリア号の本隊は危うく逃れた。メンデスは一五二三年二月に釈放されてスペインに戻ると、国王カルロス一世から七万五〇〇〇マラベディの年金と紋章を与えられ、一五二五年のセバスチャン・カボート隊では後継総司令の第三位候補に位置づけられた。だが、メンデスの証言がスペインの年代記等に積極的に取り込まれた形跡はない。メンデスは後述のバダホス゠エルヴァス会議にも参画していない。その理由は『モルッカ修好録』と次に取り上げる史料との落差をみることによって明らかになる。

11　スペインによるモルッカ占有の言説

本節でとりあげるのは『マルコの占有に関してカスティーリャ国王が有する権利を証明するためにベルナルディノ・デ・リベラ博士の要請により行われた調査』（一五二四年五月二三日〜六月一日、バダホス）[*202]である。これは、バダホス＝エルヴァス会議（一五二四年四月一一日〜五月末）の最中、モルッカ諸島の占有の裁定で援用すべく、ビクトリア号の帰還者一六名から二一項目の質問について聴取された記録である。

証人は、ビクトリア号の副長でのちにカボット隊の主席航海士となるミゲル・デ・ロダス、水夫ニコラス・デ・ナポレス、大工リチャルテ・デ・ノルマンディア、水夫長《コントラマエストレ》のファアン・デ・アクリオ、水夫ゴメス・エルナンデス、水夫ディエゴ・ガリエゴ、ポルトガル人水夫フランシスコ・ロドリゲス、水夫ミゲル・サンチェス・デ・ロダス、定員外のファアン・マルティン、見習水夫ファアン・デ・アラティア、水夫ボカシオ・アロンソ、水夫アントン・フェルナンデス・コルメネオ、水夫ファアン・ロドリゲス・デ・ウェルバ、年少のファアン・デ・スビレタ、賄長ペドロ・デ・トロソ、外科医エルナンド・デ・ブスタマンテ。このうちリチャルテ、エルナンデス、アロンソ、トロソの四人は途中ヴェルデ岬でポルトガルに拘束され後に釈放されて帰国した。

同じ二一項目の質問について別の三人から聴取された記録（一五二七年八月二〜五日、バリャドリード[*203]）もある。証人は、テルナテ島のポルトガル人によって拘束されたのちインドを経由して釈放され帰国した元トリニダード号の乗員ゴンサロ・ゴメス・デ・エスピノサ、ヒネス・デ・マフラ、レオン・パンカルドである。

一五二四年五月の記録は『モルッカ占有調書Ⅰ』、一五二七年八月の記録は『モルッカ占有調書Ⅱ』と呼ぶことにする。概略以下のような二一項目の質問事項が設定され、この点を知っているかと問いかけている。

(1)皇帝・カスティーリャ国王カルロスおよびカトリック両王について。
(2)マルコ諸島はティドリ〔ティドーレ〕、ジロロ、テレナテ、バキアン〔マキアン〕、モティル、バチャンの六王国からなる。
(3)一四九四年にカトリック両王とポルトガル国王ファン〔ジョアン二世〕の間で結ばれた〔トルデシリャス〕条約によって〔分界の〕線 lynea o raya がおかれた。
(4)皇帝・カスティーリャ国王カルロスは、前記条約によってマルコ諸島が彼に属しておりその分界内にあることを、カスティーリャ人ばかりかポルトガル人やその他の国々の水夫・航海士、星学者、天地学者によって知らされていたからこそ、マルコ諸王国へ船隊を発しカピタンらを派遣することを決断した。
(5)カルロスは五年前に船隊を作り糧食・火器その他必要物資を整えさせ、書面でカピタンらにマルコ諸島・諸王国の占有・領有・管轄・臣従を確保するための権限を与えた。
(6)あの船隊は一五一九年九月に出帆し、一五二一年一一月ティドリに達した。
(7)カピタンらはティドリ島の国王に曰く、カスティーリャ国王の命で同島・王国を支配し占有するためにやってきた、と。ティドリ国王は彼らを歓待し、夢と占星術によって偉大で強力な国王が諸島を所有するために派遣することを知っていた、と述べた。
(8)ティドリ国王は通訳を介して曰く、カスティーリャ国王を同島と五国の国王・領主として認め、その臣下として奉仕し服従する、と。カピタンらはカスティーリャ国王の名代として同島と王国を受領した。
(9)ティドリ国王は服従の折りに曰く、今までは同島・王国の国王であったが、これからは同島のカスティーリャ国王の総督としてとどまりたい、と。カピタンらは受け入れた。
(10)ティドリ国王はカピタンらに懇請した。カスティーリャ王室の旗と数種の火器をいただきたい。同島と王国をカスティーリャ王室の名において護り認知せしめるため、と。カピタンらは旗と火器を引き渡した。

(11)ティドリ国王はカルロスへの臣従をさらに明示するため、組んだ両手をあげて頭に置いた。彼らにとって臣従礼と服従の印である。

(12)ティドリ国王はカルロスへの両主権の譲渡と臣従の印として島の物産、香料や羽根飾りなどを貢納・贈り物としてカピタンらに与えた。

(13)ティドリ国王の宣言は同島の要人たちや多くの住民らの前で発せられた。彼らは皆喜びと満足をもってティドリ国王と同じ宣言をなし両手をかかげ同じ言葉を述べた。

(14)ティドリ国王と要人たちの宣言と服従と認知はすべて喜びと満足の証左である。

(15)カピタンらはマルコの他の諸島・諸国へゆきたいと考えていたが、疲弊していたので、すべての諸国王に来させた。諸国王らその要人たちはカピタンらの前で同様の宣言・認知・臣従を誓った。カスティーリャ王室の旗を受領し贈り物をし、諸島の総督となった。

(16)同諸島の諸国王らは宣言のあと服従の印としてカスティーリャ王室の旗を船の前後にかかげて帰国した。マルコ、カスティーリャのマルコと呼ばわりながら。

(17)カピタンらは諸島に数人とどめおいた。カルロスの名において諸島の領有と占有を保持・継承するために。

(18)船隊がマルコ諸島に達した当時、同諸島は前記諸国王らによって保持されており、どの島もポルトガル国王や他の国王を領主として認知していなかった。カピタンらは知らされた。ポルトガル国王であれ別の国王であれ諸島の発見・占有のために派遣したことはない、と。

(19)カピタンらは諸島と諸国の占有の知らせと諸国王の贈り物をもってカルロスのもとに参上した。

(20)カピタンらはその航海の術と器具によって航海中〔船位の地理的座標の〕度数と〔航程の〕レグア数を計測し、分界線から〔西へ〕マルコまで一七〇度以下であることを発見した。
(21)マルコ諸島は分界線から〔西へ〕一八〇度以内に位置するのだから、〔トルデシリャス〕条約によって明らかにカスティーリャ王室のものである。

『モルッカ占有調書Ⅰ・Ⅱ』は質問の設定自体に明確な政治的方向性をもたされており、スペイン王権の対外進出のイデオロギーを知るうえで重要な史料である。分界に関する項目は(3)(4)(20)(21)の四つある。(3)(4)はスペイン王権がモルッカへの遠征前の時点でこれを分界によって正当化できると見なしていたとする内容であり、(20)(21)は遠征の結果モルッカ諸島がスペインの分界にあることが確認されたとする内容である。大半の証人は分界に関して質問の内容を繰り返し、その通りであると肯定しているが、外国人の乗員のなかにはこの件について見識を有しないことを暗にあるいは明確に認める者もいた。大工リチャルテ・デ・ノルマンディアは、(21)について「航海士でも度数に通じた者でもないのだからわからない」と回答しており、ポルトガル出身の水夫フランシスコ・ロドリゲスは(21)「に含まれる事柄について判断するすべを知らない。条約を見たことがないし、分界についても測定についても理解していない」という。

だが、調書における力点は分界ではなく、モルッカ諸王権の服従の論証にある。すなわち、モルッカ諸島の占有と支配を目的としてやって来た艦隊に対してティドレ国王およびモルッカ諸島の他の国王たちは「自発的」にかつ「喜びと満足」をもってスペイン国王に服従し、同国の「総督」として仕えることを宣言した。宣言は多くの住民の目前で行われ、君臣関係の印としてスペイン王室の旗および火器とモルッカ諸島の香料などが交換された、と。大略以上のことがすべての証人によって確認されている。服従の宣言は『モルッカ占有調書Ⅰ』では一貫して口頭で行われたとされているが、『モルッカ占有調書Ⅱ』では宣言の文書化が示唆されている。占有の儀礼と君臣関係の宣言に立ち会った人物として経理官《コンタドール》のマルティン・メンデス（エスピノサ(7)、パンカルド(7)と書記バルトロメ・サンチェス（パンカルド⑺）の名が見える。エスピノサによると、ティドレ国王による宣言のあとで「書面で」誓約の手続きがとられており⑼、さらにバチャンやテルナテなどの他の諸国王も服従の旨を「モリスコ文字」のような文字で書き記した⑿。ジャーウィ（アラビア文字表記のマレー語）と思しきこの現地語による書状は管見の限りでは現存しない。

第二章でとりあげたポルトガルの『モルッカ問題供述調書』（一五二三年）との対比において大きな論点となるのは、モルッカ諸島の王権はいずれもポルトガル国王を領主として認知していなかったという項目⒅である。一五一二年フランシスコ・セランら数人のポルトガル人がモルッカのテルナテ島に招致されて以来、ポルトガルはモルッカ諸島との交渉を先行させていた。ピガフェッタは、セランがテルナテ国王の将軍として重用されていたが、八ヶ月ほど前にティドレ国王によって毒殺された、と述べている。*204

調書の質問にセランに関わる項目は設けられていないが、『モルッカ占有調書II』の三証人だけは、⒄⒅の質問内容から離れて、セランらに言及している。「モルッカ諸島唯一のポルトガル人」（マフラ）セランがスペイン艦隊到来以前から長く滞留していたことを認めたうえで、セランをポルトガル王権から切り離された人物として描いているのである。すなわち、セランは彼を拘束し懲罰を与えようというポルトガル人たちから逃れるために「ポルトガルが権力も支配も占有も得ていない」モルッカ諸島にやってきた（マフラ）。セランはその海域の航海に通暁しており、マゼランの親友であった（パンカルド）が、ポルトガル国王と情報を交わすことがなく、ティドレ国王によると、モルッカ諸島はすべてカスティーリャ国王のものであるとセランは述べていた（エスピノサ）。スペイン艦隊が到着する五〜六ヶ月前、ポルトガル人ドン・トリスタンがセランをモルッカ諸島から排除するために二隻の船でやって来た（パンカルド）。トリスタンはポルトガル国王の書簡を携えていたが、セランは退去を望んでおらず、またその地域で世評を得ていたので、トリスタンは彼を排除できなかった（エスピノサ）。実はトリスタンもモルッカ諸島がカスティーリャ王室のものであることを認識していた（マフラ）。

以上のように、『モルッカ占有調書II』の一部供述は、ポルトガル人セランの「発見」を否認する論理を構成しているが、他方でポルトガル国王の書簡を携えたトリスタンの到来がスペイン艦隊に先んじていたことは認めており、⒅の質問意図に反している。モルッカ諸島はカスティーリャ国王のものであるというセランとトリスタンの認識に根拠は明示されていない。「発見」でないとすれば実験前の分界の仮説に他ならないのだが、⒇㉑の供述とは逆に、アルボ水路誌に記録された経度の測定結果は分界に関してスペイン不利を示していた。しかも、その事実はトリニダード号の資料没収によってポルトガル側に知られており、隠蔽は困難であった。それゆえスペインはバダホス＝エルヴァス会議の「分界」の審議においては、アルボの記録を表に出していない。「占有」の審議においては手持ちの『モルッカ修好録』に記載された交渉の実態が臣従関係の確立とはほど遠いものであったため、これを援用できなかった。結局、会期の終了間際になってセランの「発見」を捨象しスペイン国王に対するモルッカ諸王権の自発的服従を強調した『モルッカ占有調書I』の作成に走らざるを得なかったのである。

12　ポルトガル要塞の建立

内向きの論理のみならず、交渉の実態においてもポルトガルの比重は強まっていた。テルナテ国王アブ・ハヤトはポルトガル国王宛のマレー語書簡（一五二二年初め頃）のなかで次のように述べている。[*205]

スペイン人はティドーレ島に兵器と物資をもたらし、ティドーレ国王の港を防御している。すでに四〇丁の銃砲をティドーレ国王に与えたが、さらに七〇丁の石弓の供給を約束し、二〇隻の艦隊も到来するという。どうかテルナテ王国を護ってもらいたい。

この書簡ではポルトガル国王の立場は前書簡の「叔父」から「父」へ格上げされ、ポルトガルへの依存が強まったことを物語っている。しかし、ここに至っても要塞への言及はなく、あくまでも兵器と武力の供与が求められていることに注意したい。

この間、マゼラン艦隊の殲滅とモルッカ諸島における本格的な要塞の建造を使命として派遣されていたジョルジェ・デ・ブリトのポルトガル艦隊は、アチェで司令官ジョルジェを失ったあとその弟アントニオ・デ・ブリトの指揮下で一五二二年五月バンダ諸島に到達、ここで艦隊と兵力を八隻三〇〇人に増強してティドーレ島へ赴き、スペイン人の一団を無抵抗で投降させた。[*206] これ以降のモルッカ諸島におけるブリトの「外交」は周到である。ブリトはまずティドーレ国王にスペイン人を受け入れたわけを問いただし、恐怖のためやむをえず商人として受け入れたという回答をえた。さらにティドーレ国王との直談判において証人としてスペイン人たちを同席させ、ティドーレ国王はポルトガル国王の「よき臣下」であるからティドーレ国王とモルッカ諸島は長きにわたってポルトガル国王のものである、というティドーレ国王の言質を引き出した。だが、ブリトはこれは信用しがたいと考え「いつでも牽制できるように」その言葉を供述書に写し取らせた。[*207]

この後ブリトはモルッカ諸島で「最も偉大な」テルナテ島へ移り、テルナテ国王から臣従の誓いをうけた。ブリトはポルトガル国王宛書簡において、要塞についてはあえてしばらく口を閉ざし、港の良否とクローブの生産量の多寡を見きわめたうえでその建設地をテルナテに決定した、と述べている。[*208] 結局テルナテ国王が自ら要塞を招致したといえる証拠は見つからない。しかし、モルッカ諸島に各種の銃砲と火薬が出回っている、と一五二三年時点でブリトは述べており、[*209] この点は注目に値する。ポルトガル人の到来以後一〇年を経て銃砲が普及し、そのことが火器による攻防を制御しうる要塞の存在意義を強めたのである。

要塞の建設は一五二二年六月二四日聖ヨハネ（サン・ジョアン）の日から始まったので、要塞はサン・ジョアンと命名された。建設にはおよそ五ヶ月間を要した。ブリトの書簡（一五二五年二月二八日）とアントニオ・ガルヴァンの記述によると、外壁の高さは約五メートル半、厚さ約一・八メートルで、一辺四四ないし四八メートル四方の土地を囲っていた。見張り塔は二層で高さは約九メートルあった。外壁はマラッカ要塞のものより立派であったという。[*210]

香料諸島における権力の起源が外来人の渡来に深くかかわっていることはその伝承の分析と地政学的布置から容易に推測できる。だが、外来人との距離の取り方には地域差があった。バンダ諸島は外来人の影響をより強く受けていた。モルッカ人にとってバンダ人は外来人との間で緩衝材の役割を果たしていたのかもしれない。結果的にモルッカ諸島はテルナテとティドーレを中心に政治的求心力を強めていた。生田は、モルッカ諸島ではテルナテ対ティドーレの緊張関係が再生産されていたが、それは外部からの脅威の少ない社会に刺激を与えるための方便であった、と見ている。[*211] しかし、むしろこの世界は断続的に強力な外圧を受け続けてきたのであって、二極の対立はこの押し寄せる外圧の波を分散させたうえで取り込むための装置であったとみるべきではなかろうか。

ポルトガル・スペインという新しい波も、当初は先の波形をならうかにみえた。マラッカ以西で交易拠点帝国を築きつつあったポルトガル人といえども、遠い香料諸島では他者と肩を並べる通常の貿易の途をとることが最も合理的な選択肢だったかもしれない。事実、アルブケルケの訓令もこの選択を示唆していた。たまたまモルッカ諸島のテルナテに招致された「鉄人」セランの存在が武威で突出したポルトガル・イメージを形成させたが、数年間はモルッカ諸島よりも航海の効率が勝るバンダ諸島との交易が優先された。

しかし、「通信」の往復が事態を変化させた。以来ポルトガルとモルッカ諸島の初期「外交」は香料貿易と軍事的取引を表裏の軸として展開する。モルッカ諸島の主権者たちにとって交易と軍事が混然となった、しかも文書にその証拠が残る対外折衝は、ポルトガル人の到来以前はほとんど経験しなかったはずである。ポルトガルは点と線の帝国を香料諸島へ結びつける途を選んだ。ポルトガル国王にとって、限界のある資源をどこに投入するべきかという問題はゴアの総督やマラッカ長官に一任できない重みをもっており、判断に際して香料諸島全体の状況と主権者の意図を正確に把握する必要があった。他方、モルッカ諸島の諸王権はポルトガル人の取り込みを策して書簡を送っていたが、要塞の招致合戦という歴史叙述には虚構が含まれていた。

結局「スルタン」を名乗る最有力のテルナテ王権が、キリスト教徒であるポルトガル人と結びついた。ポルトガルにとってテルナテがバンダ諸島に影響力を有することも判断の材料になったはずだ。テルナテ国王はポルトガル国王に「臣従」を誓い仮設要塞を建設させたばかりでなく、多くの火器を得たいがためにマラッカ派兵を決行した。

この派手な軍事的取引はモルッカ諸島内に波紋を投げかけ、ティドーレを中心に反対勢力を結集させる契機となった。マラッカ派兵の間隙をついてテルナテ国王とセランが暗殺された。二極対立の図式はスペイン人が到来する前に明確化していた。ただし、到来したスペイン人をティドーレ陣営が取り込むことでその図式はさらに強まった。火器の急速な普及と対立の強化は石造要塞の建設意義を高めた。それは火器による攻防を制御しうる力を持っていた。

こうして二極対立の装置は、新しい波に対しても分散させて取り込む機能を発揮した。新しい波は、火器と要塞という危険な異物を伴っていた。のちにテルナテとティドーレの二極は異人と異物の力を援用して従来の枠を超えたパワー・ゲームを展開することになるが、ジョアン・デ・バロスの眼には、邪悪と諍いがモルッカ諸島に蔓延している、と映った。クローブは神の創造物ではあるが、黄金以上に災厄のもとである、と。[*212] だが、災厄を持ち込んだ自分たちの責任には思い及ばなかったらしい。

第五章　ポスト・マゼランの分界

【図 66】復元されたビクトリア号
2003 年、この船は全面的な修復をうけ、愛知万博スペイン・パビリオンのプログラムの一環として、再び世界一周の航海（2004 年 10 月～ 06 年 4 月）に出た［1992 年 8 月セビリア万博会場にて筆者撮影］

1　ビクトリア号の帰還をめぐって

マゼラン艦隊の生き残りビクトリア号【図66】（第五章扉）は、ヴェルデ岬諸島を経由して一五二二年九月六日サン・ルーカル・デ・バラメダ港に帰着した。世界周航において計測され持ち帰られた経度は、以後加熱するモルッカ問題にどのような影響を及ぼしたのであろうか。

両国の地図はそれ以前と同様に、王権の利害を反映しているにすぎないようにみえる。ポルトガルに帰国したペドロ・レイネルによってビクトリア号帰還の直後に作成されたとされるインド洋海図【図67】では、モルッカ諸島にポルトガル王室の旗が立てられているものの、経度と対蹠分界線は示されていない。[*1] 一方、スペインではヌニョ・ガルシア・デ・トレノが一五二二年にバリャドリードで作成した海図【図68】において対蹠分界線はスマトラ島の中央を貫通しており、モルッカ諸島のみならず、マラッカを含むマレー半島の大半とその東に広がる島嶼部をすべてスペインの分界内に位置づけている。[*2]

ところが、歴史家トゥデラ・イ・ブエソ（一九七五年）はマゼラン＝デル・カノの世界周航を契機に状況は一変した、と考えている。すなわち、ビクトリア号がもたらした情報によってスペイン国王は、対蹠分界はモルッカ問題において不利をもたらす、と判断した。対蹠分界の理念を擁護するようになったのはむしろポルトガルの方である、と。[*3] トゥデラ・イ・ブエソの見方は両国王権がアンドレス・デ・サン・マルティンないしアルボの記録を共有していたことを暗黙の前提にしている。だが、これは認められない。世界周航の記録がどのように扱われたかについて補足しておこう。

モルッカ諸島からの出帆のまぎわ、旗艦トリニダード号は水漏れが判明したため、ティドーレ島で修理に三ヶ月間以上を費やした。ビクトリア号は単独で喜望峰航路を目指して一五二一年一二月二一日出帆した。トリニダー

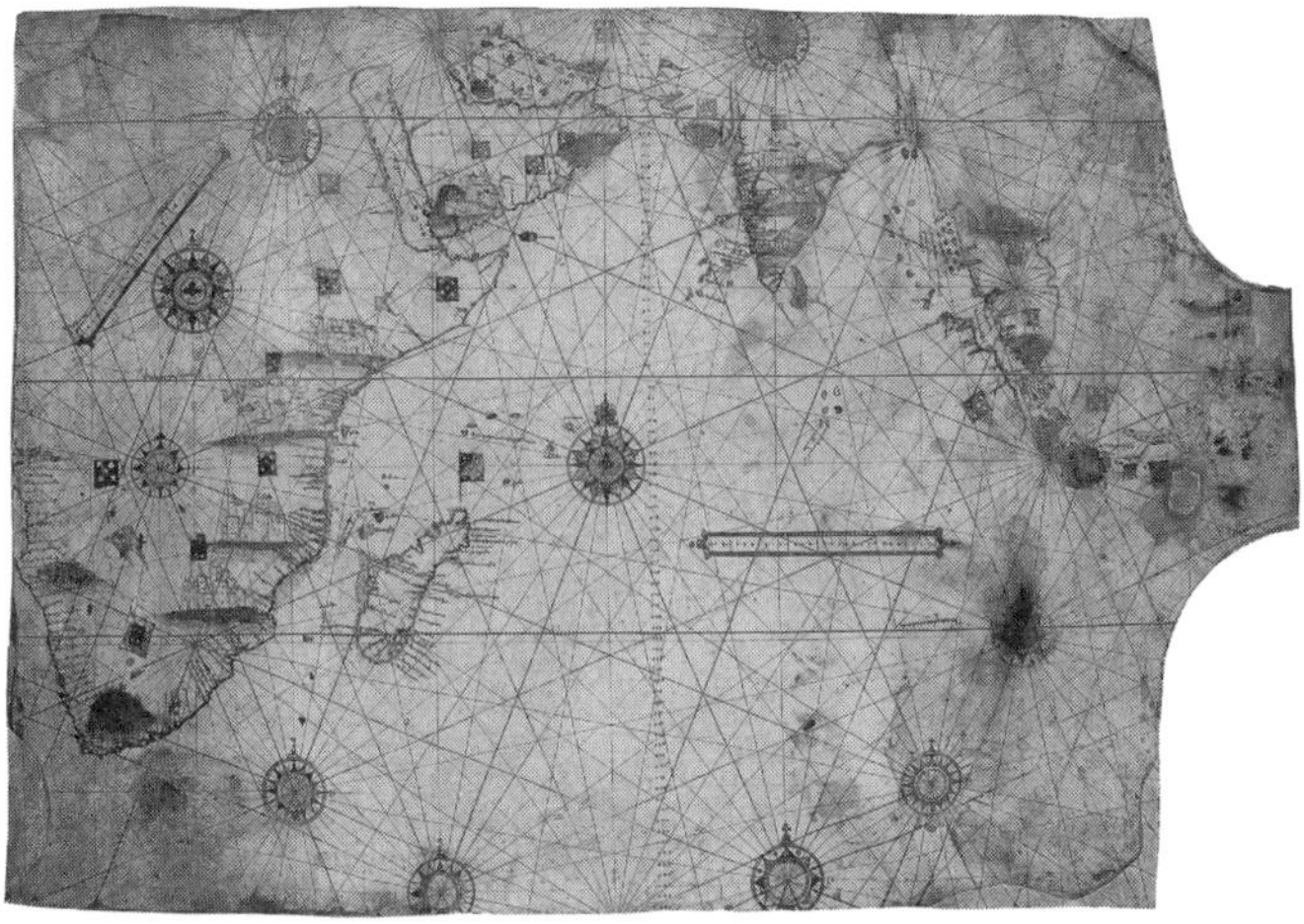

【図 67】ペドロ・レイネル作とされる無記名のインド洋海図
（1522 年頃、ブリティッシュ・ライブラリー所蔵、Add. MS 9812）

【図 68】ヌニョ・ガルシア・デ・トレノ図（1522 年、トリノ王立図書館所蔵）

ド号の船長ゴンサロ・ゴメス・デ・エスピノサはすでに喜望峰航路の季節風を逃していたが、帰国まで「三年を要する〔マゼラン海峡経由の〕往路を再びたどりたくなかった」ため、一五二二年四月六日パナマ地峡ダリエンを目指して出帆した。トリニダード号は六月一一日に北緯四一〜四二度に達したが、荒天と飢餓と病気のため乗員三〇人を失い太平洋帰航路の発見を断念。一〇月二〇日までにモルッカ諸島に舞い戻り、テルナテ島のポルトガル要塞長官アントニオ・デ・ブリトに拿捕（というよりも救助）され、航海の器具や記録等を没収された。[*4] ジョアン・デ・バロスは、この時テルナテ島のポルトガル王室商務官であったドゥアルテ・デ・レゼンデが帰国した後、「彼からそのうちのいくつかを入手した。とくにアンドレス・デ・サン・マルティンが自ら書いた本には航程と彼が得た高度・観測・合朔がすべて記されている」と述べている。[*5] 商務官レゼンデの帰国は一五三一年頃である。[*6]

一方、トリニダード号の船長ゴメス・デ・エスピノサと水夫ヒネス・デ・マフラはポルトガル領インドで拘束されたのち、一五二六年にリスボンに送致され七ヶ月間の拘留の後ようやく本国に送還されたが、一五二七年八月マフラはモルッカ問題の供述書のなかで、リスボンで釈放される前に携行していたアンドレス・デ・サン・マルティンの書物を没収された、と述べている。[*7]

いずれにせよ、本国のポルトガル人が一五二四年のバダホス＝エルヴァス会議の時点でこの世界周航の記録を入手していたと思わせる証拠はない。他方、フランシスコ・アルボとピガフェッタはビクトリア号で帰還後、ただちにスペイン国王に謁見した。したがって、スペインではバダホス＝エルヴァス会議以前にアルボないしピガフェッタという選択の余地があった。スペイン不利を示すアルボの記録は疎まれたはずである。一五二四年五月に聴取されたビクトリア号帰還者のリストにアルボの名はない。アルボはそれまでに死去したか、あるいはスペインから姿を消したのであろう。[*8]

したがって、アンドレス・デ・サン・マルティンないしアルボの記録がバダホス＝エルヴァス会議までの時点で両国王権の共有財産となっていたとは言い難い。

トゥデラ・イ・ブエソと全く逆に、世界周航の経度を度外視した見方をしているのはアルブケルケ＝フェイジョ（一九七五年）である。すなわち、スペインは世界周航以後も対蹠分界の理念はモルッカ問題で有利に働くとみて積極的に分界の実現を訴えたが、ポルトガルは対蹠分界は不利と見てその実現のための議論を意図的に空回りさせた、と。[*9] アルブケルケ＝フェイジョが論拠のひとつとして引き合いに出しているのは前出エンシソ＝ピレシュ＝マルガーリョのテキストである。アルブケルケ＝フェイジョは、このテキストばかりでなく、ヴァルトゼーミュラーがカヴェリ図（一五〇五年頃）による南アジア観をプトレマイオスの枠に取り込んで作成した世界図（一五一三年、シュトラスブルク）[*10]もまたモルッカ諸島をスペインの分界内に確保していた、とみており、新旧ふたつのプトレマイオスがモルッカ問題をめぐる両国の交渉に影響を与えた、という。[*11]

前述のように、復活したプトレマイオスの世界図とりわけヴァルトゼーミュラー新図は、一六世紀末まで地理学の世界で大きな影響力を行使していた。一五一二年のソリスの協約とポルトガル側の対応、そして一時的にせよスペイン国王のために働いたレイネル父子がその後ポルトガル国王のもとに戻り再び地図作成家として貢献できたことなどを考えあわせると、ひとつの推測が成立しそうである。つまり、対蹠分界の理念が喧伝されはじめた頃から、対蹠分界線から四度東というきわどい『マゼラン覚え書』の数値はともかくとしても、すくなくともモルッカ諸島はスペインの分界内にとどまるはずだという認識が両国の航海と地図作成に関わった人々の間でいわば公然の秘密あるいは共知とみなされるようになったという推測である。

だが、注意を要するのは、エンシソ＝ピレシュ＝マルガーリョのテキストにせよヴァルトゼーミュラー新図にせよ、対蹠分界線とモルッカ諸島の位置関係が明示されていないことである。

テキストで得られる間接的な手がかりはガンジス河口とマラッカである。ガンジス河口を基準としてプトレマイオスの「大湾《シヌス・マグヌス》」のなかにモルッカ諸島を位置づけるのであれば、モルッカ諸島は悠々スペイン圏内である。

他方マラッカの位置はテキストとヴァルトゼーミュラー新図とでは大きく異なる。しかも、テキストのマラッカを基準にして経線一度あたり一六レグア三分の二ではなく一七レグア半を採用すると、対蹠分界線はマラッカから東へ三八〇レグア（経度で二二度弱）のところを通るので、三七〇レグアの起点の選び方によってはモルッカ諸島はきわどくポルトガル分界内に留まる可能性が浮上してくる。厳密に位置関係を算定するためにはマラッカ以東の新しい踏査検分の情報が必要であるが、それはすでにマゼランやレイネル父子によってスペインに流れている。したがって、世界周航の経度を対蹠分界線とモルッカ諸島の位置づけに関する共知の枠からはずすのであれば、プトレマイオスの東西枠ばかりでなくポルトガルの踏査による新しい地理もまた共知として機能した可能性を考慮に入れなれればならない。

だが、その前に押さえておかなければならないのは、共知の前提である対蹠分界の理念を外交の場で公認することの意味である。両国の航海と地図作成に関わった人々の間でモルッカ諸島はスペインの分界内にとどまるはずだという認識がいわば公然の秘密とみなされるようになった、という推測がかりに成り立つとしても、ポルトガル国王にはその認識を政治的に無視する余地が残されていたはずである。前述のように、マヌエルは一五一四年教皇レオ一〇世から得た勅書によって、トルデシリャス条約の分界は非キリスト教世界を二等分割するものではなく、両国による「発見」と「先占」の方向を東西に振り分けたにすぎないことを確認した。しかも、世界周航の時点では両国間に対蹠分界を明記した公文書は存在しない。

ではなぜ対蹠分界は両王権の合意事項となったのか。そして、ポルトガル側はどのような戦略を持って不利に見える分界の議論に入ったのであろうか。

ポルトガル国王ジョアン三世は一五二二年九月末頃、カルロス一世の宮廷にいた公使ルイス・ダ・シルヴェイラにあてた書簡のなかで、スペイン人たちがモルッカ諸島に到達し「そこでクローブを得たことを確認」したと述べている。[*12] この書簡でジョアン三世はビクトリア号乗員の拘留とモルッカ諸島から持ちだしたクローブその他のあらゆる香料の差し押さえをカルロス一世に対して要求せよとシルヴェイラに命じた。ジョアン三世はこの時点ではまだ香料諸島におけるスペイン人たちの行動について詳細な情報は得ていなかったが、[*13] マゼラン艦隊のモルッカ諸島への寄港に抗議しうる論拠はもっていると考えていた。

その論拠とは、第一に、カルロス一世の言質。ジョアン三世の父マヌエルはマゼラン艦隊の出帆準備ができたとの報を受けると、ただちにこれに抗議した。これに対してカルロス一世はポルトガル王室のものにはふれないと約束したではないか、と。第二に、トルデシリャス条約によれば「マルコとこれに隣接する土地と島々とはわれわれのもの、われわれの分界」に属するものであること。そして第三に、モルッカ諸島は「多年にわたってわが父である国王陛下〔マヌエル〕がお調べになりおつきあいなされた」という実績である。[*14]

デ・アルブケルケ（一九七三年）はこの書簡でジョアン三世は初めて対蹠分界の理念を受け入れていることを明らかにしたとみている。[*15] だが、第二の論拠でいう分界は、必ずしも対蹠分界を意味しない。マヌエルが一五一四年の勅書で確認した「発見」と「先占」による辺境の東漸を示唆するものとみることもできる。同じ書簡の別の一節でジョアン三世は「先占」ないし「占有」重視の立場を明示しているからである。「われわれが長年それを占有しており、そこで平和に交渉している」という事実がありさえすれば、たとえ他の論拠が欠如していようともモルッカ諸島に関する権利主張は有効である、と。[*16]

一方、カルロス一世は一五二二年一一月一三日の時点ではラ・コルーニャからモルッカ諸島へ四隻の艦隊を派遣する予定であった。そのためにセビリアの通商院とは別にラ・コルーニャに「香料通商院」を設立して、マゼラン隊の出資者クリストバル・デ・アロをその商務官に任命した。[*17] ところが、翌一二月にはジョアン三世の抗議における第二の論拠を逆手にとる形での政治的な調整の途をとる腹を固めた。

一二月一二日、[*18] カルロス一世はモルッカ問題をポルトガル国王と交渉する権限を書記官クリストバル・デ・バロッソに与えた。この信任状に付帯している文書には交渉に向けていくつかの指示が記載されている。そのなかでカルロス一世は、いまだ果たされていないトルデシリャス条約の第三条項、すなわち両国王が任命する「天文学者・天地学者・航海士」が集まって線引きを行うという取り決めを遂行しよう。その際に教皇ハドリアヌス六世〔カルロス一世の前顧問官アドリアノ〕によって任命された天文学者・天地学者・航海士の船を一隻加え、両陣営の仲裁役を委ねよう、と提案した。ただし、トルデシリャス条約には天地学者の参加はうたわれていない。さらにカルロス一世は、トルデシリャス条約の規定にてらして不当に管轄されていることが判明した土地はすべてその正当なる所有者に返還することをジョアン三世に請け合い、ジョアン三世にも同様の約束を要求した。[*19] この文書による限りは、カルロス一世はモルッカ諸島が彼の分界内にあることを確信していた。

ジョアン三世は線引き提案に対する回答を一年近く保留していたが、一五二三年一一月二八日ジョアン三世はスペインに派遣していたペドロ・コレイアとジョアン・デ・ファリア宛の書簡において、「分界線の引き方で双方がしかるべき方法を見つけられるように双方の航海士と天文学者と水夫等が国境にて会合すること」を認める、と述べた。[*20] この合同委員会の原案は、一四九五年分界の実施棚上げを記した両国の覚え書にある。一五二三年一二月一八日、カルロス一世がフアン・デ・スニガにあてた書簡によれば、ジョアン三世の使節は次のように述べた。

〔スペイン国王が、モルッカ諸島は〕自らのデマルカシオンの境界内にあるがゆえにそれを所有する権利をもつと主張するのであれば、〔スペイン国王は〕それを懇請してその〔ポルトガル国王の〕手から受け取らなければならないし、〔スペイン国王の〕権限でそれ〔モルッカ諸島〕を占有してはならない。[*21]

婉曲な表現ではあるが、この書簡は一年ほどの間に対蹠分界の理念が両国王間の暗黙の合意事項となっていたことを示唆している。以後、両国の交渉は進展し、一五二四年二月一九日ビトリアで合同委員会の開催に関する協約が調印された。

まず、各陣営はそれぞれ三名の天文学者と三名の航海士・航海者を任命する。彼らは分界によって所有の問題を裁定する。同様に各陣営はそれぞれ三名の法曹家を任命する。彼らはモルッカ諸島の占有に関する調査を行い、提示される文書や証言を受領して占有に裁定を下す。三月末までに国境のバダホス＝エルヴァス間に集まり、五月末までに結審する。審議中は各陣営はいずれも貿易目的でモルッカ諸島に遠征隊を派遣できない。所有と分界の問題が解決する場合は、占有の問題は裁定がなされ吸収されたものとして理解する。占有の問題のみが法曹家によって裁定され、所有の問題が裁定できない場合は、本協約以前と同じ条件下にとどまる。[*22]

なぜ両国は遠征の一時中断という高い代償を払ってまでこの合意を必要としたのであろうか。元来この会議はトルデシリャス条約の延長線上にあり、同条約は教皇分界を乗り越える形をとっていた。ただし、それは両王権に下賜された分界に関わる教皇勅書の権威を前提として互いに認め合ったうえでの部分修正にすぎなかった。その意味で、教皇勅書の恩恵に与れなかったあるいはその権威を認めない第三国にとって、両国の分界論は国際法上の基盤を持たない空論に等しい。それゆえ、会議はこの第三国に対する「世界分割」のパフォーマンスとしての側面を持たされたはずである。

一六世紀前半において両国が意識しなければならなかったのはイギリスよりもフランスであった。次章で考察するように、とりわけフランソワ一世が関与したヴェラツァーノの探検航海（一五二三～二四年）はスペイン・ポルトガル両王権を刺激し共通の敵の存在を意識させたにちがいない。

もう一点付言したいのは、トルデシリャス条約締結に至る経緯に関してトゥデラ・イ・ブエソが述べた両国の「同胞」意識である。モルッカ問題の過熱化にもかかわらず、両王室間の関係は良好で婚儀は次々と整えられていた。ポルトガルのマヌエルとカスティーリャのレオノール（カルロス一世の妹）の婚姻が取り決められたのはマゼラン協約から間もない一五一八年五月二〇日、ジョアン三世とカタリナ（カルロス一世の妹）の婚礼はこれから述べる会合が不調に終わった二ヶ月後の一五二四年七月一九日、カルロス一世とイザベル（ジョアン三世の妹）の婚礼は一五二六年三月一〇日。この間、一五二三年にはジョアン三世とレオノールの婚姻が検討されていたし、一五四二年にはフェリペとマリア、ジョアンとファナの二組の婚礼が執り行われる。[*23]

両王権を合意に至らしめる要因として以上の二点があったにせよ、合同委員会開催の直接の決め手となったのは、ジョアン三世がある期間をおいたのちに対蹠分界の理念を事実上容認したことにある。

その判断の背景にあるものはなにか。前述のビトリア協約を一見して目につくのは、分界による所有の裁定と占有の裁定を分離して行う、という原則が盛り込まれたことである。アルブケルケ＝フェイジョは、ジョアン三世はいずれの裁定にも見通しを得たからこそ交渉に前向きな姿勢をとれるようになった、と考えている。アルブケルケ＝フェイジョは、先に引用した一一月二八日の書簡でジョアン三世が合同委員会の開催を認めるのはモルッカ諸島占有の根拠は確実であり、その証明を懸念することはないからである、と述べている点に注目し、[*24]「モルッカ諸島占有の根拠」として、回答保留中の一五二三年八月頃に作成された『モルッカ問題供述調書』を引き合いに出している。

第二章で検討したように、ジョアン三世はポルトガル領インドがモルッカ諸島とかかわってきた歴史を確定するため関係者から供述を引き出すよう命じた。『モルッカ問題供述調書』における質問の設定と供述の内容のうえで強調されているポイントは三つある。

(1)テルナテ（ないしモルッカ諸島）の国王は「自発的に」臣下としてポルトガル国王に服従した。
(2)ポルトガル国王はモルッカ諸島との貿易を「独占」している。ここで言う「独占」とは、マラッカを起点とするモルッカ諸島との交易はポルトガル人であれ現地人であれマラッカ長官の許可のもとに行われるということである。
(3)ポルトガル領インドとモルッカ諸島はマゼラン艦隊の到来以前におよそ一〇年間の交渉の歴史をもつ。

以上の『モルッカ問題供述調書』からジョアン三世はモルッカ諸島の占有とモルッカ諸島との貿易の占有とを容易に実証できると考えたにちがいない、とアルブケルケ＝フェイジョは推測している。

この見方には一定の留保を付けなければならない。両国が準備できた資料を比較するとポルトガル側に利があったことはたしかである。ポルトガルの『モルッカ問題供述調書』とマレー語の書簡類は、テルナテ島の国王がポルトガル国王に臣従しその宗主権を認めたことを示しているのに対して、スペイン側の資料にはブレがあった。世に広まったピガフェッタの報告はティドーレ王の臣従の意志を記しているが、メンデスの『モルッカ修好録』はモルッカ諸王権との友好・通商関係の確立を示すにとどまり、スペインの宗主権を主張していない。モルッカ諸島の「占有」を論証するための布石として合同委員会に「学識者」すなわち法曹家を加えるよう提言（一五二三年一二月一日）したのはジョアン三世である。[*25]

しかしながら、この時点でポルトガル本国は「占有」の実態における有利を確保していたとは言えない。ポルトガル国王マヌエルは一五二〇年四月、前マラッカ長官のジョルジェ・デ・ブリトにマゼラン隊を殲滅しテルナテに要塞を建設せよという密命を授けて六隻の艦隊でリスボンから送り出していた。ブリト隊がテルナテ島に到着するのは一五二二年五月、要塞の建設が着手されたのは同年六月、ジョルジェの後継隊長アントニオ・デ・ブリトの詳報がテルナテから発せられたのは一五二三年二月一一日である。[*26] D・ラッハ（一九六五年）は、この書簡が一五二四年初頭にリスボンに届き、その内容がピガフェッタの報告を裏付けるものであったことからジョアン三世はスペインとの交渉に傾いた、と推測している。[*27] だが、季節風に規定される当時の航海では書簡のリスボン着は最速でも一五二四年六月、すなわちバダホス＝エルヴァス会議の終了後である。したがって、ジョアン三世が対蹠分界の理念と合同委員会の開催を認めたのは、占有権の主張に自信を得たからではなく、占有の実態に危機感を抱いていたからであり、要塞を中心に実質的な占有がえられるまでスペインの遠征事業を凍結しようとしたからであろう。

もっとも、ジョアン三世にとって占有の問題以上に気がかりであったのは、カルロス一世が自信を見せつけた分界による所有の裁定の行方であったにちがいない。アルブケルケ＝フェイジョは、経度測定が誤差を含みやすいことは周知の事実であったことから、ジョアン三世は分界による所有の裁定は困難でありモルッカ諸島占有の非合法性は立証できないという見通しをもてた、と推測している。[*28]

だが、かりに天文学的ないわば「割り算」の経度測定に難点があったとしても、『マゼラン覚え書』やレイネル派などの地図が示しているように、東西距離の積算によるいわば「足し算」の経度見積もりは可能である。

合同委員会開催の直前のポルトガルにおいてモルッカ問題でスペイン有利を明示する数量的情報が知られていた。その一例として一五二三年三月から駐ポルトガル大使として送り込まれたファン・デ・スニガのカルロス一世宛書簡を引用しておく。ファン・デ・スニガはふたつの目的を持ってポルトガルの要人たちと接触していた。狙いのひとつはモルッカ問題に関する交渉の足場を固めること、もうひとつはポルトガルがカスティーリャのコムネロス反乱に支援を与えないようにすることである。七月二二日付書簡でスニガは、ポルトガルの海図はモルッカ諸島をその分界内におさめるために改竄されつつある、という風聞について報告した。[*29]

さらに、一五二三年一二月四日付書簡によると、ポルトガル人ドゥアルテ・パシェコ・ペレイラ（一四六〇年頃〜一五三四年）はスニガに対して、カルロス一世のために自ら遠征隊を率いてアデン・イエメンの周辺「豊かなアラビア」を征服すると述べた後、次のように付け加えた。

私は確信している。モルッカ諸島はトルデシリャス条約によってカスティーリャのものとされた地球の部分のなかにおそらく経度で五度ほど入っていることを。[*30]

ドゥアルテ・パシェコ・ペレイラは一五〇三〜四年インド領で武勲をあげ、一五一九年にギネーのサン・ジョルジェ・ダ・ミナ要塞長官の要職を得ていたが、新王ジョアン三世のもとで一五二二年に強制送還の憂き目にあい一五二三年のおそくまで投獄されていた。

パシェコ・ペレイラはたんなる軍人貴族ではなかった。マヌエル王の要請を受けて執筆した『エスメラルド・デ・シトゥ・オルビス』（一五〇五～〇八年）は航海者向けのアフリカ西岸の水路誌であるとともに、天地学と推測航法・天文航法の解説が盛り込まれていた。海事に通じたパシェコ・ペレイラが『マゼラン覚え書』の認識に近似した数値を示した事実は看過できない。後述のように、合同会議のポルトガル側は同様の情報をもっていた。これが共通認識になれば分界による所有の裁定は充分可能であり、モルッカ諸島の占有は非合法化される。

したがって、ジョアン三世は分界による所有の裁定が不可能と言い切れないことを認識していたはずである。だからこそジョアン三世はビトリア協約の前から会議の直前まで審議の展開に歯止めをかけるため、さまざまな方策を凝らしていたのだ。その一環としてジョアン三世はカルロス一世が当初から要求していた天地学者の合同委員会への加入を阻もうとした。一五二四年一月三一日コレイアとファリアは、ジョアン三世宛の書簡で、カルロス側の主張に対していかにして反駁したかについて報告している。

「天文学者はともかく、天地学者たちの交渉」に巻き込まれてはならない。問題は「土地や地域や岬や入り江、存在するものや産出するものを知ることにある」のではなく、分界の方法にある。それは「海と空と針路と方位と度数とによって」なされるべきで、これは「天文学者と航海士」の仕事である。[*31]

この一節には天地学者のみならず地図学者までも委員から排除しようという意図がにじみでている。さらにジョアン三世は法曹家たちに宛てた書簡（三月二五日付）のなかで、カルロス一世が分界の裁定者として派遣したマゼラン艦隊の航海士エステヴァン・ゴメシュやポルトガル領インドの航海者シマン・デ・アルカソヴァ、地図作成家ディオゴ・リベイロらポルトガル人の登用を阻止するよう指示している。[*32]

結果的に天地学者の排除という言い分は通ったし、登用阻止を名指しされた三人は会議前と会議の冒頭で裁定者から外された。ただし、天地学者であれ地図作成家であれ、裁定者たちを補佐する技術顧問として間接的に会議に参加することにまで干渉する術はなかった。くわえて、分界による所有の裁定が優先されるというビトリア協約の規定に注目しなければならない。

アルブケルケ＝フェイジョは、会議を目前にひかえた三月二四日ジョアン三世が代表の法曹家たちに与えた長大な指示書[*33]に依拠して、ポルトガル側は分界の方法を月食による経度測定に限定することによって分界による所有の裁定を先送りしようとしたのだと考えている。月食による経度測定は時間がかかるばかりでなく、さまざまな観測から一致した結果を引き出すことは困難であったから、というのだ[*34]。

だが、この指示書においてむしろ重視しなければならないのは、次の二点である。第一に、占有の完全な立証のためには前述の証人によらなければならない。国王は彼らを適当な時期に国境に派遣する[*35]。第二に、法曹家に優位を与えること。分界によるモルッカ諸島の「所有」とモルッカ諸島の「占有」は別問題であるが、「所有と分界の方法」は代表者全員で議論する。法曹家と代訴人がいない場合は、天文学者と航海者は結論を下せない[*36]。

つまり、ジョアン三世は天文学者と航海者の権限を相対的に弱めて、その議論の展開に法曹家を通じて統御をきかせ、会議の流れを自信のある「占有」の立証へ絞り込ませようとしたのである。これに対してカルロス一世はどのような手をうっていたのであろうか。以下、分界と占有をめぐる両国のせめぎあいのなかで考察しよう。

2　バダホス＝エルヴァス会議

一六世紀スペインの年代記家フランシスコ・ロペス・デ・ゴマラは、一五二四年四月スペイン・ポルトガル両王権の代表者たちが国境付近に集ったある会合に関連して、次のような逸話を伝えている。

ポルトガル人たちはある日〔国境を流れる〕グアディアナ川の畔を散策していた。その時ある少年が母親の洗濯した衣類をみていた。少年は彼らにこう問いかけた。皇帝陛下〔でスペイン国王のカルロス一世〕と世界を分割しようというのはおじさんたちかい、と。彼らがそうだがと答えると、少年はシャツをまくり彼らに尻を見せてこう言った。「それならほら、ここの真ん中に線をひいてみなよ」。

この話は〔国境の町〕バダホスでも分割を議論する人々《レパルティドーレス》が集う会場でも評判になり大いにものわらいの種になった。〔分割を議論する〕人々のなかには当惑する者もあれば、感心する者もいた。[*37]

スペイン人の年代記が伝える逸話であるからには当然だが、トリックスターのような少年のわらいはポルトガル代表のみならずスペイン代表にも向けられたはずである。少年は分界の方法を議論すること自体のナンセンスをわらうのだ。わらうべき問題設定がポジティブな成果を産みだすはずがない、と。わらいの広がりはこの会合に向けられた同時代人の眼差しを物語っている。

事実、この会合はおよそ五〇日間続けられたが、結果としてなんら合意を引き出せなかった。それゆえ、研究史のうえでもデヌセ（一九一一年）以来、この会合すなわちバダホス＝エルヴァス会議とそこに至る過程【図69】は論題として不毛であるとみなされてきた。[*38] O・H・K・スペイトは、ビクトリア号帰還以後モルッカ問題の文脈においてこの会議は両王権の「体面を繕った時間かせぎ」の場に堕した、とみている。[*39]

このような通説に科学史の立場から挑んだのがU・S・ラム（一九七四年）である。バダホス＝エルヴァス会議は「一六世紀における偉大な科学的事業となる可能性」を秘めていた。たしかに、王権の意向を受けた法曹家たちの働きかけで会議は冒頭から「政治化」しその可能性の芽はつみとられてしまったが、少なくとも会議に出席したか、あるいは技術顧問として間接的に関与した学者や航海者たちの間にはパトロネジから解放された広範な合意の場が存在していた、とラムは考えている。そこでは分界に関する「最先端の理論と最新の情報」がすり合わせられるはずであった、と。[40]

だが、はたして「広範な合意の場」は政治の浸食力を阻めたのであろうか。この点を検証するためには、まずその場において確保されていたとおぼしき分界に関する共通の認識を明らかにしなければならない。ここではトマス・ホッブス（一六五一年）の言葉を借りて、それを「共知 conscience」[41] と呼ぶ。第二に共知の担い手たちが「政治化」の仕組みとどのような関係にあったのかを明らかにしなければならない。

以下、主として参照した史料はセビリアのインディアス文書館とリスボンのトーレ・ド・トンボ文書館が所蔵するカスティーリャ語とポルトガル語の議事録および裁定者・代理人らの意見書・書簡類である。トーレ・ド・トンボ文書館の写本については海外史研究所編の刊本『トーレ・ド・トンボのガヴェタス』第三〜九巻（一九六三〜七一年）、インディアス文書館の写本については『フィリピン諸島史料集成』の第四・五巻（一九二一〜二三年）およびムニョス要録によるナバレテ史料集を用いた。[42]

一五二四年四月一一日、国境のカイア川（グアディアナ川の支流）の橋のうえで合同委員会のメンバーが全員顔を合わせた。以後会合は川をはさんだスペイン側のバダホスまたはポルトガル側のエルヴァスで開かれる。分界による所有の裁定者として任命された「天文学者ないし航海者」は、スペイン側から階梯順に、エルナンド・コロン、シモン・デ・アルカサバ（シマン・デ・アルカソヴァ）、神学者サンチョ・デ・サラヤ、神父で天文学者のトマス・ドゥラン（エステヴァン・ゴメシュに代わって任命）、ペロ・ルイス・デ・ビリェガス、ファン・セバスチアン・デル・カノの六名、それにポルトガル側から、市場監察官《アルモタセ・マジョル》ディオゴ・ロペス・デ・セケイラ（元インド総督）、ペドロ・アフォンソ・デ・アギアール、神学者フランシスコ・デ・メロ、国王侍医トマス・デ・トレス、シマン・フェルナンデス、航海士ベルナルド・ペレスの六名で計一二名。

占有の裁定者に任命された「法曹家」はスペイン側から王室会議の修士クリストバル・バスケス・デ・アクー

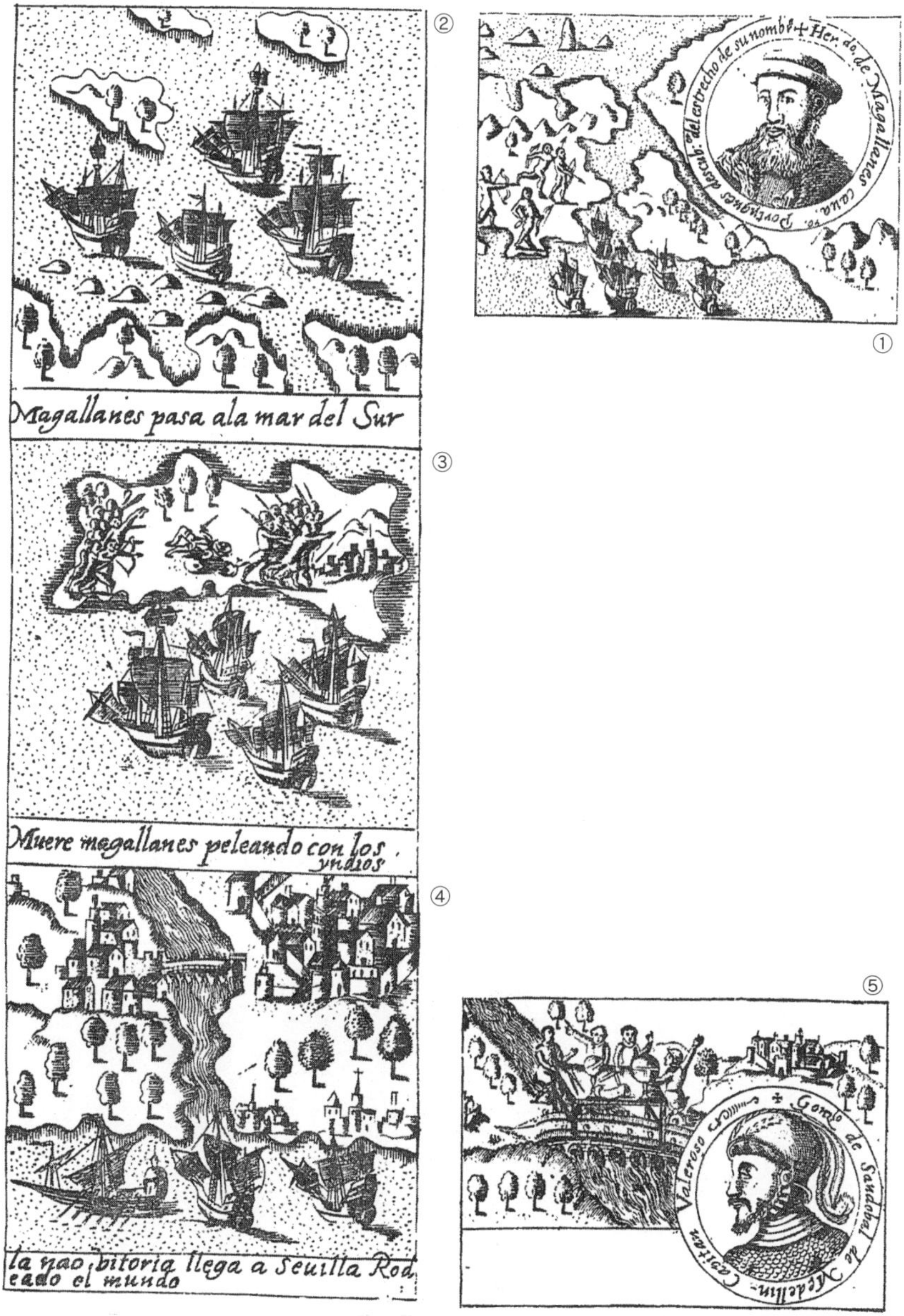

【図 69】マゼランの航海からバダホス＝エルヴァス会議へ
①マゼラン海峡発見（円内はマゼラン）、②海峡通過、③マゼランの死、④ビクトリア号の帰還、⑤国境にかかる橋の上で地球儀を持って協議する人々（円内はバダホス教区出身でコルテスの部下であったゴンサロ・デ・サンドバル）［アントニオ・デ・エレーラの年代記（1601-15 年）所収］

ニャ、バリャドリド大審院のペドロ・マヌエル、騎士修道会会議のフェルナンド・デ・バリエントスの三名と、ポルトガル側からいずれも宮廷控訴院の修士アントニオ・アセヴェド・コウティーニョ、博士フランシスコ・カルドゾ、博士ガスパル・ヴァスの三名で計六名。以上二群一八名の裁定者団の他にカルロス一世の弁護人として修士ファン・ロドリゲス・デ・ピサ、代訴人として博士ベルナルディノ・デ・リベラが、ジョアン三世の代訴人として修士アフォンソ・フェルナンデスと博士ディエゴ・バラダスが加わった。以上二二名に書記官二名の計二四名が会議の全構成員である。[*43]

分界による所有の問題と占有の問題は平行して審議された。まず占有の審議の過程をあとづけておこう。モルッカ諸島の占有に関する審議の展開はひとことで言って消耗を感じさせる実りのないものであった。会議の冒頭、裁定者たちは両陣営の代理人たちに対して裁定のための申し立てを行うように命じたが、いずれの陣営も原告になることを嫌い、その役を相手に押しつけようとした。スペイン側は、会合はポルトガル国王の要請で開催された。カルロス一世の命じた行為で損害を被ったと言うのであれば、ポルトガル国王の代理人はその損害の在処を明らかにしなければならない、と述べた。[*44]しかし、ポルトガル側は四月一四日にきりかえした。ジョアン三世は「一〇年間以上マルコの島々と土地を占有」してきた。この占有を不当とみなすのであれば、スペイン側はその旨の訴状を提出しなければならない、と。[*45]

このような押し問答が続いたのち、二一日にポルトガルの法曹家三名は調停案を提示した。ふたりの国王の間にはモルッカ諸島の占有をめぐってくいちがいがあり、両者の代訴人たちは「いずれも請願と訴状をもってくる気がないのだから、「両陣営の代訴人たち」は「出頭させられる証人たちに尋問する際の拠り所とする法的諸条項」を作製しなければならない。それぞれの立場に有利と思われる「どのような証拠や文書でも提示」できるように、と。[*46]ポルトガル側がモルッカ問題の「調書」と国境に派遣していた証人たちを活用しようと考えていたことは明らかであるが、スペイン側は申し立てもせずに立証するなど論外であるとして頑強に抵抗した。[*47]さらにポルトガル側は会期延長を提案したが、これも拒否された。[48]五月三一日スペインの法曹家たちは会場に姿を見せなかった。こうして占有の審議は終了した。[49]

両国の法曹家たちはなぜ申し立てを拒否したのであろうか。申し立てに必要なのは、両国間の取り決め、あるいはモルッカ諸島の主権者と交わした取り決めをどちらかが侵したという事実の認識である。両国間の取り決めとしてはトルデシリャス条約の分界の取り決め以外に存在しないのだから、分界による所有の裁定に基づいて占有問題の申し立てを行わなければならない。だが、ビトリア協約の規定上、分界による所有の裁定が下された時点で占有の裁定は解消される。したがって分界の規定による申し立ては事実上成立しない。

そこで残るはモルッカ諸島の主権者との法的取り決めである。この点での申し立てはポルトガルに有利に見える。前述のように、先占はいまだ確保されていなかったが、マゼラン隊の到来に先立つ約一〇年間の実績とポルトガル宗主権を示す『モルッカ問題供述調書』とマレー語書簡は、ほぼ対等な友好通商関係を結んだことを示すスペインの『モルッカ修好録』よりも強い論拠になりえた。カルロス一世の代理人リベラの要請によってビクトリア号乗員一六名の証言が採取され、実態以上にスペインの利害を強調した調書が作成されたのは、会期も終わりに近づいた五月二三日のことである。

だが、より重要な問題は、モルッカ諸島に統一的権力が存在しなかったことにある。モルッカの覇権を求めて争うテルナテとティドーレ。それぞれにポルトガルとスペインが加担して軋轢は拡大していた。いずれかとの関係を基に申し立てをしても、他方との関係を根拠にそれは論破される。だからこそいずれも後手をとろうとしたのであろう。占有の審議は痛み分けで終わった。両者の主たる関心は対蹠分界にあった。

分界による所有の審議は冒頭から裁定者の人選で紛糾した。初日ポルトガルの代訴人は、アルカソヴァはポルトガル国王の務めを全うせずに出国したのだから裁定者として不適切であると述べた。スペインの裁定者たちは審議の遅延を意図した申し立てであると抗議したが、四月二〇日バダホスの会合で妥協が成立。スペイン側からアルカソヴァを解任し代わってアントニオ・アルカラスを任命する旨の発表があり、ポルトガル側も二四年二月にカルロス一世からジョアン三世へ忠誠を変えた西インド航路の航海士ベルナルド・ペレスを解任して代わりにペドロ・マルガーリョを任命した。[*50] ただし、前述のようにマルガーリョはポルトガル側に不利な地理観を表明していた。このことは後にスペイン側の攻撃材料のひとつになる。

四月二三日、両国の代訴人たちは、ヴェルデ岬諸島【図70】をどう位置づけるのか、そのどの島から三七〇レグアを算定するのか、そしてだれが分界を実施するのか、以上三点を議論の端緒として提起した。[*51] スペインの裁定者たちは五月一三日バダホスの会合で三七〇レグアの算定はヴェルデ岬諸島の西端に位置するサン・アントニオ島から始めなければならないと主張した。ポルトガルの裁定者たちは一三日から一八日にかけていささか苦しい反論を試みた。トルデシリャス条約ではたんにヴェルデ岬諸島から算定するとされているが、ヴェルデ岬諸島全体から算定するということではなく、ある子午線上で複数の島々が並ぶ場合を想定しそこから算定するのでなければならない。このことはサル島とボア・ヴィスタ（ブエナ・ビスタ）島の場合に生じる。故に三七〇レグアは同一子午線上にあるサル島とボア・ヴィスタ島から算定しなければならない、と。[*52]

これに対してスペインの裁定者たちは五月一八日、三七〇レグア算定の起点に関する争いから先に進むのが賢明である。地球儀に海と陸とを位置づけよう、と提言した。五月二三日スペインの裁定者たちはまず地図をエルヴァスに持ってきた。彼らが言うには、そこにはブラジルのサン・アグスティン岬が南緯八度、サン・アントニオ島の西二〇度に位置づけられており、そこからマゼラン海峡までの沿岸部がすべて描かれている。モルッカ諸島は赤道をはさんでその両側に広がり、サン・アグスティン岬の子午線から西へ一七〇度、分界線からだと西へ一五〇度のところにある。彼らはこの地図をポルトガルの裁定者たちにわたしてその検討を促し、代わりに東回りの海図を提示するよう要請した。[*53] ポルトガルの裁定者たちは次のように論駁した。その地図では三七〇レグアの起点を確定できない。ヴェルデ岬諸島やその他多くの土地が記載されていないからだ。スペインの裁定者たちはファン・セバスチアン・デル・カノ船長の航海がその根拠であるというが、それだけでは不充分である。われわれが提出する地図ではモルッカ諸島はサル島とボア・ヴィスタ島から東へ一三四度の距離にある。互いに必要な土地をすべて記載した地図を提出しよう、と[*54]。

　五月二八日、両陣営から地球儀が提出された。サル島とボア・ヴィスタ島から東回りでモルッカ諸島の中心までの経度はポルトガルのものでは一三七度、スペインのだと一八三度になる[*55]。実に四六度もの経度差であった。

　五月三〇日再び国境の橋の上。ポルトガルの裁定者フランシスコ・デ・メロは地球儀の検討では意見の一致をみないのだから経度を確実に把握する方法が必要であると述べ、月と恒星の距離や月食などを活用する四つの天文学的方法を提示した。さらに、メロはこの方法を検討するために会期の延長を要求すると述べた[*56]。これに対してエルナンド・コロンは以下の文書を読み上げた。

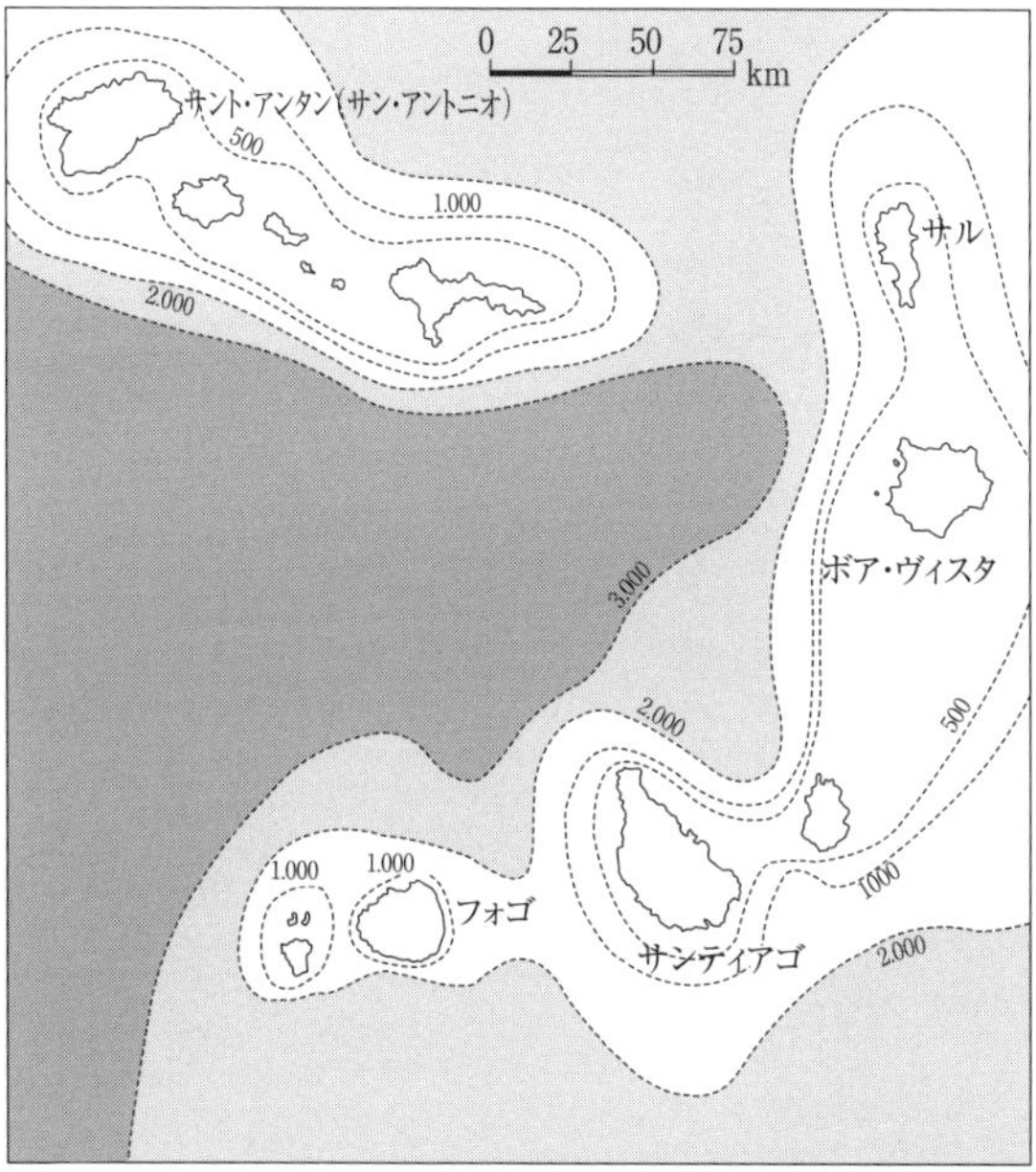

【図70】ヴェルデ岬諸島［Girão, *Atlas de Portugal*, Coimbra, 1958より作成］

ポルトガルの裁定者たちのごまかしは明らかである。彼らの発言と地球儀はサル島の子午線から東回りでマルコの子午線までの距離について相違があるからだ。一三七度、一三四度、さらに一三三度のもある。この差異は虚偽を証明するものである。真実はわが方にある。距離は東回りで一八三度、西回りで一七七度である。基本な論点は会期中に解決可能である。多大な時間を要する方法の提起は遅延を意図していることを示す。〔四つの天文学的方法は〕翌最終日に分界と所有に関してキャスティングボートをにぎるために提起したにちがいない。[*57]

五月三一日ポルトガルの裁定者たちは書面で回答した。

分界について明確な裁定を下せる状態からはほど遠い。前段階の論点が扱われたにすぎず、主要な論点は扱われていない。複数の観測によって距離を合わせること、同意に基づいて陸と海を空白の地球儀に載せること、分界線を引くこと。われわれの地球儀にばらつきがあるからといって何が立証されるわけでもない。セバスチアン・デル・カノの航海のみに基づいた地球儀と地図にも差異がある。あらゆる地球儀と地図は誤りを含むものであると信じるがゆえに、われわれはいくつかの天文学的方法を提示するのだ。[*58]

これに対してエルナンド・コロンはスペイン裁定者の統一見解を読み上げた。長大であるがおおよそ以下のような内容である。

地球の一周三六〇度は、ポルトガル国王の代表たちがサル島の子午線からモルッカ諸島までにあるという距離とわれわれが西回りで同じくモルッカ諸島までにあるとする距離とをあわせると充たされるはずであるが、実際には五〇度近く不足している。彼らが示したのよりも東回りの距離が大きいからにちがいない。その根拠は以下の通りである。まず裁定の引き延ばしをはかり結論に手をかけようとしないこと。彼らはシモン・デ・アルカサバを忌避した。それは彼があの〔東インディアスの〕海でポルトガル人たちと航海し実際の距離とその距離がどこで短縮されているのかを知っているからである。度数が低減されてきたということは、紅海から東方までの土地と海を漫遊し航海した人々の記録やマルコ・パウロ〔マルコ・ポーロ〕とフアン・デ・マンデヴィラ〔ジョン・マンデヴィル〕の航海や漫遊から明らかだ。よく知られていることだが、ポルトガル人たちでさえモルッカ諸島は東方の方へかなりの距離のところにあり、スペイン国王の分界内に入っていると認めている。ポルトガルの裁定者のひとりマルガーリョはモルッカ諸島はスペイン国王の分界に入ることを立証した。それがスペインの艦隊によって発見された時、ポルトガル国王はそれらの位置と状態について通知するよう要請したので、おおいに究明された。そのために集合を命ぜられた人々は一致して、〔モルッカ諸島は〕スペインの分界にあると結論を下した。それまでも国外への海図の持ち出しは厳重に禁止されてきたが、その時ははるかに大きい熱意が注がれた。多くの地図は焼却されたり没収されたりした。そして、すべての地図において航程の短縮が命ぜられた。ポルトガルで王国外に地図を持ち出させないよう警戒されていたにもかかわらず、持ち出しに成功した人々もいた。航海士その他の航海の方式や海図・地球儀・世界図の作成に経験のある人々は、経度はポルトガル国王陛下の代表たちが地球儀と地図で主張したのよりもはるかに大きいと述べた。したがって、五〇度の不足はわれわれの西方ではなく彼らの東方の地域に由来する。今日ほど短縮の疑いのない時分にポルトガルで作られた地図で調べて平面と球面の相違に注意しながら幾何学的方法で処理すると、マラッカはサント・アントニオ島の東一六一度。マラッカ＝モルッカ諸島は二三度。したがって、サント・アントニオ島から東回りでモルッカ諸島までは一八四度。これにサント・アントニオ島から三七〇レグアの分界線までの度数〔二二度〕を付加しなければならない。[*59]

スペイン側の統一見解に対してポルトガル側は天文学的経度測定の提案に固執した。こうして分界による所有の審議は終了した。[*60]

3　共知の構造

以上のように、分界と所有の審議が実質的に進展を見せたのは五月二三日以降の一週間ほどにすぎない。それをまとめると次のようになろう。

両国からそれぞれ東回りと西回りで相互補完的に世界地理に関する情報が提示されるが、経度のズレが大きい。算定の起点もちがう。そこでスペイン側が起点と方向をポルトガル側に合わせるが、事態は変わらない。両者とも決め手を欠いて膠着状態になったところで、ポルトガル側は天文学的手法の提唱によって局面の打開をはかった。この提案はスペイン側を刺激し、ポルトガル側のデータ改竄行為を「暴露」させた。すなわち、ポルトガルで前述のモルッカ問題の「調書」以外に対蹠分界に関する調査がなされたが、ポルトガルに不利な結論が出されたため「航程の短縮」による地図の偽造が行われた、というのだ。この暴露をそのまま受け取るならば、スペイン側はポルトガル側の改竄されていないデータを分界の共知にすえようとはかり、ポルトガル側はそれを阻止しようとした、ということになる。

しかしながら、暴露の図式はそれほど単純ではない。この点で注目したいのは、審議のさなかにポルトガルの裁定者セケイラ、アギアール、メロの三名が国王にあてた書簡（一五二四年五月一八日）の次の一節である。すなわち、

三七〇レグア算定の起点をヴェルデ岬諸島の東端に位置するサル島とボア・ヴィスタ島に定めると、海図上モルッカ諸島は一二〜一三レグアほどポルトガル分界内に入るが、ヴェルデ岬諸島の西端サン・アントニオ島から算定するとモルッカ諸島はスペイン分界に五〇レグア入ったところに位置づけられる。[*61]

この一節は、ポルトガルの裁定者たちが五月一三日以降懸命に起点をサル島とボア・ヴィスタ島に定めようと働きかけた理由を、明瞭に示している。しかし、本書にとって重要なのは、そこに示された二つの数値が分界に関するの共知の構造を解き明かすカギとなっていることである。後者の五〇レグアは経度で三度弱に相当する。これは『マゼラン覚え書』の二度半~四度という経度差にきわめて近く、ドゥアルテ・パシェコ・ペレイラ（一五二三年一二月四日）がスペインにリークした五度から遠くない。また、前者の一二~一三レグアすなわち経度で一度弱という位置づけに近似したものを示しているのは、スペインから帰国したペドロ・レイネルによって一五二一年末ないし二二年ビクトリア号帰還の少し前に作成されたとされる南半球の投影図である。この図で対蹠分界線はモルッカ諸島のわずか二分の一度東で赤道と交わっている。[*62] したがって、五月一八日付書簡が示す数値はマゼランないしレイネル父子によってスペインに流された情報と同一ないし同源であり、対蹠分界線とモルッカ諸島の位置づけに関する共知の核になっていた可能性が強いのである。

とすると、アルブケルケ゠フェイジョが指摘した新旧プトレマイオスの東西枠は共知として機能しなかったのか。結論を先取りして言うならば、それは表層の共知として機能したにすぎなかったのだ。むろん、スペイン側が有利とおぼしき学的権威の活用を考えないはずはない。審議が停滞中の四月一五日、会議の舞台裏でスペインの裁定者トマス・ドゥランは技術顧問のセバスチアン・カボートおよびファン・ベスプッチ【図71】と連名で同僚に次のような見解を提示した。

一度あたりのレグア数が少ないほどスペイン国王に有利である。しかし、両国の航海者たちが共用している一度あたり一七レグア半を採ろう。三七〇レグア算定の起点はサン・アントニオ島とする。その緯度だと三七〇レグアは約二二度。ヴェルデ岬から分界線までは三二度となる。トルデシリャス条約で海洋の分割が規定されたとき、東方における分割も定められた。

プトレマイオスによるとカナリア諸島からカティガラ岬までは一八〇度。西の分界線からヴェルデ岬までの三二度を差し引くと、東方の〔対蹠〕分界線はカナリア諸島から東へ一五〇度のところにあるガンジス河口を切る。したがって、〔ガンジス以東の〕マラッカ、スマトラ、モルッカ諸島はスペイン国王の分界内にある。[*63]

エンシソ＝ピレシュ＝マルガーリョの地理観とちがってマラッカは正しくガンジスより東に移動させられているが、対蹠分界線の位置づけの基準はマラッカからの東西距離ではなくあくまでもガンジス河口である。したがって、ポルトガルと折り合いをつけるために一度あたり一七レグア半を採用していながら、一六レグア三分の二型をとるエンシソ＝ピレシュ＝マルガーリョの地理観と同じくプトレマイオスの権威を頼りに、対蹠分界線をガンジス河口に位置づけているのである。ドゥランらの見解にはマルガーリョを含むポルトガル裁定者たちにプトレマイオスの東西枠を共知として認めさせようという戦略が読み取れる。最終日のスペイン側の統一見解でもプトレマイオスの東西枠は幾度か引用された。[*64] ポルトガル側も審議を通じてプトレマイオスの権威に挑戦することはなかった。

しかしながら、プトレマイオスの東西枠だけではモルッカ諸島と対蹠分界線を厳密に位置づけることは不可能である。それは共知の表層にとどまらざるをえない。マルガーリョを登用するという一見不可解な人事はこの点を見きわめたうえでのことであったかもしれない。事実、五月二三日以降の審議の展開に実質的な影響を与え最終日の暴露を誘発したのは、ポルトガルで算出されていたとおぼしきモルッカ諸島の数量的な位置づけであった。これが分界に関するもうひとつの隠された深層の共知であった。

深層の共知を基準にして考えると、五月二八日に提出されたポルトガルの地球儀は、モルッカまでの距離を二二〜二六度もポルトガル有利に歪曲している。しかし、同時に提出されたスペインの地球儀も逆に二〇〜二四度スペイン有利に歪曲した数値を示している。この数値はピガフェッタのものよりもさらに一〜五度ほど歪曲の幅が大きい。したがって、スペイン側もポルトガル側とほぼ同等の改竄行為を弄していたことになる。両陣営は深層の共知を間において睨み合い、両側から綱引きをしている格好なのである【図72】。

しかし、なぜこれほどの歪曲が必要とされたのか。ポルトガル側が不利な情報を機密事項にしたいのは頷けるが、スペイン側が対蹠分界線の東五〇レグアというモルッカ諸島の位置づけをそのまま掲げないのはなぜか。

その重要な理由として推測しておきたいのは、モルッカ諸島から西へマラッカまでの島嶼部およびモルッカ諸島から北ないし北西方向に中国までのびる東洋針路沿いの黄金諸島があるとおぼしき海域をスペイン圏内に確保したいという欲求である。

のちに初代の天地学＝年代記官《コスモグラフォ・クロニスタ》としてインディアスの地理・歴史の資料を一手に収集できる立場にあったフアン・ロペス・デ・ベラスコは『インディアス地誌総説』（一五七四年）のなかで、フィ

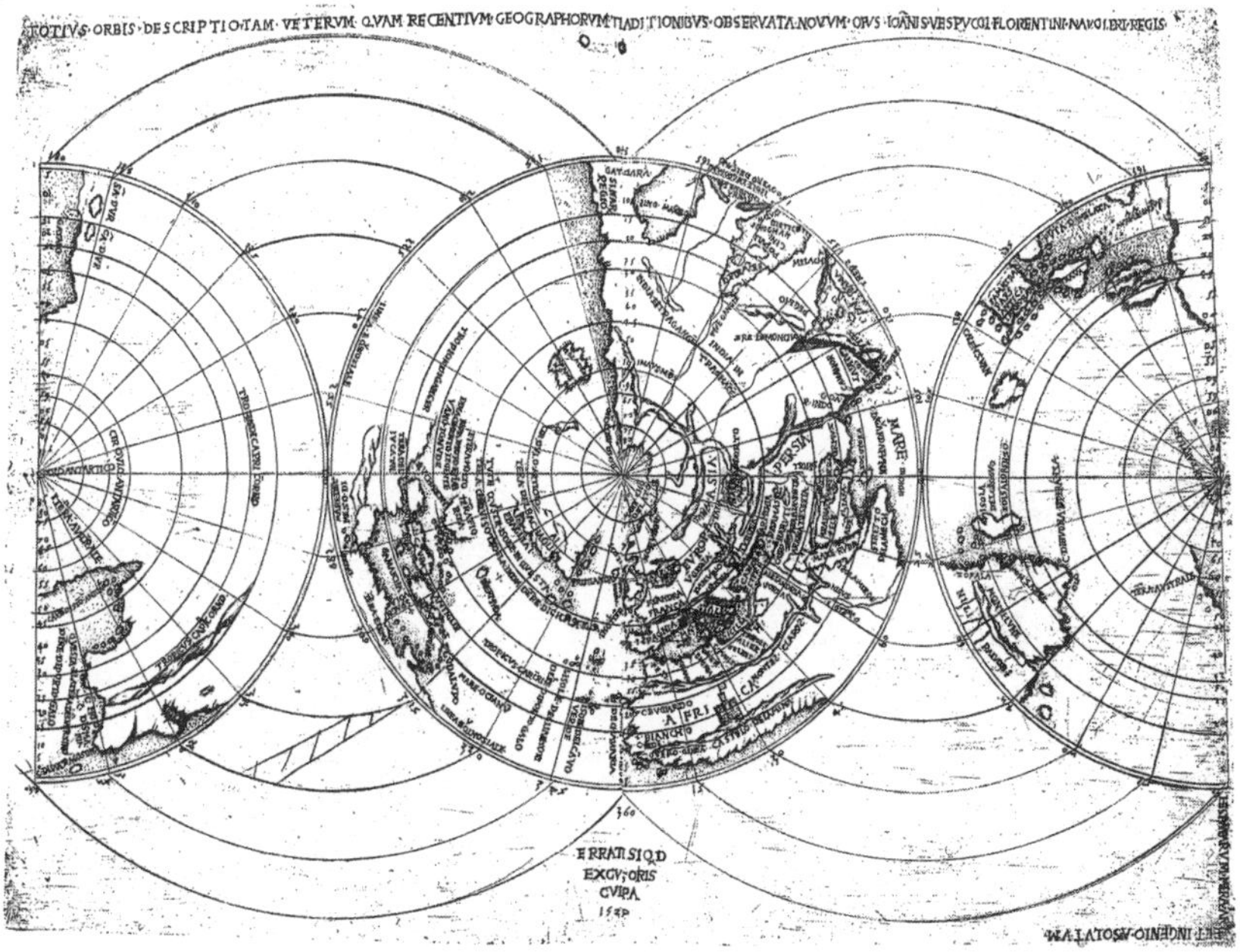

【図71】フアン（ジョヴァンニ）・ベスプッチの世界図（1524年、ハーヴァード大学ホートン図書館所蔵）
バダホス＝エルヴァス会議をにらんで、スペイン有利の分界観が示されている

リピンやモルッカを含む北緯四〇度~南緯一四度の東アジア・東南アジアの群島を「西方諸島」と名付け、すべてスペイン分界に位置づけた。[*65] スペイン側の裁定者たちはマラッカとモルッカ諸島の経度差を二三度と見積もっていたが、歪曲の幅はほぼそれに相当する。マラッカ付近に対蹠分界線を刻んだ地図は少なくない。

以上の考察から小括すると、「偉大な科学的事業となる可能性」(U・ラム)に対して仕掛けられていた歯止めはほぼポルトガル側の思惑通りに働いたと言えよう。スペイン側が対蹠分界線を確定するために会議で展開した戦略は充分な成果をあげたとは言えない。「暴露」は最後の切り札であったが、かえって自前の論拠が弱いことを露呈することになった。

マゼランの死後世界周航を成し遂げたデル・カノがスペイン側の裁定者のひとりとして参加しているのだから、本来ならばその航海の詳細な記録が積極的に用いられてよいはずなのである。スペインはアンドレス・デ・サン・マルティンやフランシスコ・アルボによる世界周航の経度を黙殺し、ピガフェッタの記録を残したが、前者の記録がポルトガルに没収されたからには、後者を強く押し出すこともできなかった。だからこそ、傍証としてマルコ・ポーロやマンデヴィルといった時代遅れの典拠まで持ち出さざるをえなかったのである。

審議をなし崩しで終わらせるためのシナリオの存在を、スペイン側が事前に察知していたかどうかは不明である。しかし、スペイン国王はそのような危惧を抱きながら、会議を成立させるためにあえてそれを飲み込んでいたのではないか。このような疑問を持たざるを得ない理由は、スペインの裁定者団のなかでエルナンド・コロンだけがもっていた分界論が、日の目を見ることなく葬り去られたことにある。

エルナンド・コロンの分界論はふたつの部分からなる。第一の部分は分界の方法に関する強い懐疑を示している。エルナンドは分界の裁定者として第一位にあったが、エルナンドとその他の裁定者たちの間にはもともと分界の見方に食い違いがあった。会議の冒頭、人事問題で実質的な分界の審議が滞っている間にスペイン側はバダホスで意見の調整をはかろうとしていた。前述のように、ドゥランらはプトレマイオスの東西枠を共知として押し出す方策を提示したが、エルナンドはその二日前の四月一三日同僚の前で次のような見解を開陳した。

分界には陸と海の測量による方法と天文学的な経度算出法とがある。前者は困難であるばかりか不確実である。後者はそれよりもすぐれた方法であるが、実行は難しい。しかも、その前提となる一度あたりの距離は父クリストバル・コロン（コロンブス）がいうように五六ミリャ三分の二（一レグア＝四ミリャ）でなければならないが、異説は多い。したがって、だれも強弁するつもりの者を説き伏せることはできない。現状では裁定はくだせない。[*66]

これは分界の審議のゆくえをきわめて正しく展望した発言である。両陣営が分界の方法を持ち寄り、それらをつきあわせても審議がすれちがいに終始することは避けがたいとエルナンドは見通していたのだ。エルナンドの見解の第二の部分は会議の存立にかかわる重要な点をついている。それは両王権の合意事項でありドゥランらが前提としている対蹠分界の理念を否定するものであった。エルナンドは四月二七日スペインの法曹家三名に以下のような覚え書きを提出した。

トルデシリャス条約の分界に関して、人々は確かな情報と認識を持っていなかったので、両王国間で世界が〔二等〕分割されたのだという

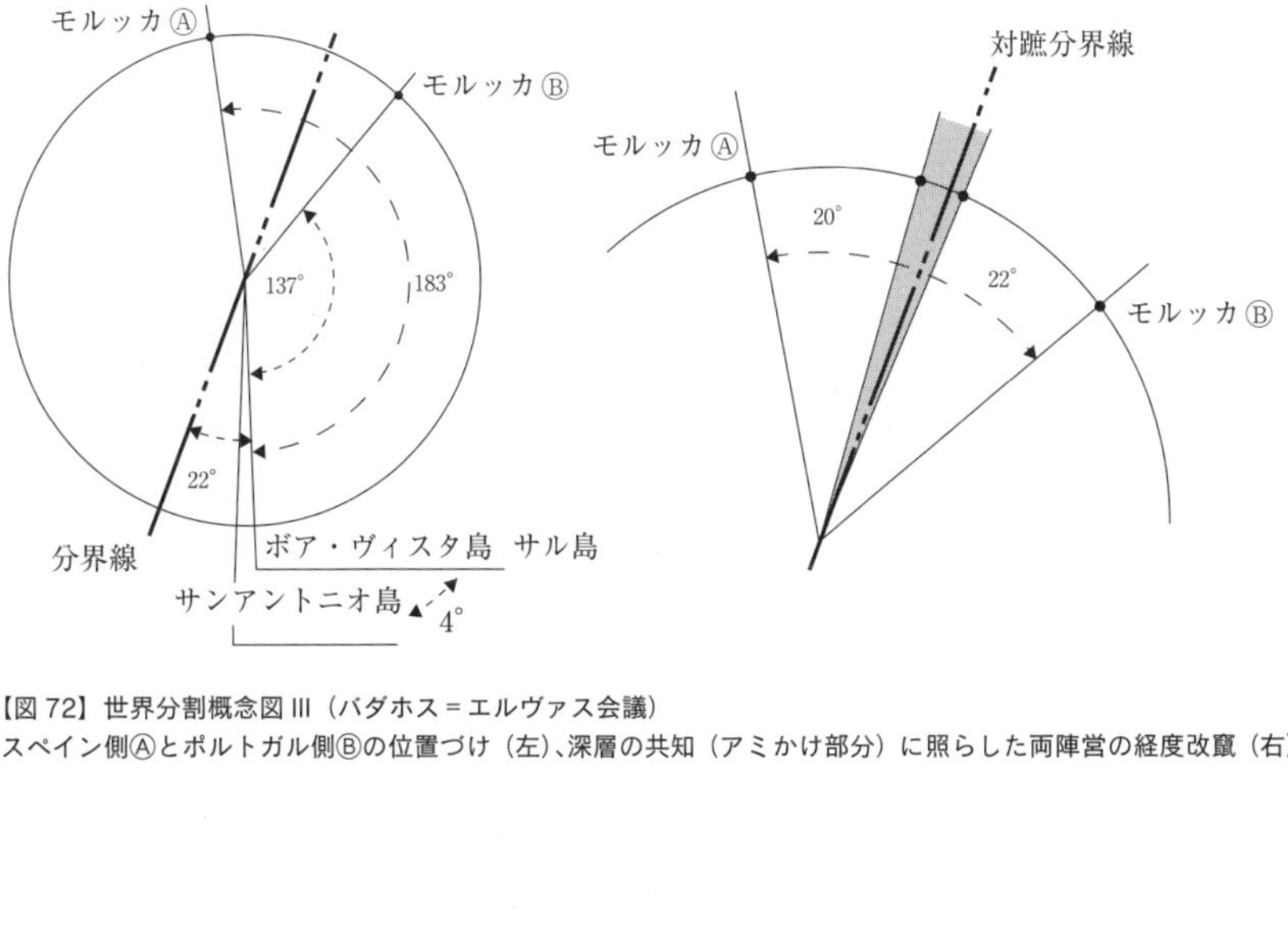

【図 72】世界分割概念図 III（バダホス＝エルヴァス会議）
スペイン側Ⓐとポルトガル側Ⓑの位置づけ（左）、深層の共知（アミかけ部分）に照らした両陣営の経度改竄（右）

風評があらゆるところに広まってしまった。この風評は分界と所有の問題でスペイン国王が意見を求めた人々にも非常に深い印象を与えた。〔そのため彼らは〕実際にそうなのだと確信するに至った。だが、トルデシリャス条約はそのような読み方はできない。二等分割の解釈を認めると、いちじるしく停滞しているこの交渉において不適切な手段へと導くことになる。ポルトガル人との軋轢はいうにおよばず、仲間割れにもつながるのだ。[*67]

結局、エルナンドのふたつの見解はいずれも表舞台にはでない。これはどのように理解するべきであろうか。二等分割という分界解釈は、辺境の東漸・西漸というトルデシリャス条約のテクストの本義から逸脱するのだから、エルナンドがその解釈を批判したのは理にかなっている。のちにアロンソ・デ・サンタ・クルスもまたインディアス会議宛の意見書（一五六六年一〇月八日）において、分界線は世界を分割する意図のものではなく、スペインがその線から西へポルトガルが東へ向けて踏査が行われるようにすることに目的があった、と述べている。[*68]

しかし、バダホス＝エルヴァス会議が存立しえたのは、両王権が対蹠分界の理念をいわば政治的共知として認め合ったからである。その意味で対蹠分界の否定は両王権にとって外交上の積み上げを無に帰す極論であった。スペイン国王にとってこの極論を禁圧するということは政治的共知を尊重することであり、かつ西回り航路による遠征隊の継続派遣でモルッカ諸島の占有をもぎとる方途を一時的にせよ断念し、対蹠分界の裁定にかけるということである。ところが、肝心の裁定が無理だと主席裁定者はいう。エルナンドの見解の大筋を知ることなく彼を裁定者の第一位に任ずるはずはあるまい。したがって、当初スペイン国王は分界による所有の裁定に自信をみなぎらせていたが、ある時点からその審議が決め手を欠いたままなし崩しで終わるのではないかという危惧を抱くようになり、それが解消されぬまま審議に突入した、という推測が成り立つ。結果的にスペイン国王は政治的共知を貫いたのである。

バダホス＝エルヴァス会議以後も、モルッカ問題に関する両国の交渉は断続的に行われていたが、一五二五年七月二四日、カルロス一世はガルシア・デ・ロアイサを総司令官とする七隻の第二次モルッカ遠征隊をガリシアのラ・コルーニャから送り出した。ただし、マゼラン海峡通過の困難を認識し航海の長期なることに懸念をおぼえていたカルロスは、すでに一五二三年六月二六日の国王令によって、太平洋の踏査とあわせて大西洋と太平洋をつなぐ別の海峡を探索するようエルナン・コルテスに指示していた。コルテスは第四書簡（一五二四年一〇月二四日）において、タラの土地《ロス・バカリャオス》（ニューファンドランド）から南の海へ導くこの海峡が発見されたあかつきには、香料諸島への航程は三分の二短縮されるであろう、と期待をあおり立てた。[*69]

この時点でコルテスは、大平洋の海岸は北方で大きく西へ湾曲しながら南下しているはずであるから、海峡探索に失敗しても沿岸踏査を続ければ、マゼラン隊の到達地にたどりつけるとみていたが、一五二六年六月二〇日付の国王令によって方針を転換した。ロアイサ隊に合流しトリニダード号乗員の消息とカボート隊の成果を探る目的を与えられたコルテスは、一五二七年一〇月三一日、ヌエバ・エスパーニャ（メキシコ）の太平洋岸シワタネホからアルバロ・デ・サーベドラ・セロン率いる三隻の艦隊を派遣した。ロアイサ隊とサーベドラ隊を含め一五二四〜六五年に西回りで東アジアに到達しようとしたスペインの艦隊はアンダルシアないしガリシア発が六隊、アメリカ太平洋岸発が五隊、計一一隊である。[*70]

4 モルッカ問題の収束

この動きはモルッカ諸島のポルトガル人に脅威を与えた。ポルトガルは一五二二年テルナテ島に要塞を建設しクローブ貿易の王室独占を狙い始めたが、インド領は要塞効果を相殺せしめる要因を抱えていた。要塞の兵站を担うべきマラッカに余力がなかったこと、そして任期三年のテルナテ長官の引継ぎ時につきもののゴタゴタである。これらは要塞の維持に関してテルナテ王権への依存を余儀なくさせたばかりでなく、ティドーレ＝スペイン陣営に付け入る余地を与えた。

インド領の中心からの距離も大きな問題であった。ゴアとモルッカ諸島の往復には二三〜三〇ヶ月間、マラッカとの往復でさえ一〇ヶ月半〜二〇ヶ月間を要した。モルッカ諸島を近くに引き寄せるために、ポルトガル人はマゼラン隊によって一部発見されたボルネオ島北岸ブルネイ経由の高速周回航路を一五二三年以降開設した。往路は八月半ばにマラッカ発、ブルネイ経由で一〇月末にテルナテ着。復路は翌年二月半ばテルナテ発（ブルネイ経由ではなく）アンボイナ経由で六月末にマラッカ着。往復で一〇ヶ月あまりと、伝統的なジャワ・バンダ経由の倍近いスピードである。だが、これは基本的に通信・緊急用の航路で、通常の貿易にはより多くの収益を期待できる旧航路が用いられた。

他方、ヌエバ・エスパーニャから出帆したサーベドラ隊は「マゼランが作成した地図」をもって、わずか二ヶ月間の航海でグアム島に達し、ミンダナオ島を経て一五二八年三月末モルッカ諸島に達した。サーベドラ・セロンは前述のセブ国王宛書簡をもたされていたばかりでなく、ヌエバ・エスパーニャ＝モルッカの香料貿易の確立と、ヌエバ・エスパーニャへのクローブの移植計画さえも与えられていた。しかし、一五二八〜二九年、太平洋帰航路の探索に二度失敗したことがスペイン側にとって大きな痛手となった。[*71]

この間にカルロス一世は議会の再三にわたる反対表明にもかかわらず、モルッカ諸島について有すると信ずる権利の譲渡を検討するようになった。一五二九年四月二二日、サラゴサ条約によってモルッカ諸島の東一七度に境界線が引かれ、カルロス一世は黄金三五万ドゥカードでその権利をポルトガル国王ジョアン三世に売却した。[*72]モルッカ問題は一応の解決をみた。しかし、この場合の境界線はモルッカ諸島の帰属を決定したにすぎず、これによって対蹠分界線が確定されたわけではなかった。少なくともスペインはそう理解し、モルッカ諸島のほぼ真北に位置するサン・ラサロ（フィリピン）諸島における権益の確保をめざした。

要するに、スペインはマゼランによる「発見」の重要性を認知したのである。サン・ラサロ諸島を占有する最初の試みは一五四二～四五年、カルロスの命によりメキシコ副王が派遣したルイ・ゴメス・デ・ビリャロボスの六隻の遠征隊である。遠征自体は乗員三七〇人のうち生存者一四六人という惨憺たる大失敗に終わったが、この時レイテ＝サマール群島にはじめて「フィリピナス」の名が与えられ、ミンダナオ島がはじめて周回された。この結果、「東洋針路」の要所に位置する貿易上および戦略上の利点は確認された。ビリャロボス隊のガルシア・デスカランテ・アルバラードは次のように報告した。

レイテ島のシ・カティンガによると、中国人のジャンクは毎年スグト〔タクロバンないしカリガラ〕を訪れ金と奴隷を購入する。マゼラン以来スペイン人が住むスブ〔セブ〕をはじめ、ブラネ〔ブトゥアン〕、タンダヤ〔サマール〕の北にあるアルバイ、タンダヤから一〇日の航程にあるアムコにも金があり、中国人は取引をしている。フィリピナスからアムコまで列島が形成されている。[*73]

中国人の主たる目的が金であることは、ビリャロボス隊の他の四つの記録にも繰り返し述べられている。[*74]フィリピン諸島への勢力扶植には、北上を狙うモルッカ諸島のポルトガル人を牽制する狙いもあった。ミンダナオ島西岸はポルトガルがえたマラッカ＝ブルネイ＝スールー＝モルッカ航路の寄港地にあたっていたからである。ビリャロボス隊の到来に先立つ五年前、一五三八年テルナテ要塞の長官アントニオ・ガルヴァンは、フランシスコ・デ・カストロに一隻を与えてミンダナオ島に派遣した。カストロは六人の首長にキリスト教の洗礼を施し、彼らの王子たちをテルナテに招来して読み書きを教育した。[*75]

これ以降、帰属の行方は、東アジア・東南アジアにおける占有の実態、すなわち拠点支配あるいは布教と貿易の実績にかかってくるのであるが、本国における議論と交渉は別物と考えてよい。両国はこれ以降も中国や日本、フィリピンなどの帰属をめぐって分界の議論を繰り広げることになる。重要なのは、その議論がいかに加熱しようとも、対蹠分界はヨーロッパの第三国を排除し独占的に非キリスト教世界を分配する「談合」の論理のうえに成り立っており、両国の交渉は決裂に至らないという事実である。

この政治的枠組みを保持しようとする両国の姿勢は、のちに再びバダホス＝エルヴァスにおいて同様の会議（一六八一年一一月四日〜八二年一月二二日）を開かせることになる。今度の争点は南米ラ・プラタ川北岸サクラメントの領有権であった。両国の代表たちは大西洋分界に立ちもどって延々と議論したのである。[*76]

第六章

地図の戦争——挑戦されるデマルカシオン

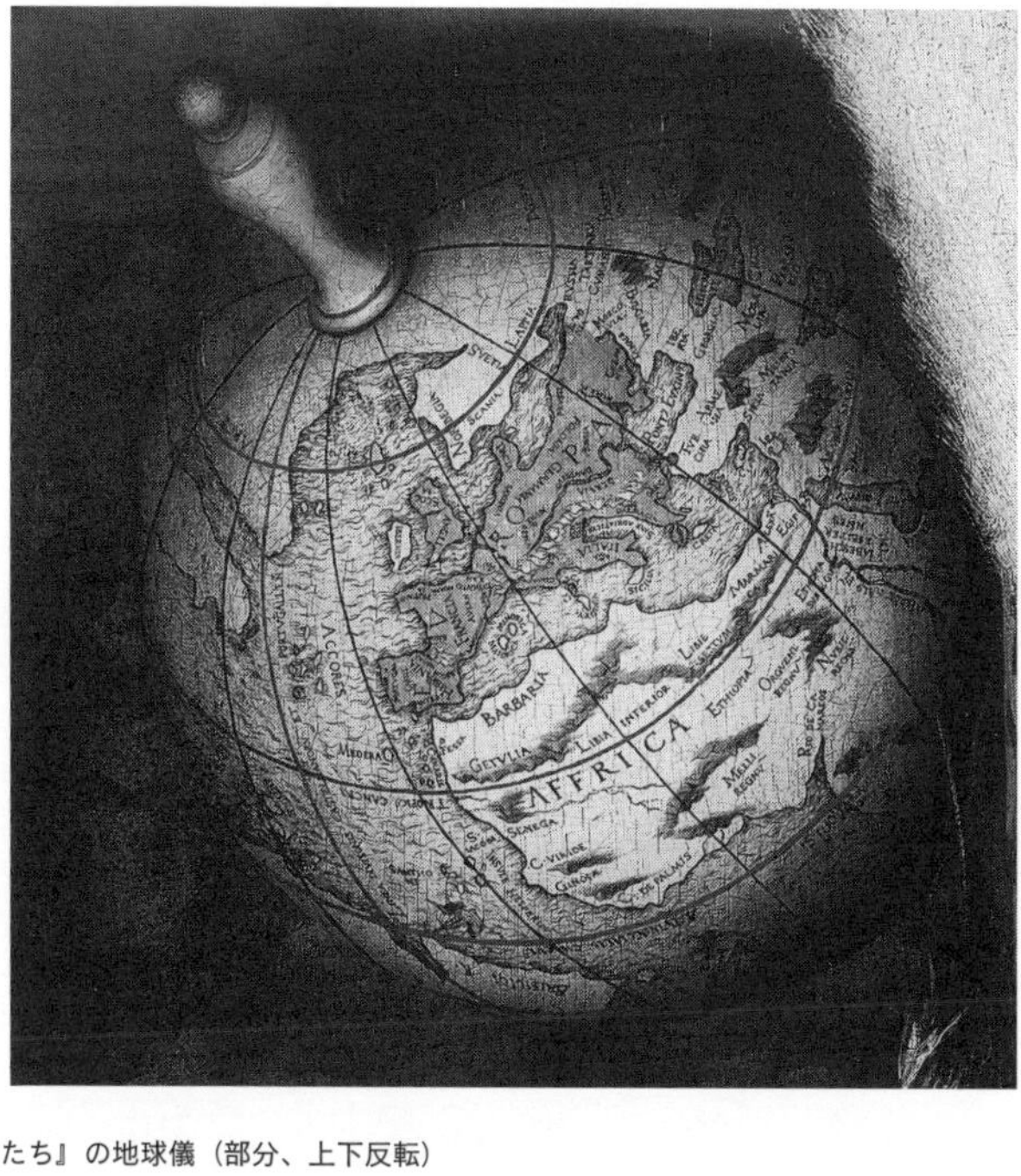

【図 75】『大使たち』の地球儀（部分、上下反転）

1　『大使たち』の地球儀

ここに掲げたのは、ハンス・ホルバインの名画『大使たち』（一五三三年）【図73】である。近年、所蔵するロンドン・ナショナル・ギャラリーによって大規模な修復をうけ、鮮明な姿を取り戻した。画面左側に立つのは駐英フランス大使の貴族ジャン・ド・ダントヴィユ、右側にその友人で南西フランス・ラヴールの司教ジョルジュ・ド・セルヴ。このダブル・ポートレイトはだまし絵の手法で観るものを謎解きへ誘っており、メアリー・ハーヴェイの古典的研究（一九〇〇年）[*1]以来、様々な領域の研究者たちがこれに挑んできた。

分析の中心は中央下部に浮き上がる不気味な頭蓋骨の歪像（アナモルフォーズ）であった。精神分析のジャック・ラカン、中世図像学のユルギス・バルトルシャイティス、そして英文学の蒲池美鶴らは、髑髏は「死を思え《メメント・モリ》」のメッセージを投げかけている、という通説を乗り越えて独自の解釈を展開した。[*2]とりわけ瞠目すべきは蒲池説である。蒲池は凸面鏡やガラスの円筒を用いて「ダビデの星」や「薔薇十字」をあぶり出し、絵の発注者ダントヴィユの魔術的世界を描出して見せた。そこでは政治嫌いの「憂鬱な大使」が強調されている。

しかし、あるきっかけからこの絵に興味を覚えた私は、若い大使たち（ダントヴィユは二九歳、セルヴ二五歳）の本職からの「逸脱」を過大に評価することは、トランプ・ルイユの陥穽ではないか、と考えるようになった。ここに描かれているのは学的知見と政治的見識を統合した知識人の姿ではないのか。

科学史家ならずとも、画面中央、ふたりの人物の間に配置されたいくつかの静物《オブジェ》には目を引かれる。遠近法を駆使した精密器具の描写はホルバインの十八番である。棚の上段に天球儀・日時計・四分儀など七種の天文観測器具、下段にリュート、皮筒に収まったフルート四本、開かれた賛美歌集、両脚器、三角定規を挟んだ数学書、そして地球儀が見える。

【図 73】ハンス・ホルバイン『大使たち』（1533 年、ロンドン・ナショナル・ギャラリー所蔵）

いくつかの計器類は、ホルバイン（アウクスブルク生まれ）の友人であったミュンヘン出身の天文学者ニコラウス・クラッツァーの所有ないし作成した物であったらしい。ホルバインによるクラッツァーの肖像画（一五二八年）には、よく似た日時計と四分儀が描かれている。天球儀はニュルンベルクのヨハネス・シェーネル、複雑な形状の天文観測器具「トルケトゥム」（上段右端）と数学書はインゴルシュタットのペトルス・アピアヌスの手になると推測されている。

これら静物の意味するところについては諸説ある。なかでも日時計類は、絵画の作成日などの特定の日時を示すものとされてきたが、複数の月日と時刻を推定する研究もあり、その解釈は定まっていない。せいぜい集約された見方としてあげられるのは、これらの静物は自由七学科のうちの数学的四学科すなわち天文学・算術・幾何学・音楽を象徴し、ふたりの人物の知的環境を示唆するものであるという点である。[*3]

他方、同時代の政治的コンテキストといえば、宗教改革である。ヘンリ八世はこの絵が描かれる数ヶ月前の一五三三年の一月、身重のアン・ブーリンとの婚儀をひそかに執り行った。教皇クレメンス七世はキャサリン・オヴ・アラゴン（皇帝カール五世＝スペイン国王カルロス一世の伯母）との離婚を承認せず破門をちらつかせていたが、五月二三日カンタベリー大司教は婚儀を適法と認知、七月教皇はヘンリ八世を破門した。翌年ヘンリは首長令を発し国教会をたちあげる。

ダントヴィユは、一五三三年二月初めに着任し、同年一一月には帰国している。[*4] セルヴのロンドン滞在はもっと短い。ヘンリの結婚が公表される直前の四～五月に渡英し、アンの戴冠式（六月一日）の前に帰仏。ダントヴィユとセルヴは、ヘンリとアンの婚儀を支持し、イギリスとヴァチカンのとりなし役を演じることによってイギリスを反ハプスブルク陣営に引き込もうとする、フランソワ一世の意向を受けて派遣された、と考えられている。[*5] 弦が一本切れたリュートはキリスト教世界の不和を暗示し、ヨハネス・ヴァルターによる賛美歌集（一五二四年、ヴィッテンベルク）が覗かせたルターのコラールはその和解を願う大使たちの立場を示すということになろうか。

だが、私見によると、この絵画には別の対外的思惑が滲み出ている。この点で注目したいのは、ダントヴィユの左手の指先と右手の短剣がともに指し示す地球儀の存在である。北極点から突き出た柄が斜め下方を向き、黄褐色のヨーロッパが中心にみえる。作画の地ロンドンの名は欠けており、ダントヴィユが名画とともに帰るべき領地ポリシーの地名が書き込まれている。現存最古の地球儀が作られたニュルンベルクの地名もある。それゆえ、天球儀のみならず地球儀の作成でもこの都市随一とされたヨハネス・シェーネルの失われた一五二三年の地球儀がモデルだという説があったが、これは現在では地図学の見地から退けられている。同じニュルンベルクのゲオルク・ハルトマンによるという説もあるが、確証はない。[*6]

はっきりしているのはそれがニューヨーク・パブリック・ライブラリー所蔵の地球儀ゴア（一五五六〜六〇年頃）【図74】と酷似していることである。この地球儀ゴアは「大使たちの地球儀」と俗称されるほどホルバインの地球儀と似ているが、仔細に見ると両者は同一ではないことがわかる。山脈の有無や一部の字体の相違をのぞいて目立った差異は、ニューヨーク・パブリック・ライブラリーの地球儀ゴアに刻まれたマゼラン艦隊の世界一周の航跡がホルバインの地球儀には欠けている点だ。[*7]

だが、本書にとって重要なのは、多くの地球儀にはないひとつの特

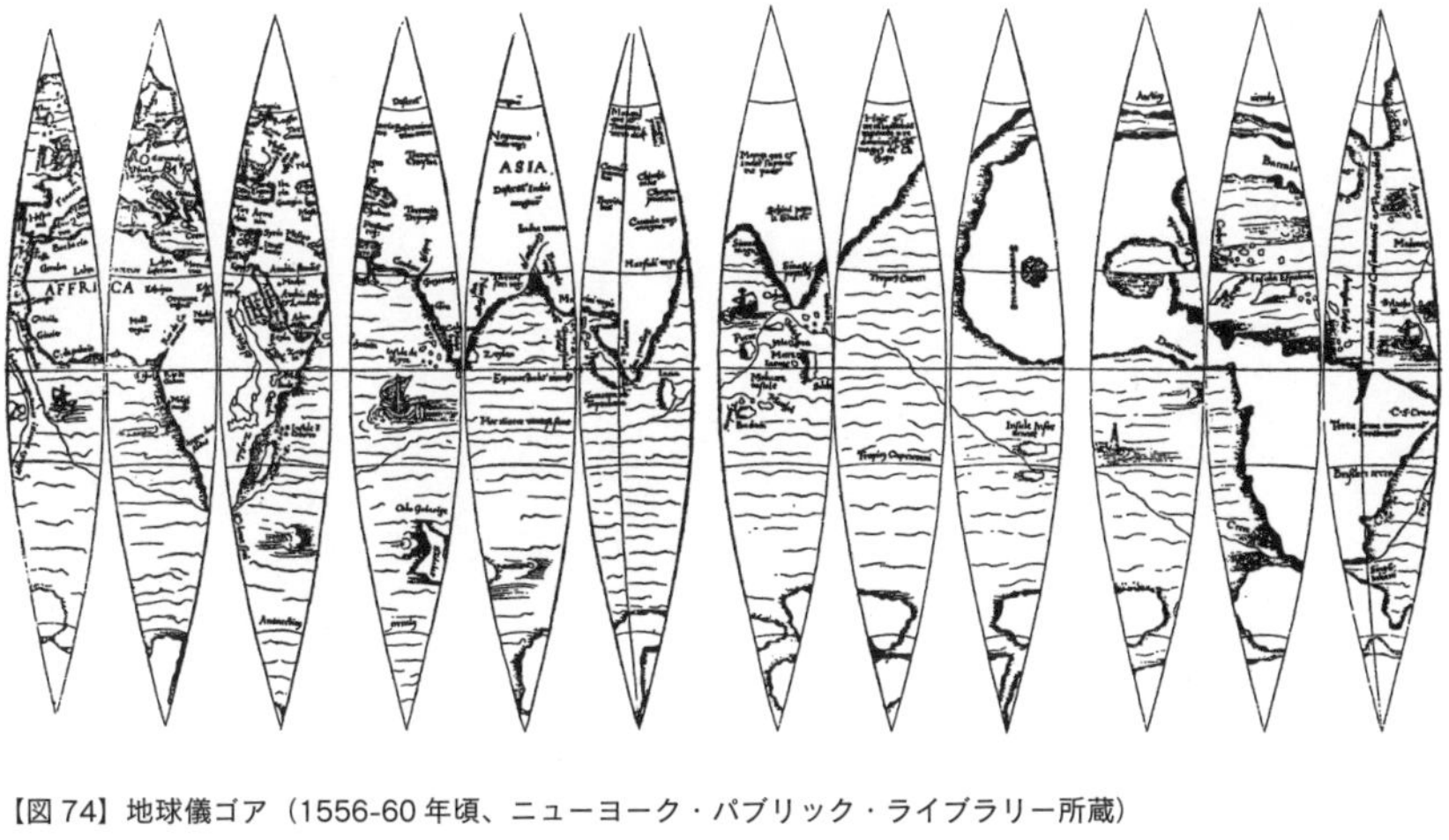

【図74】地球儀ゴア（1556-60年頃、ニューヨーク・パブリック・ライブラリー所蔵）

徴を両者が共有していることである。それは地球を輪切りにする分界の子午線である。ニューヨーク地球儀ゴアには三〇度区切りの一二本の子午線とは別にさらに二本の子午線がマレー半島のマラッカ付近と南米アマゾン河口付近に引かれており、後者の分界線に沿って「カスティーリャとポルトガルの分割線」と付記されている。ホルバインの地球儀にも同一の分界線と説明文がはっきりと見て取れる【図75】(第六章扉)。

分界の取り決めが非キリスト教世界の権利を無視したものであることは明白であるが、ヨーロッパに限定しても二国間の条約に第三国を拘束する力はない。国際法的な拘束力を求めるとすれば、それはトルデシリャス条約締結以前に、両国がそれぞれ教皇庁から引き出し積み重ねてきた教皇勅書の権威以外にない。トルデシリャス条約もまた一五〇六年一月二四日教皇ユリウス二世の勅書 Ea Quae によって認可をうけている。だが、宗教改革の時代にあってその権威は先細りの運命にあり、分界が早晩第三国から挑戦を受けることは必定であった。なかでもカトリック最大の擁護者、スペイン国王カルロス一世(皇帝カール五世)と厳しく対峙したフランス国王フランソワ一世の以下の言葉は、第三国による分界否認の典型としてしばしば引き合いに出されてきた。

太陽は他者と同様に我にも暖を与え賜う。アダムがいったいどのようにして世界を分割したというのか。その遺言をこの目で見たいものだ。

これは一五四一年一月二七日付のトレド枢機卿からカルロス宛の書簡に引用されたもので、ジャック・カルチエの第三回航海に対するスペイン国王の抗議が教皇アレクサンデル六世の「贈与勅書」に論拠を求めていたことが発言の契機となっていた。[*8] このことを念頭に置くと、地球儀の分界線はすくなからず奇異な印象を与えるはずである。スペインとポルトガルによる野心的な世界分割の言説を誇示するドイツ製らしき地球儀が、なぜロンドンで活躍するフランス大使たちの肖像画の中に置かれたであろうか。この自問に答えるために、『大使たち』に至るまでのおよそ四〇年間に、分界がヨーロッパの第三国にどのように認識され、どのように挑まれてきたのか、以下立ち入って考察してみたい。

2　ヘンリ七世とブリストル＝アゾレス＝シンジケート

一五世紀のイギリスは南大西洋では目立った動きを見せていない。一四八一年、イギリスでスペインのメディナ・シドニア公に委託された西アフリカ・ギネー向け航海の準備中、ポルトガル国王ジョアン二世の抗議を受けたエドワード四世は、今回の遠征を差し止めさせたばかりでなくこれ以後の同様の航海を禁止し、さらにジョアン二世を「ギネー領主」として認めた。

しかし、北の海では事情が異なっていた。イギリスのブリストル人は、一四八〇年頃からアゾレス諸島のポルトガル人と連携して北大西洋の探検航海に乗り出していた。この動きが西回りでのアジア航路をもくろんだものであった証拠はないし、イギリス王室は関与していない。むしろ、伝説の「ブラジル島」を目指していたらしいことや、アイルランド近海に代わる新たな漁場を求めた側面があることが指摘されてきた。[*9]

だが、コロンブスの航海の衝撃はブリストル人の過去の航海に別の意味を与えた。

画期となったのは一四九四ないし九五年にブリストルに到来したヴェネツィア人ジョン・カボット（ジョヴァンニ・カボート）の航海である。史家J・A・ウィリアムソン（一九六二年）に言わせると、カボットは、コロンブスの情報はマルコ・ポーロの記述と合致しないのであるから、コロンブスはアジアに到達していないと判断した。実はかつてブリストル人が踏査した土地こそがアジアの北東端で、その沿岸を南西へたどれば、カタイやシパンゴに行き着けるはずだ、とカボットは考えた、と。

一四九六年三月五日、ヘンリ七世はカボットの提案を容れ、「北・東・西」のいずれの方向であれ、「キリスト教徒にとって未知」の土地を目指す航海の特許状を与えた。航海の方向として、イギリスの緯度より「南」は除外されていたものの、いったん未踏地に到達した後は、そこが「キリスト教徒にとって未知」の土地であるかぎり、どの方向に転じてもよいはずである。このことはスペイン・ポルトガルによってすでに「発見」された土地と航路についてはその権利を容認する一方で、将来の発見に関してはトルデシリャス条約の排他的分配を否認していたことを意味する。

したがって、これは第三国による最初の反分界宣言である。ウィリアムソンは、ヘンリ七世は「贈与」勅書の存在を認識していなかったのではないか、と述べているが、たとえ当初そうであったとしても、外交の過程で知らないままでありえたであろうか。ヘンリ七世の言動に秘匿の意図は見うけられない。ヘンリはカボットがブリストル商人に、ついで英王室に近づいてきた経緯をスペイン大使のゴンサレス・デ・プエブラに語っているのだ。プエブラは九六年三月二八日付カトリック両王宛書簡で、「コロンブスのような人物」がスペイン・ポルトガルに損害を与えることにはならないという甘言で、イギリス国王をインディアス事業へ誘おうとしている、と述べた。[*10]

カボットは一四九七年五月、マシュー号でブリストルから出帆。セビリア在住のイギリス商人ジョン・デイの書簡（一四九七年冬）によると、三五日間の航海で大西洋を横断したカボットは、到達地点から沿岸を一ヶ月間たどり、ヴェネツィア人ロレンツォ・パスクアリーゴの書簡（一四九七年八月二三日）によると、「グラン・カンの土地に達した」。実際に踏査された地域について、ウィリアムソンはニューファンドランドおよびケープ・ブレトン島付近、史家K・R・アンドリュースは北緯四二～五四度の北米東岸における緯度差七度の範囲であった、と推測している。[*11]

一四九七年八月六日、カボットの帰還はイギリスに大きな熱気をもたらした。ミラノ公宛ライモンド・ディ・ソンチーノ書簡（一四九七年一二月一八日）によると、ブリストル人は漁場としての豊かさに驚嘆したが、「もっと大きなことを期していた」カボットは「赤道付近に位置し、あらゆる香料や宝石を産するシパンゴという島」

をめざして踏査を続行しよう、と提案した。この時期のスペインとイギリスは対仏で連携を図って友好関係にあったが、ヘンリ七世は、スペインの利権を侵すおそれのある第二回航海に躊躇しなかった。

新たな特許がカボットに与えられたのは一四九八年二月三日である。大使プエブラを補佐するためロンドンに派遣されたペドロ・デ・アヤラは、一四九八年七月二五日付カトリック両王宛書簡で、カボットによる既踏査地もこれから踏査予定の地も、教皇勅書およびトルデシリャス条約によってスペインに留保された圏内にあることをヘンリ七世に告げたが、取り合ってもらえなかった、と述べている。ブリストル人のみならず、ロンドン商人と国王の財政支援を得たジョン・カボットは一四九八年五月、五隻の遠征隊を率いて再度ブリストルを発した。しかし、第二回航海は失敗に終わった。四隻の船が失われ、カボットは帰らぬ人となったのである。[*12]

アジア到達のレースで勝利したのはポルトガルであった。ヴァスコ・ダ・ガマ船隊の帰還（一四九九年九月）で、リスボンとインドを結ぶ喜望峰航路が開かれた。だが、それにもかかわらず、国王マヌエルは九九年一〇月二八日、アゾレス諸島テルセイラ島のジョアン・フェルナンデスに自費による北大西洋探検航海の特許を与えた。実際には一五〇〇年五月一二日の特許でフェルナンデスと同郷のガスパル・コルテ・レアルが派遣されたため、出し抜かれたフェルナンデスら三人のポルトガル人はイギリスへ移り、リチャード・ウォードら三人のブリストル人とともに一五〇一年三月にヘンリ七世の特許を得て北大西洋の探検航海を行った。一五〇一年六月一八日付のアロンソ・デ・オヘダへの特許状のなかで、カトリック両王は近年のイギリス人による探検航海は分界線の西に位置する海陸で行われたものだ、とのべている。

ブリストル＝アゾレス＝シンジケートの航海は一五〇五年まで続いた。これらの航海の目的がカボットにならったアジアへの西まわり航路の探索であったと明示する証拠はない。むしろ未踏の土地目当てとみるべきであろう。この間、分界に対するイギリスの構えはより明確になった。一五〇二年一二月九日、ヒュー・エリオットらに発布された別の航海の特許状で、ヘンリ七世は踏査の対象から除外すべき土地の条件として「ポルトガル国王その他によって発見されかつ占有されている」ことをあげた。つまり、ヘンリ七世は、カボット第一回航海時における発見の権利容認の姿勢から一段進んで、発見後の「実効的占有」を権原として重視する立場を示したのである。[*13]

ただし、ヘンリ七世の反分界の立場を明示するイギリス製の地図は残っていない。カボットらの「発見」の成果が盛り込まれているのはスペインのファン・デ・ラ・コサ世界地図（一五〇〇年、マドリード海事博物館所蔵、第一章図21）である。グリーンランドから中米まで海岸線が連続しており、北米にたてられたイギリス王室の五つの旗、沿岸部の「イギリス人によって発見された海」という文言、そしてケープ・ブレトンと思しき地名「イングランドの岬」がカボットの第一回航海の成果を示唆している。

スペインの欽定標準図が作成されるのは一五〇八年以降であるとはいえ、コロンブスの第一回航海に参加し第二回航海では海図作成を任されたラ・コサの地図にこれほど明確かつ大幅にイギリスの「発見」が認められているのはいささか奇妙である。S・E・モリソン（一九七一年）は、新大陸アメリカの部分は数年後に加筆されたものであるとする通説を前提として、おそらくこの部分はヘンリ八世が兄アーサーの寡婦キャサリン・オヴ・アラゴン（カトリック両王の娘）と結婚した一五〇九年頃のもので、地図上のイギリスへの譲歩は「ご祝儀」のようなものだ、という。[*14]

だが、この譲歩は分界のパートナー、ポルトガルの利害に反するのではないか。ラ・コサ図は分界線を載せた最初期の世界図であるという見方[*15]によると、分界線と思しき唯一の「経線」はブラジルの東端をかすめるように大西洋を縦断しており、「ポルトガルによって発見された島」と記されたブラジル沖の島を除けば、新世界はほとんどすべてスペインの分界内に位置する。それゆえ、ご祝儀はスペインの裁量の範囲内ということになる。しかしながら、ラ・コサ図の「経線」はアゾレス諸島を通過しており、トルデシリャス条約分界線との懸隔は大きく、教皇分界線と見なすことにも無理がある。R・C・マルティネスは、この経線はラ・コサが海図作成上の難物、磁針偏差が東偏から西偏へと転ずる地点を自らの航海経験に基づいて割り出したものだ、という。磁針偏差が大きくなると、コンパス方位で描かれる海岸線にはおおきな歪みが生じる。ジョン・デイによると、カボットらの踏査地では偏角は西偏二方位角すなわち二二度半もあった。[*16] ただし、マルティネス説に確証はない。第一章で述べたように、コロンブスによると、東偏から西偏へと転ずる偏角ゼロのポイントはアゾレス諸島ではなく、同諸島から西へ一〇〇レグアの海上にあった。

他方、ポルトガルの立場は欽定標準図によるとされるカンティーノ図(一五〇二年、モデナ・エステ家文書館所蔵、第一章図23)に反映されている。カンティーノ図は分界線を描いた現存最古の世界図である。「アジアの先端」と記されたグリーンランドは分界線のかなり東方に位置づけられているが、ニューファンドランド・ラブラドルおよびノヴァスコシアの一部はひとまとめに「ポルトガル国王の土地」と銘して分界線の間近に位置づけられており、西端におかれたフロリダ半島と思しき土地との間には大きな空隙がある。カンティーノ図では、カボットとイギリスの「発見」が無視されたばかりでなく、カボットの踏査地はスペインの分界にあるというスペイン使節アヤラの主張も退けられているのである。

ラ・コサ図およびカンティーノ図による限り、スペインとポルトガルは北米の分界に関して意見を異にしており、かつ対イギリス戦略で共同歩調をとれていないようにみえる。ポルトガルに至っては外交ルートによってイギリスへの抗議がなされたかどうかすらはっきりしないのだ。しかしながら、ウィリアムソンは、スペインにせよポルトガルにせよ、北大西洋では分界のパートナーである互いを意識して自己規制を加えていた、とみている。コルテ・レアル航海時のポルトガルは、北極圏を抜ける航路が東アジアへの最短の路とみていたが、カボットの北西航路はスペインの分界を侵すことになるので、もっと東寄りの航路を採る「義務」があった。その証はカンティーノ図である。この世界図は、熱帯アジアへの北方ルートの入口にあたるふたつの「門柱」すなわち東のグリーンランドと西のラブラドル・ニューファンドランドをポルトガルが領有するということを示す政治的図解である、と。さらに、ウィリアムソンは、スペインは実のところカボットによって踏査された土地がポルトガルの分界内にあるという見方を容認していた、という。その根拠として引用されているのは一五一一年一〇月八日と二九日のファン・デ・アグラモンテへの指示書である。たしかに、このなかでアグラモンテは、「ポルトガル国王に帰属する領域にふれることなく」、スペインの分界内で「新大陸《ティエラ・ヌエバ》」を踏査するよう命ぜられた。[*17]

ウィリアムソンの解釈は興味深いが、論拠に弱点がある。ガスパル・コルテ・レアルがアジアを目指していたことを裏付ける同時代史料は存在しない。また、ガスパルは一五〇一年の第二回航海で「門柱」の間ではなくラブラドルから南西へ、つまり分界線を踏み越えて現ニューイングランド付近まで達したと考えられているからである。他方、アグラモンテ指示書については別の解釈の余地がある。この文書は分界のモラトリアムを例証している。ティエラ・ヌエバが両国間で分割されていると解されていたのか、そうであるなら分界線はどこを通るのか、といった具体的な要点についてはいっさい言及していないからである。結局のところ、宮廷でのやりとりは別として、一六世紀初頭スペイン・ポルトガルとイギリスの間にこの地域をめぐる深刻な対立があったと思わせる証拠はない。ジョン・カボット第二回航海の失敗はアジアへの北方ルート探索の熱を一気にさめさせた。ジョン・カボットの息子セバスチャンは一五〇八〜〇九年、再度北西航路を目指して航海し、ハドソン湾にまで達したという見方もあるが、航海の実態はほとんどわかっていない。ポルトガルでもガスパル・コルテ・レアルが第二回航海で失敗し、翌年ガスパルの探索に出たその兄ミゲルも不帰の人となると、探検航海への意欲は下火となった。以来、ケープ・ブレトン入植を目指したジョアン・アルヴァレス・ファグンデスの航海（特許状は一五二一年五月二二日付）まで北大西洋におけるめだった動きはない。[*18]

残ったのは漁場である。ニューファンドランド・バンクスは豊かなタラの漁場を提供しており、近海から魚類を失いつつあったヨーロッパには魅力的であった。ポルトガルやブリストルのほか、北スペインのビスカヤからも漁船が訪れた。とりわけポルトガルのアヴェイロは一六世紀初頭ニューファンドランドにコロニーをえており、一六世紀前半アヴェイロをはじめとするポルトガルの港からは年間一〇〇隻以上の漁船が北米を目指した。ポルトガル国王は一五〇六年までに輸入タラに一〇分の一税を課したほどである。[*19] だが、のちに英蘭間でおこったような漁場をめぐる争いが勃発した形跡はない。

P・E・ホフマン（一九七三年）は、一五〇五年以降、事実上イギリス人がスペインの西インド貿易に参入を許された事実を重視し、このことが一種のガス抜き効果となって一五六〇年代までイギリスは分界に挑戦しなかった、と考えている。[*20]

一六世紀前半で分界を脅かすおそれのある第三国としてスペイン・ポルトガルが最も警戒すべきは、イギリスではなくフランスであった。

3　フランソワ一世とフィレンツェ＝リヨン＝コネクション

大西洋の彼方へ乗り出したフランス人の姿は、記録上一六世紀初頭から散見される。一五〇三年六月、オンフルールを出帆したビノ・ポーミエ・ド・ゴヌヴィル指揮のエスポワール号はインドを目指していたが、嵐に阻まれて翌一五〇四年一月、ブラジルに到達した。ド・ゴヌヴィルいわく、ノルマンディーやブルターニュの水夫たちは数年前からこの地を訪れていた、と。北方でも、一五〇八年ディエップのジャン・アンゴがトマ・オベールのラ・パンセ号をニューファンドランドに派遣した。ポルトガルやスペインの船舶に対する海賊行為も頻発していた。

しかし、この時期のヴァロア朝フランスの目はもっぱら地中海に向けられており、発見事業には関心を払っていなかった。アレクサンデル六世の諸教書やトルデシリャス条約に対してただちにフランスが抗議の声を上げた形跡はない。それは教皇およびスペイン・ポルトガルによる分界に対して理解を示したからではなく、両国の航海の重要性について認識を欠いていたからだ、とシャルル・アンドレ・ジュリアン（一九四八年）は考えている。[*21]

状況が大きく変わったのはマゼランの大航海からである。

マゼラン海峡の発見とビクトリア号のセビリア帰還（一五二二年九月）は、コロンブス以来熱望されていたインディアスとりわけ香料諸島への西回り航路の完成を、スペイン内外に強く印象づけた。積み荷のクローブなどの香料が七八八万八六八四マラベディで売却され、艦隊の準備のためにスペイン王室が支出した経費をあがなってあまりあった。[*22]スペインはラ・コルーニャに「香料通商院」を新設し、ポルトガルの抗議にもかかわらず、第二回遠征に向けて準備に取りかかった。アントニオ・ピガフェッタやマクシミリアーノ・トランシルバーノによるマゼラン遠征の報告の公刊にも棹されて、ヨーロッパの他国にも西回りの香料諸島への航海に関心が高まった。

しかし、懸念もあった。マゼランの航路がポルトガルの喜望峰航路と同様、否それ以上に南方へ大きく弧を描く、きわめて長期の困難な航海を余儀なくさせることが明らかとなったからである。ほかに抜け道はないのか。アントニオ・デ・エレーラの年代記（一六〇一年）によると、「あらゆる国々の天地学者たちは北の海〔大西洋〕から南の海〔太平洋〕へ至る別の海峡が存在するという点で見解が一致していた」。[*23]この当時、別の海峡が見つかるかもしれないと考えられていたのは、カンティーノ図に示されているように、グリーンランドとラブラドルの間とニューファンドランドとフロリダ半島の間の二ヶ所であったが、前者は氷の壁に阻まれるおそれがあったため、期待が高かったのは後者すなわち現アメリカ合衆国東海岸であった。

現在のニューヨーク港の入口、ステーテン島とブルックリン間の海峡《ナローズ》に巨大な橋梁が架けられたのは、一九六四年。竣工当時世界一だったこの橋は、東海岸をはじめて本格的に踏査したフィレンツェ人ジョヴァンニ・ダ・ヴェラッツァーノの業績を記念して「ヴェラザノ・ナローズ橋」と命名された。

ヴェラッツァーノの航海は「フランス初の官民一体」の海外遠征事業と評されることがある。[*24]事業のイニシアティヴはノルマンディー・ディエップのジャン・アンゴにあったと考えられているが、出資母体となったのはリヨン在住のフィレンツェ人銀行家グループであり、ヴェラツァーノもこのグループと関係が深かった。ときの国王フランソワ一世の特許状はみつかっておらず、またフランソワ以下の歴代国王がこの航海に基づいた東海岸への権利要求を行っていないため、王権の関与については疑念を持たれたこともあった。だが、一五二三年三月一六日付以降の六通の国王書簡と一五二四年七月八日付国王宛のヴェラツァーノの事後報告書の内容および遠征隊四隻のうち一隻は国王所有のカラヴェラ船「ドーフィヌ」であったことから、フランソワ一世のお墨付きと支援で行われたことはまちがいない。事後報告書によると、その目的は「カタイとアジアの東海岸に達する」ことであった。[*25]

ヴェラツァーノ隊は一五二三年五月ないし六月にルーアンから出帆、しかし、ビスカヤ湾で嵐のため二隻を失っていったん帰還。その後残る二隻で数ヶ月間にわたってスペイン沿岸部での私掠活動に従事させられたあと、ヴェラツァーノはようやく一五二三年末に国王の船一隻で再度発見航海のためディエップを発した。翌二四年三月、南北カロライナの境界、フィア岬付近に到達、いったんサンシモン島付近まで南下した後北へ転じ、ニューファンドランドまでの沿岸部を踏査したらしい。結局あらたな海峡は発見できず、一五二四年七月はじめに帰還した。

ヴェラツァーノは航海の継続を訴えたが、スペインと交戦中のフランソワ一世にその余裕はなかった。フランソワ一世は一五二五年パヴィアの戦いで大敗し捕虜となる。失望したヴェラツァーノはイギリスのヘンリ八世とポルトガルのジョアン三世に話を持ちかけたものの、やはり支援を得ることはできなかった。フランスに舞い戻ったヴェラツァーノは一五二六〜二八年、二度ブラジルに派遣され、最後の航海で死去した。[*26]ヴェラツァーノは第二のマゼランになり損ねたのである。

しかし、彼の最初の航海は一六世紀の北米地図にふたつの大きな痕跡を残した。ひとつは北米東岸に百合の紋章とともに記された「フランチェスカ」(フランソワの土地の意)あるいは「ノヴァ・ガリア」の地名、もうひとつは「ヴェラツァーノの海」あるいは「太平洋の腕」と呼ばれた幻の海である。踏査の途中、ヴェラツァーノはおそらくチェサピーク湾の入口を見過ごしたために、この湾が「カタイの岸辺を洗う」海であると考えた。すなわち太平洋がすぐ目の前に迫っている、というのである。「フランチェスカ」あるいは「ノヴァ・ガリア」および「ヴェラツァーノの海」を記載した最初期の地図はジェノヴァのヴェスコンテ・デ・マジョーロによる一五二七年の世界地図（ミラノ・アンブロジアナ文書館に所蔵されていたが、第二次大戦で損失）【図76】とヴェラツァーノの弟ジロラモ・ダ・ヴェラツァーノによる一五二九年の世界地図（バチカン文庫所蔵）【図77】である。同時代のヨーロッパ人に与えた影響力という点では、ヴェネツィアのジェノヴァ人バティスタ・アニェーゼによる一五四三〜四五年頃の手稿地図帳（カルロス一世とフェリペ二世が一時所有）所収の世界地図（ジョン・カーター・ブラウン図書館所蔵）【図78】と、三五版を重ねたセバスチャン・ミュンスター『世界誌』（一五四四年、バーゼル）所収の新世界地図【図79】のふたつが重要である。幻の海は北米の陸地としての薄さを印象づけ、北西航路への期待感をふくらませると同時に、北西航路の開拓が頓挫した場合の保険と目されたであろう。

4　スペイン・ポルトガルの反応

分界の当事者たちはフランスの挑戦にどのように対応したのであろうか。フランシスコ・アンドラダの『ジョアン三世年代記』（一六一三年）によると、フランス在住のポルトガル人商人たちは一五二二年末までにポルトガル国王へ次のような報告を行った。「ジョアン・ヴェレザノというフィレンツェ人がオリエントでポルトガルがまだ発見していない諸国を発見」するための航海事業をフランソワ一世に提案した、と。注進におよんだポルトガル人たちはこの航海の成りゆきに強い懸念を示した。ノルマンディーで準備中のこの遠征隊は実はブラジルにおける植民を目指している、と。

ポルトガル国王ジョアン三世は急ぎパリへジョアン・ダ・シルヴェイラを派遣し、フランソワ一世に以下のように要請させた。「両国は戦争状態ではなく、むしろ長らく友好関係にある」のだから、「臣下がポルトガルの征服の領域に対して武器をかまえることがないように」布告してほしい、と。フランソワ一世はのれんに腕押しの対応であったが、一五二三年三月二七日付のシルヴェイラ書簡によると、フランソワは「心変わりをおこし、〔ポルトガル国王〕陛下が皇帝と悪しき関係にあるという知らせを聞くに及んで、〔ヴェラッツァーノ〕船隊の出港停止を決断した」。しかし、実際に出港停止が発令された形跡はなく、この書簡の四日前にヴェラッツァーノはリヨン・シンジケートに参画する取り決めを結んでいた。[*27] シルヴェイラ大使はフランソワ一世のブラフにとびついた可能性が高い。ただし、一連のやりとりは対フランス戦略でポルトガルとスペインの間に温度差があったことを示唆しており、以後の分界をめぐる攻防を考える上で興味深い。

他方、スペインはポスト・マゼランの動きを加速させていた。マゼラン艦隊サン・アントニオ号のポルトガル人航海士エステヴァン・ゴメシュは航海途中で離脱してスペインに帰国、投獄されていたが、ビクトリア号の帰還後に釈放され、一五二三年三月二七日付の協約によって香料諸島への別の西回り航路の探索が託された。ゴメシュの出帆は一五二四年八月八日、翌一五二五年五月末ないし六月初めには「北方に海峡があることに疑念を抱いて」ラ・コルーニャに帰還した。[*28] さらに、スペイン国王カルロスは一五二三年六月一二日にエスパニョーラ島のルカス・バスケス・デ・アイリョンと協約を結び、同様の航海を託した。[*29] すでに一五二一年、アイリョンは配下のフランシスコ・ゴルディーリャとペドロ・デ・ケソスにフロリダ半島から北の沿岸部を踏査させ、アンダルシアの緯度に位置するという豊饒の地「チコラ」への植民計画をスペイン国王に持ちかけていた。アイリョン自身は植民に重点をおいていたが、カルロスは「海峡」がみつかれば徹底的に、ただしポルトガルとの分界を守って、踏査せよと命じた。ケソスによるアイリョン二度目の航海は一五二五年に行われ、フロリダからチェサピークの少し北まで踏査された。

ゴメスとアイリョンの航海は海峡探索にとって補完的な意味をもっていた。ニューファンドランドとフロリダ

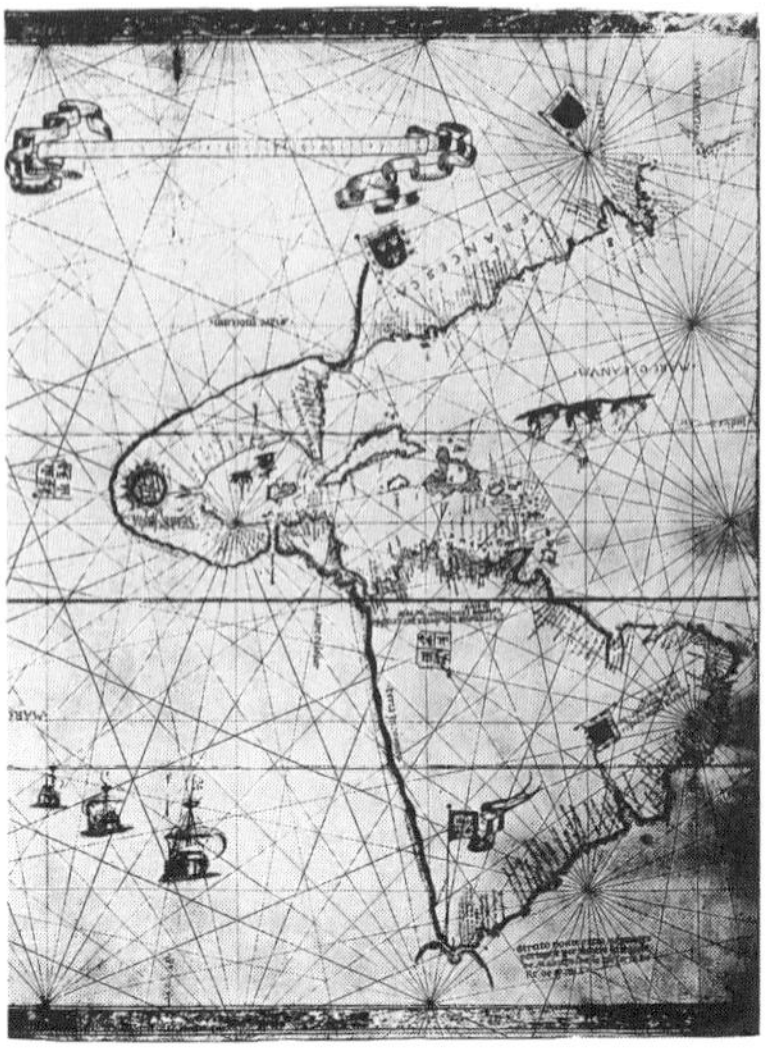

【図 76】ヴェスコンテ・デ・マジョーロ図
（部分、1527 年、アンブロジアナ文書館所蔵、
消失）

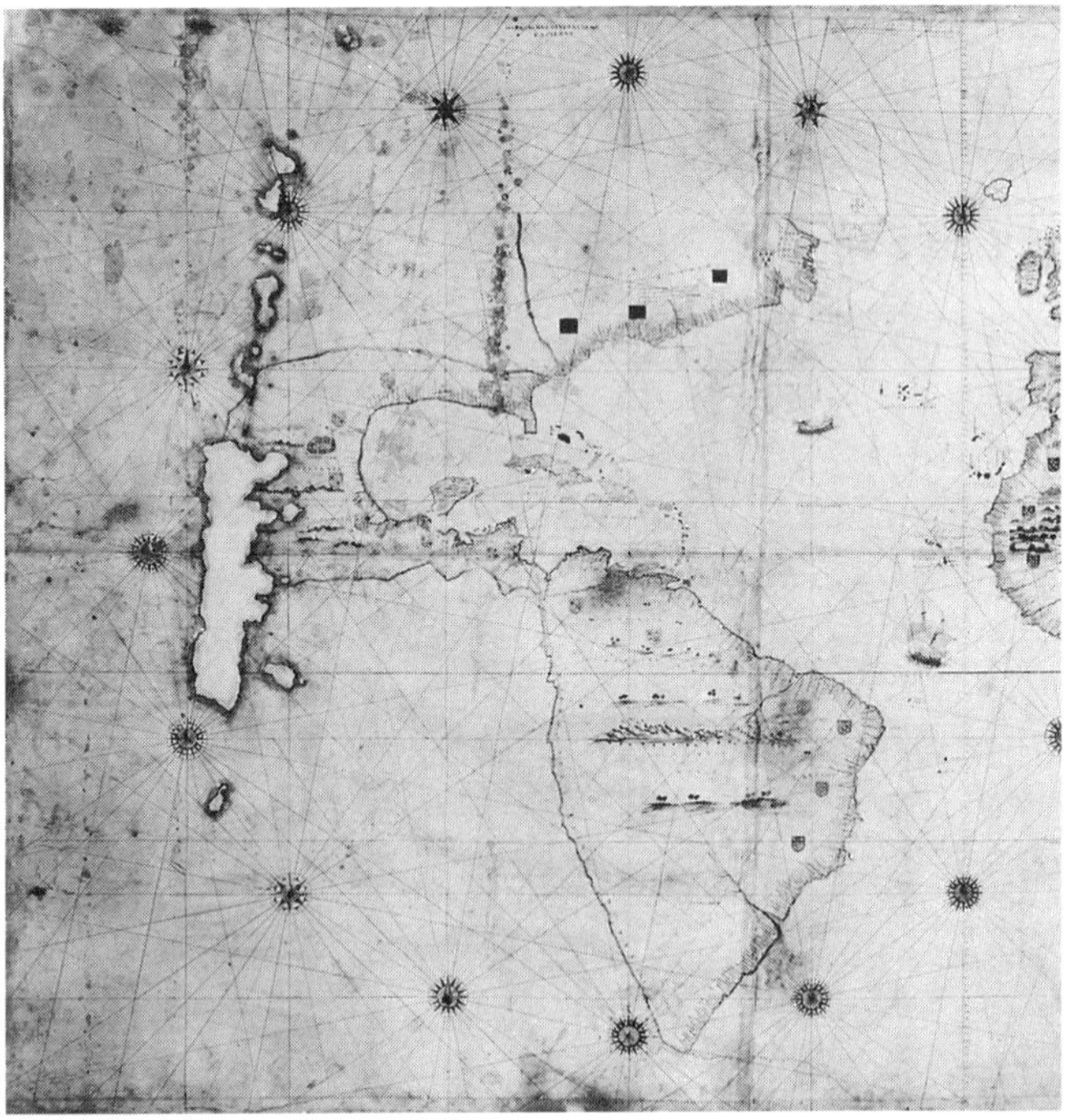

【図 77】ジロラモ・ダ・ヴェラツァーノ世界図
（部分、1529 年、ヴァチカン図書館所蔵）

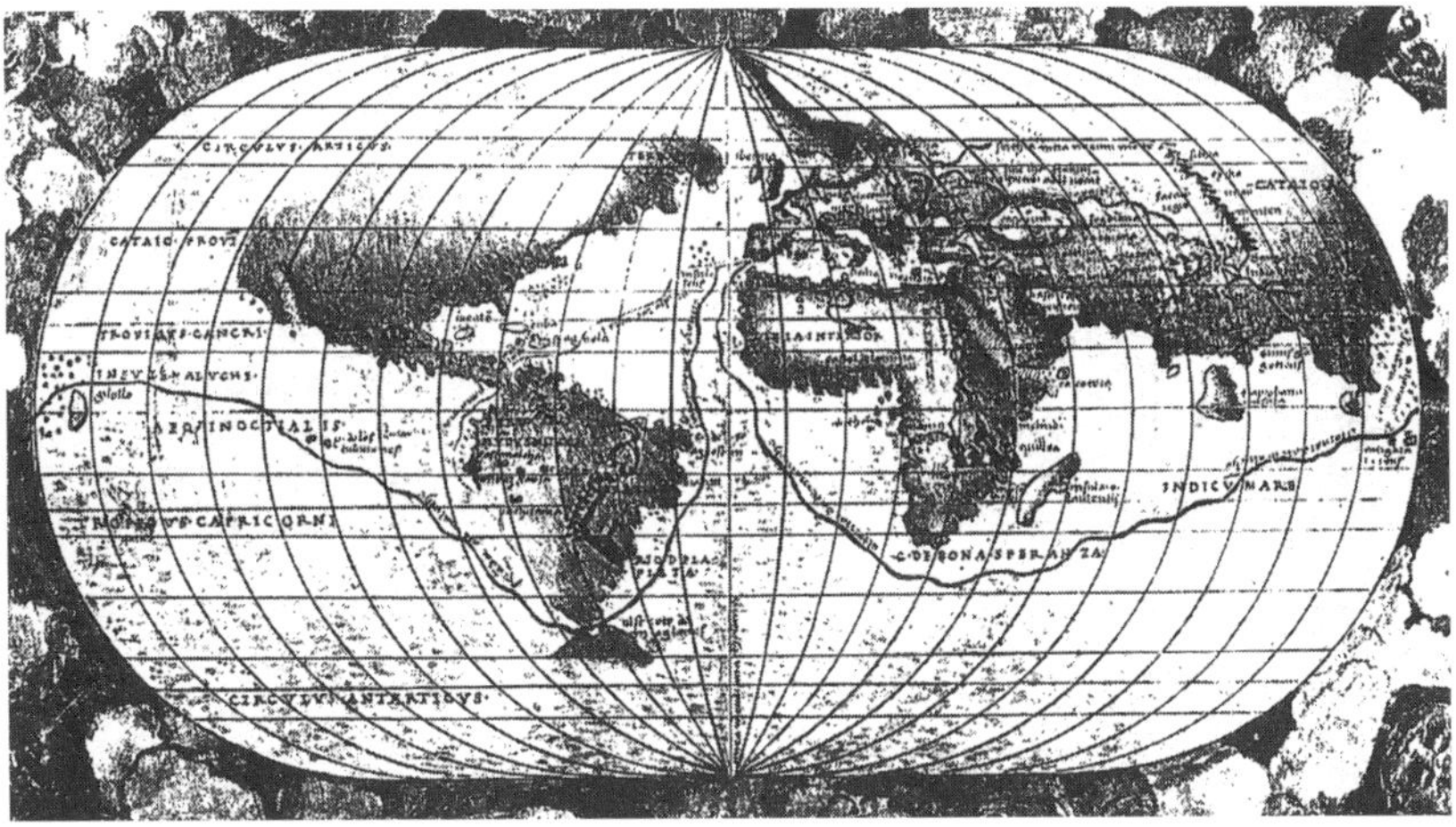

【図 78】通称『カール 5 世地図帳』所収のバティスタ・アニェーゼ世界図
（部分、プロヴィデンス、ジョン・カーター・ブラウン図書館所蔵）

【図 79】セバスチャン・ミュンスター『世界誌』（1544 年、バーゼル）所収のアメリカ図
［L. C. Wroth, *The Voyages of Giovanni da Verrazzano*, pl. 32.］

半島の間の緯度で、ゴメシュは北からアイリョンは南から踏査検分するという点においてである。しかし、同時期にほぼ同じ海域へ航海者を送り出すのは異例であろう。とりわけ、ゴメシュとの協約ではカルロス一世は航海の準備を異様に急がせている。ラ・コルーニャでクリストバル・デ・アロにカラヴェラの建造を、ガリシアの他の三都市のアルカルデに資材と人員の提供を命じたのだが、すべての準備を一ヶ月で完了せよというのだ。[*30]

カルロスを焦らせたのはフランス＝ヴェラツァーノの動向であった、とモリソンは推測しているが、P・E・ホフマン（一九九〇年）は、スペインはおよそ一〇年後までヴェラツァーノの遠征を認識していなかった、と述べている。[*31] たしかに、スペイン製の二つの地図すなわち、ゴメシュの踏査を記載した一五二五年ディオゴ・リベイロ作とされる通称カスティリオーネ世界地図（マントヴァ文書館所蔵。カルロス一世が『宮廷人』（一五二八年）で有名な教皇使節バルダサーレ・カスティリオーネに贈呈）【図80】とアイリョンの航海を盛り込んだ一五二六年セビリアのファン・ベスプッチ世界地図（ニューヨーク、アメリカ・ヒスパニック協会所蔵）にはヴェラツァーノ遠征の痕跡は認められない。また、マゼランの航海以後スペイン・ポルトガル間ではモルッカ諸島の帰属をめぐる軋轢が強まっていた。それゆえ、排他的分界のパートナーとしての認識が低下し、ポルトガルの対仏外交でえられた情報を共有することが困難になっていたとしても不思議ではない。

しかしながら、カルロス一世とフランソワ一世の強い対抗関係や、「ヴェラツァーノの海」をのせたマジョーロ図などの第三国製地図の存在を念頭に置くと、スペインの不知はにわかには首肯しがたい。イギリス＝カボットの航海を抹消したカンティーノ図のように、フランス＝ヴェラツァーノの航海が意図的に無視された可能性は排除できないであろう。

いずれにせよ、目立った現象としてあげられるのは、この一五二〇年代から分界線を示した世界地図がスペインで盛んに作られるようになったことである。スペイン人ヌニョ・ガルシア・デ・トレノが一五二二年バリャドリードで作成した世界地図（トリノ王立文書館所蔵）、ファン・ベスプッチまたはヌニョ・ガルシア・デ・トレノ

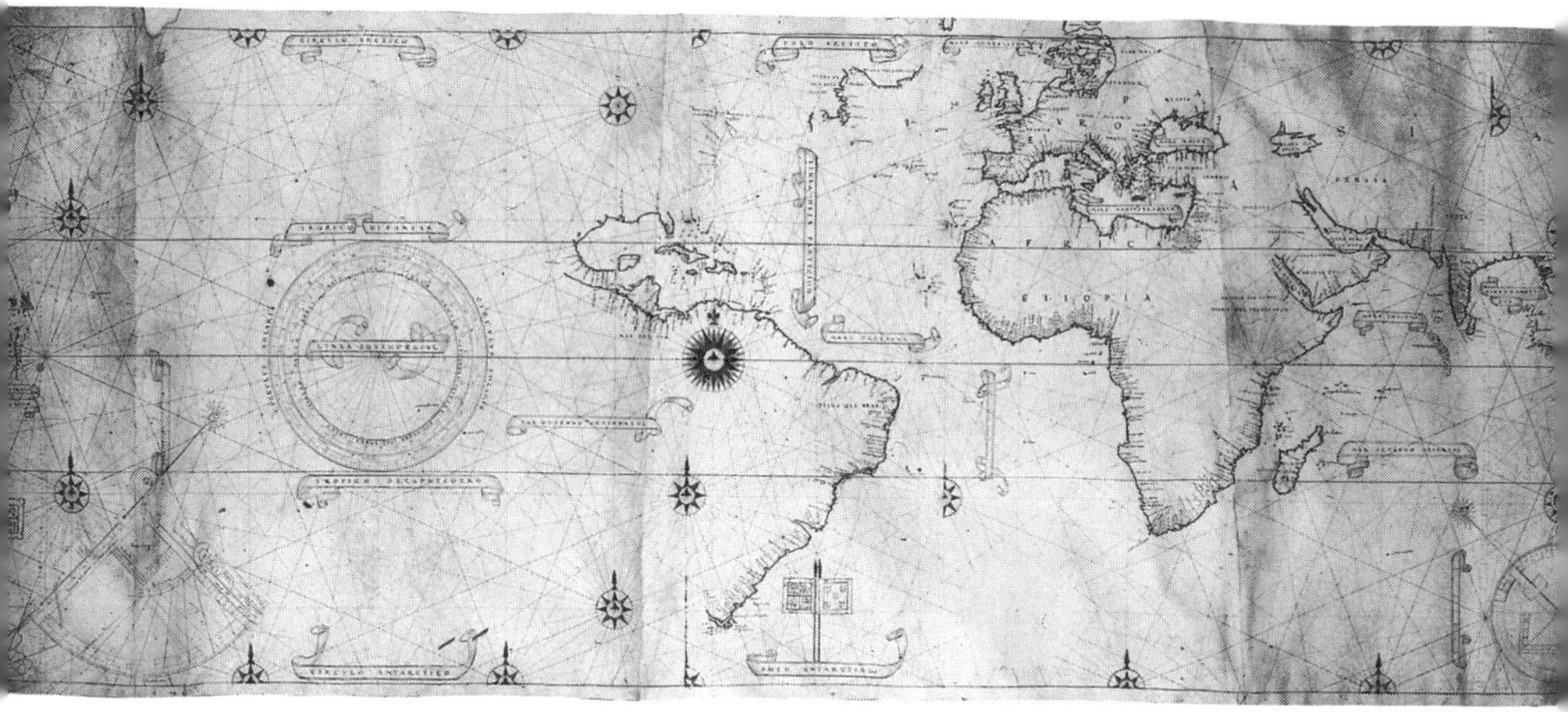

【図 80】ディオゴ・リベイロ作とされる通称「カスティリオーネ世界地図」
（1525 年、マントヴァのカスティリオーニ侯文書館所蔵）

【図 81】通称「サルヴィアーティ図」
（部分、1525 年頃、フィレンツェ、ローレンティア図書館所蔵）

作とされる一五二三年の通称トリノ世界地図（トリノ王立文書館所蔵）、前出一五二五年のカスティリオーネ世界地図、カルロス一世が教皇使節で枢機卿のジョヴァンニ・サルヴィアーティに贈呈した一五二五年ヌニョ・ガルシア・デ・トレノ作とされる通称サルヴィアーティ世界地図（フィレンツェ、ローレンティア図書館所蔵）【図81】、ディオゴ・リベイロないしアロンソ・デ・チャベス作とされる一五二七年セビリアの世界地図（ワイマール・チューリンギッシェ・ランデスビブリオテク所蔵）、ディオゴ・リベイロが一五二九年に作成した世界地図（ワイマール・チューリンギッシェ・ランデスビブリオテク所蔵）、同じくディオゴ・リベイロが一五二九年セビリアで作成した世界地図（ヴァチカン図書館所蔵）【図82】、ディオゴ・リベイロ作とされる一五三二年の世界地図（ヴォルフェンビュッテル・ヘルツォク・アウグスト文書館所蔵）。

　こういった世界地図は相反するふたつの意味を持つ。ひとつは分界のパートナー、ポルトガルを牽制する意図である。スペインは地理のパラダイムに照らして、分界線の明示がモルッカ諸島をふくむアジア東部

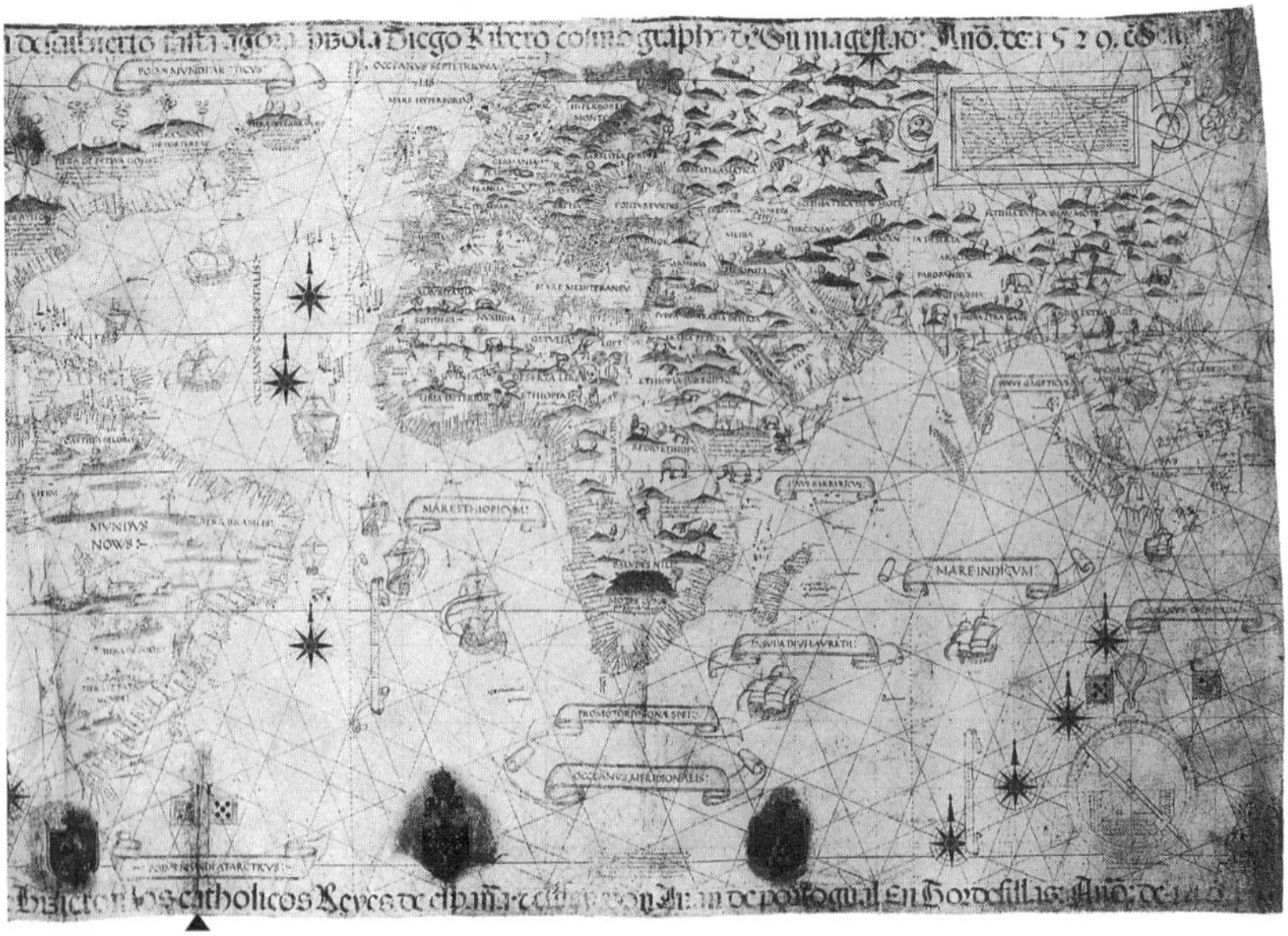

【図82】ディオゴ・リベイロの世界図（部分、1529年、ヴァチカン図書館所蔵）
▲印の両側にスペイン・ポルトガル両王室旗がたてられ、分界線の位置を示している

【図 83】ベルナルド・ヴァン・オルレイ画によるタペストリー・シリーズ『天地の球』（ラス・エスフェラス）
第 3 幅「ユピテルとユノーに庇護される地球」（1530 年頃、エル・エスコリアル宮殿所蔵）
ユピテルは発注者のポルトガル国王ジョアン 3 世、ユノーは王妃カタリナ（カール 5 世の妹）の化身とされる。
王笏の指す先はリスボン。結婚による二大海洋帝国の和合を寿ぐイコンの領有権主張で有利に働くと考えた。分界のモラトリアムは解除されようとしていた。

しかしながら、ポルトガルとの敵対は分界の理念そのものの崩壊につながる。スペインとポルトガルは牽制しあいながらも、分界の骨子・非キリスト教世界の排他的独占のために、二強の「談合」の姿を第三国に誇示する必要があった【図83】。この点が世界地図のもうひとつの意図である。

なかでも要職の教皇使節カスティリオーネとサルヴィアーティの名を冠するふたつの世界地図は重要である。一五二六年三月一〇日セビリアでスペイン国王カルロス一世とポルトガル王女イザベルの婚礼の儀が盛大に催されたのであるが、ふたつの世界地図は列席したカスティリオーネと、婚儀を執り行ったサルヴィアーティにいわば引き出物として献じられた。婚礼の後、両教皇使節は教会に対するカルロスの貢献を讃えた。[*32] 分界の世界地図はスペイン・ポルトガルの対立と競合を示すものではなく、非キリスト教世界の排他的分配に参画した両国の結びつきを寿ぎ、排他的分配を権威づけた教皇「贈与」への謝辞を表象していたのである。

二強の世界分割を顕示するものである限り、分界の地図が第三国で作られないのはごく自然なことである。しかし、以下にみるように、数少ない例外もあった。

5　ロバート・ソーンの分界観

マゼランの航海と「ヴェラッツァーノの海」は、イギリスでいったん消えかけた西回り航路への関心を再び喚起した。ヴェラッツァーノは一五二五年末ないし二六年初め頃、ヘンリ八世に自作の地図を献呈したと推測されている。リチャード・ハクルート『アメリカの発見に関する諸航海』(一五八二年)[*33] 所収のマイケル・ロック図【図84】は、この現存しないヴェラッツァーノ図に依拠している。ロック図の北米は北緯四〇度付近で「ヴェラッツァーノの海」によって大きく削り取られている。

一五二七年六月のジョン・ラットの航海はヘンリ八世の支援を得て「ラブラドルとニューファンドランドの間」で北西航路を探求した最初の試みと見なされているが、ニューファンドランドから南下して一一月にはサント・ドミンゴに達しており、「ヴェラツァーノの海」を探していた可能性もある。[*34]

カボット以後のイギリスにおいて北西航路の探索の先駆的唱道者として有名なのはロバート・ソーンである。ソーンはブリストル生まれで、同名の父親はかつてヒュー・エリオットとニューファンドランド探検におもむいた。セバスチャン・カボットの知己を得ており、セビリアで商人として多年滞在した経験を持つ。一五二七年二月ないし三月頃の有名なソーンの書簡はヘンリ八世の駐スペイン大使であったエドワード・リーに宛てたもので、ハクルートによって公刊された。この書簡のなかでソーンは「北へ向かい北極を経た後赤道へ下る」北西航路が、スペインやポルトガルの航路よりもはるかに短く効率的だと推奨している。[*35] 書簡に添付されていたと思しき世界地図の原図は残っていないが、ハクルート版

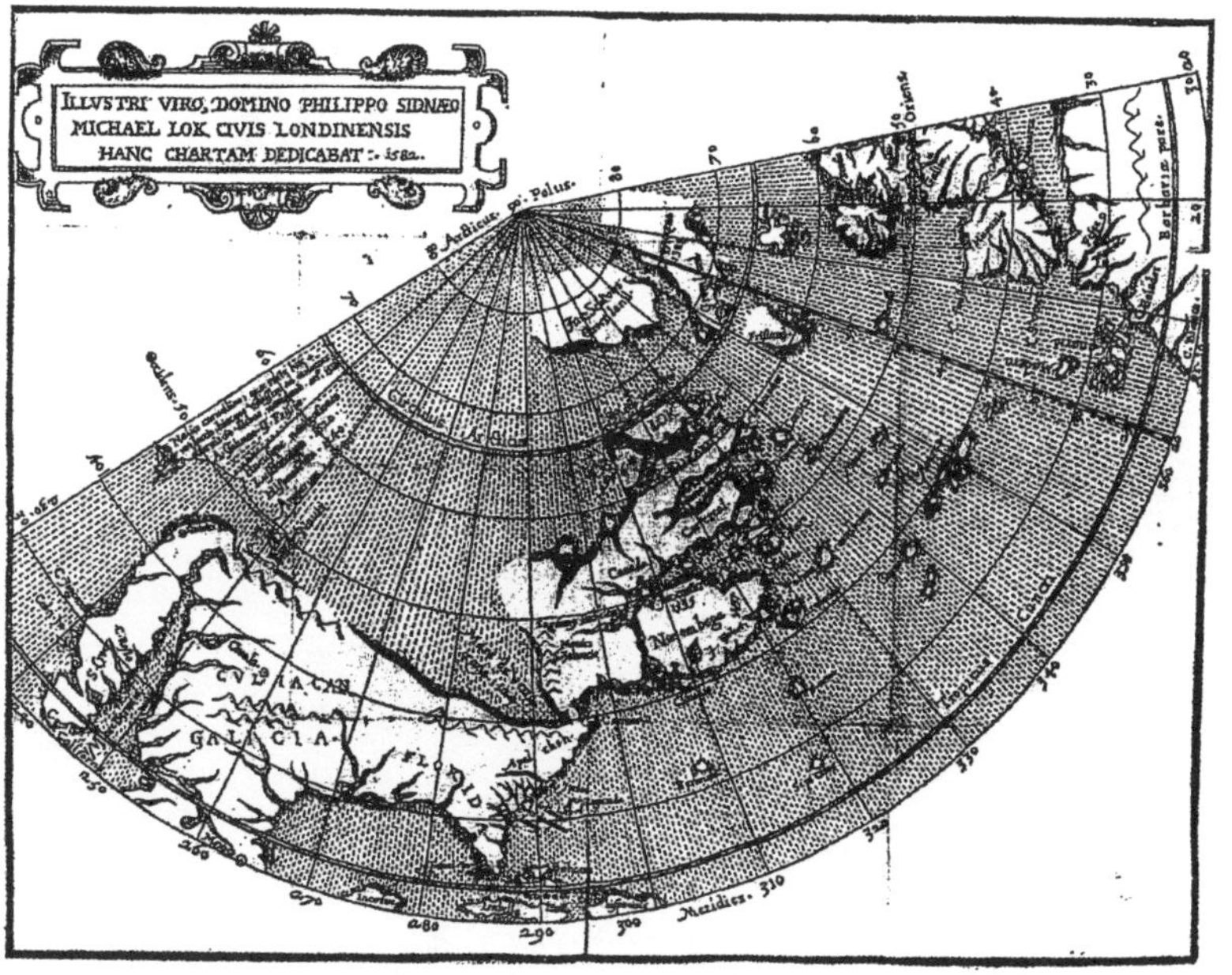

【図 84】マイケル・ロック図（1582 年）
[Richard Hakluyt, *Divers Voyages Touching the Discoverie of America,* London, 1582]

に再現されており、書簡にその解説が付いている【図85】。世界地図としての精度はソーン自身も認めるとおり、当時にあってもあまり高いとはいえず、とくにアジア部分の形状は粗略である。肝心の北西航路も図示されていない。

だが、興味深いのは、ソーン図にスペインとポルトガルの分界が刻まれていることである。もっとも、子午線としてではなく、地図下段の経度目盛りに記されたふたつの⊗印によって分界線がおかれるべきポイントが示されている。ちなみに経度目盛り上のふたつの十字架は、経度ゼロの本初子午線とその対蹠線の在処を示している。書簡の解説文は分界に対する批判的な姿勢を見せておらず、スペインとポルトガルは「こうして世界を分割した」と、いたって客観的である。モルッカ諸島の帰属をめぐる両国間の係争についても論及しており、モルッカ諸島に関しては明確に、スペインの分界内に位置する、と断定している。ただし、その論拠は示されていない。

E・G・R・テイラー（一九六八年）は、ソーンの書簡で言及されていない地名「オフィールとタルシス」がこの世界地図の東南アジア海域および世界地図の下部左のラテン語説明文に書き込まれていることから、ソーンの世界地図はスペイン人マルティン・フェルナンデス・デ・エンシソが『地理学大全』（一五一九年）のために用意した（が現存しない）地図に依拠している、と推測している。『地理学大全』の記述によると、ガンジス河口の子午線でポルトガルの分界一八〇度は尽きており、ガンジス以遠の未「発見」の土地は、ソロモン王の黄金の源泉・オフィールとタルシスをふくめて、すべてスペインの分界内にある。[*36]

むろん、ソーンは純粋に地理学的見地からこのような分界観を展開したわけではない。スペインは一五二五年、マゼラン隊に続く第二回のモルッカ諸島遠征隊をロアイサの指揮下に派遣したが、他方で、カルロス一世は翌二六年にはモルッカ諸島に関して有するという領有権をポルトガルに売却する交渉を開始していた。ソーン書簡の受け手、駐スペイン大使エドワード・リーは大法官トマス・ウルジー宛の書簡（一五二七年一月二〇日付）で次のように述べている。

グラナダである人物が持ちかけてきた話であるが、モルッカ諸島の領有権の買い手はポルトガル国王ではなくイギリス国王であってもよい、という。[37]

この眉唾物の交渉はむろん実を結ぶことはなかった。だが、北西航路再燃に向けたソーンの書簡と地図が、スペイン・ポルトガルの世界分割に関して攻撃的な言辞を用いることなく、しかもスペイン有利の判断を示したことの背景を物語っている。モルッカ諸島の位置のみならず、それに至る航路もまた売り手の分界内にある方が王権を説得する上で好ましいからである。ただし、ヘンリ七世治世で萌芽した反分界の言説と比較すると、明らかに後退している。

スペイン寄りの分界容認ともとれる書簡と地図が作られたことの背景としてもうひとつあげるべきは、大西洋貿易の実態である。イギリス人は前述のようにスペインの西インド貿易に関しては、セビリア通商院のコントロール下で参画する道が開かれており、カナリア諸島については直接貿易も許されていた。ソーンも一五二〇年代に弟ニコラスやロジャー・バーローと、西インド貿易に携わっていた。だが、これと対照的にポルトガルのギネー貿易にはイギリス人は一五三〇年頃までまったく食い込めなかったので

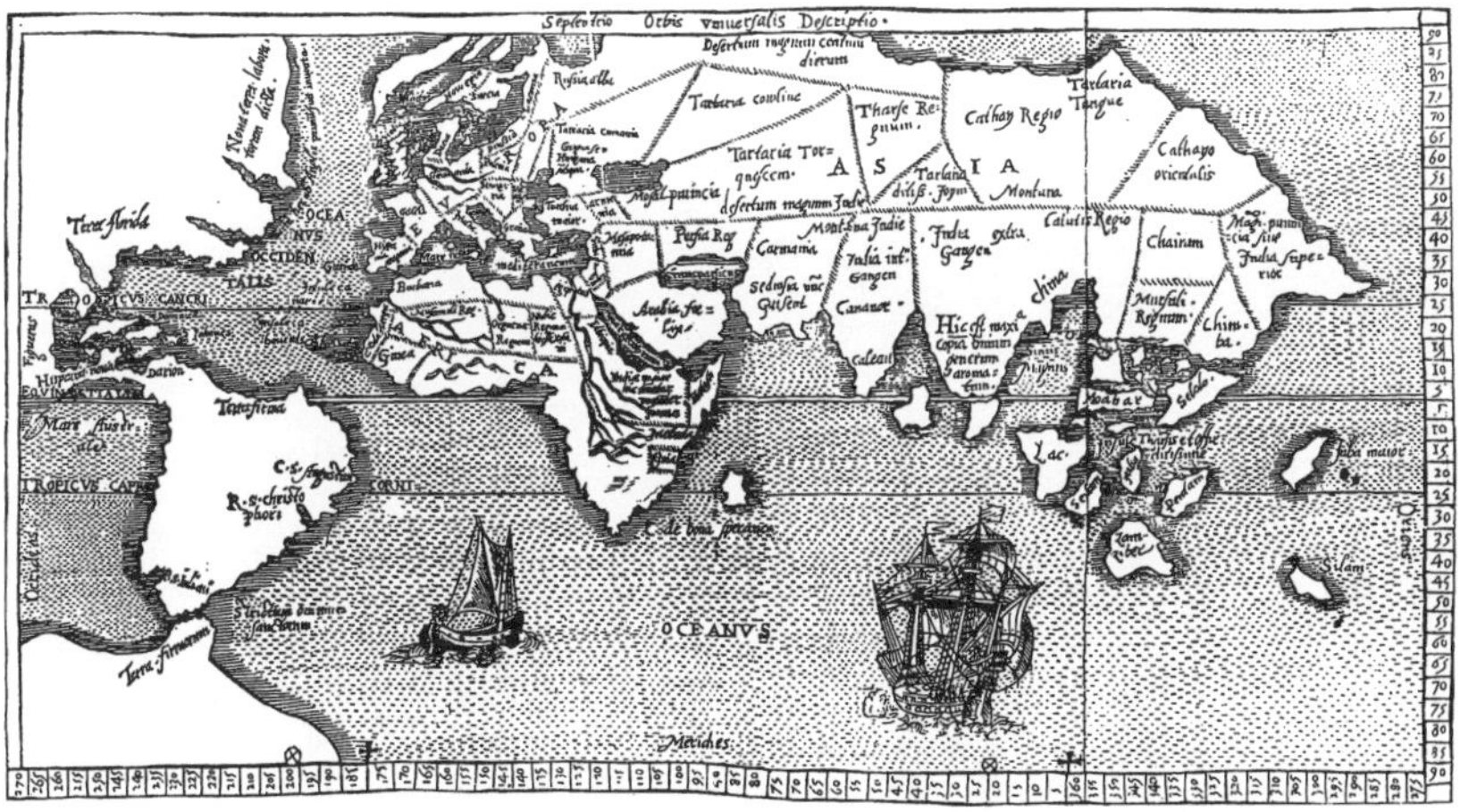

【図 85】ロバート・ソーン図（1527 年）
下部に⊗印と十印がふたつずつみえる。右手、アジアに南北線が走っているが、これは対蹠分界線ではなく、経度ゼロの子午線である［Richard Hakluyt, *Divers Voyages*, 1582］

ある。

ソーン図には、二強への羨望と畏怖の念がかいま見える。その早すぎた北西航路論が反分界の鎧をまとってイギリスに再登場するのは半世紀後のことである。

6　フランス海賊

ホフマンは、「ヴェラツァーノの海」の誘惑にもかかわらずフランスの狙いはヴェラツァーノの第一回航海の北限から北に向けられるようになった、と考えている。[*38] だが、南方とくにブラジル沿岸へのフランス人の航海もまた増大していた。ジャン・アンゴの巨富の一部は紅い染料源「ブラジルの木」(蘇芳)の貿易で形成されていた。ポルトガル人の入植はほとんど進んでおらず、ポルトガル王権はしだいにフランス人の活動に神経をとがらせるようになった。

ヴェラツァーノが一五二六～二七年の第二回航海でブラジルから帰還した頃、フランスの大提督フィリップ・シャボーとポルトガル大使シルヴェイラは会見したらしい。シルヴェイラは一五二七年一二月一九日国王宛の書簡で、「ブラジルについて彼ら〔フランス人〕が言うのは以下のことである。この地の原住民はその産物を望む相手に売る権利を有する、と」。発言の背景にあるのは、ポルトガル人と交易していたトゥピニキン族と対抗するかのようにトゥピナンバ族がフランス人と取引していた事実である。さらにその五日後の書簡によると、大提督はブラジル防衛のためにポルトガルが講じた措置を非難して曰く、ヴェラツァーノ艦隊は「クリストヴァン・ジャケスが発見した川で、基地を造り、さらに探検を進める予定である」。[*39] ポルトガルのクリストヴァン・ジャケスは一五一六～二八年に三度ブラジルに赴き、沿岸部で他国の貿易船の掃討作戦を遂行していた。だが、広大な沿岸にあって抑止効果は薄かった。シルヴェイラの報告に現れているように、貿易ばかりでなく「海賊」活動もまた横行していた。むろん海賊はブラジルに限定されない。スペインもまた大西洋でフランス船の海賊行為に悩まされていた。

史家ボルデへ・イ・モレンコス（一九九二年）によると、一六世紀初頭、フランス人の対スペイン船襲撃はカナリア諸島・アゾレス諸島・ジブラルタルをむすぶトライアングル・ゾーンにほぼ限られていたが、一五二〇年以降、舞台が西インド諸島に拡大するとともに、フランスの公権力が関与し大型化した。一五二二年アステカ財宝船の略奪はその典型である。スペインはこれに対抗するため一五二二～二五年、護送船団を強化した。その効果あって、通行量は増大したにも関わらずスペイン船の損失は二五パーセント減退した。[*40]

そこでフランスの私掠活動はその対象をポルトガル船へ転換した。V・M・ゴディーニョ（一九九〇年）によると、フランス人の私掠活動によって略奪されたポルトガル船は年平均で一五〇一～一九年の五隻から一五二〇～三〇年の一九隻へと激増した。半世紀間の損失は五〇〇隻に及び、これはポルトガルが有した海運力のほぼ半分に相当した。ポルトガルの対策はふたつあった。ひとつはスペインと同様に護送・防衛体制を確立することであった。ポルトガルは一五二六年以降ブラジル・ギネー・大西洋諸島・ジブラルタル・本国沿岸に計五つの艦隊を配し、香料船隊とアントウェルペン航路の防衛で効果を上げた、とゴディーニョはみている。[*41]

しかし、ギネー（とくにマラゲタ、ヴェルデ岬、シエラ・レオネ）とブラジルに関しては、むしろ一五三〇年を境にフランス人の貿易参入は活発化した。これに刺激を受けて、イギリス人のなかにもポルトガルの牙城に挑む者が出てきた。一五三〇～三二年ウィリアム・ホーキンズは三度ギネーへ航海した。大西洋の海洋帝国への脅威を感じたポルトガルは一五二九～三〇年、フランシスコ・アネス・ガゴの艦隊をマラゲタ防衛に派遣し、一五三〇年末～三三年八月、マルティン・アフォンソ・デ・ソウザ率いる五隻四〇〇人の遠征隊をブラジルへ送り出した。ソウザはフランス人のペルナンブコにおける砦を破壊し、サン・ビセンテとピラティニンガ（現サンパウロ高原）の都市建設を始めた。

ポルトガルによる対フランス私掠のもうひとつの方法は、外交と「買収」である。一五三一年フォンテーヌブローにおける交渉の結果、七月一一日ジャン・アンゴらへ与えられた私掠許可状の破棄が決まり、八月三日発布のフランス国王令で、ポルトガルの「征服地」における交易が全面禁止となった。交渉の舞台裏で行われていたフランス高官の買収が功を奏した。その最大のターゲットは大提督シャボーであった。[*42]

一五三〇年代はじめのこの経緯が転機となった。スペインとポルトガルの巻き返しに直面したフランスは、軋轢を回避しながら自らの大航海時代を開こうと意を固めた。

7 一五三三年——ふたたび『大使たち』へ

ようやくわれわれは『大使たち』の一五三三年にもどってきた。

この年、分界に対するフランスの挑戦はひとつの画期を迎える。同年一〇月、フランソワ一世はマルセイユで教皇クレメンス七世と会見した。両者はフランソワの第二王子オルレアン公アンリと教皇の姪カトリーヌ・ド・メディシスの婚儀に臨んでいた。この会見の結果フランソワ一世は、スペイン・ポルトガルに与えられた「贈与」の勅書はすでに発見された土地についてのものであって、将来の発見に及ぶものではない、という解釈をクレメンス七世から引き出すことに成功した。これをうけて同年一〇月三一日、大提督シャボーは、「ヌーヴ・フランスの征服と北回りによるカタイ航路の発見」のために船隊を艤装する特許をジャック・カルチエに与えた。黒幕はモン・サン・ミシェル修道院長ジャン・ル・ヴヌールであった。ル・ヴヌールは会見のお膳立てをしたばかりでなく、実は三二年五月に航海の指揮者としてカルチエをフランソワ一世に対して推挙していたのである。[*43]

従来、フランソワ一世は、スペイン・サラマンカ学派の影響で教皇の世俗権を否定し、「先占」概念の先駆けとなったと考えられていた。史家アンドレ・ジュリアンに言わせると、これに衝撃を受けたカルロス一世は、教皇「贈与」説から占有・時効取得へと路線を変更した、と。アンヘル・ロサダ（一九七三年）は、スペインの変化は一時的なもので、一七世紀初頭には教皇「贈与」説に回帰した、と但し書きをつけながらも基本的にはジュリアン説を踏襲している。[*44]

しかしながら、アメリカにおけるフランス領の基礎となるカルチエの航海が教皇勅書の新解釈を前提としていたという事実は、フランソワ一世が分界の理念を一部容認していたことを示唆している。分界の二強と教皇の権威に対するフランソワ一世の姿勢はアンビヴァレントなものであった。

以上の考察をもって『大使たち』の地球儀を見かえすと、どのようなことがいえるであろうか。

まず、あえて分界線を記載したことの意味である。教皇の「贈与」が既「発見」地に限定されるのであれば、分界線が描かれているからといって、それは必ずしもスペイン・ポルトガルによる世界分割を認めるものではない。未「発見」の非キリスト教世界はすべてフランスに開かれているからである。カボットの航海で北西航路に先鞭をつけ、ソーンの建白でその再開発に踏み出すかに見えたイギリスは、教皇庁との交渉の途を失い、分界を半ば認めながら対外進出をはかるというきわどい芸当は演じられない。ホルバインの地球儀に示された地理は、アメリ

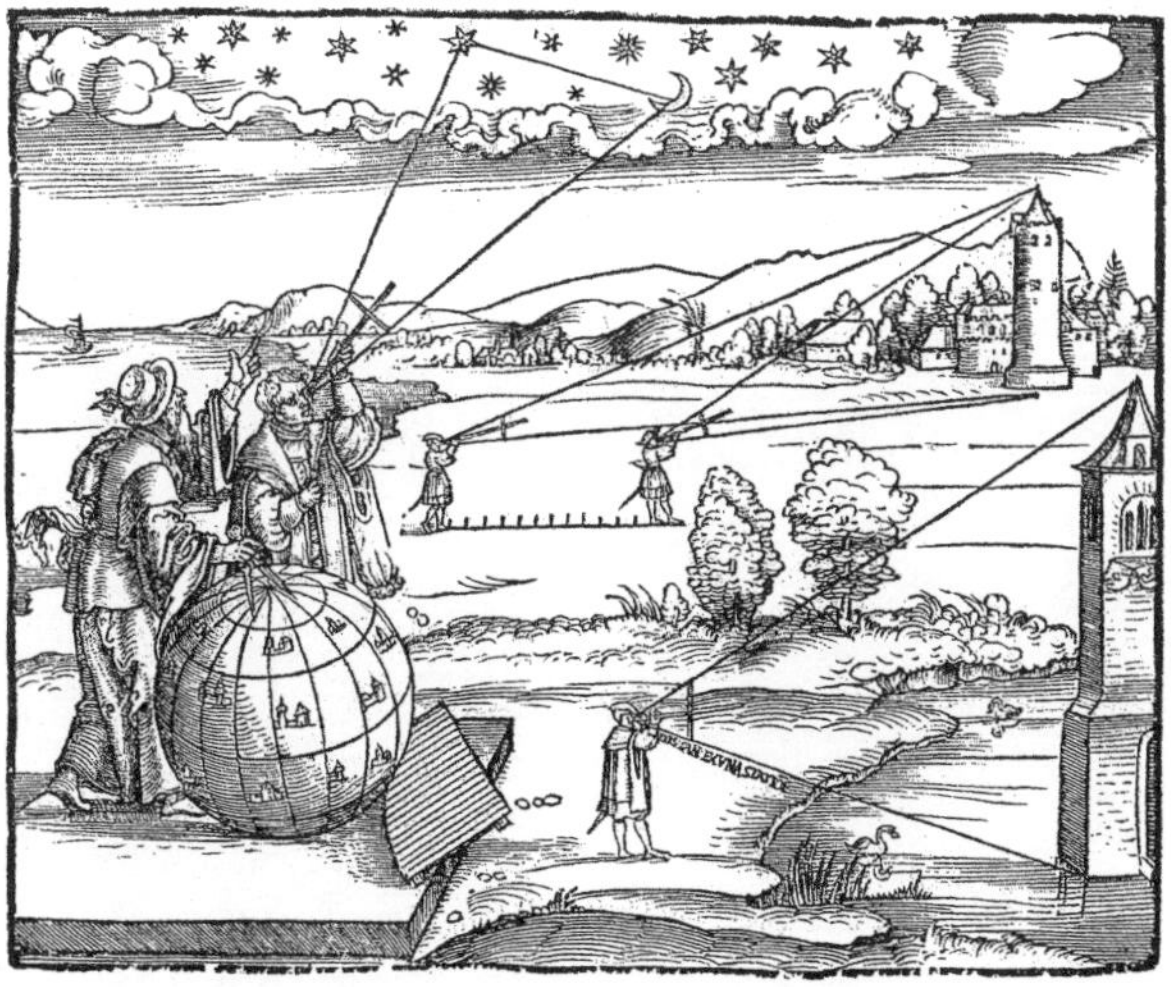

【図 86】月距法の説明図（ペトルス・アピアヌス『地理学入門』1533 年の扉絵）
月と星の角距離を測るためにクロス・スタッフが用いられている

カは東アジアと陸続きの大半島であるという当時の通説を否定し、独立したアメリカとアジアと間にあらまほしき北西航路を明示している。翌年カルチエが進むべき道がここにある。

最後に、他のオブジェと地球儀の関係について推測を述べておく。

精確に分界線を引くためばかりでなく、東西距離の長い北西航路を再現可能な形で水路誌と海図に記録するためには、しばしば船位あるいは踏査地点の経度を測らなければならない。しかしながら、航海中の経度測定は難問中の難問で、やがて海洋列強は高額の懸賞金をかけてその解決に挑み、ようやく一八世紀にクロノメーターの発明にゆきつく。学者や航海者たちがはじめてこの問題に本格的に取り組んだ一六世紀前半、有力視されていたのは三つの方法、すなわちヨハン・ヴェルナーの「月距法」【図86】、ヘンマ・フリシウスの「計時法」、そしてジョアン・デ・リジボアやルイ・ファレイロの「偏角経度法」である。[*45]

後者の展開は次章で扱うが、前二者に必要な最新型の計器類が大使たちの間に並べられていることに注目したい。なかでも天球儀・円筒型日時計・多面型日時計が示す四つないし五つの異なる時刻は時差すなわち経度差を意味しているのではないか。フリシウスが計時法のために考案した小型の携帯時計はホルバインの『ゲオルク・ギーゼの肖像』（一五三二年）に描き込まれている。また、ヴェルナーの月距法は一六〇〇年までに三〇版を重ねたペトルス・アピアヌス『世界誌』（一五二四年）によって喧伝されたが、このアピアヌスの数学書「商人のための算術手引き」も『大使たち』の棚に置かれており、開かれたページの第一語が「分かつ dividirt」とは意味深長。オブジェ群は四学科の寓意を超えて、分界や経度といった同時代における先端の知の在処を示していたのかもしれない。

第七章

マゼランの遺産、ファレイロの影

【図 91】航海術手引き *De Vyerighe Colon* の口絵（1632 年、オランダ国立博物館所蔵）
牧師プランキウスの二面性が示されている。手前は航海術の講義、奥は説教壇から天文について語る「妄想天地学者」

1　偏角経度法の呪縛

マゼランのパートナーであった学者ルイ・ファレイロは「半ば狂気の人」という口実で、マゼラン隊から排除されたが、偏角経度法にかけた彼の執念はヨーロッパに長く残留した。その顛末を記しておきたい。

ルイの遺志は、まずは弟フランシスコ・ファレイロに引き継がれた。しばらく不遇をかこっていたフランシスコは、一五三一年カルロス宛の書簡で、マゼラン艦隊とそれに続く艦隊から遠ざけられていることや、ルイの放免と扶助に関する苦労についてこぼした。[*1] インディアス会議は同年五月一一日好意的な見解を発表し、[*2] 翌一五三二年八月一〇日王令で年給一万五〇〇〇マラベディを加増された。[*3] その数年後すでにフランシスコ・ファレイロはスペインの海事において枢要の立場にあった。一五三五年六月一六日王令でエルナンド・コロン、セバスチアン・カボート、アロンソ・デ・サンタ・クルスとともに、天地学者ガスパル・レベロの器具について検査が命ぜられ、翌年セバスチアン・カボート、アロンソ・デ・サンタ・クルス、アロンソ・デ・チャベス、ディエゴ・グティエレス、ペドロ・デ・メディナとともに、欽定標準図の改訂を任された。[*4]

この頃フランシスコ・ファレイロは、偏角経度法の展開で重要な貢献を果たした。一五三五年セビリアで刊行された『天球・航海術論、〔天体〕高度〔測定〕の手引きおよび必要度の高い最新の規則書付き』の第二部第八章「磁針の東偏について」である。刊本としては初めて偏角測定用の方位羅針盤が描かれた。磁気偏角は偏角ゼロの「真子午線」から東西へ向かって規則的に漸増し東西それぞれ九〇度で最大値に達する。そこからは真子午線の一八〇度向こうの子午線まで漸減する。

基本的な理論はジョアン・デ・リジボアやルイ・ファレイロと同じだが、細部に違いがある。ジョアン・デ・リジボアによると真子午線はアゾレス諸島のサンタ・マリア島とサン・ミゲル島の間を通り、偏角の最大値は四方位角、ルイ・ファレイロによると真子午線はカナリア諸島のテネリフェ島で最大値は九〇度（八方位角）。[*5] フランシスコ・ファレイロは真子午線は「クエルヴォ〔コルヴォ〕島またはアゾレス諸島のその他いずれかの島」を通ると述べているが、偏角最大値への言及を慎重に避けている。[*6]

ポルトガルのペドロ・ヌネシュは『天球論』（一五三七年）所収の『海図擁護論』でフランシスコ・ファレイロの方位羅針盤に類似した「影の器械《エストロメント・デ・ソンブラス》」【図87】と偏角経度法を呈示している。[*7] アルブケルケは、ヌネシュがファレイロから取り入れた、とみているが、[*8] 両者の影響関係は明らかではない。少なくともこの頃までリスボンとセビリアでは偏角経度法に強い期待が寄せられていた。ただし、ヌネシュは、同じ場所の偏角がその数値を提供する航海者によってばらつきがあることや情報の乏しさのために、偏角と経度の相関を前提とする研究はむずかしいと考えていた。ヌネシュは彼の弟子であった王子ドン・ルイシュの支援を得て、偏角の組織的なデータ収集をもうひとりの弟子に託すことにした。のちにポルトガル領インドの副王にのぼりつめる貴族ジョアン・デ・カストロである。[*9]

一五一九年から北西アフリカで軍務についていたジョアン・デ・カストロは、義兄ガルシア・デ・ノローニャが第一一代ポルトガル領インド総督（副王としては第三代）として赴任するにあたってグリーフォ号の

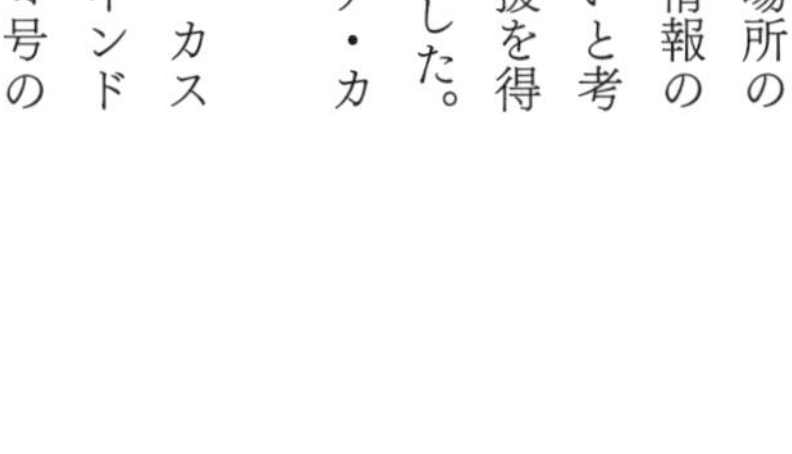

磁気偏角算出法［1538年4月13日］

午前	太陽の高度：	h_1=57 ；h_2=61°30′
	磁気方位角：	A_1=71° ；A_2=64°
午後	太陽の高度：	h_1=57° ；h_2=61°
	磁気方位角：	B_1=60° ；B_2=53°

▶磁気偏角：V_1=1/2（A_1−B_1）=5°30′NE
V_2=1/2（A_2−B_2）=5°30′NE

【図 87】影の器械

司令官に任ぜられ、一五三八年四月六日にリスボンを出帆、九月一一日にゴアに到着した。とりわけ一五四六年のディウ攻囲で大成功をおさめ、第四代副王(一五四七～四八年)に就いた。カストロは軍人の域を超えた多才なルネサンス人であった。とりわけ三つの航海誌『リスボンからゴアへの路』、『ゴアからディウへの路』、『紅海周航記』は航海者としての優れた資質を示している。ポルトガル語で初めて刊行されたのは、それぞれ一八八二年、一八四三年、一八三三年である。イスラムの聖域に踏み込んだ『紅海周航記』は同時代人の垂涎の的となった。イギリスのウォルター・ローリー(一五五二～一六一八年)は六〇ポンドでこれを入手し、一六二五年サミュエル・パーチャスが抄訳を出版した。[*10]

ジョアン・デ・カストロはふたつの実験的課題をもってインド赴任の航海に臨んでいた。ひとつは新しい緯度測定の方法である。当時の航海士たちは一五世紀末に成立した子午線緯度法、すなわち太陽の南中高度と当日の太陽の赤緯によって緯度を算出する方法をようやく手におさめつつあった。ただ、この方法は正午一回きりの観測にたよるため、正午前後が曇天だと活用できないうらみがあった。そこで、カストロは正午以外の時刻でも実行できる「傍子午線緯度法」を試みた。この方法は数学者ペドロ・ヌネシュのものである。ヌネシュは『海図擁護論』(一五三七年)のなかでそのマニュアルを展開しているが、カストロは『リスボンからゴアへの路』においてあらかじめこのマニュアルをヌネシュから与えられたこと、そしてこの方法が信頼に足るかどうか確認するように王弟ドン・ルイシュに命ぜられたことを認めている。

この方法のあらましを述べておこう。まず、アストロラーベと「影の器械」を用いて午前中の太陽の高度とその時の太陽の磁気方位角を二回測定する。次に、得られた四つの数値と当日の太陽の赤緯の余角を「天球儀《ポマ》」【図87】にあてはめて幾何学的に緯度を引き出す。影の器械とは、日時計と羅針盤をあわせたようなもので、やはりヌネシュが考案し、ジョアン・ゴンサルヴェスが作成した。[*11]これは後述の磁気偏角の測定にも用いられた。天球儀には自由に回転できる半子午環ZONが付いており、この半子午環と水平線HOH′には度盛りがしてある。天球儀と両脚器を使って点Pを特定し、観測地の緯度PMを求めるのである。

カストロが初めて傍子午線緯度法を試みたのは、リスボンを出て一週間後の一五三八年四月一三日、カナリア諸島パルマ島に接近した時点である。同日午前中二回の測定の結果、北緯二九度半という数値を得たが、カストロはいったんその数値を伏せておき、正午に航海士マヌエル・アルヴァレスに通常の方法で緯度を算出させたところ、北緯二九度三分の一と出た。そこで、カストロは午前中に得た数値をおもむろにアルヴァレスに見せて、この航海士を驚かせたのである。だが、五月二九日、三〇日、六月二日、一一日、両者の数値に不一致が目立つようになった。カストロは原因の究明に乗り出した。まず、チェックしたのは人為的ミスである。彼は当初から太陽の高度測定は複数の人間（たいていは四～五人）に行わせ、誰のデータであるかを明記した。また、予断のない測定を期待して専門的知識を持たない者、たとえば船体の継ぎ目に詰め物をする槇皮工に測定させたこともあった。しかし、人為的ミスは見つからなかった。羅針盤などの器具にも異常は認められなかった。カストロは、この問題の解明はヌネシュ博士に委ねるほかあるまい、と述べて、七月一〇日傍子午線緯度法の実験を中止した。[*12]

ルイシュ王子に命ぜられたカストロのもうひとつの実験課題は、磁気偏角という海事上の難物に関わっていた。カストロによると、「ドン・ルイシュ王子から火急にとのご要請があった確認点、その一はこの〔カナリア諸島のパルマ〕島で磁針は偏角を示すか否かということ。多くの航海者たちは、このあたりを通る子午線上で磁針は地球の真の極を示す、と考えている」。

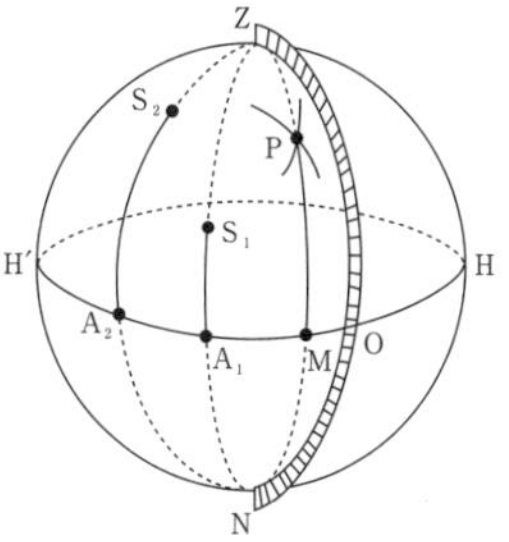

傍子午線緯度法［1538年4月13日］

午前　太陽の高度：$h_1=57°$；$h_2=61°30′$

磁気方位角：$A_1=71°$；$A_2=64°$

$A_2-A_1=7°$

$A_1S_1=h_1=57°$

$A_2S_2=h_2=61°30′$

太陽の極距（赤緯の余角）：$S_1P=S_2P=77°30′$

▶ 観測者の緯度：$PM=29°30′$

【図88】天球儀

検証は傍子午線緯度法の実験と並行して進められた。一五三八年四月一三日パルマ島沖で、カストロはアストロラーベと影の器械を用いて、午前と午後に二回ずつ大洋の高度とそのときの太陽の磁気方位角を測定した。午前と午後で同じ高度となる時の方位角A１とB１の二等分線Ngが地理上の子午線である。影の器械の磁針が示す磁気子午線Nmは地理上の子午線より五度半「東偏」、つまり東にずれていることが判明した。その二日後、カナリア諸島の南で測定すると、東偏六度と出た。そこでカストロは「カナリア諸島を通る子午線上で磁針は世界の真の極を示す、という考え方は誤りである」と結論した。[*13]

むろん、より重要なのは、偏角の増減は経度に比例する、というさらに上位の通念であった。カストロは実験を継続し、ゴアまでの航海（一五三八年四月一三日〜九月五日）で八〇回、ゴアからディウまでの航海（一五三八年一二月一三日〜一五三九年三月一一日）で二九回、航海の周航（一五四一年一月二三日〜四月一一日）で一八回、計一二七回偏角を算出した。東偏は最大で二〇度四五分、西偏は最大で一二度半に達した。一五三八年七月三〜四日、アフリカ南東部のナタール海岸付近で偏角ゼロの地点が発見された。[*14]「船内磁気」（自差）[*15]や「岩石磁気」[*16]の発見という副産物の成果もあった。しかしながら、カストロは肝心の経度と偏角の対応関係を見いだすことはできなかった。カストロは「なにか別の法則性があるのかもしれないが、今日に至るまで私はそれをみいだせない。……偉大なる自然はその大いなる神秘の工房にそれを秘匿しているのだ」と述べたうえで、「磁気偏角は経度差に比例しない」と断定したのである【表５】。[*17]

偏角経度法は世界分割に寄与しない。この結論を得たカストロは伝統的な方法に回帰し、分界の認識を示そうと考えた。マドリード国立図書館架蔵の古文書一一四〇番に『インド総督ドン・ジョアン・デ・カストロが国王ドン・ジョアン三世とカステラ国王との征服の分界に関して〔ジョアン三世に〕宛てた報告書』[*18]と題された日付のない手稿が含まれている。報告書のなかに最近六ヶ月間で王国内のすべての天地学書を総覧したという一節とインドで書かれたとおぼしき別の一節があることから、総督就任後ではなく最初のインド滞在期（一五三八〜四一年）あるいはいったん帰国した一五四二年頃に書かれた、と推測されている。サラゴサ条約以後では分界に関する最も重要な史料である。カストロは「現行の海図」（標準図《パドラン》かもしれないが、作成者と作成年は言及されていない）に示された六地点（大西洋の分界線・リスボン・アレクサンドリア・紅海の入口付近・コモリン岬・モルッカ諸島）間の経度差を列挙し、それらを批判し修正している。別表にこの二系統の数値と、比較のため一五二五年のディオゴ・リベイロ図の数値および実値をまとめた【表6】。

モルッカ諸島まで一六〇度であるから、対蹠分界線はモルッカ諸島の東二〇度に位置する。修正の要点はアレクサンドリア＝紅海入口の経度差を一一度短縮したことにある。カストロによると、この部分における標準海図の間違いは二つの原因がある。ひとつは紅海の軸が東西方向に傾きすぎていること。第二に、アレクサンドリア・紅海入口の距離が六〇〇レグアというのは過大見積もりで、実は四〇〇レグア程度であること。四〇〇レグアの根拠はジョアン三世の父王〔マヌエル〕の命で行われたジョルジェ・レイネルの仕事であり、その傍証は古代のプトロメウ〔プトレマイオス〕、エストラボネ〔ストラボン〕、プリニオ〔プリニウス〕、ポンポニオ・メラ、同時代のスペイン人フェルナンデス・デ・エンシソである。[*19]

一六〇度は実値一五九度に近似しているが、それはバダホス＝エルヴァス会議においてポルトガル代表が示した一五九度という数値と同じであることも想起したい。『紅海周航記』を著したカストロが論拠を自らの、あるいはその周辺の在ポルトガルの学者や職人ではなく、スペインに渡ったジョルジェ・レイネルの知見に帰した点は興味深い。経度短縮に関する『マゼラン覚え書』冒頭の懸念や、バダホス＝エルヴァス会議におけるスペイン側の暴露が正しかったことを示す可能性と、スペイン有利の分界観を明示したエンシソとジョルジェ・レイネルの名を引き合いに出してモルッカ諸島以北・以東へのポルトガル領インドの展開を正当化する狙いの、ふたつが想定できる。しかし、いずれにせよ、マゼランの実験を踏み越えるだけのインパクトを持っていない。

一方、スペインではヌネシュとカストロの業績ははやくから一部の学者に知られていた。アロンソ・デ・サンタ・クルスの『経度の書』（一五五五年頃）第一部第四章によると、偏角経度法の起源はスペイン人フィリペ・ギレンである。アロンソ・デ・サンタ・クルスは、偏角と経度の相関法にあてはまらない西インド諸島とメキシコのデータを得ていながらもその有効性を信じていた。しかし、アロンソは一五四五年リスボンでポルトガル領インドの航海士たちから情報収集するとともに、ジョアン・デ・カストロに接近し、カストロから数冊の水路誌を譲り受けた。また、カストロが彼に語ったところによると、カストロは航海においてフィリペ・ギレンの器具を携行したが、利用することはなかった。調査の結果アロンソ・デ・サンタ・クルスは等偏角と地理的子午線の相応という考え方は現実にそぐわないと判断し、これを放棄した、という。[*20]

だが、月距法は原則として正しいが、近世のヨーロッパにおいて天文表・器具・計時の不備で正確な結果は出

年月日	太陽の高度	午前中の方位角	午後の方位角	磁針の偏角(2)
1.24	20° 35° 45° 40′	52° 30′ 40° 26°	77° 65° 51°	12° 15′ 12° 30′ 12° 30′
2.7	0° 29° 40°	65° 51° 40° 30′	88° 74° 30′ 64° 30′	11° 30′ 11° 45′ 12°
2.22	34° 43° 30′ 50°	55° 47° 38°	77° 30′ 70° 60° 30′	11° 15′ 11° 30′ 11° 15′
3.10	0°	11° 30′		11° 30′
3.11	0°	11° 30′		11° 30′
1541.1.23	31° 30′ 40° 52° 30′	52° 46° 30′ 30°	68° 30′ 63° 46° 30′	8° 15′ 8° 15′ 8° 15′
1.29	42° 50°	50° 41° 30′	60° 30′ 52°	5° 15′ 5° 15′
2.24	35° 45° 50° 55°	67° 59° 53° 30′ 46° 30′	70° 62° 56° 30′ 49°	1° 30′ 1° 30′ 1° 30′ 1° 15′
3.7	38° 10′ 50° 55°	70° 60° 30′ 55°	72° 30′ 63° 57° 30′	1° 15′ 1° 15′ 1° 15′
4.4	59° 50′	68° 30′	69° 30′	0° 30′
4.5	40° 50° 60°	82° 30′ 77° 69° 20′	83° 45′ 78° 30′ 70°	0° 37′ 0° 45′ 0° 20′
4.11	53° 60° 30′	74° 67° 30′	74° 30′ 68°	0° 15′ 0° 15′

(1)観測データの出所は、1538年4月13日から9月5日までが『リスボンからゴアへの路』，1538年12月13日から1539年3月11日までが『ゴアからディウへの路』，1541年1月23日から4月11日までが『紅海周航記』。

(2)1538年4月13日から6月30日までの偏角は東偏，同年7月1日から1541年4月11日までの偏角はすべて西偏である。

【表5】ジョアン・デ・カストロによる地磁気偏角の観測データ[1]

年月日	太陽の高度	午前中の方位角	午後の方位角	磁針の偏角[2]
1538.4.13	57°	71°	60°	5° 30′ NE
	61° 30′	64°	53°	5° 30′
4.15	56°	80°	68°	6°
	67°	65°	53°	6°
4.23	42°	78°	87°	5° 30′
	60° 30′	77°	88°	5° 30′
5.11	41° 30′	32° 30′		
	59°	46°	58°	6°
5.19	37°	43° 30′	65°	10° 45′
	46°	35°	56°	10° 30′
5.20	13°	54°	77°	11° 30′
	40°	41° 30′		
	43° 30′	38° 30′		
	53° 30′	22°	42°	0°
	57° 30′	7° 30′	29°	10° 45′
5.21	21°	50°	71° 30′	10° 45′
5.22	0°	57°	79°	11°
5.28	24°	42°	65°	11° 30′
5.29	28°	31° 30′	64°	16° 15′
	40°	20°		
5.30	5°	52°	77°	12° 30′
	24°	42°	65° 30′	11° 45′
	28°	38° 30′	61° 30′	11° 30′
	40°	20° 30′	45°	12° 15′
6. 2	7°	47° 30′		
	23°	35° 30′	66°	15° 15′
	32° 30′	13° 30′	55°	20° 45′
6. 6	22°	30°		
	30° 30′	17° 30′		
	33° 30′	11° 30′	44°	16° 15′
6.10	10°	33°	72° 30′	19° 45′
	19° 40′	26°	65°	19° 30′
	23°	22°	62°	20°
	28° 30′	17° 30′	56°	19° 15′
6.11	20° 30′	26° 30′		
	25°	18° 30′	57° 30′	19° 30′
	30°	10°		
6.17	19°	26° 30′	58°	15° 45′
	25° 30′	13° 30′	44° 30′	15° 30′
6.18	18° 30′	27° 30′		
	20°	24° 30′	56°	15° 45′
	25°	15°	45° 30′	15° 15′
6.22	27°	17° 30′	37° 30′	10°
6.24	13° 30′	38°		
	25° 30′	38°		
	30°	7° 30′	27° 30′	10°
6.30	3°	30°	18°	6°
	10° 45′	51°		
	18° 20′	41°	44° 30′	1° 45′
	24° 30′	31°	33° 30′	1° 15′
	30° 30′	17°	19°	1°
7. 1	3°	30°	30°	0° 0′
	32°	20°	19°	0° 30′ NW
7. 3	16°	50°	50°	0° 0′
	25°	39° 30′	39° 30′	0° 0′
	31° 30′	25°	25°	0° 0′
7. 4	32° 30′	20°	20°	0° 0′
7.10	15° 30′	33° 30′	30°	1° 45′
	25° 30′	41° 30′	40°	0° 45′
	27° 30′	34°	31°	1° 30′
7.12	33° 30′	33° 30′	24°	4° 45′
	35°	29°	18° 30′	5° 15′
7.17	32°	45° 30′	35°	5° 15′
	37° 30′	35° 30′	26°	4° 45′
7.18	28°	53° 30′	44°	4° 45′
	34° 15′	43° 30′	34°	4° 45′
7.23	12° 20′	71°	60°	5° 30′
	23°	63° 30′	54°	4° 45′
8. 6	16°	76° 30′	63° 30′	6° 30′
	42° 30′	61° 30′	48°	6° 45′
	53°	48°	34° 30′	6° 45′
	56°	39°	25° 30′	6° 45′
8. 9				6° 30′
				6° 45′
8.16	18°	80° 30′	69°	5° 45′
	31°	76°	64°	6°
8.17	28°	79°	66° 30′	6° 15′
	50°	70°	57° 30′	6° 15′
8.21	23° 30′	86°		
	46°	81° 30′	67°	7° 15′
8.22	0°	1°		7° 30′
8.24	0°	90°	74° 30′	7° 45′
8.25	0°	1° 30′	15°	8° 15′
8.26	0°	1° 30′	15°	8° 15′
8.28	56°	5°	15°	10°
8.29	0°	4°	15°	9° 30′
	56°	7°	12° 30′	9° 45′
8.30	0°	5°		
	50°	8° 30′	12°	10° 15′
8.31	36°	8° 30′	11°	9° 45′
	56°	10° 30′	9° 30′	10°
9. 1	0°	6° 30′	13° 30′	10°
9. 2	0°	6° 30′	13°	9° 45′
	50°	16° 30′	3° 30′	10°
9. 5	40°	18° 30′	1° 30′	10°
12.13	0°	52° 30′	73°	10° 15′
	30°	39°	59° 30′	10° 15′
	40°	23°	43° 30′	10° 15′
12.14	0°	52° 30′	73°	10° 15′
12.20	0°	52° 30′	75° 30′	11° 30′
12.21	0°	52° 30′	75° 30′	11° 30′
	22° 30′	41° 30′	66° 30′	12° 30′
	30°	34° 30′	59° 30′	12° 30′
	40° 30′	18° 30′	43° 30′	12° 30′
12.22	0°	52° 30′	76° 30′	12°
12.23	0°	53°	76° 30′	11° 45′
12.24	0°	53°	77°	12°
12.25	0°	53°	77°	12°
12.26	0°	53° 30′	77°	11° 45′
1539. 1.10	0°	57°	79°	11°
	30°	42°	63° 30′	11°
	35°	36° 30′	59°	11° 15′
	40°	31° 30′	53° 30′	11

ないという事情もあり、偏角経度法への期待は容易には潰えなかった。ルイ・ファレイロの亡霊はピレネーを越えたのである。

スコットランド人の血を引くディエップの航海士ジャン・ロッツは一五四二年、イングランドの国王ヘンリ八世に航海器具と航海術論『磁針偏差論および航海術の過誤に関してこれまで知られていないがすべての航海士と水夫たちにきわめて有用かつ必要ないくつかの重要な事実。一五四二年』八一葉[21]を献じて測量係にとりたてられた。その第二部でロッツは経度の算出方法について月距法をとりあげているが、「月距法は天文学を知らないものにとってはきわめて難しい手法であり、たいていの航海者にほとんど役に立たない」とルイ・ファレイロと同様の理由を挙げて偏角経度法を推奨し、第三部で偏角ゼロの子午線はフェロ島を通っており、偏角は東西距離二一レグア四分の一毎に一度変化すると述べている。そこで引用された偏角の数値はわずか四つであった。すなわち、一五二九〜三〇年のディエップのタプロバーナ（スマトラ）航海における自らの観測でえたギネー八度東偏、ディエップは一〇度東偏、ブラジルは一〇度西偏、および二次情報でえたニューファンドランド二二度半西偏。これらの数値とニューファンドランドの北緯四七度のレイス岬は偏角ゼロの子午線の西四八〇レグアであることから前記の偏角理論を引き出しているのである。ヘレン・ウォリス（一九八一年）は、ロッツはフランシスコ・ファレイロとペドロ・ネヌシュの著作を読んでいたであろうと推測している。[22]

偏差のパターンはロッツが想定したように幾何学的ではないが、一七〇一年大西洋、一七〇二年世界の偏角図をエドモンド・ハーレイが出版したときでさえ【図89】、航海者たちは等偏角線が南北にある場所、たとえばホーン岬では等偏角線を用いて経度を確定しようとした。等偏角図作成の最初の試みはポルトガル人ルイシュ・テイシェイラによるとされる一五八五年頃の太平洋海図【図90】である。偏角一度は経度二度に相当し、最大角は二方位角二二度半。ラテン語説明文はこの地図がある外国人、おそらくアムステルダムのペトルス・プランキウス【図91】（第七章扉）のために作られた可能性を示唆している。[23]ペトルス・プランキウスはハーグ公文書館所蔵の手稿（Loketkas Admiraliteit n.10）に含まれる『経度と磁針の東偏・西偏によるその測定』（一五九八年頃）のなかで次のように述べている。

偏角ゼロの子午線は四つある。フロレス島およびコルボ島を通る本初子午線とそこから東へ六〇度、一六〇度、二六〇度の子午線である。この四区間それぞれの中間点で偏角は最大値をとる。数値はスペイン・ポルトガル・フランス・イングランド・ネーデルラント等の学者や航海者によってヨーロッパ・アジア・ペルアナ〔南米〕・メシカナ〔中北米〕の各地で引き出されたものである。

一七世紀初頭この手法は毀誉褒貶相半ばしていた。J・ホンディウス、W・J・ブラウらは厳しく批判したが、シモン・ステヴィンやバレント・ケテルタスは大筋でプランキウス説を支持していたのである。ステヴィンは偏角経度法の創始はプランキウスだという。[*24]

2　計測される世界

ルイ・ファレイロの排除によって結果的にマゼランは似非科学・偏角経度法の呪縛から解かれ、先駆的な分界の実験にのぞむことができた。それは『マゼラン覚え書』にみる地図作成家たちの足し算の仮説を天文学的手法による割り算の世界計測で検証するものであった。その影響はポルトガル領インドとスペイン領メキシコやペルーで組織的に行われた経度の測定に認めることができよう。

ジェロニモ・オゾリオは『マヌエル王事績録』（一五七一年）のなかでかつてのモルッカ

【表6】カストロによる6地点の経度差

分界線	〜リスボン	〜アレクサンドリア	〜紅海入口	〜コモリン	〜モルッカ	計
リベイロ	38	47.5	28	34	34	181.5
「現行海図」	38	37	28	30	38	171
カストロ	38	37	17	30	38	160
実　値	40	40	11	34	34	159

【図 89】エドモンド・ハーレイの大西洋偏角図
（1701 年、UCLA ウィリアム・アンドリューズ・クラーク記念図書館所蔵）

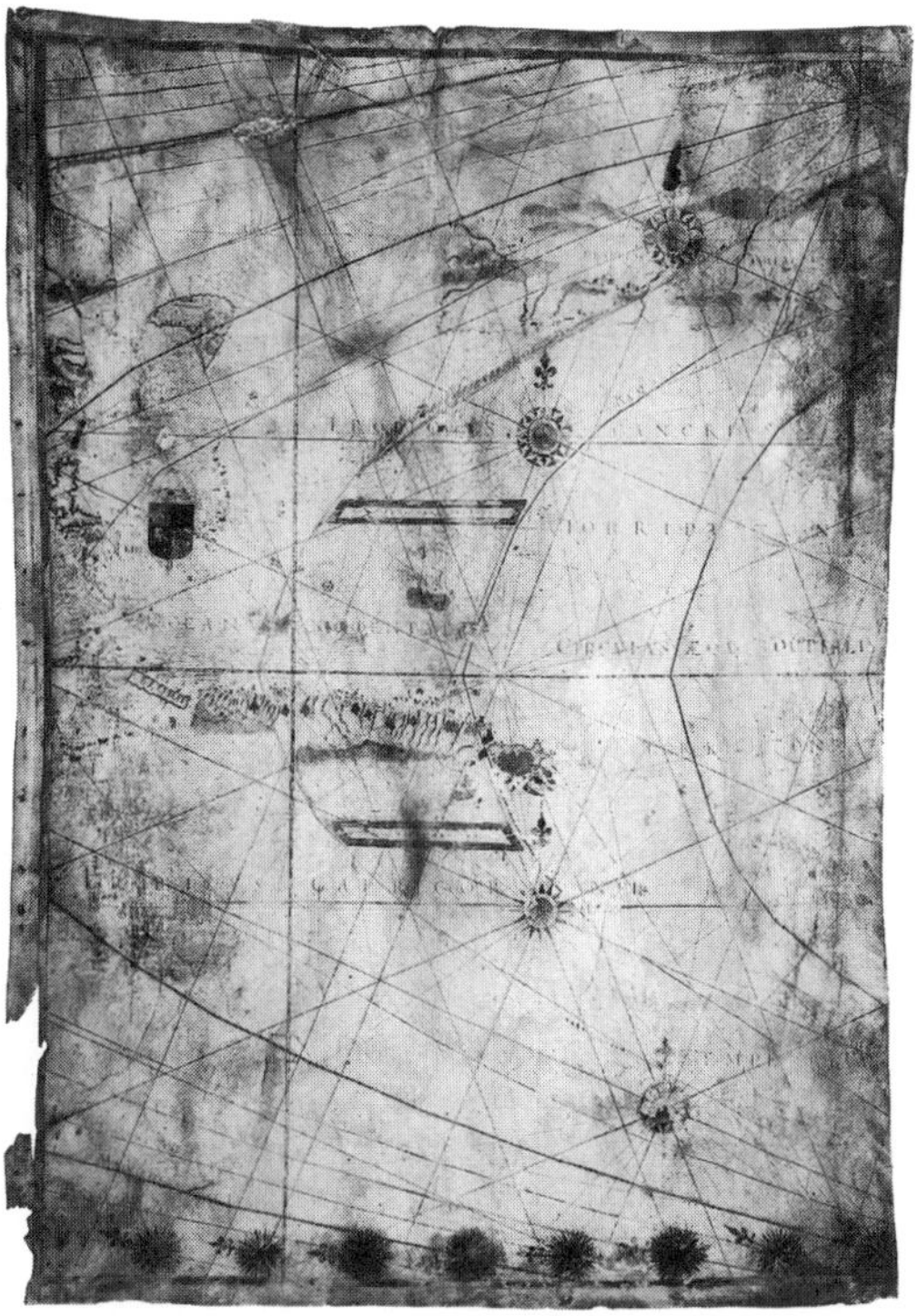

【図 90】ルイシュ・テイシェイラ作とされる太平洋海図
（1585 年頃、リスボン海事博物館所蔵）等偏角線が見える

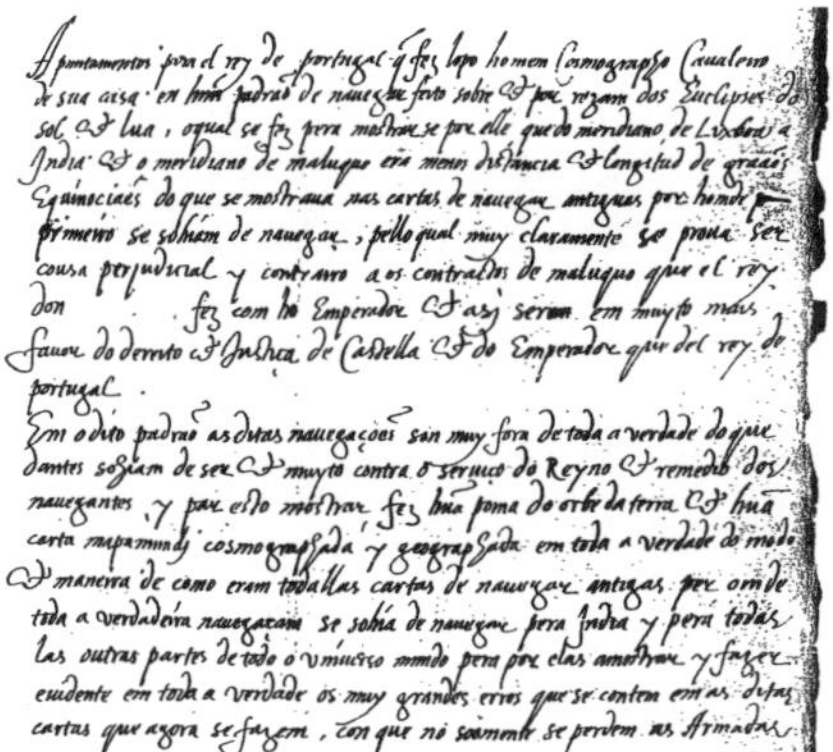

Apontamentos pera el rey de portugal q fez lopo homem Cosmographo Caualeiro
de sua casa en hum padrão de nauegar feito sobre & por rezam dos Eclipses do
sol & lua, oqual se fez pera mostrar se por elle que do meridiano de Lixboa a
India & o meridiano de maluquo era menor distancia & longitud de graaos
Equinociaes do que se mostraua nas cartas de nauegar antiguas por honde
primeiro se solhiam de nauegar, pello qual muy claramente se proua ser
cousa perjudicial y contrario a os contractos de maluquo que el rey
don fez com ho Emperador & asj seram em muyto mais
fauor do dereito & Justiça de Castella & do Emperador que del rey de
portugal.
Em o dito padrão as ditas nauegações san muy fora de toda a verdade do que
dantes soyam de ser & muyto contra o seruiço do Reyno & remedio dos
nauegantes, y por esto mostrar fez hua poma do orbe da terra & hua
carta mapamundi cosmographada y geographada em toda a verdade do modo
& maneira de como eram todallas cartas de nauegar antigas por onde
toda a verdadeira nauegaçam se solia de nauegar pera India y pera todas
las outras partes de todo o vniuerso mundo pera por elas amostrar y fazer
euidente em toda a verdade os muy grandes erros que se contem em as ditas
cartas que agora se fazem, con que no soamente se perdem as Armadas

【図 92】『ロポ・オーメン覚え書』冒頭部分（フランス国立図書館所蔵、Colb. 298, Vc, f. 6.）

問題に関連して次のように述べている。

数学者ペドロ・ヌネシュの訓練を受けた専門家たちは天文学的方法によってリスボンとインダス河口の経度差は九〇度と判断した。インダス河口とモルッカ諸島の経度差は〔天文学的方法ではないが〕四二度である。これらの数値に大西洋の分界線とリスボンの経度差三六度を加えると、モルッカ諸島はポルトガルの分界内に位置する。ポルトガルはモルッカ諸島から東へ「あと一二度発見の余地がある」。[*25]

インダス河口における計測の時期は明らかにされていないが、バダホス＝エルヴァス会議のために書かれたとおぼしき文書は食によるふたつの経度測定に言及している。ひとつは「インディアとアラビアの間」で総督ロペス・デ・セケイラによって行われた。もうひとつは「マラッカの東二〇ないし二五レグア」でベルナルド・ピレシュによる。ただし、いずれの場合も数値と日時は与えられていない。地理学史家W・G・L・ランドルス（一九九五年）はフランス国立図書館所蔵の手稿『天地学者で騎士のロポ・オーメンがポルトガル国王〔ジョアン三世〕にあてた覚え書』【図92】に着目し、一五二九〜五七年頃アジアにおける経度測定に進展があったとみている。オーメンによると、ペドロ・ヌネシュは月食と日食の観測による経度を用いてインドへの航路の標準図を作成した。[*26]

一方、スペイン領のメキシコでは定点で食の観測が行われていた。オビエドが引用する副王アントニオ・デ・メンドーサの一五四一年一〇月六日付書簡によると、メキシコ市はトレドの西、八時間二分三四秒の時差の地点に位置する。フアン・ロペス・デ・ベラスコの『インディアス地誌総説』（一五七四年）【図93】【図94】によると、一五四四年J・ドゥランの月食観測によってメキシコ市はトレドの西一〇三度に位置づけられた。メキシコ市では一五七七年九月と一五七八年九月にも月食が観測され、トレドの西一〇〇度に修正された。その誤差五度弱は一五八四年までにわずか二三キロメートルに縮小した。[*27] ペルーでは一五八八年までに現エクアドルのポルト・ビエホにおける食の測定で誤差二度強の成果が得られた。[*28]

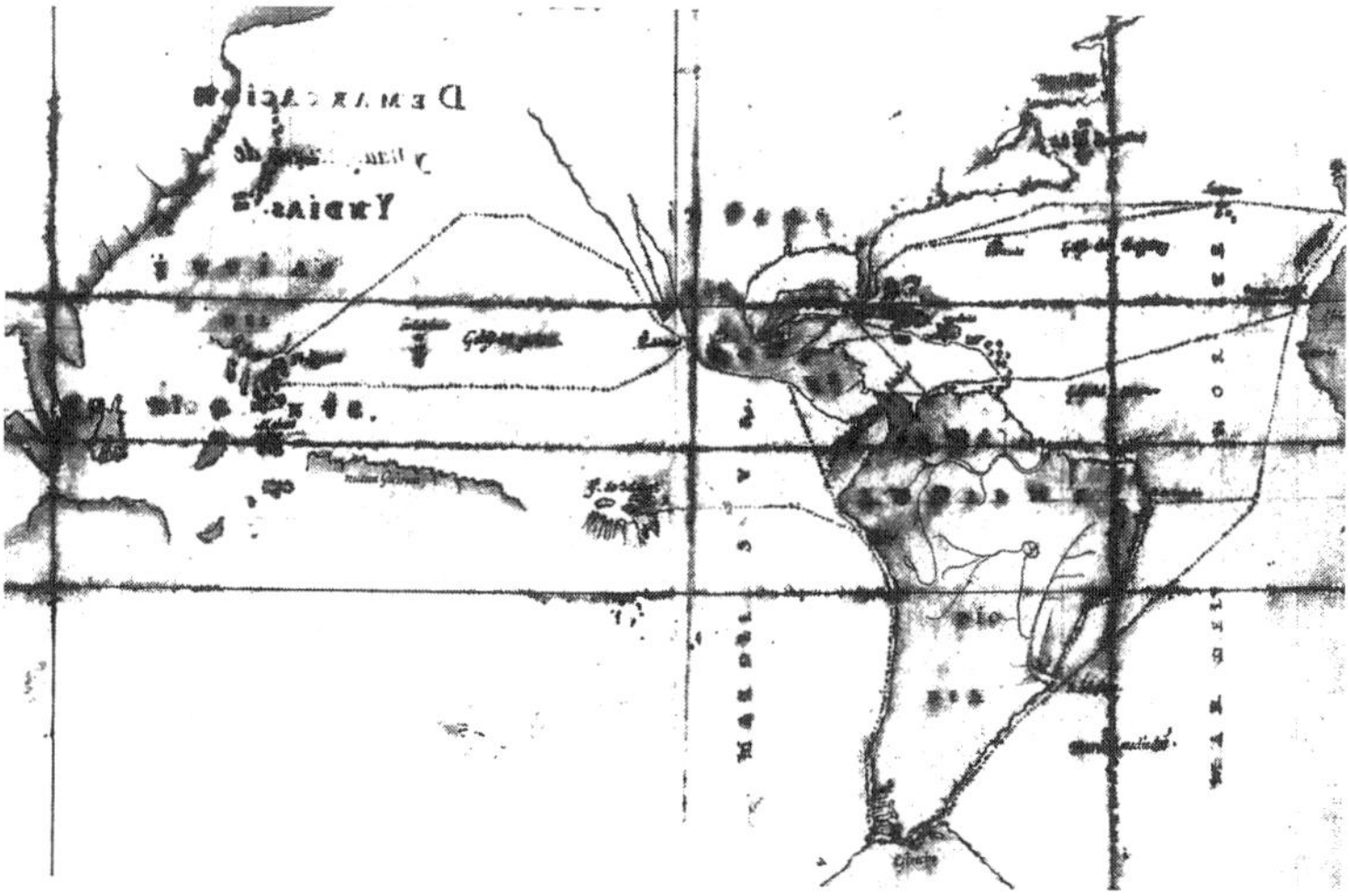

【図 93】フアン・ロペス・デ・ベラスコのスペイン帝国図（1575 年、ジョン・カーター・ブラウン図書館所蔵）『インディアス地誌総説』（1574 年）のためにベラスコは 12 葉の地域図とこの 1 葉の全体図を用意していた。他葉の文字が裏写りしているため判読しづらいが、スペイン帝国の版図と主要航路、そして分界線を示す

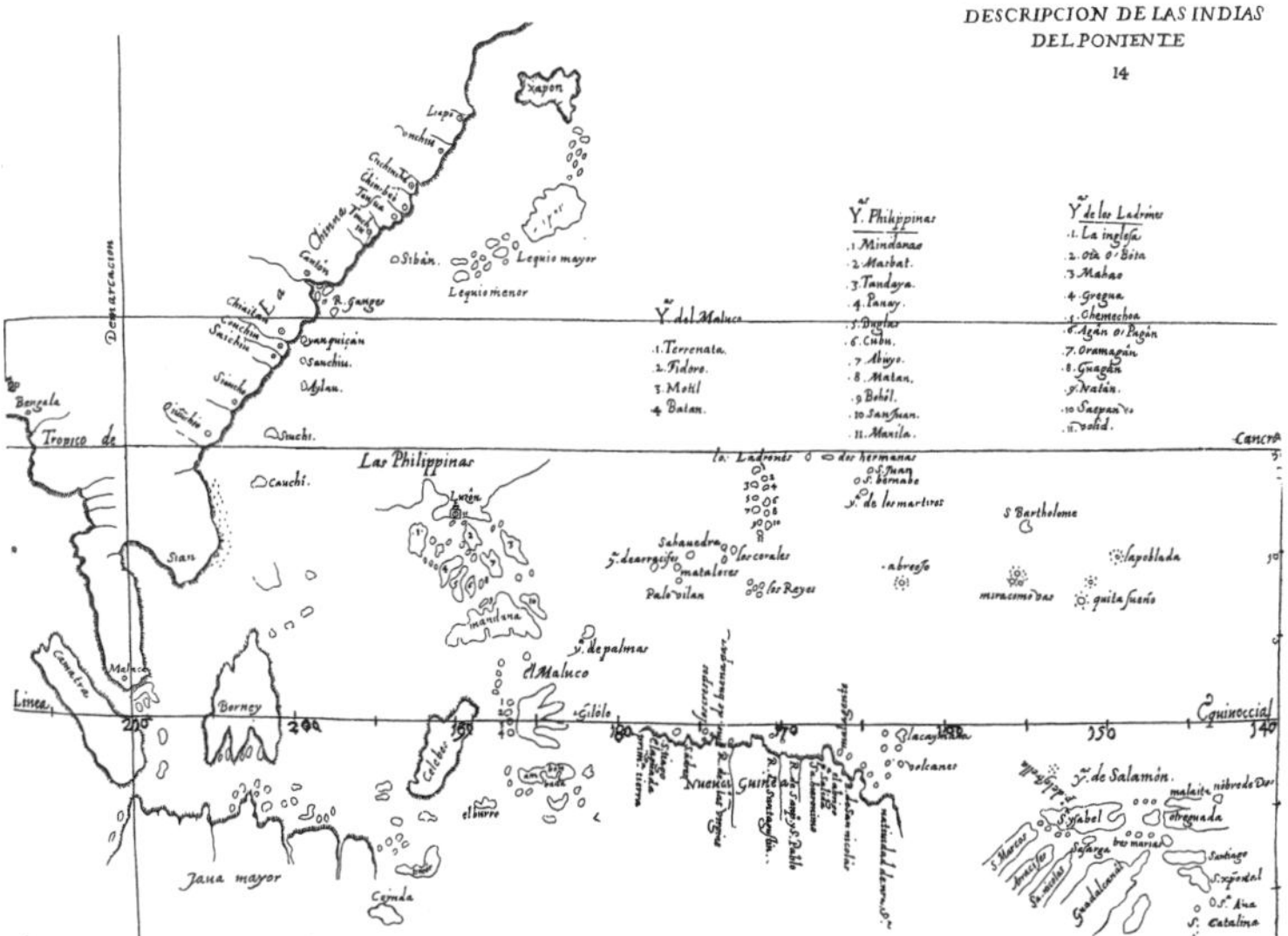

【図 94】アントニオ・デ・エレーラの西方諸島図（1601-15 年）
ベラスコのスペイン帝国図はエレーラの年代記に取り込まれて版を重ねた

ペルー・メキシコとアジアの「西方諸島」に挟まれた「スペインの湖」太平洋の横幅は拡大したが、劇的といえるほどではなかった。一五〇七年のヴァルトゼーミュラー図の北緯一〇度で八〇度、すなわち実値一六四度の半分以下しかなかった太平洋の幅は、マゼラン航海の後ようやく四〇パーセントの過少見積もりとなった。[*29] ベラスコによると、フィリピンやモルッカをふくむ北緯四〇～南緯一四度の西方諸島はメキシコやペルーの西九〇度に位置し、すべてスペインの分界内である。[*30] 航海記録等の湮滅・変造といった政治的理由や経度測定の技術的困難以外にあげるべき原因は、ピガフェッタ航海記の初のフランス語刊本（コリーヌ版）における誤訳のために、経度算定の基準がすべて分界線ではなく「出発地」（すなわちセビリア）とされたことである。[*31]

スペイン国王がポルトガル国王をかねる同君連合（一五八一～一六四〇年）の時代、ハプスブルク家は「太陽の沈まぬ帝国」を実現したが、ポルトガルの自治は大幅に認められ、分界の議論と世界計測に歯止めはかからなかった。イエズス会士のマテオ・リッチ（一五八三年頃）とジョヴァンニ・フレーマン（一六一二年）は、マカオの経度を誤差三度弱～五度弱の精度で算出した。[*32] その数値は優に中国をポルトガルの分界におさめる意味をもっていた。

おわりに
世界分割の夢

マゼランをコロンブスの風下におく通説はのりこえられたであろうか。

まず、両者間の地理的認識の落差は明らかである。コロンブスは香料諸島への航路を求めた最後の航海（一五〇二〜〇四年）においてもパナマのベラグアから西へガンジス川までの距離はピサ＝ヴェネツィア間ほどにすぎないと述べているが、マゼランは、『マゼラン覚え書』[*1]や太平洋横断の航跡の分析でみたように、経度で喜望峰航路を上回るきわめて長大な西回り航海を想定し実行した。地球の尺度がまるで異なっていたのである。

むろん、個人を歴史の文脈から切り離して比較することはできない。約三〇年の世代格差は小さくないし、状況の変化も見過ごせない。フランドル出身の新王カルロスのスペイン赴任と連動するかのように、フランドルと利害関係の深いブルゴス派政商が台頭し、リスボンからセビリアへ資本と人材が流れた。これらが大航海の誘い水となったことはたしかである。だが、コロンブスの晩年からソリスの航海（一五一五年）まで西回り航路の開設を目指す遠征はすべて失敗している。西回り航路のカギ、「海峡」の存在は確実ではなかった。しかも、マゼランは経済効率で東回り航路に劣るかもしれない遠征案を提示していた。

この一見して困難な企画を彼が宮廷において押し通すことに成功した要因は、地理的認識と不可分に結びついた地政学的構想、すなわち世界分割のふたつの理念（二等分割／フロンティア漸進）を使い分けるその柔軟性としたたかさにあった。

教皇分界についていえば、コロンブスはその設定の経緯に関与していたが、トルデシリャス条約の成立後は、インディアスの副王・提督としての自らの権益をまもる意図もあって、分界のふたつの理念いずれにも属さない独自の解釈に固執し、スペインに寄与できなかった。分界に関して、ジェノヴァ人コロンブスとポルトガル人マゼランを分かつ歴史的素因は、一二世紀半ば以降のイベリア半島で未征服地の分配を約したレコンキスタの伝統である。カスティーリャとアラゴンによる分配の談合から排除されていたポルトガルは一五世紀前半、「回復」の埒外における海外進出でローマ教皇の権威によりながら「発見」と征服を正当化する途を開いた。そして、マゼランを生んだ一五世紀後半のポルトガルは、コロンブスを擁する後発のスペインと新たな分配の談合、世界分割をなした。

マゼランは、出帆前に仮説としての対蹠分界観を提示し、航海中に先端の知見と技術を投下してそれを検証するという、いわば実験的手法をとることによって世界分割の体現者となった。マゼランの強みは、知的専門職や高級職人とのつながりにあった。学者ルイ・ファレイロをパートナーとして遇することによって、分界の実験に力点を置いた希有の企画として印象づけた。だが、いったん航海案が採択されると、ファレイロ排除の動きに逆らう素振りを見せなかった。地図作成家や航海士らの知識を吸い上げてさらに世界認識を更新し、ファレイロの手法に拘泥することなく分界の実験をセビリアの天文学者に委ねたのである。実験の結果はスペイン有利の仮説を覆したが、そのことを想定していたマゼランは、噂の香料諸島でなく、北緯一二〜一三度にあるとおぼしき「未発見」の黄金島をひそかに第一目標として設定していた。

フロンティア漸進という分界解釈における前提は、キリスト教の布教である。マゼランは到達地ビサヤ諸島のセブにおいて成功の最終段階にさしかかったと判断したその刹那に、白衣の宣教師に豹変した。大砲と十字架を過信した強圧的な投降勧告は反動を招き、マゼランはマクタン島で横死した。その記録と業績は奪われたが、ポルトガルに先んじて黄金島と東洋針路の要所を押さえようとした構想と成果は受け継がれた。一五六五年以降、

【図 95】ジロラモ・フランチェスコ・マッツォーラ（パルミジャニーノ）「カール 5 世（カルロス 1 世）寓意図」（1529-30 年、Rosenberg and Stiebel Inc.）

マニラとメキシコのアカプルコをむすぶガレオン航路が成立し、フィリピンにスペインの権力とカトリックが扶植されたのである。

ふたつの分界解釈を使い分けるマゼランの手法は生き残った。ビクトリア号帰還後、「発見」から「占有」へ向かう激烈なたたき合いの舞台裏で、対蹠分界を護る外交と学的議論の場が両国間で維持された。サラゴサ条約(一五二九年)によってモルッカはポルトガルが確保したが、以後も分界の議論は収束へ向かうどころか、その対象は中国や日本、フィリピンへと拡大していった。だが、いかに加熱しようとも、対蹠分界はヨーロッパの第三国を排除し独占的に非キリスト教世界を分配する談合の論理のうえに成り立っており、両国の交渉は決裂に至らないのである。

マゼランの航海はフランスやイギリスにも大きな刺激を与えていた。フランソワ一世がお墨付きを与えた一五二四年ヴェラツァーノの航海は、現合衆国東海岸で第二のマゼラン海峡を探索した。イギリスのロバート・ソーンは黄金のオフィール・タルシスが誘う北西航路を提唱した。しかし、かれらが教皇「贈与」に依存したスペイン・ポルトガル二国の分界のイデオロギー的弱点と未占有の実態に本格的に挑むのは一六世紀末からである。海洋二強はマゼランが開いた世界分割の夢をしばらく貪ることができた。

チャップリンの『独裁者』で表現されているように、地球儀をもてあそぶ行為は権力の象徴である【図95】。L・ジャーディン＝J・ブロットン(二〇〇〇年)はマゼラン航海後、占有の競合のなかで地球規模の地政学が発展した、と考えている。[*2] 先の大戦中に生産された多くの文献が示しているように、そのような地政学は権力に奉仕する知識人によって支えられる。地球儀を持ち寄って世界分割を討議するスペインとポルトガルの裁定者や技術顧問たちは世界を俯瞰する仮想現実を愉しんでいたのかもしれない。

注

●略記号

AGI: Archivo General de Indias
AGS: Archivo General de Simancas
ANTT: Archivo Nacional de Torre do Tombo
Gavetas: Centro de Estudos Históricos Ultramarinos, *As Gavetas da Torre do Tombo*, Lisboa, 1960-.
MM: A. T. da Mota, ed., *A Viagem de Fernão de Magalhães e a Questão das Molucas*, Junta de Investigações Cientificas do Ultramar, Actas do II Colóquio Luso-Espanhol de História Ultramarina (25-29/9/1973), Lisboa, 1975.
PMC: A. Cortesão & A. T. da Mota, eds., *Portugaliae Monumenta Cartographica*, 6vols., Lisboa, 1960.
TT: *El Tratado de Tordesillas y su proyeccion*, Segundas Jornadas Americanistas: Primer Coloquio Luso-Español de Historia Ultramarina (26-29/9/1972), 2vols, Valladolid, 1973.

●はじめに

＊1―― Francis Henry Hill Guillemard, *The life of Ferdinand Magellan and the first circumnavigation of the globe. 1480-1521*, London, 1890, 258; G. E. Nunn, *The Columbus and Magellan Concepts of South American Geography*, Glenside, 1932, 43-51; G. D. Winius, "Magellan, Ferdinand", S. A. Benini, ed., *The Christopher Columbus Encyclopedia*, II, N. Y., 1992, 442-445. ボイス・ペンローズ（荒尾克己訳）『大航海時代――旅と発見の二世紀』筑摩書房、一九八五年、一八七頁。増田義郎「マガリャンイス最初の世界一周航海・解説」『コロンブス、アメリゴ、ガマ、バルボア、マゼラン航海の記録』大航海時代叢書、一、岩波書店、一九六五年、四八一～四八四頁。増田義郎『マゼラン――地球をひとつにした男』原書房、一九九三年、一六〇～一六八、二五八、二六六頁。マゼランに関する文献の量はコロンブスの五分の一以下である、という指摘もある。M. Torodash, "Magellan Historiography", *The Hispanic American historical review*, LI, 1971, 313.

＊2―― Cf. R. V. Tooley, "One of the Rarest Picture Atlases, AMERICAE RETECTIO, 1592", *Map Collector*, 2, 1978, 22-24. 象を捕らえた大怪鳥は、直接にはアントニオ・ピガフェッタがモルッカ諸島から同行していた老水先案内から聞いた「水牛一頭か象一

頭を自分の棲んでいる木まで運ぶ」巨鳥ガルダの話（長南実訳「マガリャンイス最初の世界一周航海」大航海時代叢書、一、六五七～五八頁）あるいはマルコ・ポーロ『東方見聞録』におけるマダガスカル島のリュまたはルクの記述（月村辰雄・久保田勝一訳『驚異の書』fr.2810写本、岩波書店、二〇〇二年、fol. 88-88v.（一七八～七九頁）; 愛宕松男訳注『東方見聞録』二、平凡社、東洋文庫一八三、一九七一年、二三六～四〇頁；Henry Yule, *The Book of Ser Marco Polo*, London, 1874, 404-410）に由来すると思われるが、元をたどればイスラム世界の伝説に行き着く。『千夜一夜物語』の「アブドル・ラフマーン・アル・マグリビーが語った巨鳥ルフの話」と「海のシンドバードの第二航海の話」および『アラーッ・ディーンと魔法のランプの物語』（前嶋信次訳『アラビアン・ナイト』一〇巻、平凡社、一九七九年、八九～九二頁、一二巻、平凡社、一九八一年、三〇～四五頁、別巻、平凡社、一九八五年、一八六頁）にルフRukhが登場する。なお、イブン・バットゥータ『三大陸周遊記』にも「ルフ鳥の説明」が挿入されているが、家島彦一は南シナ海の台風による竜巻現象が伝説化したものであろうという（家島彦一訳注『大旅行記』七、平凡社、二〇〇二年、一二二～一二四、一九一頁）。怪鳥と竜巻の関係は一見して奇異であるがピガフェッタは、ガルーダのすむ樹木のまわりには「ものすごい渦巻」がとりかこんでおり、まきこまれた人々はほとんど死ぬ、とのべている。一二世紀後半ナバラ王国のユダヤ人ベンヤミン・デ・トゥデラも、おそらく同源の説話を記述している。すなわち、「シン」の暴風海域「ニッパの海」で嵐にまきこまれた水夫は牛皮に身を包んで海に入る。すると、グリフィンが動物とまちがえて水夫をつかみ上げ陸地に運びおとす、と（*The Itinerary of Benjamin of Tudela*, Frankfurt am Main, 1995, 63-67）。

＊3――*America de Bry, 1590-1634, Amerika oder die Neue Welt, Die 'Entdeckung' eines Kontinents in 346 Kupferstichen*, Herausgegeben von Gereon Sievernich, Berlin und New York, 1990, 153-181, 436-437; Theodoro de Bry (prologo de John H. Elliott, Traducíon de A. Kovacsics), *América (1590-1634)*, Madrid, 1992, 150-183, 446-447.

＊4――Arnoldus Montanus, *De Nieuwe en Onbekende Weereld*, Amsterdam, 1671.

＊5――アントニオ・ピガフェッタは南太平洋横断中の記述に「ふたつの星雲」に言及している（長南実訳「マガリャンイス最初の世界一周航海」五二五頁）。アレクサンダー・フォン・フンボルトは、この星雲（Nubecula major, Nubecula menor）はすでにアラブ人に知られていたと述べながらも、西洋に限ってはペドロ・マルティルが初めてポルトガル人の観測として「天の川」に言及しており、当該箇所は一五一四～一六年に書かれたという。Petri Martyris ab Angleria, *De Rebus Oceanicis et Orbe Novo*, Basileae, 1533, Dec. iii., Lib. i, 217（ペドロ・マルティル、清水憲男訳『新世界とウマニスタ』（一五一六）岩波書店、一九九三年、一五六～五七頁）; Alexander von Humboldt, *Cosmos: A Sketch of a Physical Description of the Universe*, V. 2, 286-88. アンドレア・ダ・モストによると、ポルトガル人は当初「岬の星雲」と呼んでいた。*Raccolta di Documenti e Studi Publicati dalla R. Commissione Colombiana*, Roma, 1894, Parte V, Volume III, 66. しかし、西洋でも、マルティルより二〇〇年以上前にこ

の星雲は知られていたかもしれない。アバノのピエトロ（一三〇三年頃）はマルコ・ポーロからの聞き取りとして、インド洋ではマゼラン星雲らしきものが観測されていた、という。Petrus de Abano, *Conciliator*, Venetia, 1565, Diff. 67, f.101v; G. Beaujouan, "Rapports entre Théorie et Pratique au Moyen Age", in: J. E. Murdoch & E. D. Sylla, eds., *The Cultural Context of Medieval Learning*, Dordrecht, 1975, 466.

*6—— Alberto Gomes & Antonio Miguel Trigueiros, eds., *Moedas portuguesas na Epoca dos Descobrimentos, 1385-1580*, Lisboa, 1992, 109-117.

*7——ザルツブルク大司教マテウス・ランク宛、バリャドリード一五二二年一〇月二四日付。一五二三年一一月ローマ、二四年一月ケルン刊。本章ではナバレテ版（D. C. S. Serrano, ed., *Obras de D. Martin Fernandez de Navarrete*, II, Madrid, 1964, 557-580.）および邦訳版（長南実訳「マゼランの最初の世界回遊航海」増田義郎編『未知への旅』グロリアインターナショナル、一九七四年）を参照した。

*8——パリでシモン・ド・コリーヌによって刊行されたフランス語の要約版（*Le voyage et navigation faict par les Espaignolz es Isles de Mollucques*）は不明のイタリア語写本に由来し、一五二六～三六年の出版と推測されている。この複写版が一九六九年に英訳付で出版された（*The Voyage of Magellan, The Journal of Antonio Pigafetta*, trans. by P. S. Paige from the edition in the William L. Clements Library, University of Michigan, Eaglewood Cliffs, 1969）。フランス語初版をベースに他の写本を加味して一五三六年ヴェネツィアでイタリア語版（*Il Viaggio Fatto da gli Spagnivoli a Torno a'l Mondo*）が出版され、ラムージオ版で再版された。

*9—— G. B. Ramusio, *Primo volome delle Navigationi et Viaggi*, Venetia, 1550, f. 374-397v.

*10——原本は消失。本書では、インディアス文書館所蔵の初期写本（AGI, Patronato Real, 34, R.5）による二種の写本と三種の刊本を参照した。すなわち、一七八三年ムニョス写本複写（British Library, Add. 17621, fols. 1-20, "Magallanes, Simancas: en un legajo suelto 1519, Derrotero del viage de Fernando de Magallanes en demanda del Estrecho desde el cabo de San Agustin, Francisco Albo, ano de 1519"）、一七九三年ナバレテ写本複写（Museo Naval Madrid, *Colección de documentos y manuscriptos compilados por Fernandez de Navarrete*, 16, Nendeln, 1971, 325-382）、ナバレテ版（D. C. S. Serrano, ed., *Obras de D. Martin Fernandez de Navarrete*, 3vols., Madrid, 1954-64, II, 532-556）、一九二〇年バルセロナ版（*Colección general de documentos relativos a las islas filipinas existentes en el archivo de Indias de Sevilla*, 5 vols., Barcelona: Compañía General de Tabacos de Filipinas, 1918-1923, III, 229-278）、一九九八年マドリード版（Germán Arciniegas, Martim de Alburquerque, Manuel Ballesteros Gaibrois, *La primera vuelta al mundo: protagonistas, génesis y desarrollo a través de los documentos*, estudio y transcripción de los documentos, J. M. R. Asencio, M. H. Jiménez, I. R. Albi, Madrid, 1998, 224-250)。

*11—— Francis Henry Hill Guillemard, *The life of Ferdinand Magellan and the first circumnavigation of the globe, 1480-1521*, London, 1890; Stefan Zweig, *Magellán: Der Man und Seine Tat*, Vienna, 1938（関楠生・河原忠彦訳『マゼラン』みすず書房、一九九八年）; Charles MacKew Parr, *So Noble a Captain*, N. Y., 1953 (*Ferdinand Magellan, Circumnavigator*, New York, 1964).

*12—— Damiao de Goís, *Chronica do felicíssimo Rei Dom Emanuel*, Lisboa, 1566-67 (J. M. T. de Carvalho & D. Lopes, eds., Coimbra, 1926, IV, 83-84).

*13—— Fernão Lopes de Castanheda, *História do descobrimento e conquista da Índia pelos portugueses*, Coimbra, 1551-61, Liv. VI, cap. VI (M. L. de Almeida, ed., Porto, 1979, II, 161).

*14—— Jerónimo Osório, *De Rebus Emmanuelis Lusitanae invictissimi virtute et auspicio gestis libro duodecim*, Lisboa, 1571, XI, 23 (1944, II, 225f).

*15—— Visconde de Lagôa (João A. Mascarenhas Judice), *Fernão de Magalhãis: a sua vida e a sua viagem*, 2 vols., Lisboa, 1938.

*16—— Pedro Mártir de Anglería, *De Orbe Novo Decadas*, Alcala de Henares, 1530, V, VII (*Décadas del Nuevo Mundo*, trad. de J. Torres Asensio, revisada por J. Martínez Masanza, Madrid, 1989, 353).

*17—— D. Barros Arana, *Vida i Viajes de Hernando de Magallanes*, Santiago de Chile, 1864（本書ではポルトガル語版を参照。Vida e Viagens de Fernão de Magalhães, Lisboa, 1881）; J. T. Medina, *El Descubrimiento del Océano Pacíco*, Santiago de Chile, 1920.

*18—— A. T. da Mota, ed., *A Viagem de Fernão de Magalhães e a Questão das Molucas*, Junta de Investigações Cientificas do Ultramar, Actas do II Colóquio Luso-Espanhol de História Ultramarina (25-29/9/1973), Lisboa, 1975.

*19——分界については、合田昌史「世界分割の科学と政治――『モルッカ問題』をめぐって」『史林』七五巻六号、一九九二年、八二九～六四頁。

*20—— Peter van der Krogt, *Globi Neerlandici: The production of globes in the Low Countries*, Utrecht, 1993, 33-35.

*21—— Simon Stevin, *The Haven-finding Art, Or The Way to Find any Hauen or place at sea, by the Latitude and Variation*, London, 1599 (Amsterdam, New York, 1968), 7, 24.

*22——E・ツィルゼル（青木靖三訳）『科学と社会』みすず書房、一九六七年、一一～一六頁。

*23—— William Henry Scott, "The Mediterranean Connection", in: *Looking for the Prehispanic Filipino and Other Essays in Philippine History*, Quezon City, 1992, 24-39.

*24—— Jean Aubin, "Deux chrétiens au Yémen Tahiride", *Journal of the Royal Asiatic Society*, 3 rd series, 3, 1993, 33-75.

●第一章

＊1——一四九四年六月七日にトルデシリャスで締結された両国の条約はふたつある。ひとつは「ボジャドル岬からリオ・デ・オロまでの漁業権とフェズ王国の境界」に関する条約、もうひとつが本書で取り扱う大西洋の分界に関する条約である。カスティーリャ語原本はリスボンの国立文書館所蔵（BN. Lisboa, Res., MS. 5, n. 25）、ポルトガル語原本はセビリアのインディアス文書館所蔵（AGI., Patronato 1, n. 6, r. 1）。初期写本として前者が七種、後者が三種伝わっている。本書ではリスボンのトーレ・ド・トンボ文書館所蔵写本（ANTT., Gav. XVII, m. 2, doc. 24）によるカスティーリャ語版とセビリア原本によるポルトガル語版が収録された『トルデシリャス条約関係史料集成』（L. Adão da Fonseca & J. M. Ruiz Asencio, eds., *Corpus Documental de Tratado de Tordesillas*, Sociedad V Centenario del Tratado de Tordesillas, 1995, 151-167）を参照した。以下の刊本にも採録されている。*Obras de Navarrete*, I, 378-86; Marques, *Descobrimentos*, III, 432-46, 453-58; Davenport, *European Treaties*, 86-93. 分界に関する重要な邦語文献として、高瀬弘一郎「大航海時代イベリア両国の世界二等分割征服論と日本」『思想』五六八、一九七一年、七五〜九七頁。

＊2——Kenneth Nebenzahl, *Atlas of Columbus and the Great Discoveries*, Chicago, 1990, 62-63.

＊3——Gregory C. McIntosh, *The Piri Reis Map of 1513*, Athens & London, 2000, 33.

＊4——Julio Valdeon Barque, "Las particiones medievales en los tratados de los reinos hispanicos", *El Tratado de Tordesillas y su proyeccion*, Segundas Jornadas Americanistas: Primer Coloquio Luso-Español de Historia Ultramarina (26-29/9/1972), 2vols, Valladolid, 1973, I, pp. 21-32; José Muñoz Perez, "La 'fronteras astronomica' de Tordesillas," *El Tratado de Tordesillas y su proyeccion*, II, 197-215.

＊5——P. Bofarull et al eds., *Colección de documentos inéditos del Archivo de la Corona de Aragón*, 4, Barcelona, 1849, 168-170, 239-241.

＊6——Julio González, *El reina de Castilla en la época de Alfonso VIII*, 3 vols., Madrid, 1960, II, 79-82.

＊7——*Ibid.*, I, 814-816; II, 528-532.

＊8——A. H. Miranda & M. D. Cabanes Pecourt, *Documentos de Jaime I de Aragon*, Valencia, 1976, 2, 176-177.

＊9——*Memorial Histórico Español: colección de documentos, opúsculos y antigüedades*, Madrid: Real Academia de la Historia, Madrid, III, 1852, 456.

＊10——José Goñi Gaztambide, *Historia de la bula de la cruzada en España*, Vitoria, 1958, 205-231, 263-281.

＊11——Peter Linehan, *History and the historians of medieval Spain*, Oxford, 1993, 103.

*12—— Joseph F. O'Callaghan, *Reconquest and Crusade in Medieval Spain*, Philadelphia, 2003, 4.

*13—— *Memorial Histórico Español*, III, 456; Rumeu de Armas, *El Tratado de Tordesillas*, Madrid, 1992, 19.

*14—— J. G. Gaztambide, *Historia de la bula de la cruzada en España*, 49-52; James A. Brundage, *Medieval Canon Law and the Crusader*, Madison, 1969, 24-25, 145-146.

*15—— Ramón Menéndez Pidal, *La España del Cid*, Madrid, 1947, 1, 147.

*16—— O'Callaghan, *Reconquest and Crusade in Medieval Spain*, 31-38.

*17—— Damian J. Smith, "'Soli Hispani ?' Innocent III and Las Navas de Tolosa", *Hispania Sacra*, 51, 1999, 500.

*18—— B. W. Diffie & G. D. Winius, *Foundations of the Portuguese Empire, 1415-1580*, Minneapolis, 1977, 59.

*19—— C. Miranda, ed., Gomes Eanes da Zurara, *Crónica da tomada de Ceuta*, Lisboa.

*20—— J. M. da Silva Marques, ed., *Descobrimentos Portugueses*, 3vols, Lisboa, 1988 (1944-71), I, 244-248, 365-369.

*21—— Damião Peres, *História dos descobrimentos portuguêses*, Oporto, 2nd ed., 1960, 55-62, 73-92, 189-205; Diffie & Winius, *Foundations of the Portuguese Empire*, 57-62, 103-107.

*22—— Florentino Perez Embid, *Los Descubrimientos en el Atlántico y la rivalidad castellano-portuguesa hasta el tratado de Tordesillas*, Sevilla, 1948, 54-107; Peres, *História dos descobrimentos portuguêses*, 16-34; Silva Marques, ed., *Descobrimentos Portugueses*, I, 77-80, 86-88.

*23—— Antonio Rumeu de Armas, *España en el Africa Atlántica*, I, Madrid, 1956, 54-63, 91-94; Perez Embid, *Los Descubrimientos en el Atlántico*, 125-130, Silva Marques, ed., *Descobrimentos Portugueses*, I, 351-352.

*24—— A. J. Dias Dinis, ed., *Monumenta Henricina*, 12vols., Coimbra, V, 301; Peter Russell, *Prince Henry 'the Navigator', A Life*, New Haven, 2000, 162-163.

*25—— "Allegationes factas per reverendum patrem dominum Alfonsum de Cartaiena, piscopum burgensem in Consilio Bassilensi, super conquesta Insularum Canarie contra Portugalenses", in: Silva Marques, ed., *Descobrimentos Portugueses*, I, 295-320.

*26——金七紀男『エンリケ航海王子——大航海時代の先駆者とその時代』刀水書房、二〇〇四年、七六頁。Gomes Eanes da Zurara, *Crónica de Guiné*, cap. 8 (Barcelos, 1973, 49-55). アズララ（長南実訳）「ギネー発見征服誌」『アズララ、カダモスト　西アフリカ航海の記録』大航海時代叢書、二、岩波書店、一九六七年、一六三～一六九頁。

*27—— O'Callaghan, *Reconquest and Crusade in Medieval Spain*, 16.

*28—— Zurara, *Crónica de Guiné*, caps. 16,30 (85, 141-146). アズララ（長南実訳）「ギネー発見征服誌」一九三〜九四、二四二〜四七頁。なお、アズララはカナリア諸島の住民グアンチェについてはモーロや異教徒のカテゴリーに入れることを避けている。ベタンクールによってカスティーリャの宗主権のもとで征服された三島の「住民はすべてキリスト教徒」であり、ゴメラ島には「キリスト教徒が混じっている」。残るグラン・カナリアなどの三島は一度も征服されたことがなかったが、一四二四年エンリケが送ったフェルナンド・カストロの遠征以後グラン・カナリア島では「多数の島民がキリスト教徒になった」。Zurara, *Crónica de Guiné*, cap. 79 (333-337). アズララ（長南実訳）「ギネー発見征服誌」四〇八〜四一四頁。

*29—— Zurara, *Crónica de Guiné*, cap. 60 (256). アズララ（長南実訳）「ギネー発見征服誌」三三八頁。Academia Portuguesa da História, ed., *Viagens de Luís de Cadamosto e de Padro de Sintra*, Lisboa, 1988,27 カダモスト（河島英昭訳）「航海の記録」『アズララ、カダモスト　西アフリカ航海の記録』大航海時代叢書、二、五二六頁。

*30—— V. M. Godinho, *Mito e mercadoria, Utopia e pratica de navegar, seculos XIII-XVIII*, Lisboa, 1990, 167-170, 174-175.

*31—— *Viagens de Luís de Cadamosto e de Pedro de Sintra*, 28. カダモスト（河島英昭訳）「航海の記録」五二七頁。

*32—— "De prima inuentione Gujnee", fol. 270, in: J. Pereira da Costa, ed., *Códice Valentim Fernandes*, 277. ディオゴ・ゴメシュの報告「ギネー発見」はニュルンベルクのマルティン・ベハイムがドイツ語で聞き取り、それをモラヴィア人ヴァレンティン・フェルナンデスが一六世紀初頭にラテン語訳した。一八四七年ミュンヘンで発見された手稿（Codex Hispanus, n. 27）の一部。

*33—— E. G. Ravenstein, *Martin Behaim, his life and his globe*, London, 1908, 113.「ヒエロニムス・モネタリウスの書簡」青木康征『完訳コロンブス航海誌』四九一頁。

*34—— V. M. Godinho, *Mito e mercadoria*, 157-164., 167-179.

*35—— Zurara, *Crónica de Guiné*, cap. 16 (86). アズララ（長南実訳）「ギネー発見征服誌」一九四頁。

*36—— V. M. Godinho, *Mito e mercadoria*, 153-167.

*37—— Romanus pontifex (Orig. ANTT., Bulas, m. 7, no. 29); Inter caetera (Cópia. ANTT., Gav. VII, m. 13, no. 7). 刊本としては、Marques, ed., *Descobrimentos Portugueses*, I, 503-508, 535-537; Fonseca & Asencio, eds., *Corpus Documental de Tratado de Tordesillas*, 54-57, 63-65; F. G. Davenport, ed., *European Treaties bearing on the History of the United States & its Dependencies to 1648*, Washington, D. C., 1917, 13-20, 28-30. ダヴェンポートの史料集は英訳付で幸便であるが、Romanus pontifex の年号にまちがいがある。

*38—— Anthony Padgen, *Lords of All The World, Ideologies of Empire in Spain, Britain and France, c. 1500-c. 1800*, New Haven & London, 1995, 51; R. I. Burns, ed., *Las Siete Partidas*, II, I, IV, Philadelphia, 2001, v. 2, 274.

＊39――イサベル批准の写本二種（AGS., PR. 49-44. Cat. V, no., 4089; AGS., PR. 49-53. Cat. V, no., 4086）とカトリック両王批准の写本１種（ANTT., Gav. XVII, m. 6, doc. 16）がある。刊本としては、A. de La Torre & L. S. Fernandez, ed., *Documentos referentes a las relaciones con Portugal durante el reinado de los Reyes Catolicos*, I, Valladolid, 1958, 245-84; Marques, Descobrimentos, III, 181-209; Fonseca & Asencio, eds., *Corpus Documental de Tratado de Tordesillas*, 69-92; Davenport, *European Treaties*, 36-41.

＊40―― *Orig.* ANTT., Bulas, m. 26, no. 10; La Torre & Fernandez, ed., *Documentos referentes*, 174-185; Marques, ed., *Descobrimentos Portugueses*, III, 222-238; Fonseca & Asencio, eds., *Corpus Documental de Tratado de Tordesillas*, 101-107; Davenport, *European Treaties*, 50-52.

＊41―― Rui de Pina, *Crónica de el-rei D. João II*, cap. LXVI (A. Martins de Carvalho, ed., Coimbra, 1950, 184); Garcia de Resende, *Crónica de el-rei D. João II*, cap. CLXV (G. Pereira, ed., Lisboa, 1902, III, 20-22); João de Barros, *Decadas da Asia*, I-III-XI (H. Cidade & M. Múrias, ed., Lisboa, 1945, 118-122).

＊42―― F. Lardicci, ed., *Repertorium Columbianum, v.VI; A Synoptic Edition of the Log of Columbus's First Voyage*, Turnhout 1999, 425-426. 青木康征『完訳コロンブス航海誌』平凡社、一九九三年、二八一頁。

＊43―― Jerónimo de Zurita, *Anales de la Corona de Aragón*, Tomo V: *Historia del rey don Hernando el Católico*, Zaragoza, 1610, lib. I, cap. XXV, 30r-32r, cap. XXIX, 35r-37r.; João de Barros, *Decadas da Asia*, I-III-XI(1945, 121); Marques, *Descobrimentos*, III, 394-397; *Obras de Navarrete*, I, 310-312, 342, 344-356.

＊44―― A. Garcia Gallo, "Las bulas de Alejandro VI y el ordenamiento juridico de la expansion portuguesa y castellana en Africa e Indias", *Anuario de Historia del Derecho Español*, 27-28, 1957-58, 593-594. 勅書三通の原本ないし写本の所蔵先は、Inter caetera I (Orig. AGI., Patronato 1, r. 1, n. 1); Eximiae devotionis (Copia. AGI., Patronato 1, r. 4); Inter caetera II (Orig. AGI., Patronato 1, r. 1, n. 3). 刊本としては、*Obras de Navarrete*, I, 315-19; Marques, *Descobrimentos*, III, 374-90, 419-21; Fonseca & Asencio, eds., *Corpus Documental de Tratado de Tordesillas*, 119-130; Davenport, *European Treaties*, pp. 58-61, 64-67, 72-75, 80-81.

＊45―― A. Garcia Gallo, "Las bulas de Alejandro VI", 552-554.

＊46―― A. Garcia Gallo, "Las bulas de Alejandro VI", 797-799, 817-819; Marques, *Descobrimentos*, III, 659-660; Fonseca & Asencio, eds., *Corpus Documental de Tratado de Tordesillas*, 132-133, 139-141.

＊47―― Zurita, *Historia del rey don Hernando el Católico*, Zaragoza, lib. I, cap. XXIX, 35r-37r.

＊48―― Juan Perez de Tudela, "Razon y Genesis del Tratado de Tordesillas", in: *Tratado de Tordesillas (Tabula Americae, 3)*, descripcion y transcripcion del documento de T. M. Martinez y J. M. R. Asencio, Madrid, 1985, 31.

＊49——M. Gimenez Fernandez, "América, 'ysla de Canaria por ganar'", *Anuario de Estudios Atlánticos*, n. 1, 1955, 311-312.
＊50——Perez Embid, *Los Descubrimientos en el Atlántico*, 217-219.
＊51——Armando Cortesão, "D. João II e o Tratado de Tordesilhas", *El Tratado de Tordesillas y su proyeccion*, I, 93-101.
＊52——A. Garcia Gallo, "Las bulas de Alejandro VI", 718; José Muñoz Perez, "La "frontera astronomica" de Tordesillas", 211-212; Rumeu de Armas, *El Tratado de Tordesillas*, Madrid, 1992, 110.
＊53——Lardicci, ed., *Repertorium Columbianum*, v. VI, 337, 339, 349. 青木康征『完訳コロンブス航海誌』一一二、一一七、一三八〜一三九頁。
＊54——S. E. Morison, *Admiral of the Ocean Sea, A Life of Christopher Columbus*, 2vols, Boston, 1942, I, 243, 339-340, 352-353.
＊55——Gago Coutinho, *A Náutica dos Descobrimentos*, 2vols., Lisboa, 1969, I, 86ff.
＊56——L. de Albuquerque, *História da Náutica*, cap. 86 (40-439). アズララ（長南実訳）「ギネー発見征服誌」四三一〜四三四頁 ; D. Peres, *História dos Descobrimentos*, 1960, 64; *Monumenta Henricina*, VI, 334.
＊57——J. Pereira da Costa, ed., *Códice Valentim Fernandes*, 277-299.
＊58——Duarte Leite, *História dos Descobrimentos*, I, Lisboa, 1958, 375-381.
＊59——João de Barros, *Decadas da Asia*, I-III-XI, I-IV-II (H. Cidade & M. Múrias, ed., Lisboa, 1945, 120, 135-136).
＊60——G. E. Nunn, *The Geographical Conceptions of Columbus*, New York, 1977 (1924), 6-8. 青木康征『完訳コロンブス航海誌』四七二〜七三、四七七頁。
＊61——前者の筆跡が弟バルトロメ・コロンのものであるとするドゥアルテ・レイテの見方と南緯四五度は喜望峰ではなくディアスの到達した最南点であろうというペレスの憶測がある。Leite, *História dos Descobrimentos*, I, 398-400; Peres, *Historia dos descobrimentos portugueses*, 30ff.
＊62——D. W. Waters, "Early Time and Distance Measurements at Sea", *Journal of the Institute of Navigation*, 8-2, 1955, 153-173.
＊63——Lardicci, ed., *Repertorium Columbianum*, VI, 411, 417, 418; *Obras de Navarrete*, I, 156-160.
＊64——Lardicci, ed, *Repertorium Columbianum*, VI, 321-322. 青木康征『完訳コロンブス航海誌』七六頁。
＊65——M. Obregón, ed., *The Columbus Papers; The Barcelona Letter of 1493, the Landfall Controversy, and the Indian guides*, New York, 1991, 61. 青木康征『完訳コロンブス航海誌』二九七頁。
＊66——*Obras de Navarrete*, I, 363-64.
＊67——David Henige, *In Search of Columbus: the Sources for the First Voyage*, Tucson, 1991, 102-116.

*68——O. H. K. Spate, *The Spanish Lake*, Minneapolis, 1979, 27.

*69——Garrett Mattingly, "No Peace Beyond What Line?", *Transactions of the Royal Historical Society*, 5th ser., XIII, 1963, 145-162.

*70——P. E. Hoffman, *A new Andalucia and a way to the Orient: the American Southeast during the sixteenth century*, Baton Rouge: Louisiana State University Press, 1990, 167.

*71——John Dee, "Brytanici Imperii Limites", BL Additional MS 59681; Ken MacMillan, "Disclosing a Great Error: John Dee's Answer to the Papal Bull Inter Caetera", *Terrae Incognitae*, 36, 2004, 12-19.

*72——Lardicci, ed., *Repertorium Columbianum*, VI, 308. 青木康征『完訳コロンブス航海誌』四〇頁。*Obras de Navarrete*, I, 364-365.

*73——Antonio Gallo, "De navigatione Columbi, 1506", in: G. Symcox, ed., *Italian Reports on America, 1493-1522, Accounts by Contemporary Observers* (*Repertorium Columbianum*, Volume XII), Turnhout, 2002, 196-198; I. C. Ruzzana, ed., *The History of the life and deeds of the admiral Christopher Columbus attributed to his son Fernando Colon* (*Repertorium Columbianum*, Volume XIII), Turnhout, 2004, Cap. LIX, 328-329; D. C. West & A. Kling, eds., *The Libro de las Profecías of Christopher Columbus*, Gainesville, 1991, 226-227. 青木康征『完訳コロンブス航海誌』四一四頁。Bartolomé de Las Casas, *Historia de las Indias*, Lib. I, Caps. XCVI (A. M. Carlo, ed., México, 1951, I, 390). ラス・カサス（長南実訳）『インディアス史（二）』大航海時代叢書II、二二、岩波書店、一九八三年、一〇二頁。

*74——A. Fontoura da Costa, *A Marinharia dos Descobrimentos*, Lisboa, 1933, 200-201; W. G. L. Randles, *Geography, Cartography and Nautical Science in the Renaissance*, Aldershot & Burlington, 2000, IX, 13.

*75——Keith A. Pickering, "The Navigational Mysteries and Fraudulent Longitudes of Christopher Columbus: A Lecture given to the Society for the History of Discoveries and the Hakluyt Society, August 1997", http: //www1. minn. net/~keithp/shd973. htm; S. E. Morison, *Admiral of the Ocean Sea*, II, 402-403. ピッカリングが引用する九時間とモリソンの七時間一五分はその後にコロンブス自身の手で王権に向けて書かれた史料に記載されている。また、ピッカリングが引用する一〇時間はラス・カサスの『インディアス史』第一巻九六章に記載されているが、同九八章にはエルナンド・コロンの『提督伝』と同じ五時間二三分が記載されており、前者は転写ミスの可能性がある。

*76——Gonzalo Fernandez de Oviedo, *Historia general y natural de las Indias*, Valladlid, 1556, I-II-III (*Oviedo on Columbus*, 2000, 45). S・グリーンブラッド（荒木正純訳）『驚異と占有』みすず書房、一九九四年、一〇〇〜一〇一頁。ラス・カサスは『インディアス史』のふたつの章を費やしてオビエドの言説は「虚構と誤謬にすぎぬ」と論証した。Bartolomé de Las Casas, *Historia de las Indias*, Lib. I, Caps. XV, XVI (A. M. Carlo, ed., México, 1951, I, 73-90). ラス・カサス（長南実訳）『インディアス史（一）』大航

海時代叢書II、二一、岩波書店、一四三～一七八頁。

*77――サンタ・フェ協約のテキストは、*Obras de Navarrete*, I, 302-303. 青木康征『完訳コロンブス航海誌』五〇六～九頁。

*78――R. A. Raguarda Trías, "Las longitudes geográficas de la membranza de Magallanes y del primer viaje de circunnavegación", A. T. da Mota, ed., *A Viagem de Fernão de Magalhães e a Questão das Molucas*, Lisboa, 1975, 141.

*79――*Obras de Navarrete*, I, 393-394.

*80――Percy Thomas Fenn, Jr., *The Origen of the Right of Fishery in Territorial Waters*, Cambridge, 1926, 9-17, 21-26, 37-39, 55-63, 94-98, 101-116; T. W. Fulton, *The Sovereignty of the Sea*, Edinburgh & London, 1911, 3-6, 539-41. 奥田敦「シエテ・パルティダスとローマ法――物の分類をめぐって」『中央大学大学院研究年報』第一六号一～二、三五～四六頁。高林秀雄「海洋論争の歴史的背景・公海自由の原則の成立過程（一）」『法学論叢』六〇・四、六三～七九頁。山本草二「中世海洋国際法概念とその変容」『法文論叢』九、四二～五二頁。佐々木有司「中世イタリアにおける普通法（ius commune）の研究（一）バルトルス・デ・サクソフェルラートを中心として」『法学協会雑誌』八四・一、一九六七年、三九頁。J. Serrão, ed., *Dicionario de Historia de Portugal*, I, Lisboa, 1971, 308-309.

*81――Rumeu de Armas, *Nueva luz sobre las Capitulaciones de Santa Fe de 1492*, Madrid, 1985, 170-172; *Obras de Navarrete*, I, 334.

*82――Rumeu de Armas, *El Tratado de Tordesillas*, Madrid, 1992, 116.

*83――M. Gimenez Fernandez, "Nuevas concideraciones sobre la historia y el sentido de letras Alejandrinas de 1493 referentes a las Indias", *Anuario de Estudios Americanos*, I, 1944, 253-54. ガルシア・ガリョは、スペイン側が当初アゾレス諸島とヴェルデ岬諸島を結ぶ線を分界線と考えていたのをポルトガルの使節が教皇に働きかけてそこから西に分界線を引き離させたと考えている（A. Garcia Gallo, "Las bulas de Alejandro VI", 599）が、以後の過程から推すと、教皇の決定にポルトガル側の意志は反映されていなかったとみる方が自然であろう（Duarte Leite, *Históris dos Descobrimentos*, I, Lisboa, 1958, 702）。*Obras de Navarrete*, I, 212. 林家永吉訳「第三回航海の記録」大航海時代叢書、一、岩波書店、一九六五年、一六〇頁。青木康征『完訳コロンブス航海誌』三九三頁。

*84――Antonio de Herrera, *Historia general de los hechos de los Castellanos en las Islas y tierra firma del Mar océano*, Madrid, 1601-1615, Dec. I, lib. II, cap. 4(N. Gonzalez, ed., Asunsión, 1944-47, I, 263); Juan Manzano Manzano, "La adquisición de las Indias por los Reyes Católicos y su incorporación a los reinos castellanos", *Anuario de Historia del Derecho Español*, 21-22, 1951-52, 112-13.

*85――Jerónimo de Zurita, *Historia del rey don Hernando el Católico*, lib. 1, cap. XXIX, f. 35r-37r.

*86――Garcia Gallo, "Las bulas de Alejandro VI", 732-733, 829.

*87——*Historia de las Indias por Fray Bartolome de Las Casas*, I-39 (A. M. Carlo, ed., I, México, 1951, 197). 長南実訳『インディアス史（一）』大航海時代叢書II、二一、岩波書店、一九八一年、三九三頁。

*88——*Historia de las Indias*, I-35, 45 (I, 181, 228). 長南実訳『インディアス史（一）』三六〇〜六一、四五三頁。

*89——I. C. Ruzzana, ed., *The History of the life and deeds of the admiral Christopher Columbus*, I, cap. XVII. 青木康征『完訳コロンブス航海誌』五〇頁。

*90——James E. Kelley, Jr., "In the Wake of Columbus on a Portulan Chart", *Terrae Incognitae*, 15, 1983, 77-111.

*91——*Historia de las Indias*, I-68 (I, 370). 長南実訳『インディアス史（一）』六一五〜一六頁。

*92——*Obras de Navarrete*, I, 184. 青木康征『完訳コロンブス航海誌』三一二頁。

*93——J. Perez de Tudela Bueso, "La armada de Vizcaya", *El Tratado de Tordesillas y su proyeccion*, I, 76-84.

*94——Jaime Cortesão, "The Pre-Columbian Discovery of America", *Geographical Journal*, 89, 1937, 29-41;, 11-26.

*95——*Historia de las Indias*, I-87. 長南実訳『インディアス史（二）』大航海時代叢書II、二二、岩波書店、一九八三年、三八〜三九頁。引用例としては、Jaime Cortesão, *História dos Descobrimentos Portugueses*, I, Lisboa, 1960, 153ff.

*96——Manuel Filipe Canaveira, "O Tratado de Tordesilhas na historiografia portuguesa e espanhola", *Oceanos*, 18, 1994, 78-84. 一方、「勝利」を得たのはジョアン二世ではなく、ただ一度の航海で広大な未踏の海陸を囲い込めたカトリック両王である、という少数意見もある。Ana Maria Pereira Ferreira, "Mare Clausum. Mare Liberum, Dimensão doutrinal de un foco de tensões políticas", *Cultura, História e Filosofia*, III, Lisboa, 315-357.

*97——L. de Albuquerque, *Os guias náuticos Munique e évora*, Lisboa, 1965, 83-92.

*98——Juan Manzano Manzano, "El Derecho de la Corona de Castilla al descubrimiento y conquista de las Indias de Poniente", *Revista de Indias*, t. III, n. 9, 1942, 419.

*99——*Obras de Navarrete*, I, 357ff.

*100——A. Rumeu de Armas, *Un escrito desconocido de Cristobal Colón: el memorial de La Mejorada*, Madrid, 1972, 77-86; Fonseca & Asencio, eds., *Corpus Documental de Tratado de Tordesillas*, 184-188.

*101——*Ibid.*, 163-164; *Obras de Navarrete*, I, 383; Marques, Descobrimentos, III, 437-38; Davenport, *European Treaties*, 89-90. ただし、ダヴェンポートの英訳は分界実施の規定に関していくつかの誤解を含んでいる。

*102——L. de Albuquerque, *Os guias náuticos Munique e Évora*, 96-97, 113, 116-119, 138, 193-194.

*103——合田昌史「一五世紀海事革命とポルトガル」『史林』六九巻五号、一九八六年、九九〜一〇〇頁。

*104――Luís de Albuquerque, *O Tratado de Tordesilhas e as dificaldades técnicas da sua apricação rigorosa*, Coimbra, 1973, 4-7.

*105――*Obras de Navarrete*, I, 393-94.

*106――ラス・カサスによると、コロンブスがこの任務につけなかったのはインディアスで「重病」に陥ったからである。*Historia de las Indias*, I-130 (498). 長南実訳『インディアス史（二）』大航海時代叢書Ⅱ、二二、岩波書店、一九八三年、三四一頁。

*107――Obras de Navarrete, I, 357-61; Marques, *Descobrimentos*, III, 459-60, 463-66.

*108――*Orig.* ANTT, Gav. X, m. 5, doc. 4; Marques, *Descobrimentos*, III, 467-70; Davenport, *European Treaties*, 102-104. ほぼ同一内容の一四九五年四月一五日付テキスト（Orig. AGI., Patronato 170, r. 8; *Obras de Navarrete*, I, 403-404.）もあるが、カトリック両王の署名が欠けている。

*109――Albuquerque, *O Tratado de Tordesilhas e as dificaldades técnicas da sua apricação rigorosa*, 11.

*110――*Obras de Navarrete*, I, 359; Marques, *Descobrimentos*, III, 464.

*111――合田「一五世紀海事革命とポルトガル」一〇二～一〇四頁。

*112――A. T. da Mota, *Os regimentos do cosmógrafo-mor de 1559 e 1592 e as origens do ensino náutico em Portugal*, Lisboa, 1969, 7-8.

*113――Ursula S. Lamb, "The Spanish Cosmographic Juntas of the Sixteenth Centrury", *Terrae Incognitae*, 6, 1974, 53.

*114――一五〇二年一一月一九日付ローマからのカンティーノ書簡による。G. Symcox, ed., *ItalianReports on America, 1493-1522, Letters, Dispatches, and Papal Bulls (Repertorium Columbianum*, Vol. X), Turnhout, 2001, 118.

*115――R. A. Laguarda Trías, "Las longitudes geográficas de la membranza de Magallanes y del primer viaje de circunnavegación", A. T. da Mota, ed., *A Viagem de Fernão de Magalhães e a Questão das Molucas*, Lisboa, 1975, 138-39.

*116――A. Teixeira da Mota, "Reflexos do Tratado de Tordesilhas na cartografia nautica do seculo XVI", *El Tratado de Tordesillas y su proyeccion*, I, 137-48.

*117――F. P. Mendes da Luz, "Dois organismos de administração ultramarina no século XVI: a Casa da India e os Armazéns da Guiné, Mina e Índias" in: Mota, ed., *Viagem de Fernão de Magalhães e a Questão das Molucas*, 100-105; A. Teixeira da Mota, "Some notes on the organization of hydrographical services in Portugal before the beginning of the 19th century", *Imago Mundi*, 28, 1976, 51-53.

*118――Germán Arciniegas, *Amerigo y el Nuevo Mundo*, Madrid, 1990, 231-246; *Obras de Navarrete*, II, 161-168. 長南実訳「アメリゴ・ヴェスプッチ　四回の航海」『コロンブス、アメリゴ、ガマ、バルボア、マゼラン航海の記録』大航海時代叢書、一、三〇一～三一〇頁。色魔力夫『アメリゴ・ヴェスプッチ　謎の航海者の軌跡』中央公論社、一九九三年、一六八～一七六頁。

＊119—— Max Justo Guedes, *O Descobrimentos do Brasil, 1500-1548,* [Lisboa], 2000, 36-52; Max Justo Guedes, "O Descobrimento do Brasil e o Tratado de Tordesilhas", in: *El Tratado de Tordesillas y su epoca,* Congreso Internacional de Historia, Sociedad V Centenario del Tratado de Tordesillas, [Madrid], 3vols, 1995, III, 1402-1404.

＊120—— Duarte Leite, "O mais antigo mapa do Brasil", in: C. M. Dias, ed., *História da Colonização Portuguesa do Brasil,* 3vols., Porto, 1921-24, v. II, 225-281; Guedes, *O Descobrimentos do Brasil,* 49-60; *Obras de Navarrete,* II, 170-172. 長南実訳「アメリゴ・ヴェスプッチ　四回の航海」三一二〜三一五頁。

＊121—— Guedes, "O Descobrimento do Brasil e o Tratado de Tordesilhas", 1411-1412.

＊122—— ANTT., Corpo Chronológico, parte 1ª, mazo 15, doc. 99; T. O. Marcondes de Souza, *O descobrimento do Brasil,* São Paulo, 1946, 345-349.

＊123—— Laguarda Trías, *El Predescubrimiento del Río de la Plata por la Expedición Portuguesa de 1511-1512,* Lisboa, 1973, 171-173.

＊124—— Guedes, "O Descobrimento do Brasil e o Tratado de Tordesilhas", 1412-1414; *Portugal-Brazil,* 174, 211, pl. 64, 119, 127.

＊125——上申書のテクストは、J. T. Medina, *El venetiano Sebastián Caboto al servicio de España,* Santiago de Chile, 1908, 499-502.

＊126—— Antonio de Herrera, *Historia general,* Dec. II, lib. I, cap. 12(Gonzalez, ed., II, 317-19).

＊127——科学史家ラムは、筆者とは逆に、政治は彼ら委員たちを動かしはしなかったとみている。Ursula Lamb, *op. cit.*, 53-54.

＊128—— R. A. de Bulhão Pato, ed., *Cartas de Afonso de Albuquerque,* Lisboa, II (1889), 327-328.

＊129—— *Cartas de Afonso de Albuquerque,* III(1903), 242.

＊130—— E. Albèri, ed., *Le Relazioni degli Ambasciatori Veneti al Senato durante il secolo XVI,* tomo XV, Filenze, 1863, 6-19.

＊131—— *Cópia.* ANTT., Maço de Leis, No. 22; A. Basílio de Sá, ed., *Documentação para a história das missões do padoroado portugues do Oriente: Insulindia,* I, Lisboa, 1954, 5-6.

＊132—— *Cartas de Afonso de Albuquerque,* II, 403ff. 翌年四月コチン着、八月に出発しペディルとパサマーを経て一五〇九年九月一一日マラッカ着。マラッカ攻略については第三章で扱う。

＊133—— *Obras de Navarrete,* I, 233. 林家永吉訳「コロン第四次航海の記録」大航海時代叢書、一、三〇四〜五頁。

＊134—— Milagros del Vas Mingo, *Las Capitulaciones de Indias en el siglo XVI,* Madrid, 1986, 148-151.

＊135—— Damião de Gois, *Cronica de D. Manuel,* lib. IV, cap. XX; J. Toribio Medina, *Juan Diaz de Solís: Estudo Histórico,* t. I, Santiago de Chile, 1897, XXV-XXXIX; Antonio de Herrera, *Historia general,* Dec. II, lib. I, cap. 7.

＊136—— R. Esquerra, "Las Juntas de Toro y de Burgos", *El Tratado de Tordesillas y su proyeccion,* 1, 149-70.

*137—— J. Toribio Medina, *Juan Diaz de Solís, Estudo Histórico,* t. II, *Documentos y Bibliografía,* Santiago de Chile, 1897, 26-34; Milagros del Vas Mingo, *Las Capitulaciones de Indias en el siglo XVI,* 152-155; F. J. Pohl, *Amerigo Vespucci, Pilot Major,* N. Y., 1944, 183.

*138—— Juan Manzano Manzano, *Los Pinzones y el descubrimiento de America,* II, Madrid, 1988, 239.

*139—— Milagros del Vas Mingo, *Las Capitulaciones de Indias en el siglo XVI,* 156-161; J. Toribio Medina, *Juan Diaz de Solís: Estudo Histórico,* t. I, CX-CLXXII.

*140—— *Ibid.*, CLXXVII; *Juan Diaz de Solís, Estudo Histórico,* t. II, *Documentos y Bibliografía,* 58-69.

*141—— *Ibid.*, 55-57, 81-85.

*142—— Centro de Estudos Históricos Ultramarinos, *As Gavetas da Torre do Tombo,* IV, Lisboa, 1964, 319-20; *Obras de Navarrete,* II, 86-87; R. E. Abadia, "La idea del antimeridiano", 13-14. なお、ポルトガル国王の書簡とともにもたらされたポルトガルのモルッカ到達の情報によってスペインは発見および最初の占有者としての権利の競合から脱落したのだという見方がある（R. A. Laguarda Trías, "Las longitudes geográficas", 145）が、この年のモルッカ到達はまだ知られていなかった。

*143—— *Orig.* ANTT., Bulas, m. 29, no. 6; Fonseca & Asencio, eds., *Corpus Documental de Tratado de Tordesillas,* 206-207; Davenport, *European Treaties,* 112-17.

*144—— Armando Cortesão, *History of Portuguese Cartography,* 2vols., Coimbra, 1969-71, I, 111.

*145—— A. Cortesão, *The Mystery of Vasco da Gama,* Coimbra, 1973, 162; G. E. Nunn, *The Geographical Conceptions of Columbus,* New York, 1977, 27-30.

*146—— Carlos Sanz, *Mapas Antiguos del Mundo,* Siglos XV-XVI, Madrid, 1962, No. 23, 24.

*147—— R. A. Laguarda Trías, "Las longitudes geográficas", 144-45.

*148—— A. Cortesão, *Cartografia e cartógrafos portuguses dos séculos XV e XVI,* Lisboa, 1935, I, 75-80; Luís M. de Albuquerque, ed., *O Livro de Marinharia de André Pires,* Lisboa, 1963, 116-117, 222-223.

*149—— W. G. L. Randles, *Geography, Cartography and Nautical Science in Renaissance,* IV, 48, IX, 11-13.

*150—— Kenneth Nebenzahl, *Atlas of Columbus and the Great Discoveries,* 38f.

*151—— A. Cortesão & A. T. da Mota, eds., PMC, 6vols., Lisboa, 1960, I, 55-61, fig. 16.

*152—— Gregory C. McIntosh, *The Piri Reis Map of 1513,* 15-16, 45-52.

*153—— M. J. Guedes, "Portugal-Brazil: The Encounter between Two Worlds", M. J. Guedes & G. Lombardi, eds., *Portugal-Brazil: The Age of Atlantic Discoveries,* Lisbon, 1990, 172-73; Laguarda Trías, *El Predescubrimiento del Río de la Plata,* 131-136; John Parker,

"Commentary", in: *Tidings out of Brazil*, trans. by Mark Graubard, Minnesota U. P., 1957, 3-12.

＊154――Laguarda Trías, *El Predescubrimiento del Río de la Plata*, 136-139; *Tidings out of Brazil*, 28-34. 旗艦であったもう一隻は荒天のため一〇月一〇日までにカディスに入港した。一二月一二日ポルトガル船引き渡しの要請が通商院に寄せられ、フェルナンドがただちにそれに応じたことは、このカラヴェラ船がフロイス書簡で述べられているディオゴ・リベイロの船ではないことを示している。

＊155――J. I. de Brito Rebello, ed., *Livro de Marinharia: Tratado da Agulha de Marear de João de Lisboa*, Lisboa, 1903, 89; L. de Albuquerque, *Os guias náuticos Munique e Évora*, 197.

＊156――A. E. Nordenskioeld, *Facsimile-Atlas to the Early History of Cartography*, N. Y., 1961 (1889), 78-79.

＊157――*Luculentissima quaedam terrae totius descriptio*, Noribergae, 1515.

＊158――R. Ezquerra Abadia, "La idea del antimeridiano", *A Viagem de Fernão de Magalhães e a Questão das Molucas*, 13.

＊159――*Obras de Navarrete*, II, 220. 野々山ミナコ訳「バルボア南の海の発見」大航海時代叢書、一、岩波書店、一九六五年、四五一～五二頁。

＊160――*Obras de Navarrete*, II, 205-208.

＊161――C・A・アラウス、P・P・ヘロス（若林庄三郎訳）『スペイン植民地下のパナマ』近代文藝社、一九九五年、三四～五八頁。

＊162――J. T. Medina, *Juan Díaz de Solis*, II, 133-42; Manuel de la Puente y Olea, *Los trabajos geográficos de la Casa de Contratación*, Sevilla, 1900, 151ff. ; R. E. Abadia, "La idea del antimeridiano", 15-16.

●第二章

＊1――『東方諸国記』（スマ・オリエンタル）には、一六世紀前半の写本が二種ある。パリ写本〔Bibliothéque de l'Assemblée Nationale, Paris, Ms. 1248(Ed. 19)〕は一九四四年、リスボン写本〔Biblioteca Nacional de Lisboa, cód. 299, fls. 41v-98v.〕は一九九六年に刊行された。以下、主としてパリ写本によるコルテザン版と邦訳版から引用し、後半が欠落したリスボン写本は該当箇所がある場合に限って引用する。A. Cortesão, ed., *The Suma Oriental of Tome Pires and The Book of Francisco Rodrigues*, II, Hakluyt Society, 1944 (1967), 439. 生田滋・池上岑夫・加藤栄一・長岡新治郎訳『東方諸国記』大航海時代叢書、五、岩波書店、一九六六年、三四六頁。

＊2——S・スブラーマニャン&L・フィリペ・トマス（一九九一年）によると、一五世紀のポルトガルは大西洋において三種の帝国モデル、すなわち①貴族の利害を反映して沿岸の要塞網を保持し断続的な交戦をいとわない北アフリカ型、②農業を主体に植民と定住をすすめる大西洋諸島型（のちにブラジルに適用）、③沿岸部の商館網によりながらも領域支配・定住・生産統御を極小にとどめるギニア型の帝国を展開したが、ヴァスコ・ダ・ガマによるインド航路の開設後、インド領は西インド洋においては①の北アフリカ型を、マラッカ以東においては③のギニア型を適用した。Sanjay Subrahmanyam & Luís Filipe F. R. Thomaz, "Evolution of empire: The Portuguese in the Indian Ocean during the sixteenth century", in: James D. Tracy, ed., *The Political Economy of Merchant Empires*, Cambridge, 1991, 300.

＊3——合田昌史「世界分割の科学と政治——『モルッカ問題』をめぐって」『史林』七五巻六号、一九九二年、六三〜九八頁。

＊4——L. Y. Andaya, *The World of Maluku, Eastern Indonesia in the Early Modern Period*, Honolulu, 1993, 55-58.

＊5——A. Cortesão, ed., *The Suma Oriental and The Book of Francisco Rodrigues*, II, 443-446.『東方諸国記』三五五〜六五頁。

＊6——L. Filipe Thomaz, "Maluco e Malaca", in: Mota, ed., *A Viagem de Fernão de Magalhães e a Questão das Molucas*, 37.

＊7——一六世紀のモルッカ諸島に関する貴重な日本語の研究文献として、岡本良知『中世モルッカ諸島の香料』図書出版株式会社、一九四四年。生田滋『大航海時代とモルッカ諸島——ポルトガル、スペイン、テルナテ王国と丁字貿易』中央公論社、一九九八年。

＊8——A. Cortesão, ed., *The Suma Oriental and The Book of Francisco Rodrigues*, II, 439-49.『東方諸国記』三四七〜六九頁。"Carta de Tristão de Ataide a El-Rei (2/20/1534)", in: A. Basilio de Sá, ed., *Documentação para a história das missões do padorado portugues do Oriente*: Insulindia, I, 321-23.

＊9——H. Th. Th. M. Jacobs S. J., ed, *A Treatise on the Moluccas (c. 1544), Probably the Preliminary Version of Antonio Galvão's lost História das Moluccas*, Rome, 1971, 78-80.

＊10——R. Ptak, "The Northern Trade Route to the Spice Islands: South China Sea-Sulu Zone-North Moluccas (14th to early 16th century)", *Archipel*, 43, 1992, 27-33; Ptak, "From Quanzhou to the Sulu Zone and Beyond: Questions Related to the Early Fourteenth Century", *Journal of Southeast Asian Studies*, 29: 2, 1998, 275-276. 岡本『中世モルッカ諸島の香料』四〇〜五二頁。

＊11——Jacobs, *op. cit.*, 80.

＊12——Ptak, "The Northern Trade Route to the Spice Islands", 33-35; Anthony Reid, *Southeast Asia in the Age of Commerce, 1450-1680*, Vol. 2, New Haven, 1993, 4.

＊13——A. Cortesão, ed., *The Suma Oriental and The Book of Francisco Rodrigues*, II, 443-444.『東方諸国記』三五七〜三五九頁。

Jacobs, *op. cit.*, 82-84; João de Barros, *Décadas da Ásia*, III-V-5 (H. Cidade & M. Múrias, ed., Lisboa, 1946, 263).

＊14――弘末雅士「交易の時代と近世国家の成立」池端雪浦編『世界各国史　六・東南アジア史Ⅱ』山川出版社、一九九九年、九四〜九六頁。

＊15―― Thomaz, *op. cit.*, 31-35; A. Cortesão, ed., *The Suma Oriental and The Book of Francisco Rodrigues*, II, 439-448.『東方諸国記』三四八〜六七頁。

＊16―― Sá, ed., *Documentação*, I, 29-30; A. Cortesão, ed., *The Suma Oriental and The Book of Francisco Rodrigues*, II, 443.『東方諸国記』三五七頁。R. Ptak, "Asian Trade in Cloves, circa 1500: Quantities and Trade Routes, A Synopsis of Portuguese and Other Sources", in: F. A. Dutra & J. C. dos Santos, eds., *The Portuguese and The Pacific*, Santa Barbara, 1995, 149-69; D. Bulbeck, A. Reid, L. C. Tan & Y. Wu, *Southeast Asian Exports since the 14th century: Cloves, Pepper, Coffee, and Sugar*, Singapore, 1998, 22-34.

＊17―― Castanheda, *História do Descobrimento*, liv. VI, cap. XI (1979, II, 172-73).

＊18―― Barros, *Ásia*, III-V-5 (1946, 261).

＊19―― A. Cortesão, ed., *The Suma Oriental and The Book of Francisco Rodrigues*, II, 442.『東方諸国記』三五五頁。

＊20―― Barros, *Ásia*, III-V-5 (1946, 266).

＊21―― Academia Real das Sciencias, *Collecção de Noticias para a Historia e Geografia das Nações Ultramarinas que vivem nos dominios portuguezes*, Tomo II, Lisboa, 1867, 370-371.

＊22―― Centro de Estudos Históricos Ultramarinos, *As Gavetas da Torre do Tombo*, III (Gav. XIII-XIV), Lisboa, 1963, 30.

＊23―― Barros, *Ásia*, III-V-6 (1946, 264-67); Castanheda, *Historia do descobrimento*, liv. III, cap. LXXV (1979, I, 678-80); M. Lopes de Almeida, ed., *Lendas de Índia por Gaspar Correia*, Porto, 1975, II, 265-66.

＊24―― V. M. Godinho, *Os descobrimentos e a economia mundial*, III, Lisboa, 1982, 135-41.

＊25―― Thomaz, "Maluco e Malaca", 36.

＊26―― Castanheda, *Historia do descobrimento*, liv. III, cap. LXXV (1979, I, 679).

＊27―― P. R. Abdurachman, "Moluccan Responces to the First Intrusions of the West", in: H. Soebadio & C. A. du Marchie Sarvaas, *Dynamics of Indonesian History*, Amsterdam, 1978, 162-63.

＊28――生田『大航海時代とモルッカ諸島』六〇、一四二頁。

＊29―― Abdurachman, *op. cit.*, 171-73.

＊30―― Andaya, *The World of Maluku*, 116; Bartolomé Leonardo de Argensola, *Conquista de las islas Malucas*, Madrid, 1609, Lib. I

(Madrid: Dirección General del Libro y Bibliotecas del Ministerio de Cultura, 1992, 23).

*31——生田『大航海時代とモルッカ諸島』五八〜五九、一四九〜五〇頁。

*32——Thomaz, "Maluco e Malaca", 32-33.

*33——Jacobs, ed, *op. cit.*, 84.

*34——Andaya, *The World of Maluku*, 61.

*35——生田滋「補注・八　モルッカ諸島」『ハウトマン、ファン・ネック　東インド諸島への航海』大航海時代叢書Ⅱ、一〇、岩波書店、一九八一年、五三三頁。

*36——Sanjay Subrahmanyam, *The Career and Legend of Vasco da Gama*, Cambridge, 1997, 51.

*37——Barros, *Ásia*, III-V-5 (1946, 259).

*38——*As Gavetas da Torre do Tombo*, III, 17-39.

*39——*Ibid.*, 25, 20, 27.

*40——Jacobs, *op. cit.*, 194.

*41——*As Gavetas da Torre do Tombo*, III, 37, 20, 29,

*42——*Ibid.*, 20-21, 25, 37, 34, 21, 20.

*43——*Ibid.*, 37.

*44——Jacobs, ed, *op. cit.*, 194-96; Barros, *Ásia*, III-V-6 (1946, 268-69).

*45——*As Gavetas da Torre do Tombo*, III, 34, 25.

*46——Barros, *Ásia*, III-V-6 (1946, 269, 271).

*47——生田『大航海時代とモルッカ諸島』二四〜二五頁。

*48——Barros, *Ásia*, III-V-6 (1946, 270).

*49——Jacobs, ed, *op. cit.*, 196; *As Gavetas da Torre do Tombo*, III, 21, 25; Barros, *Ásia*, III-V-6 (1946, 271).

*50——*As Gavetas da Torre do Tombo*, III, 34, 27.

*51——Barros, *Ásia*, III-V-6 (1946, 271-74).

*52——*As Gavetas da Torre do Tombo*, III, 25.

*53——Sá, ed., *Documentação*, I, 80.

*54——*Ibid.*, 85-86.

＊55——*As Gavetas da Torre do Tombo*, III, 37-38; Jacobs, ed, *op. cit.*, 196.

＊56——Sá, ed., *Documentação* I, 112-15.

＊57——*As Gavetas da Torre do Tombo*, III, 22-23.

＊58——Godinho, *Os descobrimentos e a economia mundial*, III, 139.

＊59——*As Gavetas da Torre do Tombo*, III, 37-39; Barros, *op. cit.*, III-V-6 (1946, 271-73).

＊60——*As Gavetas da Torre do Tombo*, III, 38.

＊61——Barros, *Ásia*, III-V-6 (1946, 272).

＊62——*As Gavetas da Torre do Tombo*, III, 26.

＊63——Barros, *Ásia*, III-V-6 (1946, 272).

＊64——*As Gavetas da Torre do Tombo*, III, 30; Barros, *ásia*, III-V-6 (1946, 273).

＊65——*As Gavetas da Torre do Tombo*, III, 31.

＊66——*Ibid.*, 28.

＊67——Sá, ed., *Documentação*, I, 118-20.

＊68——*As Gavetas da Torre do Tombo*, III, 38, 33-34, 28.

＊69——B. W. Diffie & G. D. Winius, *Foundations of the Portuguese Empire*, 1415-1580, Minneapolis, 1977, 371.

＊70——Barros, *Ásia*, II-VI-7(1945, 291-92). 生田滋・池上岑夫訳『アジア史（二）』大航海時代叢書Ⅱ、三、岩波書店、一九八一年、八八〜八九頁。

＊71——*As Gavetas da Torre do Tombo*, III, 29-30.

＊72——Sá, ed., *Documentação*, I, 85-86.

＊73——Jacobs, *op. cit.*, 196-98; Barros, *Ásia*, III-V-6 (1946, 273-74).

＊74——*As Gavetas da Torre do Tombo*, III, 31-32.

＊75——J. A. Robertson, ed., *Magellan's Voyage Around the World*, 2vols., Cleveland, 1906, II, 70. アントニオ・ピガフェッタ（長南実訳）「マガリャンイス最初の世界一周航海」『コロンブス、アメリゴ、ガマ、バルボア、マゼラン航海の記録』大航海時代叢書、一、岩波書店、一九六五年、六〇七頁。

＊76——Sá, ed., *Documentação*, I, 121-23.

●第三章

＊1—— Lagôa, *Fernão de Magalhãis,* I, 89-92.

＊2—— Barros Arana, *Vida e Viagens de Fernão de Magalhães,* 145-146; F. H. H. Guillemard, *The Life of Ferdinando Magellan,* 18, 23; S. E. Morison, *The European Discovery of America: The Southern Voyages,* 1492-1616, New York, 1974, 313-315.

＊3—— *Colección general de documentos relativos a las islas filipinas,* II (1519), 314-323.

＊4—— J. T. Medina, *Colección de documentos inéditos para la Historia de Chile,* II, Santiago de Chile, 1888, 356-390.

＊5—— *Ibid.*, 376.

＊6—— Parr, *Ferdinand Magellan,* 379; Leoncio Cabrero, *Fernando de Magallanes,* Madrid, 1987, 35. 増田義郎『マゼラン』五頁。

＊7—— *Colección general de documentos relativos a las islas filipinas,* I (1493-1518), 154.

＊8—— J. T. Medina, *El Descubrimiento del Océano Pacífico,* IV-IX; Lagôa, *Fernão de Magalhãis,* I, 95-104. ツヴァイク（関楠生・河原忠彦訳）『マゼラン』四〇～四一頁。

＊9—— Barros Arana, *Vida e Viagens de Fernão de Magalhães,* 11; Guillemard, *The Life of Ferdinando Magellan,* 18; Jean Denucé, *Magellan, la question des Moluques et la premiere circumnavigation du globe,* Brussels, 1911, 96.

＊10—— Zurita, *Anales de Aragón,* lib. 1, cap. 13, 133; Leonardo de Argensola, *Conquista de las islas Malucas,* lib. I (1992, 17).

＊11—— Medina, *El Descubrimiento del Océano Pacífico,* XIV-XV.

＊12—— V. M. Godinho, *Ensaios,* II, Lisboa, 1968, 27-63.

＊13—— *Lendas da Índia por Gaspar Correia,* I, 183, 269; Barros, *Ásia,* I-VII-IX(1945, 289-92).

＊14—— *Documentos sobre os Portugueses em Moçambique e na África Central,* I, Lisboa, 1962, 78-84.

＊15—— *Cartas de Afonso de Albuquerque,* II, 385, 395; Barros, *Ásia,* II-III-V, VI, VII(1945, 127-140). 生田・池上訳『アジア史（一）』三五七～八三頁。*Lendas da Índia por Gaspar Correia,* II, 28; Denucé, Magellan, 103-104 ; *Lagôa, Fernão de Magalhãis,* I, 127-128.

＊16—— Barros, *Ásia,* II-IV-III, IV(1945, 170-184). 生田・池上訳『アジア史（一）』三五七～八三頁。Castanheda, *História do descobrimento,* Liv. II, caps. cx, cvi, cxiii, civ (I, 456-459, 462-466); Damião de Goís, *Chronica do felicíssimo Rei Dom Emanuel,* Lisboa, 1566-1567, pt. III, cap. I; Lagôa, *Fernão de Magalhãis,* I, 129.

＊17—— Barros, *Ásia,* II-IV-I(1945, 163). 生田・池上訳『アジア史（一）』三四三頁。Castanheda, *História do descobrimento,* Liv. III, cap. v (I, 507-508); *Lendas da Índia por Gaspar Correia,* II, 27-28, 626.

*18—— J. Denucé, *Magellan*, 109-110.
*19—— *Cartas de Afonso de Albuquerque*, II, 7.
*20—— *Cartas de Afonso de Albuquerque*, I(1884), 442, II, 10-11.
*21——“Chopia d’una lettera mandata da Giovanni da Empoli a Ldo suo padre del viaggio di Malaccha”, f. 210-212v (Laurence A. Noonan, *John of Empoli and his relations with Afonso de Albuquerque*, Lisboa, 1989, 152-155).
*22—— K. S. Mathew, *Portuguese Trade with India in the Sixteenth Century*, New Delhi, 1983, 82.
*23—— ANTT., Corpo chronologico, pt. 2a., maço 65, doc. 19; Lagôa, *Fernão de Magalhãis*, I, 141-144.
*24—— K. S. Mathew, *Portuguese Trade with India in the Sixteenth Century*, 84-87.
*25—— Barros, *Ásia*, II-VI-II, III, IV, V(1945, 260-81). 生田・池上訳『アジア史（二）』二四〜六六頁。Castanheda, *História do descobrimento*, Liv. III, cap. LVII (I, 635-637); *Lendas da Índia por Gaspar Correia*, II, 214-249.
*26—— Antonio de Herrera, *Historia general de los hechos de los Castellanos en las Islas y tierra firma del Mar océano*, II, II, XIX(Gonzalez, ed., II, 374).
*27—— *Lendas da Índia por Gaspar Correia*, II, 265; Castanheda, *História do descobrimento*, Liv. iii, cap. lxxv (I, 678-680).
*28—— Leonardo de Argensola, *Conquista de las islas Molucas*, Madrid, 1609, Lib. I (1992, 17).
*29—— Guillemard, *The Life of Ferdinando Magellan*, 72-73; Medina, *El Descubrimiento del Océano Pacífico*, XXVIII-XXIX.
*30—— Robertson, ed., *Magellan’s Voyage*, II, 72. ピガフェッタ（長南実訳）「マガリャンイス最初の世界一周航海」六〇七頁。Lagôa, *Fernão de Magalhãis*, 147.
*31—— Lagôa, *Fernão de Magalhãis*, 141-148.
*32—— Medina, *El Descubrimiento del Océano Pacífico*, XXXV.
*33—— Barros, *Ásia*, III-V-VIII(1946, 283-84); Lagôa, *Fernão de Magalhãis*, 149-152.
*34—— Manuel de Faria e Sousa, *Asia Portuguesa*, (Oporto, 6vols, 1945-47) I, 14; Medina, *El Descubrimiento del Océano Pacífico*, XXXIV.
*35—— Rita Costa Gomes, *The Making of a Court Society: Kings and Nobles in Late Medieval Portugal*, Cambridge, 2003, 204-252.
*36—— Barros, *Ásia*, III-V-VIII(1946, 284). ダミアン・デ・ゴイシュによると、マゼランは二〇〇レアルを要求、国王が一〇〇レアルと値切ったので、拒絶した。Damião de Gois, *Cronica de D. Manuel*, lib. IV, cap. XXXVII(1926, IV, 83-84).
*37—— Guillemard, *The Life of Ferdinando Magellan*, 81-82. 増田義郎『マゼラン』四七頁。

＊38—— *Lendas de Índia por Gaspar Correia*, II, 626.

＊39—— Medina, *El Descubrimiento del Océano Pacífico*, XXXV.

＊40—— Barros, *Ásia*, III-V-V, VI, VIII(1946, 257-63, 267-72, 282-84).

＊41—— J. T. Medina, *Colección de documentos inéditos para la Historia de Chile*, II, Santiago de Chile, 1888, 125.

＊42—— Medina, *El Descubrimiento del Océano Pacífico*, XXXV.

＊43—— Barros, *Ásia*, III-V-VIII (1946, 284-286).

＊44—— J. T. Medina, *El Portugués Esteban Gómez al servicio de España*, Santiago, 1908, 7-11.

＊45—— Robertson, ed., *Magellan's Voyage*, I, 40. ピガフェッタ（長南実訳）「マガリャンイス最初の世界一周航海」四九八頁。Laguarda Trías, *El Predescubrimiento del Río de la Plata*, 48, 60.

＊46—— *Colección general de documentos relativos a las islas filipinas*, I, 230-237, 154-158; Medina, *El Descubrimiento del Océano Pacífico*, LXXXV, XCIX; Medina, *Colección de documentos inéditos para la Historia de Chile*, II, 308.

＊47—— *Copia*. AGI, Indiferent, 418, libro I, ff. 14v-16r. ; G. Arciniegas, et al., *La primera vuelta al mundo*, 66-68; *Obras de Navarrete*, II, 474-477.

＊48 —— Medina, *Colección de documentos inéditos para la Historia de Chile*, II, 306, 308, 316; Medina, *El Descubrimiento del Océano Pacífico*, XCV-XCVI.

＊49—— W. D. Phillips, Jr., "Christopher Columbus in Portugal: Years of Preparation", *Terrae Incognitae*, XXIV, 1992, 38-40.

＊50—— Barros, *Ásia*, III-V-VIII (1946, 285); Sanjay Subrahmanyam, *The Career and Legend of Vasco da Gama*, Cambridge, 1997, 44, 174-183, 210; Medina, *El Descubrimiento del Océano Pacífico*, XCVI- XCVII; Medina, *Colección de documentos inéditos para la Historia de Chile*, II, 308, 319.

＊51—— *Original*. AGI. Patronato, 34. r. 3, f. 3r-5v; G. Arciniegas, et al., *La primera vuelta al mundo*, 89-91.

＊52—— D. Ramos Pérez, "Magallanes en Valladolid: la capitulacíon", *A Viagem de Fernão de Magalhães e a Questão das Molucas*, 206-217; Lagôa, *Fernão de Magalhãis*, 181-187. アランダとマゼラン・ファレイロの契約書は' *Colección general de documentos relativos a las islas filipinas*, I, 154-158; *Obras de Navarrete*, II, 470-472.

＊53—— J. Gil, *Mitos y utopas del Descubrimiento, 2. El Pacfico*, Madrid, 1989.

＊54—— Joseph Pérez, "Carlos V y Los Españoles", in: Pedro Navascués Palacio, ed., *Carolvs V Imperator*, Barcelona, 1999, 65-71.

＊55—— Adelaida Sagarra Gamazo, *Burgos y el gobierno indiano: la clientele del Obispo Fonseca*, Burgos, 1998, 79-104, 111-112, 125-126.

*56——ディエゴが一五一七年四月四日アントウェルペンからマヌエルに宛てた書簡によると、マヌエルは一二年前にリスボン在住ドイツ商人と同等の特権を与えるとディエゴに約束した。Laguarda Trías, *El Predescubrimiento del Río de La Plata*, 204-205.

*57—— *Ibid.*, 108-111.

*58—— A. A. Marques de Almeida, *Capitais e capitalistas no comércio da especiaria*, Lisboa, 1993, 62-64.

*59—— Hermann Kellenbenz, "Cristóbal de Haro: Nuevos Documentos para su historia", *La Ciudad de Burgos, Actas del Congreso de Historia de Burgos*, León, 1985, 401-409.

*60—— *Original*. AGI, Patronato, 34, r. 7; G. Arciniegas, et al., *La primera vuelta al mundo*, 62-65; *Obras de Navarrete*, II, 472-74.

*61—— D. Ramos Pérez, "El grupo financiero de Burgos en el momento que dominó la empresa ultramarine", *Burgos y América*, Caja de Burgos, Burgos, 1992, 145.

*62—— *Colección general de documentos relativos a las islas filipinas*, I, 196-198, 203-207, 217-221, 277-356, II, 3-191, 194-195, 214, 221-222; *Obras de Navarrete*, II, 506-508; Lourdes Díaz-Trechuelo, "La Organización del Viaje Magellanico", in: Mota, ed., *A Viagem de Fernão de Magalhães e a Questão das Molucas*, 267-274.

*63—— Charles MacKew Parr, *Ferdinand Magellan*, 154-182. 増田義郎『マゼラン』五六～六一頁。

*64—— K. S. Mathew, *Indo-Portuguese Trade and the Fuggers of Germany*, New Delhi, 1997, 161. 諸田実「スペイン王室の銀行家——一六世紀の国際金融史における南ドイツとスペイン（その二）」『商経論叢』第二九巻第一号、一九九三年八月、三四頁。

*65—— Hermann Kellenbenz, "Cristóbal de Haro: Nuevos Documentos para su historia", 403-404.

*66—— Guillemard, *The Life of Ferdinando Magellan*, 126.

*67—— Medina, *Colección de documentos inéditos para la Historia de Chile*, II, 324-355. また、一五三九年三月一八～二二日付の裁判記録によると、一万ドゥカードのみならずその利息と利益が回収できないのはポルトガル国王との取り決め〔サラゴサ条約〕のためである。AGI, Patronato Real, legajo 40, ramo 6, pieza 2.

*68—— Medina, *Colección de documentos inéditos para la Historia de Chile*, II, 217-292.

*69—— Hermann Kellenbenz, "Cristóbal de Haro: Nuevos Documentos para su historia", 401-409.

*70—— Medina, *Colección de documentos inéditos para la Historia de Chile*, II, 340.

*71—— Robertson, ed., *Magellan's Voyage*, I, 68. ピガフェッタ（長南実訳）「マガリャンイス最初の世界一周航海」五一五頁。

*72—— R. A. Skelton, "Introduction", in: Skelton, ed., Antonio Pigafetta, *Magellan's Voyage*, New Haven, 1969, I, 1-28.

*73—— Francisco López de Gómara, *Historia general de las Indias*, Zaragoza, 1552, XCI (J. G. Lacroix, ed., Caracas, 1984, 136-137); ゴ

マラ（清水憲男訳）『広がりゆく視圏』岩波書店、一九九五年、一九八〜二〇〇頁。
＊74—— B. B. Olshin, *A Sea Discoveres: Pre-Columbian Conceptions and Depictions of the Atlantic Ocean*, University of Toronto, Ph. D., 1994, 319-77.
＊75—— Robertson, I, 64; Paige, 20. 長南実訳「マガリャンイス」五一三頁。ただし、フランス語写本Aスケルトン版とフランス語写本Cデヌセ版に宝蔵庫は言及されておらず、偉大な航海士・航海者マルティン・デ・ボエミア〔ボエスメ〕が作成したポルトガル国王の海図で〔海峡を〕みた、とある。Skelton, 1969, 50; Denucé, 1923, 67.
＊76—— Morison, *The European Discovery of America: The Southern Voyages*, 336, 382-383. 増田義郎『マゼラン』一六〇〜六六頁。
＊77—— Lagôa, *Fernão de Magalhãis*, I, 53-58; Morison, *The European Discovery of America: The Southern Voyages*, 382.
＊78—— Peter van der Krogt, *Globi Neerlandici: The production of globes in the Low Countries*, Utrecht, 1993, 31.
＊79—— *Luculentissimo quaedã terrae totius descriptio*, Nuremberg, 1515, cap. II, f. 60v.
＊80—— *Copia der Newen Zeytung ausz Presillg Landt*; M. Graubard, trans., *Tidings out of Brazil*, Minnesota U. P., 1957, 28-34. この航海は一五一一〜一二年という見方もある。Laguarda Trías, *El Predescubrimiento del Río de la Plata*.
＊81—— Symcox, ed., *Italian Reports on America, 1493-1522, Letters, Dispatches, and Papal Bulls*, 115-116.
＊82—— Duarte Pacheco Pereira, *Esmeraldo de Situ Orbis*, livro I, cap. II(D. Peres, ed., 3ª. ed., Lisboa, 1988, 20-21).
＊83—— *Archivio Storico Italiano*, Serie I, Tome III, Filenze, 1846, 78-79.
＊84—— Martin Fernandez de Enciso (M. Cuesta Domingo, ed.), *Suma de Geographia*, Madrid, 1987, 192.
＊85—— Bartolomé de Las Casas, *Historia de las Indias*, lib. III, cap. 101 (A. M. Carlo, ed., México, 1951, III, 174-176). ラス・カサス（長南実訳）『インディアス史（五）』大航海時代叢書II、二五、岩波書店、一九九二年、二〇一〜二〇三頁。
＊86—— *Colección general de documentos relativos a las islas filipinas*, III, 139-149.
＊87—— Antonio de Herrera, *Historia general de los hechos de los Castellanos en las Islas y tierra firma del Mar océano*, II, IV, X (Gonzalez, ed., III, 79-80).
＊88—— Morison, *The European Discovery of America: The Southern Voyages*, 357; Gago Coutinho, *A Náutica dos Descobrimentos*, II, 122.
＊89—— *Cartas de Afonso de Albuquerque*, II, 397-98.
＊90—— "Chopia d'una lettera mandata da Giovanni da Empoli a Ldo suo padre del viaggio di Malaccha", f. 208v (Noonan, *John of Empoli*, 150).
＊91—— A. Basílio de Sá, ed., *Documentação*, II, 381-429.

＊92—— D. Ramos Pérez, "Magallanes en Valladolid: la capitulacíon", 196-197.

＊93—— *Obras de Navarrete,* II, 560-561. 長南実訳「マゼランの最初の世界回遊航海」一三六～一三八頁。

＊94—— *Coleccion de documentos inéditos de América y Oceanía,* 1, Madrid, 1864, 296.

＊95—— Bartolomé de Las Casas, *Historia de las Indias,* lib. III, cap. 101 (A. M. Carlo, ed., México, 1951, III, 174-176). ラス・カサス（長南実訳）『インディアス史（五）』大航海時代叢書II、二五、岩波書店、一九九二年、二〇一～二〇三頁。

＊96—— J. Denucé, *Magellan,* 72, 144-46, 176-77.

＊97—— Roland A. Laguarda Trías, *El Predescubrimiento del Río de La Plata,* 111-112.

＊98—— Tim Joyner, *Magellan,* Camden, 1992, 82.

＊99—— *Obras de Navarrete,* II, 560. 長南実訳「最初の世界回遊航海」一三六～四〇頁。

＊100—— *Copia.* AGI, Patronato, 34, R. 13, 2. 同写本には「一五七二年四月二日マドリード」の裏書きがある。写本の表記に忠実な刊本は、フィリピン煙草会社による一九一九年バルセロナ版（*Colección general de documentos relativos a las islas filipinas,* II, 330-331）。一九九八年マドリード版（G. Arciniegas, et al., *La primera vuelta al mundo,* 175-176）およびナバレテによる写本集と刊本（Museo Naval Madrid, *Colección de documentos y manuscriptos,* 16, 279-281; *Obras de Navarrete,* II, 519-520）も参照した。

＊101—— R. A. Laguarda Trías, "Las longitudes geográficas", 148-154. 子午線一度あたりの誤差については、W. G. L. Randles, *Geography, Cartography and Nautical Science in the Renaissance,* IV, 48.

＊102—— H. Wallis, *The Exploration of the South Sea, 1519 to 1644,* Oxford Univ., Ph. D., 1953, 427-500. 未刊のタイプ稿博士論文。ブリティッシュ・ライブラリーのマップ・ルームにて閲覧。

＊103—— João de Barros, *Decadas da Ásia,* 1552-1615, III, V, VIII (H. Cidade & M. Múrias, ed., Lisboa, 1945-46, III, 284).

＊104—— PMC, I, 37-38.『マゼラン覚え書』の典拠についてモリソン（Morison, 350）は通称「クンストマンV」のマジョーロの地図（A・P・マルケスによると、ブラジル沿岸の描写が「ミラー・アトラス」所収図に酷似）というが、その根拠は明らかではない。

＊105—— Leonardo de Argensola, *Conquista de las islas Malucas,* 1609 (1992), 26.

＊106—— "la poma y carta" は「地球儀と地図」とも読めるが、まとめて単数形になっているので、「球を平面に投影した図」と解した。

＊107—— *Original.* ANTT, Corpo Chronologico, pt. 1a, maço 13, doc. 20; G. Arciniegas, et al., *La primera vuelta al mundo,* 124-127; Obras de Navarrete, II, 496-498.

＊108—— Castanheda, *História do descobrimento,* Liv. VI, cap. XLI (1979, II, 218).

＊109—— A. Cortesão, *Cartografia e cartógrafos portuguses dos séculos XV e XVI,* 2vols., Lisboa, 1935, I, 251-253.

＊110—— Alfredo Pinheiro Marques, *Origem e Desenvolvimento da Cartografia Portuguesa na Época dos Descobrimentos,* ［Lisboa］, 1987, 149-152.

＊111—— *Obras de Navarrete,* II, 502-517.

＊112—— Jose Pulido Rubio, *El Piloto Mayor de La Casa de la Contratacion de Sevilla,* Sevilla, 1950, 483.

＊113—— PMC, I, 33-34.

＊114—— R. Cerezo Martinez, *La Cartografia Nautica Espanola en los Siglos XIV, XV y XVI,* Madrid, 1994, 170.

＊115——ロドリゴ・ファレイロの自著複写は、Medina, *El Descubrimiento del Océano Pacíco,* LXXXI.

＊116——ファン・デ・アランダとの協約書および枢機卿宛のファン・ロペス・デ・レカルデとドミンゴ・デ・オチャンディアノの書簡（一五二〇年七月三一日）による。Medina, *Colección de documentos inéditos para la Historia de Chile,* I, 1; *Colección general de documentos relativos a las islas filipinas,* III, 104-106.

＊117—— Damião de Goís, *Chronica do felicíssimo Rei Dom Emanuel,* t. IV, cap. XXXVII(1926, 84).

＊118—— Medina, *Colección de documentos inéditos para la Historia de Chile,* I, 22.

＊119—— Castanheda, *História do descobrimento,* Liv. VI, cap. VI (1979, II, 161); Antonio de Herrera, *Historia general,* II, II, XIX (Gomzalez, ed., II, 374).

＊120—— *Obras de Navarrete,* II, 515, 484.

＊121—— Barros, *Ásia,* I, IV, II (Lisboa, 1945, 135-136.)

＊122——合田「一五世紀海事革命とポルトガル」九二〜九七頁。

＊123—— W. J. H. Andrewes, ed., *The Quest for Longitude,* Cambridge, 1996, 376-92.

＊124—— Castanheda, *História do descobrimento,* Liv. VI, cap. VI(1979, II 160-161); Barros, *Decadas da Ásia,* III, V, X(1946, 298); Antonio de Herrera, *Historia general,* II, IX, XIV(Gonzalez, ed., III, 297-98).

＊125—— Carlos Amoretti, *Premier voyage autour du monde par le chevalier Pigafetta suivi de l'extrait du Traité de Navigation du même auteur,* 1801, 264-274.

＊126—— Joaquim Bensaúde, *Histoire de la Science Nautique Portugaise,* Resumé, Genève, 1917, 56.

＊127—— "Papeles y consultas tocantes á la Aguja fixa de Luis de Fonseca, las observaciones hechas para su verificacion, y lo que se trató con el Doctor Juan Arias de Loyola, D. Geronimo de Ayanz, Antonio Moreno, Lorenzo Ferrer Maldonado, y Miguel Florencio Balangren flamenco en razon de sus proposiciones para el mismo efecto. Todo desde el año de 1603 h. ta 1633", Nav. XXVII, fol. 92, dto. 19.

＊128—— A. Teixeira da Mota, "O Regimento da altura de leste oeste de Rui Faleiro", *Boletim geral do Ultramar,* Lisboa, XXVII, n. 331, 1953, 166-167; Mota, *O Regimento da Altura de Leste-Oeste de Rui Faleiro,* Lisboa, 1986, 141-144.

＊129—— *Ibid.*, 130.

＊130—— G. Hellmann, "The Beginnings of magnetic Observations", *Terrestrial Magnetism and Atmospheric Electricity,* 4, 1899, 74.

＊131——山本義隆『磁力と重力の発見2　ルネサンス』みすず書房、二〇〇三年、三八九頁。

＊132—— David Waters, "Columbus's Portuguese Inheritance", *The Mariner's Mirror,* 78, no. 4, 1992, 397-399. ただし、地中海の海図における東西軸の傾斜については四〜一一度まで幅がある。Cf. T. Campbell, "Portulan Charts from the Late Thirteenth Century to 1500", in: J. B. Harley & D. Woodward, eds., *The History of Cartography,* I, Chicago & London, 1987, 384-85.

＊133—— P M C, I, Pl. 8.

＊134—— A. Cortesão & L. de. Albuquerque, eds., *Obras Completas de D. João de Castro,* 4vols., Coimbra, 1968-81, I, 198.

＊135—— "Do viagem de dom Francisco de Almeyda primeyro viso rey de Jndia...", fol. 3v., in: J. Pereira da Costa, ed., *Códice Valentim Fernandes,* 345.

＊136—— Brito Rebello, ed., *Livro de Marinharia,* 20-24.

＊137—— A. Cortesão, *History of Portuguese Cartography,* II, 416-417.

＊138—— Alonso de Santa Cruz, "El Libro de las Longitudes", in: M. Cuesta Domingo, ed., *Alonso de Santa Cruz y su obra cosmografica,* 2vols., Madrid, 1983-84, I, 151.

＊139—— A. T. da Mota, *O Regimento da Altura de Leste-Oeste de Rui Faleiro,* 147-154; Mota, "A contribuição dos irmãos Rui e Francisco Faleiro no campo da náutica em Espanha", *A Viagem de Fernão de Magalhães e a Questão das Molucas,* 321.

＊140—— Medina, *El Descubrimiento del Océano Pacíco,* CLVIII.

＊141—— G. Arciniegas, et al., *La primera vuelta al mundo,* 83, 125-126; G. Fernandez de Oviedo, *Historia general y natural de las Indias,* Valladlid, 1556, XX, I (J. P. de Tudela Bueso, ed., Madrid, 1959, II, 218); Gomara, XCI (83). 清水訳『広がりゆく視圏』二〇一頁。Argensola, *Conquista de las islas Malucas,* 26.

＊142—— *Colección general de documentos relativos a las islas filipinas,* III, 104-106; IV, 94.

＊143—— Medina, *Colección de documentos inéditos para la Historia de Chile*, I, 313-315.

＊144—— Herrera, II, IV, IX (Gonzalez, ed., II, 332); João de Barros, *Ásia*, Decada III, Livro V, Cap. VIII(1946, 286).

＊145—— *Colección general de documentos relativos a las islas filipinas*, II, 288-304; Medina, *El Descubrimiento del Océano Pacífico*, CLIII-CLV.

＊146—— *Colección general de documentos relativos a las islas filipinas*, II, 198-203; Medina, *op. cit.*, CLVIII.

＊147——アンドレスは一五一九年六月三〇日付の国王宛書簡の中でファン・ロドリゲス・セラノ、ファン・ロドリゲス・マフラ、ヴァスコ・ガレゴと連名でマゼラン隊の航海士として俸給加増を請願した。J. T. Medina, *Colección de documentos inéditos para la Historia de Chile*, I, Santiago de Chile, 1888, 83-84. アンドレスのキャリアについては、Medina, *El Descubrimiento*, CCCCXLIV-CCCCXLVII; Manuel de la Puente y Olea, *Los trabajos geográficos de la Casa de Contratación*, Sevilla, 1900, 337.

＊148—— R. A. Laguarda Trías, *El cosmógrafo sevillano Andrés de San Martín, inventor de las cartas esféricas*, Montevideo, 1991, 22-23.

＊149—— *Colección general de documentos relativos a las islas filipinas*, I, 65-66.

＊150—— Medina, *Colección de documentos inéditos para la Historia de Chile*, I, 106.

＊151—— Castanheda, *História do descobrimento*, Liv. VI, cap. VII (1979, II, 163-64).

＊152—— Herrera, II, IX, XIV (Gonzalez, ed., III, 297-98).

＊153—— R. A. Laguarda Trías, "Las longitudes geográficas", 154-174.

＊154—— A. T. da Mota, *O Regimento da Altura de Leste-Oeste de Rui Faleiro*, 140-141.

●第四章

＊1—— A. S. Keller, O. J. Lissitzyn, F. J. Mann, *Creation of Rights of Sovereignty through Symbolic Acts*, 1400-1800, N. Y., 1967 (1938).

＊2—— Lardicci, ed., *Repertorium Columbianum*, VI, 320-321; Obregón, ed., *The Columbus Papers*, 59. 青木康征『完訳コロンブス航海誌』七二、二九〇頁。S・グリーンブラッド（荒木正純訳）『驚異と占有』みすず書房、一九九四年、九八頁。

＊3—— *Obras de Navarrete*, II, 91-92; Medina, *Juan Diaz de Solís, estudio histórico*, II, 58-69; Oviedo, *Historia general y natural de las Indias*, v. 29, cap. 3 (Tudela Bueso, ed., 1959, III, 210-215); 野々山ミナコ訳「バルボア南の海の発見」大航海時代叢書、一、岩波書店、一九六五年、四七二～四七六頁。*Colección de documentos inéditos de América y Oceanía*, 2, 549.

＊4—— Patricia Seed, *Ceremonies of Possession in Europe's Conquest of the New World, 1492-1640*, Cambridge, 1995, 3-14, 69ff.

＊5—— *Historia de las Indias,* III-57. 長南実訳『インディアス史（四）』大航海時代叢書II、二四、岩波書店、一九九〇年、五九八〜六〇三頁。Oviedo, *Historia general y natural de las Indias,* 1959, III, 230.

＊6—— AGI, Audiencia de Panamá, Leg. 233, Lib. 1, fols. 49-50v.; *Coleccion de documentos inéditos de América y Oceanía,* 20, 311-14; Francisco Morales Padrón, *Teoria y Leyes de la Conquista,* Madrid, 1979, 338-345; Silvio A. Zavala, *Las Instituciones Jurídicas en la Conquista de América,* segunda ed., México, 1971, 215-217, 492-497.

＊7—— A. Rumeu de Armas,"Esclavitud del infiel y primeros atisbos de libertad", *Estudios sobre política indigenista española en América,* Simposio conmemorativo del V centenario del Padre Las Casas, Valladolid, 1975, 59.

＊8—— Seed, *Ceremonies of Possession,* 70-71.

＊9—— T. Urdanoz, ed., *Obras de Francisco Vitoria: Relaciones teológicas,* Madrid, 1960, 682-683; *Historia de las Indias,* III-58. 長南実訳『インディアス史（四）』六一一頁。

＊10—— Oviedo, *Historia general y natural de las Indias,* III, II, XXIX, VII: 31.

＊11—— *Colección de documentos inéditos de América y Oceanía,* 1, Madrid, 1864, 316-317.

＊12—— Martin Fernandez de Enciso, *Suma de Geographia,* 225.

＊13—— *Historia de las Indias,* III-63. 長南実訳『インディアス史（四）』六四五〜六四九頁。

＊14—— Hernán Cortés, *Cartas de relación,* México, 1985, 228; Gómara, 1946, 228; R. Konetzke, *Colección de documentos para la historia de la formación social de Hispanoamerica, 1493-1810,* Madrid, 1953, I, 338.

＊15—— *Colección general de documentos relativos a las islas filipinas,* II, 242-273; *Obras de Navarrete,* II, 482-496.

＊16—— E. H. Blair & J. A. Robertson, eds., *The Philippine Islands, 1493-1898,* Cleveland, 1903-1911, X, 253-255; XXXIV, 249-254.

＊17—— Lagôa, *Fernão de Magalhãis,* I, 317-339.

＊18—— Castanheda, *Historia do descobrimento,* Liv. II, cap. CXI (1979, II, 458-459); Barros, *Ásia,* Decada III, Liv. V, Cap. VI（1946, III, 267）. 一五二二年八月二一日、ポルトガル国王とスンダ国王サミアンの修好条約が締結された際にスンダ・カラパ港に建てられた石柱碑は一九一八年に発見され、国立博物館に所蔵されている。Adolf Heuken SJ, "Portuguese Remains in Jacarta", I. Carneiro de Sousa, R. Z. Leirissa, eds., *Indonesia-Portugal,* Lisboa, 2001, 108-110.

＊19—— Francisco Morales Padrón, "Las instrucciones a Magallanes", in: Mota, ed., *A viagem de Fernão de Magalhães e a questão das Molucas,* 245-263.

＊20—— *Copia.* AGI, Contratación, 5090, lib. 4, ff. 9r-10v. ; *Colección general de documentos relativos a las islas filipinas,* I, 199-202; G.

Arciniegas, et al., *La primera vuelta al mundo,* 132-134. 末尾にフォンセカ司教の署名あり。

＊21—— *Colección general de documentos relativos a las islas filipinas,* II, 288-304.

＊22—— *Obras de Navarrete,* II, 421-429.

＊23—— Medina, ed., *Coleccion de documentos inéditos para la historia de Chile,* I, 177-213.

＊24——『ビクトリア号で̇えた香料の報告およびビクトリア号の船長・士官・乗員らに負う賃金の報告』 AGI, Contaduría 425; P. E. Pérez-Mallaína Bueno, *Los Hombres del Océano,* Sevilla, 1992, 105.

＊25—— *Colección general de documentos relativos a las islas filipinas,* II, 3-193.

＊26—— *Colección general de documentos relativos a las islas filipinas,* III, 28-69.

＊27—— Cesáreo Fernández Duro, *Armada Española desde la unión de los reinos de Castilla y de León,* I, Madrid, 1895, 9-137; Jorge Vigon, *Historia de la artillería española,* I, Madrid, 1947, 429-519; Francisco-Felipe Olesa Muñido, *La organizacion naval de los estados mediterraneos y en especial de españa durante los siglos XVI y XVII,* I, Madrid, 280-365; R. C. Smith, *Vanguard of Empire,* New York, 1993, 148-170; J. F. Guilmartin, Jr., "The Military Revolution: Origins and First Tests Abroad", in: C. J. Rogers, ed., *The Military Revolution Debate,* Boulder, 1995, 299-333; J. H. Parry & R. G. Keith, eds., *New Iberian World,* New York, 1984, I, 428-29; Louis-André Vigneras, *The Discovery of South America and the Andalusian Voyages,* Chicago, 1976, 95; María del Carmen Mena García, *Sevilla y las flotas de indias: la Gran Armada de Castilla del Oro (1513-1514),* Sevilla, 1998, 103-109; W. G. L. Randles, "The Artilleries and Land Fortifications of the Portuguese and of their Adversaries in the Early Period of the Discoveries", *Ars Nautica, Actas da VIII Reunião Internacional de História da Náutica e da Hidrografia,* Cascais, 1998, 329-340.

＊28—— *Original.* ANTT, Corpo Chronologico, pt. 1a, maço 24, doc. 64; G. Arciniegas, et al., *La primera vuelta al mundo,* 123.

＊29—— *Copia.* AGI, Patronato Real, 34, R. 5; British Library, Add. 17621, fols. 1-20; Museo Naval Madrid, *Colección de documentos y manuscriptos compilados por Fernandez de Navarrete,* 16, 325-382; *Obras de Navarrete,* II, 532-556; G. Arciniegas, et al., *La primera vuelta al mundo,* 224-250; *Colección general de documentos relativos a las islas filipinas,* III, 229-278.

＊30—— Medina, *Colección de documentos inéditos para la Historia de Chile,* II, 395-98

＊31—— *Ibid.,* 398-417; Neves Águas, ed., *Fernão de Magalhães a primeira viagem-volta do mundo contada pelos que nela participaram,* Mem Martins, 1986, 147-163

＊32—— *Ibid.,* 203-230

＊33—— J. Ramos-Coelho, ed., *Alguns documentos do Archivo Nacional da Torre do Tombo ácerca das Navegações e conquistas portuguezas,*

Lisboa, 1892, 463-476

＊34——アレクサンダー・フォン・フンボルト（大野英二郎、荒木善太訳）『新大陸赤道地方紀行（上）』一七・一八世紀大旅行記叢書、岩波書店、二〇〇一年、九三〜九四頁。

＊35—— D. D. Brand, "Geographical Exploration by the Spaniards", H. R. Friis, ed., *The Pacific Basin*, New York, 1967, 111.

＊36—— G. E. Nunn, "Magellan's Route in the Pacific", *The Geographical Review,* XXIV, no. 4, 1934, 615-633.

＊37—— The United Kingdom Hydrographic Office, South America Pilot, Volume II, 16th ed., 1993, 13, 23, 37; Volume III, 7th ed., 2000, 17-18, 32-33, 52. 気象庁編『南太平洋海洋気候図三〇年報（一九六一〜一九九〇）』一九九五年、一二五頁。

＊38—— Neves Águas, ed., *Fernão de Magalhães,* 215-2196; Ramos-Coelho, ed., *Alguns documentos,* 468-469; Barros, *Ásia,* III-V-X(1946, 293); Herrera, II, IX, XV(Gonzalez, ed., III, 301).

＊39—— G. Schott, *Geographie des Atlantischen Ozeans,* Hamburg, 1926, Tafel. XV, XX, XXI. 水路部編『書誌第五〇号・大洋航路誌』第一改版、一九三〇年、二二四〜二二六頁。

＊40—— G. Arciniegas, et al., *La primera vuelta al mundo,* 232; *Obras de Navarrete,* II, 539-540.

＊41—— Wallis, *The Exploration of the South Sea,* 40-42.

＊42—— Neves Águas, ed., *Fernão de Magalhães,* 151.

＊43—— António da Marta, "Informações das Molucas", in: A. Basílio de Sá, ed., *Documentação,* V, 92.

＊44——合田昌史「地の果ての外交——十六世紀のモルッカ諸島とポルトガル」前川和也編『コミュニケーションの社会史』ミネルヴァ書房、二〇〇一年、一〇三〜三五頁。

＊45—— Joâo de Freitas Ribeiro, "Estudo náutico do roteiro da viagem de Fernão de Magalhāis", in: Lagôa, *Fernão de Magalhāis,* II, 228.

＊46—— A. Cortesão, ed., *The Suma Oriental,* II, 441-442.『東方諸国記』三五二〜五三頁。

＊47—— J. Denucé, *Magellan,* 301-302; C. E. Nowell, "The Discovery of the Pacific: A Suggested Change of Approach", *The Pacific Historical Review,* XVI, 1, 1947, 8-9; J. Gil, *Mitos y utopas del Descubrimiento,* 2. El Pacfico, Madrid, 1989, 18-20.

＊48—— Maria Augusta da Veiga e Sousa, ed., *O livro de Duarte Barbosa (Edição Crítica e Anotada),* 2 vols, Lisboa, 1996-2000, I, 20-35. ローマのカサナテンセ文書館所蔵の一六世紀中頃の絵入り写本七二葉（códice 1889）はバルボザおよびピレスの記述に従ってアフリカとアジアの人物像一四一図を示している。Luís de Matos, ed., *Imagens do Oriente no século XVI Reprodução do Códice Português da Biblioteca Casanatense,* Lisboa, 1985.

＊49——筆者はその第三版（Academia Real das Sciencias, *Collecção de Noticias para a Historia e Geografia das Nações Ultramarinas que vivem nos dominios portuguezes,* Tomo II, Lisboa, 1867, 245-375）を参照した。

＊50——旧分類は、Simancas Maluco: Est. 1, Caj. 1, Leg. 2, 1/1, num. 13; *Colección general de documentos relativos a las islas filipinas,* III, 112-138. 同写本の一七九三年の写しはマドリード海事博物館のナバレテ写本集に収められている。Museo Naval Madrid, *Colección de documentos y manuscriptos compilados por Fernandez de Navarrete,* 28, Nendeln, 1971, 339-376.

＊51—— Antonio Blazquez y Delgado Aguilera, ed., *Descripcíon de los reinos, costas, puertos e isles que hay desde el Cabo de Buena Esperanza hasta los Leyquios por Fernando de Magallanes, piloto portugués que lo vió y anduvo todo, ...,* Madrid, 1920, 10-178; Museo Naval Madrid, *Colección de documentos y manuscriptos compilados por Fernandez de Navarrete,* 28, 119-332.

＊52—— Maria Augusta da Veiga e Sousa, ed., *O livro de Duarte Barbosa (Edição Crítica e Anotada)* , 2 vols, Lisboa, 1996-2000.

＊53—— H. E. J. Stanley, ed., *A Description of the Coasts of East Africa and Malabar in the beginning of the Sixteenth Century by Duarte Barbosa,* London, 1866; M. L. Dames, ed., *The book of Duarte Barbosa,* 2 vols., London, Hakluyt Society, 1918-1921.

＊54—— Academia Real das Sciencias, *Collecção de Noticias para a Historia e Geografia,* 375.

＊55—— J. Denucé, "Les Îles Lequios (Formose et Riu-Kiu) et Ophir", *Bulletin de la Société royale belge de géographie,* 6, 1907, 435-461; Denucé, *Magellan,* 336.

＊56——岡本良知『十六世紀日欧交通史の研究』原書房、昭和四九年（初版は弘文荘、昭和一一年）、三七頁。

＊57—— Georg Schurhammer, *Varia,* I, Bibliotheca Instituti Historici S. I. 23, Roma/Lisboa, 1965, 25; M. Augusta da Veiga e Sousa, ed., *O livro de Duarte Barbosa,* I, 35.

＊58—— Lagôa, *Fernão de Magalhãis,* I, 280-81; Fernand Braudel, "Introdução", in: *Além-mar: Códice Casanatense 1889, com o Livro do Oriente de Duarte Barbosa,* Lisboa; Milano, c1984, 37.

＊59—— Luis Filipe Barreto,"Duarte Barbosa", in: L. de Albuquerque, ed., *Dicionário de História dos Descobrimentos Portugueses,* I, Lisboa, 1994, 116-117.

＊60——バルボザの特定に踏み込んだ最初の研究は、Francisco Marques de Sousa Viterbo, *Trabalhos náuticos dos portugueses nos séculos XVI e XVII,* I, Lisboa, 1898, 43-46.

＊61—— Castanheda, *História do descobrimento,* Liv. I, cap. XXX (1979, I, 74); Pato, ed., *Cartas de Afonso de Albuquerque,* Lisboa, I (1884), 367, III (1903), 48-51, V (1915), 222, VII (1935), 25, 105-106; *As Gavetas da Torre do Tombo, Centro de Estudos Históricos Ultramarinos,* Lisboa, III (1963), 599-602, IV (1964), 219; Luis Filipe Barreto, "Duarte Barbosa e Tomé Pires: os autores das primeiras geografias globais do oriente", in: B. A. Queija y S. Gruzinski, eds., *Entre dos Mundos, Fronteras Culturales y Agentes Mediadores*, Sevilla, 1997, 177-191.

*62—— *Lendas da Índia por Gaspar Correia*, I, 357.

*63—— M. Augusta da Veiga e Sousa, ed., *O livro de Duarte Barbosa*, II, 403-404.

*64—— Neves Águas, ed., *Fernão de Magalhães*, 217.

*65—— *Obras de Navarrete*, II, 582-586.

*66—— *Obras de Navarrete*, III, 229-230.

*67—— Herrera, III, IX, III(Gonzalez, ed., V, 55); J. Denucé,"Les Îles Lequios (Formose et Riu-Kiu) et Ophir", 440.

*68——的場節子「Iaponで始まる日本記事と「ジパング」の検討」『上智史学』四六号、二〇〇一年、二五二〜五三頁。同『近世初頭における日西交流史の研究』博士論文（國學院大學・歴史学）二〇〇三年、一四〜三五頁。

*69——マルコ・ポーロ『東方見聞録』２（東洋文庫一八三）、平凡社、一九七一年、一三〇〜一四五頁。

*70——的場がいうところの「マドリード海軍博物館所蔵のマゼランのアジア海域報告書」とは先にあつかったバルボザの書のマドリード国立文書館所蔵カスティーリャ語写本（Ms. Reservados 2. II）の写しである。

*71—— Joan-Pau Rubiés, *Travel and Ethnology in the Renaissance, South India through European Eyes, 1250-1625*, Cambridge, 2000, 93.

*72—— *El libro d'l famoso Marco Paulo veneciano d'las cosas mrauillosas q vido en las partes orientales... Con otro tratado de Micer pogio florentino que trata delas mesmas tierras y yslas*, Sevilla, 1518 (Classical Japonica: facsimile series in the Tenri Central Library, 3, I, 1, 1973), xxiiii-xxxi.

*73—— Thomas Suárez, *Early Mapping of Southeast Asia*, Singapore, 1999, 101.

*74—— Donaldo F. Lach, *Asia in the Making of Europe*, Vol. I, Book One, Chicago & London, 1965, 60-62.

*75—— Ludovico de Varthema (Vicenzo Spinelli, ed.), *Itinerário*, Lisboa, 1949, 23-24.

*76—— Marino Sanuto, *I Diarii*, VII, 662.

*77—— Jean Aubin, "Deux chrétiens au Yémen Tahiride", *Journal of the Royal Asiatic Society*, 3rd series, 3, 1993, 33-75.

*78 —— *Le voyage de Ludovico di Varthema*, Paris, 2004, 214-221; R. C. Temple, ed., *The Itinerary of Ludovico di Varthema of Bologna from 1502 to 1508*, as trans. from the Original Edition of 1510, by J. W. Jones, London, 1928 (N. Y., 1970), 90.

*79—— Martin Fernandez de Enciso, *Suma de Geographia*, 209-210.

*80—— Barros, *Ásia*, III-III-III(1946, 124-127).

＊81── "Libro Diodoardo Barbosa Portoghese (349v-364r)", "Sommario di Tutti il Regni, Citta, e Popoli Orientali (364v-371v)", in: G. B. Ramusio, *Delle Navigationi et Viaggi*, 1550.

＊82── Benjamin de Tudela, *The Itinerary of Benjamin of Tudela*, Frankfurt am Main, 1995, 63-67; 的場『近世初頭における日西交流史の研究』一六一～六七頁。

＊83── Ramos-Coelho, ed., *Alguns documentos do Archivo Nacional da Torre do Tombo*, 184-197; Castanheda, *Historia do descobrimento*, Liv. II, cap. CXIII (1979, I, 460).

＊84── Luís Filipe F. R. Thomaz, *De Ceuta a Timor*, Linda-a-Velha: Difel, 1994, 524-25. A. Cortesão, ed., *The Suma Oriental*, II, 493-494.『東方諸国記』四四八頁。

＊85── Shiro Momoki, "Was Dai-Viêt a Rival of Ryukyu within the Tributary Trade System of the Ming during the Early Lê Period (1428-1527)?", N. Thê Anh & Y. Ishizawa, eds., *Commerce et Navigation en Asie du Sud-Est (XIVe-XIXe siècle)*, Paris, 1999, 105-108.

＊86── D. Ferguson, *Letters from Portugueses Captives in Canton, Written in 1534 and 1536*, Bombay, 1902, 94, 100, 156, 163.

＊87── Noonan, *John of Empoli*, 72.

＊88── Roderich Ptak, "The Fujianese, Ryukyuans and Portuguese (c. 1511 to 1540s): Allies or Competitors?", *Anais de História de Além-Mar*, III, 2002, 448-449.

＊89── A. Fontoura da Costa, ed., *Roteiro da Primeira Viagem de Vasco da Gama (1497-1499) por Álvaro Velho*, Terceira ed., Lisboa, 1969, 88. 野々山ミナコ訳「ドン・ヴァスコ・ダ・ガマのインド航海記」四三一頁。

＊90── Barros, *Ásia* II-VI-V, VII(1945, 277-78, 290-91). 生田・池上訳『アジア史（二）』五九～六〇、八六～八七頁。*Cartas de Afonso de Albuquerque*, III, 216; Braz de Albuquerque, *Comentários de grande Afonso Dalboquerque*, 2ªed., Lisboa, 1576, Parte III, Caps. XXXV, XXXVI(J. V. Serrão, ed., 1973, II, 172-180). ポルトガルとシャムの初期交渉については、Maria da Conceição Flores, *Os Portugueses e o Sião no século XVI*, 23-47.

＊91── 一五一四年一月六日付ブリット・パタリムの国王宛書簡および一月八日付後継長官ジョルジェ・デ・アルブケルケの国王宛書簡（A. N. T. T., Corpo Chronologico, parte 1, maço 14, doc. 49.）; João de Barros, *Ásia*, III-VI-II(1946, 307-311).

＊92── *Archivio Storico Italiano*, Serie I, Tome III, Filenze, 1846, Appendix, 85.

＊93── Góis, *Chronica do felicíssimo Rei Dom Emanuel*, Par. IV, Cap. XXIV (vol. IV, 64); ANTT, Fragmentos, Maço 24; D. Ferguson, *op. cit.*

＊94── f. 230v. (Noonan, *John of Empori*, 176).

＊95――A. Cortesão, ed., *The Suma Oriental*, II, 390-392, 410-411, 460-463, 490, 509-510; Rui Manuel Loureiro, ed., *O Manuscrito de Lisboa da "Suma Oriental" de Tomé Pires*, Macau, 1996, 142, 144.『東方諸国記』三三五、三三八、三四八〜三五一、三五四、三九二、四三七、四九五頁。

＊96――*Comentários do Grande Afonso de Alboquerque*, III, XVIII (Serrão, ed., 1973, II, 97-99).

＊97――C. R. Boxer, *The Christian Century in Japan*, Berkeley, 1951, 10-13.

＊98――J. V. Mills, "Eredia's Description of Malaca, Meridional India, and Cathay", *Journal of the Malayan Branch of the Royal Asiatic Society*, vol. VIII, pt. I, 1930, 247.

＊99――A. Bausani, ed., *Lettera di Giovanni da Empoli*, Roma, 1970, 77, n. 113.

＊100――『近世初頭における日西交流史の研究』六七〜七一頁。なお、的場が引用したレベロの『モルッカ諸島誌』の写本（BNL: F. G., Caixa 199, Documento 41）は刊行されている。"Informação das cousas de Maluco", in: A. Basilio de Sá, ed., *Documentação para a história das missões do padoroado portugues do Oriente: Insulindia*, III, Lisboa, 1955, 348-508.

＊101――A. Cortesão, ed., *The Suma Oriental of Tome Pires and The Book of Francisco Rodrigues*, II, 309-310; PMC, I, 78-84.

＊102――José Manuel Garcia, "Other Maps, Other Images: Portuguese Cartography of Southeast Asia and the Philippines (1512-1571)", Centro Português de Estudos do Sudeste Asiático, *The First Portuguese Maps and Sketches of Southeast Asia and the Philippines, 1512-1571*, Lisboa, 2002, 16-17. ただし、浸水諸島はパラワン島の西、南沙諸島（北緯四〜一二度）かもしれない。

＊103――António Galvão, *Tratado dos Descobrimentos*, quarta edição, anotada e comemtada pelo Visconde de Lagoa, Barcelos, 1987, 56, 59.

＊104――Johann Schoener, *Luculentissima quaeda-terrae totius description*, Noribergae, 1515.

＊105――セイロン以東におけるパドロン建立は以下の通り。セイロンのガレ沿岸部にてロウレンソ・デ・アルメイダ（一五〇六年）、ペディルとパセムにてディオゴ・ロペス・デ・セケイラ（一五〇九年半ば）、アグラシム・アンボイナ・バンダにてアントニオ・デ・アブレウ（一五一二年）、広東に近いタマウにてジョルジェ・アルヴァレス（一五一三〜一四年）、バンダにてアントニオ・デ・ブリト（一五二二年）、スンダにてエンリケ・レメ（一五二二年）。Cf. L. de Albuquerque, ed., *Dicionário de História dos Descobrimentos Portugueses*, Caminho, 1994, II, 858-859; B. Videira Pires, *Tabrobana Mais Além, Presenças de Portugal na Ásia*, Macau, 1995, 114.

＊106――G. R. Tibbetts, *Arab Navigation in the Indian Ocean before the coming of the Portuguese*, London, 1981, 313-315.

＊107――G. R. Tibbetts, *A Study of the Arabic Texts Containing Material on South-East Asia*, Leiden & London, 1979, 219-220. なお、イ

ブン・サイードはサンフ（チャンパ）の高度を六イスバと述べている。*Ibid.*, 60.

*108—— João de Barros, *Ásia*, I-IV-VI (1945, 151).「マレモ・カナカ」(Goís, 1926, I, 81) や「カナカ」(Castanheda, 1979, I, 35-36) という表記もある。個人名ではなく、「天文航法のマスター」の意。G. Ferrand, *Introduction*, 196.

*109—— Barros, *Ásia*, I-IV-VI(1945, 152).

*110—— Ramos-Coelho, ed., *Alguns documentos do Archivo Nacional da Torre do Tombo*, 121-123.

*111—— Francis Maddison, "Tradition and Innovation: Columbus' First Voyage and Portuguese Navigation in the Fifteenth Century", J. A. Levenson, ed., *Circa 1492*, New Haven & London, 1991, 92.

*112—— Brito Rebello, ed., *Livro de Marinharia*, 37.

*113—— Luís M. de Albuquerque, ed., *O Livro de Marinharia de André Pires*, 217-218, 220.

*114—— A. Teixeira da Mota, "Méthodes de Navigation et Cartographie Nautique dans l'Océan Indien avant le XVIe siècle", *Studia*, 11, 1963, 76.

*115—— Ernesto Milano, *La Carta del Cantino e la rappresentazione della Terra nei codici e nei libri a stampa della Biblioteca Estense e Universitaria*, Modena, 1991, 152.

*116—— Luís de Albuquerque, "Algumas observações sobre o Planisfério 'Cantino' (1502)", Boletim do Centro de Estudos Geográficos, v. III, n. 22/23, 1966/67, 57-84; W. A. R. Richardson, "East and South-East Asia: Cartographers' Attempts to Reconcile the Maps of Ptolemy and Martellus with Marco Polo's *Travels* and with Portuguese Charts", *Vasco da Gama: Homens, Viagens e Culturas, Actas do Congresso Internacional*, Comissão Nacional para as Comemorações dos Descobrimentos Portugueses, Lisboa, 2001, volume I, 51.

*117—— Henry Yule, *Cathay and the way thither*, 1866, I, civ, II, 469.

*118——ジョセフ・ニーダム（坂本賢三ほか訳）『中国の科学と文明　第一一巻航海技術』思索社、一九八一年、二二一～二四一頁。

*119—— Mota, *O Regimento da Altura de Leste-Oeste de Rui Faleiro*, 167-170.

*120—— R. A. Laguarda Trías, "Las longitudes geográficas", 173.

*121—— João de Barros, *Ásia*, III-V-X (H. Cidade & M. Múrias, ed., Lisboa, 1946, III, 297).

*122—— Herrera, II, IV, X (Gonzalez, ed., III, 81-82).

*123—— Barros, III-V-X (1946, III, 297).

*124—— *Ibid.*

＊125—— *Ibid.*; Castanheda, *História do descobrimento*, Liv. VI, cap. VII (1979, II, 164).

＊126—— Herrera, II, IX, XIV (Gonzalez, ed., III, 298).

＊127—— Barros, III-V-X (1946, III, 297).

＊128—— Raccolta di Documenti, V, III, 70; Robertson, ed., *Magellan's Voyage*, I, 104. 長南実訳「マガリャンイス」五三三頁。

＊129—— R. C. Martínez, "Conjetura y Realidad Geográfica en La Primera Circunnavegación a La Tierra", *Congreso de Historia del Descubrimiento (1492-1556), Actas*, Madrid, 1992,

＊130—— *Derrotero de Francisco Albo*, AGI, Patronato Real, 34, R. 5, f. 7v, 12r, 15v, 16v, 17v, 19r (G. Arciniegas, et al., *La primera vuelta al mundo*, 228, 232, 234-236; *Colección general de documentos relativos a las islas filipinas*, III, 237, 243, 247, 249-250, 252; British Library, Add. 17621, f. 4v, 7r, 9r-10r, 11r.; *Colección de documentos y manuscriptos compilados por Fernandez de Navarrete*, 16, 334, 341, 345, 347-348).

＊131—— *Derrotero de Francisco Albo*, AGI, Patronato Real, 34, R. 5, f. 14v (G. Arciniegas, et al., *La primera vuelta al mundo*, 233; *Colección general de documentos relativos a las islas filipinas*, III, 246; British Library, Add. 17621, f. 7r. ; *Colección de documentos y manuscriptos compilados por Fernandez de Navarrete*, 16, 344).

＊132—— R. A. Laguarda Trías,"Las longitudes geográficas", 169.

＊133——本多勝一『マゼランが来た』朝日新聞社、一九八九年、五～三三頁。

＊134——二〇〇四年の記念祭にはアロヨ大統領も臨席し、「ラプラプのヒロイズムに倣うべし。ただし、戦う相手は外国人ではなく国内の新たな敵だ」と民衆に呼びかけた。*Manila Bulletin*, 4/28/2004.

＊135—— *Raccolta di Documenti*, V, III, 77-78; Robertson, ed., *Magellan's Voyage*, I, 150-156. 長南実訳「マガリャンイス　最初の世界一周航海」五五七～五六〇頁。

＊136—— William Henry Scott, *Looking for the Prehispanic Filipino and Other Essays in Philippine History*, Quezon City, 1992, 24-39.

＊137—— *Raccolta di Documenti*, V, III, 71; Robertson, ed., *Magellan's Voyage*, I, 106-110; 長南実訳「マガリャンイス最初の世界一周航海」五三五～三六頁。

＊138—— Neves Águas, ed., *Fernão de Magalhães*, 217.

＊139—— Pedro Mártir de Anglería, *De Orbe Novo Decadas*, Alcala de Henares, 1530, Decada V, cap. VII (*Décadas del Nuevo Mundo*, trad. de J. Torres Asensio, revisada por J. Martínez Masanza, Madrid, 1989, 356).

＊140—— *Obras de Navarrete*, II, 582-586 ; *Colección general de documentos relativos a las islas filipinas*, III, 356-364.

＊141—— *Raccolta di Documenti*, V, III, 71-74; Robertson, ed., *Magellan's Voyage*, I, 110-128. 長南実訳「マガリャンイス最初の世界一周航海」五三六〜四五頁。

＊142—— *Coleccion de documentos inéditos de América y Oceanía I, Madrid*, 1, 322, 418.

＊143—— B. L. Fenner, *Cebu Under The Spanish Flag, 1521-1896: An Economic-Social History*, Cebu City, 1985, 22; W. H. Scott, *Barangay, Sixteenth-Century Philippine Culture and Society*, Quezon City, 1994, 72.

＊144—— Karl Hutterer, *An Archaeological Picture of a Pre-Spanish Cebuano Community*, Cebu City, 1973, 11, 23-25, 56. ピガフェッタはセブ王宮における「チナ製」の楽器に言及しているが、王族の陶器については、その起源を明らかにしていない（Robertson, ed., *Magellan's Voyage*, I, 135.）。デル・カノ、アルボ、ブスタマンテの供述調書には「チナからのジュンコがもたらす商品は何か」と問う項目が設定されており、デル・カノは「綿布、絹布、斧、短剣、陶器である」と回答しているが、取引地点が特定されていない。アルボは同じ項目で、「マゼランの死後チナからのジュンコを数隻捕獲した」と回答しており、セブ周辺ではなく後述のブルネイ港における事例にふれているのかもしれない。

＊145—— E. H. Blair & J. A. Robertson, eds., *The Philippine Islands 1493-1803*, II, 35.

＊146—— *Ibid.*, 42, 72.

＊147—— W. H. Scott, *Barangay*, 74-75.

＊148—— H. O. Beyer, "Outline review of Philippine archaeology by islands and provinces", *The Philippine Journal of Science*, LXXVII, nos. 3-4, 285-290, 362.

＊149—— *The Philippine Islands*, V, 44-46.

＊150—— *Raccolta di Documenti*, V, III, 71-76; Robertson, ed., *Magellan's Voyage*, I, 106-44. 長南実訳「マガリャンイス」五三五〜五五頁。

＊151—— *Raccolta di Documenti*, V, III, 74-78; Robertson, ed., *Magellan's Voyage*, I, 128-156. 長南実訳「マガリャンイス最初の世界一周航海」五四五〜六〇頁。

＊152—— *La Primera Vuelta al Mundo, Textos de Juan Sebastián de Elcano, Maximiliano Transilvano, Francisco Albo, Ginés de Mafra*, Madrid, 1989, 167-168.

＊153—— *Raccolta di Documenti*, V, III, 75-78; Robertson, ed., *Magellan's Voyage*, I, 140-162. 長南実訳「マガリャンイス最初の世界一周航海」五五二〜六三頁。

＊154—— *Raccolta di Documenti*, V, III, 77; Robertson, ed., *Magellan's Voyage*, I, 150. 長南実訳「マガリャンイス最初の世界一周航海」五五八頁

＊155—— *La Primera Vuelta al Mundo, Textos, 167-168;* Neves Águas, ed., *Fernão de Magalhães,* 217; *Obras de Navarrete,* II, 582-586; *Colección general de documentos relativos a las islas filipinas,* III, 356-364.

＊156—— *Raccolta di Documenti,* V, III, 72, 78; Robertson, ed., *Magellan's Voyage,* I, 118, 156. 長南実訳「マガリャンイス最初の世界一周航海」五四〇、五六〇頁。

＊157—— *The Philippine Islands,* V, 149.

＊158—— *Raccolta di Documenti,* V, III, 78; Robertson, ed., *Magellan's Voyage,* I, 162. 長南実訳「マガリャンイス最初の世界一周航海」五六四頁。

＊159—— Antonio de Herrera, *Historia general,* Decada Tercera, Libro Primero, Cap. III, IV (Tomo IV, 16-21).

＊160—— *La Primera Vuelta al Mundo, Textos,* 168.

＊161—— *Obras de Navarrete,* II, 582-586; *Colección general de documentos relativos a las islas filipinas,* III, 356-364.

＊162——ペドロ・マルティルによると、マゼランはマクタンの首都の近くにあった五〇軒ほどの集落に火をつけたが、その八日後に首都を攻撃しているので、ブライア襲撃は四月一八〜一九日。*De Orbe Novo Decadas,* Decada V, cap. VII (355).

＊163—— *Raccolta di Documenti,* V, III, 77-81; Robertson, ed., *Magellan's Voyage,* I, 150-78. 長南実訳「マガリャンイス最初の世界一周航海」五五七〜七一頁。*Obras de Navarrete,* II, 569-71（長南実訳「最初の世界回遊航海」一五九〜六三頁）.

＊164—— Antonio de Herrera, *Historia general,* Decada Tercera, Libro Primero, Cap. IV (Tomo IV, 18-21)

＊165—— *La Primera Vuelta al Mundo, Textos,* 169.

＊166—— *Ibid.,* 170.

＊167—— *Ibid.*

＊168—— Antonio de Herrera, *Historia general,* Decada Tercera, Libro Primero, Cap. IV (Tomo IV, 18-19).

＊169——マフラによると、マゼランは「エスパニャの獅子たちが戦う様を見届けよ」とフマボンに告げた。*La Primera Vuelta al Mundo, Textos,* 169.

＊170—— Antonio de Herrera, *Historia general,* Decada Tercera, Libro Primero, Cap. IV (Tomo IV, 19); *La Primera Vuelta al Mundo, Textos,* 170.

＊171—— *Obras de Navarrete,* II, 571（長南実訳「マゼランの最初の世界回遊航海」一六二頁）; Neves Águas, ed., *Fernão de Magalhães,* 153.

＊172—— *La Primera Vuelta al Mundo, Textos,* 170.

＊173―― *Ibid.*

＊174―― *Raccolta di Documenti*, V, III, 78-81; Robertson, ed., *Magellan's Voyage*, I, 162-178. 長南実訳「マガリャンイス最初の世界一周航海」五六四～七一頁。マフラによると、フマボン隊はマゼラン隊とともに上陸し、戦いを静観していたが、マゼランらの横死を見て負傷したマゼランの部下たちを救出した。*La Primera Vuelta al Mundo, Textos*, 170.

＊175―― Neves Águas, ed., op. cit., 219; *La Primera Vuelta al Mundo, Textos*, 169.

＊176―― *Obras de Navarrete*, II, 482-495.

＊177――サン・フリアン港における反乱後、首謀者で艦隊の監察官兼サン・アントニオ号船長であったフアン・デ・カルタヘナはサン・フリアンに置き去り、コンセプシオン号船長であったガスパル・デ・ケサダを死刑に処した。カルタヘナはブルゴス司教フォンセカの甥ないし庶子、ケサダはセビリア大司教の配下であった。

＊178――一五二一年にインドに到達したジョルジェ・デ・ブリトは、モルッカで見つけたカスティーリャ人は全員抹殺しカスティーリャに戻すな、というポルトガル国王の密命を総督ロペス・デ・セケイラに伝えた。*Lendas da Índia por Gaspar Correia*, II, 624.

＊179―― *La Primera Vuelta al Mundo, Textos*, 169-170.

＊180―― *Obras de Navarrete*, III, 264-265.

＊181―― M. H. Sánchez-Barba, ed., Hernán Cortés, *Cartas de Relación*, Madrid, 2000, 285-86, 341-43; Miguel Léon-Portilla, *Hernán Cortés y la Mar del Sur*, Madrid, 1985, 32-35. コルテス（伊藤昌輝訳）「報告書翰」『サアグン、コルテス、ヘレス、カルバハル　征服者と新世界』大航海時代叢書II、一二、岩波書店、一九八〇年、四一三～四一六頁。

＊182―― *Raccolta di Documenti*, V, III, 81; Robertson, ed., *Magellan's Voyage*, I, 180-183; 長南実訳「マガリャンイス最初の世界一周航海」五七三～七四頁。

＊183―― Antonio de Herrera, *Historia general*, Decada Tercera, Libro Primero, Cap. IX (Tomo IV, 32).

＊184―― *Raccolta di Documenti*, V, III, 83-85; Robertson, ed., *Magellan's Voyage*, II, 12-26. 長南実訳「マガリャンイス最初の世界一周航海」五八〇～八七頁。*Obras de Navarrete*, II, 573-575; 長南実訳「マゼランの最初の世界回遊航海」一六八～一七二頁。この見積もりは過大という見方は少なくない。J. Crawfurd (*History of the Indian archipelago: containing an account of the manners, arts, languages, religions, institutions, and commerce of its inhabitants*, Edinburgh, 1820, 3 v., I, 70-77) によると、一九世紀半ばのブルネイの人口は一万二〇〇〇人ほどである。

＊185―― Antonio de Herrera, *Historia general*, Decada Tercera, Libro Primero, Cap. IX (Tomo IV, 31-33).

＊186―― *Le voyage de Ludovico di Varthema en Arabie et aux Indes orientales (1503-1508)*, avant-propos de G. Bouchon, Paris, 2004,

218-219; Maria Augusta da Veiga e Sousa, ed., *O livro de Duarte Barbosa*, II, Lisboa, 2000, 405-407.

＊187—— Artur Basílio de Sá, ed., *Documentação para a história das missões do padroado português do oriente, Insulíndia*, I (1506-1549), Lisboa, 1954, 68; A. Cortesão, ed., *The Suma Oriental of Tomè Pires and The Book of Francisco Rodrigues*, II, 461-463.『東方諸国記』二五二～二五五頁。ブリト・パタリムによると、一五一四年一月にブルネイからジャンク船が三隻マラッカに入港したが、うち一隻はブルネイ出身でマラッカのテメンゴンであった人物の所有であった。

＊188—— Ramos-Coelho, ed., *Alguns documentos*, 470.

＊189—— *Raccolta di Documenti*, V, III; Robertson, ed., *Magellan's Voyage*, II. 長南実訳「マガリャンイス最初の世界一周航海」五九一頁。P. M. Shariffuddin, "Brunei cannon", *Brunei Museum Journal*, 1-1, 1969, 72-93; R. Nicholl, ed., *European sources for the history of the sultanate of Brunei in the sixteenth century*, Bandar Seri Begawan, 1975.

＊190—— AGI, Indiferente general, Est. 1528, ff. 1r-17v.

＊191—— *Colección general de documentos relativos a las islas filipinas*, III, 167-194; Mauricio Obregon, ed., *La primera vuelta al mundo: Magallanes, Elcano y El Libro Perdido de la Nao Victoria*, Bogota, 1984, 299-321; G. Arciniegas, et al., *La primera vuelta al mundo: protagonistas, génesis y desarrollo a través de los documentos*, 206-223.

＊192——史家スコットはロドリゴ・デ・アガンドゥル・モリスの記述（*Coleccion de documentos inéditos de la Historia de España*, 78, Madrid, 1882, 60）によって、パセカランはマカッサル出身の航海士であった、という。W. H. Scott, *Looking for the Prehispanic Filipino*, 24.

＊193—— *Raccolta di Documenti*, V, III, 93; Robertson, ed., *Magellan's Voyage*, II, 68-70. 長南実訳「マガリャンイス最初の世界一周航海」六〇六頁。

＊194—— *Raccolta di Documenti*, V, III, 95; Robertson, ed., *Magellan's Voyage*, II, 76-78. 長南実訳「マガリャンイス最初の世界一周航海」六一〇～一一頁。

＊195—— Jacobs, ed, *op. cit.*, p. 202.

＊196—— *Raccolta di Documenti*, V, III, 97; Robertson, ed., *Magellan's Voyage*, II, 90. 長南実訳「マガリャンイス最初の世界一周航海」六一八頁。

＊197—— *Raccolta di Documenti*, V, III, 96; Robertson, ed., *Magellan's Voyage*, II, 84. 長南実訳「マガリャンイス最初の世界一周航海」六一五～一六頁。

＊198——ピガフェッタ「マガリャンイス最初の世界一周航海」六〇三～三〇頁。

*199——*Raccolta di Documenti*, V, III, 94-95; Robertson, ed., *Magellan's Voyage*, II, 74 長南実訳「マガリャンイス最初の世界一周航海」六〇九頁。

*200——*Raccolta di Documenti*, V, III, 93, 98-99; Robertson, ed., *Magellan's Voyage*, II, 66, 102-104. 長南実訳「マガリャンイス最初の世界一周航海」六〇四、六二六〜二七頁；*Obras de Navarrete*, II, 578-79（長南実訳「マゼランの最初の世界回遊航海」一七九〜一八〇頁）.

*201——*As Gavetas da Torre do Tombo*, IV, 510-511. 合田昌史「地の果ての外交——十六世紀のモルッカ諸島とポルトガル」前川和也編『コミュニケーションの社会史』ミネルヴァ書房、二〇〇一年、一〇三〜三五頁。

*202——*Colección general de documentos relativos a las islas filipinas*, IV, 303-367, V, 3-55; Medina, ed., *Colección de documentos inéditos*, II, 1-92.

*203——Medina, ed., *Colección de documentos inéditos*, II, 153-180.

*204——*Raccolta di Documenti*, V, III, 93; Robertson, ed., *Magellan's Voyage*, II, 68-70. 長南実訳「マガリャンイス最初の世界一周航海」六〇六頁。

*205——ANTT, Gavetas, 15-15-7; Sá, ed., *Documentação*, I, 124-25. これには一五二二年八月二八日マラッカで作成されたポルトガル語訳がある。内容は原文とほぼ同一だが、スペイン国王の船隊二隻がティドーレ島にもたらしたものは「要塞を造るための物資と兵器ばかり」であると述べている点が異なる（*Ibid.*, 126-27)。

*206——Godinho, *Os descobrimentos e a economia mundial*, III, 139-40.

*207——Sá, ed., *Documentação*, I, 133-35.

*208——*Ibid.*, 135-36.

*209——*Ibid.*, 135.

*210——*Ibid.*, 194; Jacobs, ed, *op. cit.*, 210. 生田『大航海時代とモルッカ諸島』一三六〜三八頁。

*211——生田『大航海時代とモルッカ諸島』五四頁。

*212——Barros, *Ásia*, III-V-5 (1946, 261-62).

●第五章

*1——PMC, I, 35-36, est. 11.

＊2—— R. Barreiro-Meiro, "El pacifico y el estrecho de Magallanes en la cartografia del siglo XVI", MM, 522-523.

＊3—— Tudela y Bueso, "La especeria de Castilla", MM, 664-666.

＊4—— "Relación de Ginés de Mafra", in: *La Primera Vuelta al Mundo, Textos,* 181-183; "Carta de António de Brito a el-rei de Portugal, Ternate, 1523, Fevereiro, 11", in: *As Gavetas da Torre do Tombo,* VIII, 635-636; Castanheda, *Historia do descobrimento,* Liv. VI, cap. XLI (1979, II, 218).

＊5—— Barros, *Ásia,* dec. III, Liv. V, cap. X (1946, III, 297).

＊6—— C. R. Boxer, *João de Barros,* New Delhi, 1981, 47-48, 109-110.

＊7—— *Obras de D. Martin Fernandez de Navarrete,* II, 644-646.

＊8—— Medina, *El Descubrimiento del Océano Pacífico,* CCCXLIV.

＊9—— Albuquerque & Feijó, "Os pontos de vista de D. João III", MM, 532-542.

＊10—— Carlos Sanz, *Mapas Antiguos del Mundo, Siglos* XV-XVI, No. 23, 24.

＊11—— Albuquerque & Feijó, *op. cit.*, 534-535.

＊12—— *As Gavetas da Torre do Tombo,* IV, 78.

＊13——この件に関するアボハド王の書簡は一五二二年八月八日以降マラッカより発送された。アントニオ・デ・ブリトは、バンダにいたとき、カスティーリャ人のティドル通過の知らせを得ていた。彼はその件を直ちにリスボンに通知したと後に言明している。この通知は現存せず、目的地に達したかどうかも不明。ブリトのテルナテ着は一五二二年五月一三日、詳報を書くのは一五二三年二月一一日、四日後テルナテの商務員ルイ・カーゴはこの書簡と同じ内容の報告をした。ブリトの第二報は五月六日。*As Gavetas da Torre do Tombo,* VIII, 632-45, 201-15.

＊14—— *As Gavetas da Torre do Tombo,* IV, 78.

＊15—— Luís de Albuquerque, *O Tratado de Tordesilhas e as dificaldades técnicas da sua apricação rigorosa, Coimbra,* 1973, 12.

＊16—— *As Gavetas da Torre do Tombo,* IV, 79.

＊17—— *Colección general de documentos relativos a las islas filipinas,* IV, 7-23, 31-49.

＊18—— *As Gavetas da Torre do Tombo,* VIII, 256-57.

＊19—— *Ibid.*, 257.

＊20—— *Ibid.*, 171.

＊21—— *Obras de Navarrete,* II, 597.

*22―*Ibid.*, 272-73; *As Gavetas da Torre do Tombo*, VIII, 595.
*23―P. Mariño, ed., *Tratados Internacionales de España, Carlos V*, vol. I, Madrid, 1978, XXV-XXXIV.
*24―*As Gavetas da Torre do Tombo*, VIII, 171.
*25―*Ibid.*, 225.
*26―*As Gavetas da Torre do Tombo*, VIII, 632-645.
*27―D. F. Lach, *Asia in the Making of Europe*, Vol. I, Book One, 176-177.
*28―Albuquerque & Feijó, "Os pontos de vista de D. João III", 539.
*29―AGS, Estado 367, Doc. 115; S. Subrahmanyam, *The Career and Legand of Vasco da Gama*, 299-300.
*30―Jean Aubin, "Les frustrations de Duarte Pacheco Pereira", *Revista da Universidade de Coimbra*, 36, 1991, 202-203. 忠誠替えを申し出た要人は他にもいた。八月二九日付書簡によると、八月一八日夜、トマールにおけるスニガのに元インド総督ディオゴ・ロペス・デ・セケイラがひとりで現れ、ジョアン三世に対する不満を吐露し、香料貿易とインドへの航路に関する比類なき知識でハプスブルク家に貢献できると自薦した。さらにセケイラはインド在住の腹心らからの書簡類を提供したので、スニガはそれらの写しをカルロス一世に送った。AGS, Estado 368, Doc. 24.
*31―*As Gavetas da Torre do Tombo*, IV, 313-16.
*32―*As Gavetas da Torre do Tombo*, VIII, 512.
*33―*Ibid.*, VIII, 617-22.
*34―Albuquerque & Feijó, "Os pontos de vista de D. João III", 541-542.
*35―証人名のリストが残っているが、大半は前述の調査を受けた者である。*As Gavetas da Torre do Tombo*, VIII, 225-6.
*36―*Ibid.*, 622.
*37―Francisco López de Gómara, *Historia general de las Indias*, I, BAE, Madrid, 1946, p. 220. 清水憲男訳『広がりゆく視圏』二三〇～三一頁。ただし、引用箇所は筆者の試訳。
*38―Jean Denucé, *Magellan*, 391-403; J. Serrão, ed., *Dicionario de Historia de Portugal*, I, Lisboa, 1971, 271.
*39―O. H. K. Spate, *The Spanish Lake*, 55.
*40―Ursula S. Lamb, "The Spanish Cosmographic Juntas of the Sixteenth Centrury", *Terrae Incognitae*, 6, 1974, 51-62.
*41―水田洋訳『リヴァイアサン（一）』岩波書店、一九九二年、一一九頁。
*42―*As Gavetas da Torre do Tombo*, III, 321-328, 514-573, 686-687, IV, 246, 283-290, 312-313, 321-340, 350-356, VI, 558-576, 584-585,

VII, 144-145, 439-440, 574-575, VIII, 154-157, 263-267, 393-417, 585-586, 612-617, 623-632, 673-675, IX, 12-49, 208-211; *Colección general de documentos relativos a las islas filipinas,* IV, 222-367, V, 3-191; *Obras de Navarrete,* II, 606-633.

* 43—— *As Gavetas da Torre do Tombo,* III, 514-515; *Obras de Navarrete,* II, 623.
* 44—— *As Gavetas da Torre do Tombo,* III, 533.
* 45—— *Ibid.*, 534.
* 46—— *Ibid.*, 538-539.
* 47—— *Ibid.*, 559ff.
* 48—— *Ibid.*, 560-561, 572.
* 49—— *Ibid.*, 572-573.
* 50—— *Obras de Navarrete,* II, 628-629.
* 51—— *Ibid.*, 629.
* 52—— *Ibid.*, 629-630.
* 53—— *Ibid.*, 630-631.
* 54—— *Ibid.*, 631.
* 55—— *Ibid.*, 632.
* 56—— *Ibid.*
* 57—— *Ibid.*, 632-633.
* 58—— *Ibid.*, 633.
* 59—— *Ibid.*, 617-625.
* 60—— *Ibid.*, 633.
* 61—— *As Gavetas da Torre do Tombo,* IV, 312.
* 62—— PMC, I, 39-41, est. 13.
* 63—— *Obras de Navarrete,* II, 614-616.
* 64—— *Ibid.*, 623-633.
* 65—— Juan López de Velasco, *Geografía y descripción universal de las Índias desde el año 1571 al de 1574* (Madrid, 1894), 10, 569-581.
* 66—— *Obras de Navarrete,* II, 611-614.

＊67—— *Ibid.*, 616-617.

＊68—— AGI, Patronato 49, ramo 12.

＊69—— Léon-Portilla, *Hernán Cortés y la Mar del Sur*, 34-35; Sánchez-Barba, ed., Hernán Cortes, *Cartas de Relación*, 341.

＊70—— *Obras de Navarrete*, III, 251-252; Lourdes Díaz-Trechuelo, "Las expediciones al área de la Especieria", *Historia General de España y America*, VII, Madrid, 1982, 325-329.

＊71—— *Obras de Navarrete*, III, 253-279; V. M. Godinho, *Os descobrimentos e a economia mundial*, III, 139-145, 153-154.

＊72—— AGI, Patronato, 49, r. 9, n. 2; P. Mariño, ed., *Tratados Internacionales de España, Carlos V*, vol. I, 280-305; *Corpus Documental de Tratado de Tordesillas*, 304-314.

＊73—— García Descalante Alvarado, "Relación del viage que hizo desde la Nueva España a las Islas del Poniente Ruy Gómez de Villalobos", *Colección de documentos inéditos de América y Oceanía*, 5, Madrid, 1866, 140-141.

＊74—— W. H. Scott, *Cracks in the Parchment Curtain and Other Essays in Philippine History*, Quezon City, 1982, 57.

＊75—— António Galvão, *Tratado dos Descobrimentos*, 155.

＊76—— A. M. Barrero García,"Las juntas y las conversaciones castellano-portuguesas en los años posteriores al Tratado", *El Tratado de Tordesillas y su época*, III, 1374.

●第六章

＊1—— Mary Hervey, *Holbein's Ambassadors: The Picture and the Men*, London, 1900.

＊2——ジャック・ラカン（ジャック＝アラン・ミレール編、小出浩之ほか訳）『精神分析の四基本概念』岩波書店、二〇〇〇年、一一三～一一八頁。ユルギス・バルトルシャイティス（高山宏訳）『アナモルフォーズ・光学魔術』国書刊行会、一九九二年、一三一～六七頁。蒲池美鶴『シェイクスピアのアナモルフォーズ』研究社出版、一九九九年、三二～四二頁。

＊3—— S. Foister, A. Roy & M. Wyld, *Making & Meaning Holbein's Ambassadors*, London, 1997, 30-43; E. Dekker & K. Lippincott, "The Scientific Instruments in Holbein's Ambassadors: A Re-Examination", *Journal of the Warburg and Courtauld Institutes*, LXII, 1999, 93-125; J. North, *The Ambassadors' Secret, Holbein and the World of the Renaissance*, London, N. Y., 2002, 71-123.

＊4—— James Gairdner, ed., *Letters and Papers, foreigh and domestic, of the reign of Henry VIII*, vi, London, 1882(Vaduz, 1965), 49, 574, 576-78, 597.

＊5—— Lisa Jardine & Jerry Brotton, *Global Interests, Renaissance Art between East and West,* London, 2000, 49-51.

＊6—— A. E. Nordenskioeld, *Facsimile-Atlas to the Early History of Cartography,* N. Y., 1961 (1889), 82.

＊7—— *Ibid.*, 80-82; E. D. Fite & A. Freeman, eds., *A book of old maps delineating American history from the earliest days down to the close of the Revolutionary War,* N. Y., c1969, 37; A. D. Baynes-Cope, "The Invesgation of a Group of Globes", *Imago Mundi,* 33, 1981; R. W. Shirley, *The Mapping of The World: Early Printed World Maps, 1472-1700,* Early World Press, 2001, 66-68.

＊8—— H. P. Biggar, *A collection of documents relating to Jacques Cartier and the sieur de Roberval,* Ottawa, 1930, 190.

＊9—— D. B. Quinn, ed., *New American world, a documentary history of North America to 1612,* v. 1, N. Y., 1979, 92; E. M. Carus-Wilson, ed., *The Overseas Trade of Bristol in the later Middle Ages,* 2nd ed., London, 1967, 98-142.

＊10—— J. A. Williamson, *The Cabot voyages and Bristol discovery under Henry VII,* N. Y., 1987, 45-53, 202-205.

＊11—— *Ibid.*, 54-83, 207-208; K. R. Andrews, *Trade, plunder and settlement: maritime enterprise and the genesis of the British Empire, 1480-1630,* Cambridge; N. Y., 1984, 45.

＊12—— Williamson, *The Cabot voyages,* 84-115, 209-229.

＊13—— *Ibid.*, 116-144, 229-264.

＊14—— S. E. Morison, *The European discovery of America, v. 1, The northern voyages, A. D. 500-1600,* N. Y., 1971, 239-40.

＊15—— E. D. Fite & A. Freeman, *A Book of Old Maps,* 11; J. B. Harley & D. W. Tilton, "Juan de La Cosa", S. A. Benini, ed., *The Christopher Columbus Encyclopedia,* I, N. Y., 1992, 213-215.

＊16—— R. Cerezo Martinez, *La Cartografia Nautica Espanola en los Siglos XIV, XV y XVI,* 89-118.

＊17—— Williamson, *The Cabot voyages,* 119-124, 148-149; H. P. Biggar, ed., *The Precursors of Jacques Cartier, 1497-1534,* Ottawa, 1911, 102-107, 111-13.

＊18—— P. McGrath, "Bristol and America, 1480-1631", in: K. R. Andrews, N. P. Canny & P. E. H. Hair, eds., *The Westward Enterprise,* Liverpool, 1978, 90-92; K. R. Andrews, *Trade, plunder and settlement,* 56.

＊19—— V. M. Godinho, *Os descobrimentos e a economia mundial,* IV, 134ff.

＊20—— P. E. Hoffman, "Diplomacy and The Papal Donation, 1493-1585", *The Americas,* XXX, 1973, 156.

＊21—— Ch. -André Julien, *Les voyages de découverte et les premiers établissements: xv*[e]*-xvi*[e] *siècles,* Paris, 1948, 18-33.

＊22—— Denucé, *Magellan,* 362-363; Medina, *El Descubrimiento del Océano Pacífico*, CCCXXV.

＊23—— Antonio de Herrera, *Historia gerenal,* III, VI, IX(Gomzlez, ed., IV, 316).

＊24――二宮敬「解説」カルチェほか（西本晃二ほか訳）『フランスとアメリカ大陸（一）』大航海時代叢書Ⅱ、一九、岩波書店、一九八二年、五三八頁。

＊25―― L. C. Wroth, *The Voyages of Giovanni da Verrazzano, 1524-1528,* New Haven & London, 1970, 57-70, 123-132; N. J. W. Thrower, "New Light on the 1524 Voyages of Verrazzano", *Terrae Incognitae,* XI, 1979, 59-65.

＊26―― L. C. Wroth, *The Voyages of Giovanni da Verrazzano,* 71-90, 155-164, 219-252.

＊27―― Francisco d'Andrada, *Cronica do muyte alto e muite ponderosa rey de Portugal dom III d'este nome,* par. I, ch. 3; *Raccolta di Documenti e Studi Publicati dalla R. Commissione Colombiana,* Parte V, Volume II, 250, 245; Wroth, *The Voyages of Giovanni da Verrazzano,* 66-70.

＊28―― J. T. Medina, *El Portugués Esteban Gómez al servicio de España,* 35-111, 130-133.

＊29―― *Obras de Navarrete,* II, 102-107.

＊30―― P. E. Hoffman, *A new Andalucia and a way to the Orient,* 3-83.

＊31―― Morison, *The northern voyages,* 328; Hoffman, *A new Andalucia,* 114.

＊32―― M. Gómez-Salvago Sánchez, *Fastos de una Boda Real en la Sevilla del Quinientos, Estudio y Documentos,* Sevilla, 1998, 35, 36, 129-130; R. B. Merriman, ed., Francisco López de Gómara, *Annals of the Emperor Charles V,* Oxford, 1912, 212-213; P. Mariño, ed., *Tratados Internacionales de España, Carlos V,* I, 152-187; Martinez, *La Cartografia Nautica Espanola,* 184.

＊33―― D. B. Quinn, ed., *Divers Voyages touching the discouerie of America,* 1967.

＊34―― K. R. Andrews, *Trade, plunder and settlement,* 55.

＊35―― Quinn, ed., *Divers Voyages,* 38. 北西航路の顛末については、越智武臣「解説」ジェンキンソンほか（朱牟田夏雄ほか訳）『イギリスの航海と植民（一）』大航海時代叢書Ⅱ、一七、岩波書店、一九八三年、四六五～五五二頁。

＊36―― E. G. R. Taylor, *Tudor Geography, 1485-1583,* N. Y. 1968, 48.

＊37―― Taylor, *Tudor Geography,* 49-51.

＊38―― Hoffman, *A New Andalucia,* 115.

＊39―― J. Habert, *La Vie et les Voyages de Jean de Verrazane,* Montréal, 1964, 350-51.

＊40―― Fernando de Bordeje y Morencos, *Trafico de Indias y politica oceanica,* Madrid, 1992, 69-80.

＊41―― V. M. Godinho, *Mito e mercadoria, Utopia e pratica de navegar, seculos XIII-XVIII,* 459-75.

＊42―― Ana Maria Pereira Ferreira, *Problemas maritimos entre Portugal e a francana primeira metade do seculo XVI,* Redondo, 1995,

159-236; *Godinho, Mito e mercadoria*, 470-74.

＊43—— Ch.-André Julien *Les voyages de découverte*, 115-119. 二宮敬「解説」五四三〜四四頁。

＊44—— Julien, *Les voyages de découverte*, 145-50; A. Losada, "Repercusiones europeas del tratado de Tordesillas", *El Tratado de Tordesillas y su proyeccion*, II, 217-31.

＊45—— W. J. H. Andrewes, ed., *The Quest for Longitude*, Cambridge, 1996, 376-92.

●第七章

＊1—— Archivo General de Simancas, Estado, Leg. 369, 90 (J. V. Serrão, "Um memorial de Francisco Faleiro ao Imperador Carlos V, 1531", *Archivos do Centro Cultural Português*, Paris, I, 1969, 451-54).

＊2—— AGI, Indiferente General, Leg. 1092, fls. 2v-3 (V. Rau, "Nótula sobre Francisco Faleiro e os do Conselho de Índias", Centro de Estudos de Marinha, *Actas das sessões de 1970 e 1971*, Lisboa, 1971, 68-71).

＊3—— M. Fernández de Navarrete, *Dissertación sobre la historia de la náutica*, Madrid, 1846, 148.

＊4—— Pulido Rubio, *op. cit.*, 263-68; Alonso de Santa Cruz, *Cronica de los Reyes Catolicos*, ed. por Juan de Mata Carriazo, Sevilla, 1951, I, XIX, XXXIV, XLI-XLII, LXXXIII-LXXXIV, CXLIII.

＊5—— Rebello, ed., *Livro de Marinharia*, 20-24; Mota, *O Regimento da Altura de Leste-Oeste de Rui Faleiro*, 134.

＊6—— Francisco Falero, *Tratado del esphera y del arte del marear con el regimieto de las alturas cõ alguas reglas nueuamete escritas muy necessarias*, Facsímile da ed. de Sevilha: Juan Cromberger, 1535, 115-121. リスボン国立図書館貴重書室〔BN RES. 3862V〕で閲覧。

＊7—— *Obras de Pedro Nunes*, I, Lisboa, 1940, 159, 199.

＊8—— Luís de Albuquerque, *Instrumentos de Navegação*, Lisboa, 1988, 76.

＊9—— *Obras de Pedro Nunes*, I, 230-232.

＊10—— S. Purchas, *Hakluythus Posthumas or Purchas Pilgrimes, Contayning a History of the World in Sea Voyages and Lande Travells by Englishmen and others*, vol. VII, New York, 1965 (Londres, 1625), 236-309.

＊11—— *Obras Completas de D. João de Castro*, I, 198-200.

＊12—— *Ibid.*, I, 128-130, 134-138, 140, 144-145, 152-157, 159-162, 170-178, 184-185, 224-225.

＊13—— *Ibid.*, I, 128-130, 135f.

＊14――*Ibid.*, I, 215-220.

＊15――*Ibid.*, I, 170-174, 183, 210, 243-244.

＊16――*Ibid.*, II, 58f, 71-72, 78-82.

＊17――*Ibid.*, I, 184, II, 111.

＊18――BN de Madrid, Códice 1140, fls. 123-132v.

＊19――*Obras Completas de D. João de Castro,* III, 41-45.

＊20――Alonso de Santa Cruz, "El Libro de las Longitudes", in: Domingo, ed., *Alonso de Santa Cruz y su obra cosmografica,* I, 151-165.

＊21――三部構成。第一部はサクロボスコに基づく「天球論」、第二部はコンパスを用いて針路を定める方法と海図の不備を取り扱う方法を示す。第三部で自前の器具"cadrant differential"について詳説。ただし、経度と偏差の関連について理論的な説明はできないという。ウォリスは、この分野に精通したポルトガル人移住者の存在と、提督シャボーに献呈されたが現存しない"La Perle de Cosmographie"(1534)の著者でパンセ号の航海士であったP. Crignonとロッツとの関係が航海術研究に寄与したとみている。H. Wallis, ed., *The Maps and text of the Boke of idrography presented by Jean Rotz to Henry VIII,* Oxford, 1981, 7.

＊22――*Ibid.*, 29-34; E. G. R. Taylor, *The Haven-Finding Art,* London, 1971, 185-189.

＊23――PMC, iii, 1960, 71-72, pl. 363. 偏差を盛り込んだイギリス最古の海図はWilliam Boroughの一五七六年手書き北大西洋海図(一五七八年までに付加あり)。五本の矢が示す西偏の漸増はマーティン・フロビッシャーのグリーンランド航海で観測された。Skelton & Summerson, *A Description of Maps,* Oxford, 1971, 69, pl. 6.

＊24――Simon Stevin, *The Haven-finding Art,* London, 1599 (Amsterdam, New York, 1968), 7.

＊25――Jerónimo Osório, *De Rebus Emmanuelis,* XI, 23 (1944, II, 225ff).

＊26――Bibliothèque Nationale, Paris, Ms Vc Colbert, 298, fols. 6-8; W. G. L. Randles, "Portuguese and Spanish attempts to measure longitude in the sixteenth century", *Mariner's Mirror,* 81, no. 4, 1995, 405.

＊27――Oviedo, *Historia general,* Lib. XXX, cap.52 (Madrid, 1959), 253; Juan López de Velasco, *Geografía y descripción universal de las Índias desde el año 1571 al de 1574* (Madrid, 1894), 10, 188; A. Garcia de Céspedes, *Regimiento de Navegación,* Madrid, 1606, f. 144; C. R. Edwards, "Mapping by questionnaire", *Imago Mundi,* XXIII, 1969, 22.

＊28――Garcia de Céspedes, *Regimiento de Navegación,* f. 154.

＊29――H. Wallis, *The Exploration of the South Sea,* 7-14.

＊30—— Juan López de Velasco, *Geografía y descripción universal de las Índias*, 569-581.

＊31—— *The Voyage of Magellan, The Journal of Antonio Pigafetta*, trans. by P. S. Paige from the edition in the William L. Clements Library, University of Michigan, Eaglewood Cliffs, 1969, 26, 35, 82, 86, 88, 131.

＊32—— Randles, "Portuguese and Spanish attempts to measure longitude in the sixteenth century", 405-406.

●おわりに

＊1—— *Obras de Navarrete*, I, 233. 青木康征『完訳コロンブス航海誌』四一四頁。

＊2—— L. Jardine & J. Brotton, *Global Interests*, 55.

●欧文一次史料

Academia Portuguesa da História, *Viagens de Luís de Cadamosto e de Pedro de Sintra,* Lisboa, 1988.

Academia das Ciências de Lisboa, *Obras de Pedro Nunes,* I, Lisboa, 1940.

Academia Real das Sciencias, *Collecção de Noticias para a Historia e Geografia das Nações Ultramarinas que vivem nos dominios portuguezes,* Tomo II, Lisboa, 1867.

Águas, Neves, ed., *Fernão de Magalhães a primeira viagem à volta do mundo contada pelos que nela participaram,* Mem Martins, 1986.

Aguilera, Antonio Blazquez y Delgado, ed., *Descripcíon de los reinos, costas, puertos e isles que hay desde el Cabo de Buena Esperanza hasta los Leyquios por Fernando de Magallanes, piloto portugués que lo vió y anduvo todo, ...,* Madrid, 1920.

[Albo, F.], *Derrotero de Francisco Albo,* AGI, Patronato Real, 34, R. 5.

Albuquerque, Luís M. de, ed., *O Livro de Marinharia de André Pires,* Lisboa, 1963.

———, *Os guias náuticos Munique e Évora,* Lisboa, 1965.

Almeida, M. Lopes de, ed., *Lendas de Índia por Gaspar Correia,* 4vols., Porto, 1975.

Arciniegas, G., Alburquerque, M. de, Gaibrois, M. B., eds., *La primera vuelta al mundo: protagonistas, génesis y desarrollo a través de los documentos,* estudio y transcripción de los documentos, J. M. R. Asencio, M. H. Jiménez, I. R. Albi, Madrid, 1998.

Bausani, A., ed., *Lettera di Giovanni da Empoli,* Roma, 1970.

Biggar, H. P., ed., *The Precursors of Jacques Cartier, 1497-1534,* Ottawa, 1911.

———, *A collection of documents relating to Jacques Cartier and the sieur de Roberval* , Ottawa, 1930.

Blair, E. H. & Robertson, J. A., eds., *The Philippine Islands 1493-1898,* Cleveland, 1903-1911, I, II, III, V, X, XXXIV.

British Library, department of Manuscripts, Add. 17621, fols. 1-20.

Bry, T. de, *America de Bry, 1590-1634, Amerika oder die Neue Welt, Die 'Entdeckung' eines Kontinents in 346 Kupferstichen,* Herausgegeben von Gereon Sievernich, Berlin und New York, 1990.

Burns, R. I., ed., *Las Siete Partidas,* II, I, IX, Philadelphia, 2001.

Carlo, A. M., ed., Bartolomé de Las Casas, *Historia de las Indias,* 3vols., México, 1951.

Carriazo, Juan de Mata, ed., Alonso de Santa Cruz, *Cronica de los Reyes Catolicos,* Sevilla, 1951.

Carvalho, A. Martins de, ed., Rui de Pina, *Crónica de el-rei D. João II,* Coimbra, 1950.

Castanheda, Fernão Lopes de, *História do descobrimento e conquista da Índia pelos portugueses,* Coimbra, 1551-61 (M. L. de Almeida, ed., Porto, 1979.

Centro de Estudos Históricos Ultramarinos, *As Gavetas da Torre do Tombo,* Lisboa, III (1963), IV (1964), VIII (1970), IX (1971), X (1974), XI (1975), XII (1977).

Cespedes, A. Garcia de, *Regimiento de Navegación,* Madrid, 1606 (2005).

Cidade, H., &Múrias, M., ed., João de Barros, *Decadas da Asia,* I, II, III, Lisboa, 1945-46.

Compañía General de Tabacos de Filipinas, *Colección general de documentos relativos a las islas filipinas existentes en el archivo de Indias de Sevilla,* 5 vols., Barcelona, 1918-1923.

Cortesão, A., ed., *The Suma Oriental of Tome Pires and The Book of Francisco Rodrigues,* Hakluyt Society, 1944 (1967).

Cortesão, A. & Albuquerque, L. de., eds., *Obras Completas de D. João de Castro,* 4vols., Coimbra, 1968-81.

Costa, A. Fontoura da, ed., *Roteiro da Primeira Viagem de Vasco da Gama (1497-1499) por Álvaro Velho,* Terceira ed., Lisboa, 1969.

Costa, J. Pereira da, ed., *Códice Valentim Fernandes,* Lisboa, 1997.

Dames, M. L., ed., *The book of Duarte Barbosa,* 2 vols., London, Hakluyt Society, 1918-1921.

Davenport, F. G., ed., *European Treaties bearing on the History of the United States & its Dependencies to 1648,* Washington, D. C., 1917.

Dirección General del Libro y Bibliotecas del Ministerio de Cultura , Bartolomé Leonardo de Argensola, *Conquista de las islas Malucas,* Madrid, 1609(Madrid, 1992).

Domingo, M. Cuesta, ed., *Alonso de Santa Cruz y su obra cosmografica,* 2vols., Madrid, 1983-84.

————, Martin Fernandez de Enciso, *Suma de Geographia,* Madrid, 1987.

[Elcano, et. al], *La Primera Vuelta al Mundo, Textos de Juan Sebastián de Elcano, Maximiliano Transilvano, Francisco Albo, Ginés de Mafra,* Madrid, 1989.

Falero, Francisco, *Tratado del esphera y del arte del marear con el regimieto de las alturas cõ alguas reglas nueuamete escritas muy necessarias;* Facsímile da ed. de Sevilha: Juan Cromberger, 1535.

Faria e Sousa, Manuel de, *Asia Portuguesa*(Oporto, 6vols, 1945-47).

Fonseca, L. Adão da & Asencio, J. M. Ruiz, eds., *Corpus Documental de Tratado de Tordesillas,* Sociedad V Centenario del Tratado de

Tordesillas, [Lisbia], 1995.

Gairdner, James, ed., *Letters and Papers, foreign and domestic, of the reign of Henry VIII,* vi, London, 1882.

Galvão, António, *Tratado dos Descobrimentos,* quarta edição, anotada e comemtada pelo Visconde de Lagoa, Barcelos, 1987.

Gois, Damiao de, *Chronica do felicíssimo Rei Dom Emanuel,* Lisboa, 1566-67 (Coimbra, 1926).

Graubard, Mark, trans., *Tidings out of Brazil,* Minnesota U. P., 1957.

Herrera, Antonio de, *Historia general de los hechos de los Castellanos en las Islas y tierra firma del Mar océano,* Madrid, 1601-1615 (10vols., Asunción de Paraguay, 1944-47).

Jacobs, H. Th. Th. M., S. J., ed, *A Treatise on the Moluccas (c. 1544), Probably the Preliminary Version of Antonio Galvão's lost História das Molucas,* Rome, 1971.

Konetzke, R., *Colección de documentos para la historia de la formación social de Hispanoamerica, 1493-1810,* I, Madrid, 1953.

Lacroix, J. G., ed., Francisco López de Gómara, *Historia general de las Indias,* Zaragoza, 1552 (Caracas, 1984).

Lardicci, Francesca, ed., *Repertorium Columbianum, VI, A Synoptic Edition of the Log of Columbus's First Voyage,* Turnhout, 1999.

Mariño, P., ed., *Tratados Internacionales de España, Carlos V,* vol. I, Madrid, 1978.

Marques, J. M. da Silva, ed., *Descobrimentos Portugueses,* 3vols, Lisboa, 1988 (1944-71).

Masanza, J. Martínez, ed., Pedro Mártir de Anglería, *Décadas del Nuevo Mundo,* trad. de J. Torres Asensio, Madrid, 1989.

Medina, J. T., *Colección de documentos inéditos para la Historia de Chile,* I, II, Santiago de Chile, 1888.

Mendoza, Luis Torres de, ed., *Colección de documentos inéditos, relativos al descubrimiento, conquista y organización de las antiguas posesiones españolas en América y Oceanía,* Madrid, 1, 1864; 5, 1866; 78, 1882.

Merriman, R. B., ed., Francisco López de Gómara, *Annals of the Emperor Charles V,* Oxford, 1912.

Miranda, C., ed., Gomes Eanes da Zurara, *Crónica da tomada de Ceuta,* Lisboa, 1992.

Museo Naval Madrid, *Colección de documentos y manuscriptos compilados por Fernandez de Navarrete,* 16, 28, Nendeln, 1971.

Obregon, Mauricio, ed., *La primera vuelta al mundo: Magallanes, Elcano y El Libro Perdido de la Nao Victoria,* Bogota, 1984.

Osório, Jerónimo, *De Rebus Emmanuelis Lusitanae invictissimi virtute et auspicio gestis libro duodecim,* Lisboa, 1571 (1944).

Oviedo y Valdés, Gonzalo Fernández de, *Historia general y natural de las Indias,* Valladlid, 1556.

Paige, P. S., trans., *The Voyage of Magellan, The Journal of Antonio Pigafetta,* trans. by from the edition in the William L. Clements Library, University of Michigan, Eaglewood Cliffs, 1969.

Parry, J. H. & Keith, R. G., eds., *New Iberian World*, New York, 1984, I.
Pato, R. A. de B., ed., *Cartas de Afonso de Albuquerque*, 7vols., Lisboa, 1884-1935.
[Paula, Marco, et. al], *El libro d'l famoso Marco Paulo veneciano d'las cosas mrauillosas q vido en las partes orientales... Con otro tratado de Micer pogio florentino que trata delas mesmas tierras y yslas*, Sevilla, 1518 (Classical Japonica: facsimile series in the Tenri Central Library, 3, I, 1, 1973).
Pereira, G., ed., Garcia de Resende, *Crónica de el-rei D. Joâo II*, Lisboa, 1902.
Peres, D., ed., Duarte Pacheco Pereira, *Esmeraldo de Situ Orbis*, Lisboa, 1988.
Purchas, S., *Hakluythus Posthumas or Purchas Pilgrimes, Contayning a History of the World in Sea Voyages and Lande Travells by Englishmen and Others*, vol. VII, New York, 1965 (Londres, 1625).
Quinn, D. B., ed., Richard Hakluyt, *Divers Voyages touching the discouerie of America*, London, 1582 (Amsterdam, 1967).
————, *New American world, a documentary history of North America to 1612*, v. 1, N. Y., 1979.
Ramos-Coelho, J., ed., *Alguns documentos do Archivo Nacional da Torre do Tombo Ácerca das Navegações e conquistas portuguezas*, Lisboa, 1892.
Ramusio, G. B., *Primo volvme delle Navigationi et Viaggi*, Venetia, 1550.
Reale Commissione Colombiana, ed., *Raccolta di Documenti e Studi*, Roma, 1894, Parte V, Volume II & III.
Rebello, J. I. de Brito, ed., *Livro de Marinharia: Tratado da Agulha de Marear de João de Lisboa*, Lisboa, 1903.
Rego, A. da Silva., Baxter, T. W., *Documentos sobre os Portugueses em Moçambique e na África Central*, I, Lisboa, 1962.
Ruzzana, I. C., ed., *The History of the life and deeds of the admiral Christopher Columbus attributed to his son Fernando Colon (Repertorium Columbianum*, Volume XIII), Turnhout, 2004.
Sá, A. Basílio de, ed., *Documentação para a história das missões do padoroado portugues do Oriente: Insulindia*, 5vols., Lisboa, 1954-58.
Sánchez-Barba, M. H., ed., Hernán Cortés, *Cartas de Relación*, Madrid, 2000.
Schoener, Johannes, *Luculentissima quaedam terrae totius descriptio*, Noribergae, 1515.
Serrano, D. C. S., ed., Obras de D. Martin Fernandez de Navarrete, 3vols., Madrid, 1954-64.
Serrão, J. V., ed., *Comentarios de Afonso Dalboquerque*, 2vols., conforme a 2a. ed., de 1576, 5a. ed., Lisboa, 1973.
Skelton, R. A., ed., Antonio Pigafetta, *Magellan's Voyage*, New Haven, 1969.
Stanley, H. E. J., ed., *A Description of the Coasts of East Africa and Malabar in the beginning of the Sixteenth Century by Duarte Barbosa,*

London, 1866.
Stevin, Simon, *The Haven-finding Art, Or The Way to Find any Hauen or place at sea, by* the Latitude and Variation, London, 1599 (Amsterdam, New York, 1968).
Symcox, G., ed., *Italian Reports on America, 1493-1522, Letters, Dispatches, and Papal Bulls (Repertorium Columbianum,* Vol. X), Turnhout, 2001.
———, *Italian Reports on America, 1493-1522, Accounts by Contemporary Observers (Repertorium Columbianum,* Volume XII), Turnhout, 2002.
Torre, A. de La & Fernandez, L. S., ed., *Documentos referentes a las relaciones con Portugal durante el reinado de los Reyes Catolicos,* I, Valladolid, 1958.
Urdanoz, T., ed., *Obras de Francisco Vitoria: Relaciones teológicas,* Madrid, 1960 (Paris, 2001).
Veiga e Sousa, Maria Augusta da, ed., *O livro de Duarte Barbosa (Edição Crítica e Anotada),* 2 vols, Lisboa, 1996-2000.
Velasco, Juan López de, *Geografía y descripción universal de las Índias desde el año 1571 al de 1574,* Madrid, 1894.
Wallis, H., ed., *The Maps and text of the Boke of idrography presented by Jean Rotz to Henry VIII,* Oxford, 1981.
West, D. C. & Kling, A., eds., *The Libro de las Profecías of Christopher Columbus,* Gainesville, 1991.
Zurara, Gomes Eanes da, *Crónica de Guiné,* Barcelos, 1973.
Zurita, Jerónimo de, *Anales de la Corona de Aragón,* Tomo V: *Historia del rey don Hernando el Católico,* Zaragoza, 1610(A. C. Lopez, ed., Zaragoza, 〔1978〕).

●欧文研究文献

Abadía, R. E., "La idea del antimeridiano", MM, 3-26.
Abdurachman, P. R., "Moluccan Responces to the First Intrusions of the West", in: H. Soebadio & C. A. du Marchie Sarvaas, *Dynamics of Indonesian History,* Amsterdam, 1978.
Albuquerque, L. de,"Algumas observações sobre o Planisfério'Cantino'(1502)", *Boletim do Centro de Estudos Geográficos,* v. III, n. 22/23, 1966/67, 57-84.
———, ed, *O Tratado de Tordesilhas e as dificaldades técnicas da sua apricação rigorosa,* Coimbra, 1973.

———,ed., *Dicionário de História dos Descobrimentos Portugueses*, 2vols., Lisboa, 1994.

Albuquerque, L. de, & Feijó, R. G., "Os pontos de vista de D. João III na Junta de Badajo-Elvas", MM, 527-546.

Andaya, L. Y., *The World of Maluku, Eastern Indonesia in the Early Modern Period*, Honolulu, 1993.

Andrews, K. R., *Trade, plunder and settlement: maritime enterprise and the genesis of the British Empire, 1480-1630*, Cambridge; N. Y., 1984.

Andrewes, W. J. H., ed., *The Quest for Longitude*, Cambridge, 1996.

Arana, D. Barros, *Vida i Viajes de Hernando de Magallanes*, Santiago de Chile, 1864.

Arciniegas, Germán, *Amerigo y el Nuevo Mundo*, Madrid, 1990.

Armas, Antonio Rumeu de, *España en el Africa Atlántica*, I, Madrid, 1956.

———, *Un escrito desconocido de Cristobal Colón: el memorial de La Mejorada*, Madrid, 1972.

———,"Esclavitud del infiel y primeros atisbos de libertad", *Estudios sobre política indigenista española en América, Simposio conmemorativo del V centenario del Padre Las Casas*, Valladolid, 1975.

———, *Nueva luz sobre las Capitulaciones de Santa Fe de 1492*, Madrid, 1985.

———, *El Tratado de Tordesillas*, Madrid, 1992.

Aubin, Jean, "Deux chrétiens au Yémen Tahiride", *Journal of the Royal Asiatic Society*, 3rd series, 3, 1993, 33-75.

Baynes-Cope, A. D.,"The Invesgation of a Group of Globes", *Imago Mundi*, 33, 1981.

Barque, Julio Valdeon, "Las particiones medievales en los tratados de los reinos hispanicos", TT, I, 21-32.

Barreiro-Meiro, R., "El pacifico y el estrecho de Magallanes en la cartografia del siglo XVI", MM, 519-527.

Barreto, Luis Filipe,"Duarte Barbosa e Tomé Pires: os autores das primeiras geografias globais do oriente", B. A. Queija y S. Gruzinski, eds., *Entre dos Mundos, Fronteras Culturales y Agentes Mediadores, Sevilla*, 1997, 177-191.

Beaujouan, G.,"Rapports entre Théorie et Pratique au Moyen Age", in: J. E. Murdoch & E. D. Sylla, eds., *The Cultural Context of Medieval Learning*, Dordrecht, 1975.

Benini, S. A., ed., *The Christopher Columbus Encyclopedia*, 2vols., N. Y., 1992.

Bensaúde, Joaquim, *Histoire de la Science Nautique Portugaise, Resumé*, Genève, 1917.

Bordeje y Morencos, Fernando de, *Trafico de Indias y politica oceanica*, Madrid, 1992.

Boxer, C. R., *João de Barros*, New Delhi, 1981.

Brand, D. D.,"Geographical Exploration by the Spaniards", H. R. Friis, ed., *The Pacific Basin,* New York, 1967.

Bulbeck, D., Reid, A., Tan, L. C. & Wu, Y., *Southeast Asian Exports since the 14th century: Cloves, Pepper, Coffee, and Sugar,* Singapore, 1998.

Cabrero, Leoncio, *Fernando de Magallanes,* Madrid, 1987.

Campbell, T.,"Portulan Charts from the Late Thirteenth Century to 1500", in: J. B. Harley & D. Woodward, eds., *The History of Cartography,* I, Chicago & London, 1987.

Canaveira, Manuel Filipe,"O Tratado de Tordesilhas na historiografia portuguesa e espanhola", *Oceanos,* 18, 1994, 78-84.

Carus-Wilson, E. M., ed., *The Overseas Trade of Bristol in the later Middle Ages,* 2nd ed., London, 1967.

Centro Português de Estudos do Sudeste Asiático, *The First Portuguese Maps and Sketches of Southeast Asia and the Philippines, 1512-1571,* Lisboa, 2002.

Chabás, J. & Goldstein, B. R., *Astronomy in th Iberian Peninsula,* Philadelphia, 2000.

Cortesão, Armando, *Cartografia e cartógrafos portuguses dos séculos XV e XVI,* 2vols., Lisboa, 1935.

———, *The Mystery of Vasco da Gama,* Coimbra, 1973.

———,"D. João II e o Tratado de Tordesilhas", TT, I, 93-102.

———, *History of Portuguese Cartography,* 2vols., Coimbra, 1969-71.

Cortesão, Jaime, "The Pre-Columbian Discovery of America", *Geographical Journal,* 89, 1937.

———, *História dos Descobrimentos Portugueses,* I, Lisboa, 1960.

Costa, A. Fontoura da, *A Marinharia dos Descobrimentos,* Lisboa, 1933.

Coutinho, Gago, *A Náutica dos Descobrimentos,* 2vols., Lisboa 1951-52.

Crawfurd, J., *History of the Indian archipelago: containing an account of the manners, arts, languages, religions, institutions, and commerce of its inhabitants,* 3vols., Edinburgh, 1820.

Dekker, E. & Lippincott, K.,"The Scientific Instruments in Holbein's Ambassadors: A Re-Examination", *Journal of the Warburg and Courtauld Institutes,* LXII, 1999, 93-125.

Denucé, Jean,"Les îles Lequios (Formose et Riu-Kiu) et Ophir", *Bulletin de la Société royale belge de géographie* , 6, 1907.

———, *Magellan, la question des Moluques et la premiere circumnavigation du globe,* Brussels, 1911.

Dias, C. M., ed., *História da Colonização Portuguesa do Brasil,* 3vols., Porto, 1921-24.

Díaz-Trechuelo, Lourdes,"La Organización del Viaje Magellanico", MM.

————,"Las expediciones al Área de la Especieria, *Historia General de España y America"*, VII, Madrid, 1982.

Diffie, B. W. & Winius, G. D., *Foundations of the Portuguese Empire, 1415-1580,* Minneapolis, 1977.

Duro, Cesáreo Fernández, *Armada Española desde la unión de los reinos de Castilla y de León,* I, Madrid, 1895.

Edwards, C. R.,"Mapping by questionnaire", *Imago Mundi,* XXIII, 1969.

Embid, Florentino Pérez, *Los Descubrimientos en el Atlántico y la rivalidad castellano-portuguesa hasta el tratado de Tordesillas,* Sevilla, 1948.

Esquerra, R.,"Las Juntas de Toro y de Burgos", TT, I, 149-170.

Fenner, B. L., *Cebu Under The Spanish Flag, 1521-1896: An Economic-Social History,* Cebu City, 1985.

Fenn, Percy Thomas, Jr., *The Origen of the Right of Fishery in Territorial Waters,* Cambridge, 1926.

Ferguson, D., *Letters from Portugueses Captives in Canton, Written in 1534 and 1536,* Bombay, 1902.

Fernandez, M. Gimenez,"Nuevas concideraciones sobre la historia y el sentido de letras Alejandrinas de 1493 referentes a las Indias", *Anuario de Estudios Americanos,* I, 1944.

————,"América,'ysla de Canaria por ganar'", *Anuario de Estudios Atlánticos,* n. 1, 1955.

Ferrand, G., *Introduction a l'astronomie nautique arabe,* Paris, 1928.

Ferreira, Ana Maria Pereira,"Mare Clausum. Mare Liberum, Dimensão doutrinal de un foco de tensões políticas, Cultura", *História e Filosofia,* III, Lisboa, 315-357.

————, *Problemas maritimos entre Portugal e a francana primeira metade do seculo XVI,* Redondo, 1995.

Fite, E. D. & Freeman, A., eds., *A book of old maps delineating American history from the earliest days down to the close of the Revolutionary War,* N. Y., c1969.

Flores, Maria da Conceição, *Os Portugueses e o Siâo no século XVI,* [Lisboa], 1995.

Foister, S., Roy, A. & Wyld, M., *Making & Meaning Holbein's Ambassadors,* London, 1997.

Fulton, T. W., *The Sovereignty of the Sea,* Edinburgh & London, 1911.

Gallo, A. García,"Las bulas de Alejandro VI y el ordenamiento juridico de la expansion portuguesa y castellana en Africa e Indias", *Anuario de Historia del Derecho Español,* 27-28, 1957-58.

Gamazo, Adelaida Sagarra, *Burgos y el gobierno indiano: la clientele del Obispo Fonseca,* Burgos, 1998.

García, María del Carmen Mena, *Sevilla y las flotas de indias: la Gran Armada de Castilla del Oro (1513-1514),* Sevilla, 1998.

Gaztambide, José Goñi, *Historia de la bula de la cruzada en España,* Vitoria, 1958.

Gil, J., *Mitos y utopas del Descubrimiento, 2. El Pacfico,* Madrid, 1989.

Godinho, V. M., *Ensaios,* II, Lisboa, 1968.

———, *Os descobrimentos e a economia mundial,* 2nd. ed., 4vols., Lisboa, 1984.

———, *Mito e mercadoria, Utopia e pratica de navegar, seculos XIII-XVIII,* Lisboa, 1990

Gomes, Alberto & Trigueiros, Antonio Miguel, eds., *Moedas portuguesas na Epoca dos Descobrimentos, 1385-1580,* Lisboa, 1992.

Gomes, Rita Costa, *The Making of a Court Society: Kings and Nobles in Late Medieval Portugal,* Cambridge, 2003.

González, Julio, *El reina de Castilla en la época de Alfonso VIII,* 3 vols., Madrid, 1960.

Guedes, Max Justo, *O Descobrimentos do Brasil, 1500-1548,* [Lisboa], 2000.

———,"O Descobrimento do Brasil e o Tratado de Tordesilhas", in: *El Tratado de Tordesillas y su época,* Congreso Intercional de Historia, Sociedad V Centenario del Tratado de Tordesillas, [Madrid], 3vols, 1995, III.

Guedes, M. J. & Lombardi, G., eds., *Portugal-Brazil: The Age of Atlantic Discoveries,* Lisbon, 1990.

Guillemard, Francis Henry Hill, *The life of Ferdinand Magellan and the first circumnavigation of the globe. 1480-1521.* London, 1890.

Guilmartin, J. F., Jr.,"The Military Revolution: Origins and First Tests Abroad", in: C. J. Rogers, ed., *The Military Revolution Debate,* Boulder, 1995, 299-333.

Habert, J., *La Vie et les Voyages de Jean de Verrazane,* Montréal, 1964.

Hellmann, G.,"The Beginnings of magnetic Observations", *Terrestrial Magnetism and Atmospheric Electricity,* 4, 1899.

Henige, David, *In Search of Columbus, the Sources for the First Voyage,* Tucson, 1991.

Hervey, Mary, *Holbein's Ambassadors: The Picture and the Men,* London, 1900.

Hoffman, P. E.,"Diplomacy and The Papal Donation, 1493-1585", *The Americas,* XXX, 1973.

———, *A new Andalucia and a way to the Orient, the American Southeast during the sixteenth century,* Baton Rouge, 1990.

Humboldt, Alexander von, Cosmos : *A Sketch of a Physical Description of the Universe,* trans. by E. C. Otté, 2vols., Baltimore, 1997.

Hutterer, Karl, *An Archaeological Picture of a Pre-Spanish Cebuano Community,* Cebu City, 1973.

Jardine, Lisa & Brotton, Jerry, *Global Interests, Renaissance Art between East and West,* London, 2000.

Joyner, Tim, *Magellan,* Camden, 1992.

Julien, Ch. -André, *Les voyages de découverte et les premiers établissements : XVe-XVIe siècles*, Paris, 1948.

Kellenbenz, Hermann,"Cristóbal de Haro: Nuevos Documentos para su historia", in: *La Ciudad de Burgos, Actas del Congreso de Historia de Burgos*, León, 1985.

Keller, A. S., Lissitzyn, O. J., & Mann, F. J., *Creation of Rights of Sovereignty through Symbolic Acts, 1400-1800*, N. Y., 1967 (1938).

Kelley, James E., Jr.,"In the Wake of Columbus on a Portulan Chart", *Terrae Incognitae*, 15, 1983, 77-111.

Krogt, Peter van der, Globi Neerlandici, *The production of globes in the Low Countries*, Utrecht, 1993.

Lach, Donaldo F., *Asia in the Making of Europe*, Vol. I, Book One, Chicago & London, 1965.

Lagôa, Visconde de, *Fernão de Magalhãis: a sua vida e a sua viagem*, 2 vols., Lisboa, 1938.

Lamb, Ursula S.,"The Spanish Cosmographic Juntas of the Sixteenth Centrury", *Terrae Incognitae*, 6, 1974.

Leite, Duarte, *História dos Descobrimentos*, 2vols., Lisboa, 1958-59.

Léon-Portilla, Miguel, *Hernán Cortés y la Mar del Sur*, Madrid, 1985.

Linehan, Peter, *History and the historians of medieval Spain*, Oxford, 1993.

Losada, A.,"Repercusiones europeas del tratado de Tordesillas", TT, II, 217-265.

Luz, F. P. Mendes da,"Dois organismos de administração ultramarina no século XVI: a Casa da India e os Armazéns da Guiné, Mina e Índias", MM, 91-106.

MacMillan, Ken,"Disclosing a Great Error: John Dee's Answer to the Papal Bull *Inter Caetera*", *Terrae Incognitae*, 36, 2004.

Maddison, Francis,"Tradition and Innovation: Columbus' First Voyage and Portuguese Navigation in the Fifteenth Century", in: J. A. Levenson, ed., *Circa 1492*, New Haven & London, 1991.

Manzano, Juan Manzano,"El Derecho de la Corona de Castilla al descubrimiento y conquista de las Indias de Poniente", *Revista de Indias*, t. III, n. 9, 1942.

————,"La adquisición de las Indias por los Reyes Católicos y su incorporación a los reinos castellanos", *Anuario de Historia del Derecho Español*, 21-22, 1951-52.

Marques, Alfredo Pinheiro, *Origem e Desenvolvimento da Cartografia Portuguesa na Época dos Descobrimentos*, [Lisboa], 1987.

Martínez, R. Cerezo,"Conjetura y Realidad Geográfica en La Primera Circunnavegación a La Tierra", in: *Congreso de Historia del Descubrimiento (1492-1556), Actas*, Madrid, 1992.

————, *La Cartografia Nautica Espanola en los Siglos XIV, XV y XVI*, Madrid, 1994.

Mathew, K. S., *Portuguese Trade with India in the Sixteenth Century,* New Delhi, 1983.

———, *Indo-Portuguese Trade and the Fuggers of Germany,* New Delhi, 1997.

Mattingly, Garrett,"No Peace Beyond What Line?", *Transactions of the Royal Historical Society,* 5th ser., XIII, 1963, 145-162.

McIntosh, Gregory C., *The Piri Reis Map of 1513,* Athens & London, 2000.

Medina, J. T., *Juan Diaz de Solís, Estudo Histórico,* 2vols., Santiago de Chile, 1897.

———, *El venetiano Sebastián Caboto al servicio de España,* Santiago de Chile, 1908.

———, *El Portugués Esteban Gómez al servicio de España,* Santiago de Chile, 1908.

———, *El Descubrimiento del Océano Pacíco,* Santiago de Chile, 1920.

Mills, J. V.,"Eredia's Description of Malaca, Meridional India, and Cathay", *Journal of the Malayan Branch of the Royal Asiatic Society,* vol. VIII, pt. I, 1930.

Mingo, Milagros del Vas, *Las Capitulaciones de Indias en el siglo XVI,* Madrid, 1986.

Momoki, Shiro,"Was Dai-Viêt a Rival of Ryukyu within the Tributary Trade System of the Ming during the Early Lê Period (1428-1527)?", in: N. Thê Anh & Y. Ishizawa, eds., *Commerce et Navigation en Asie du Sud-Est (XIVe-XIXe siècle),* Paris, 1999.

Morison, S. E., *Admiral of the Ocean Sea, A Life of Christopher Columbus,* 2vols, Boston, 1942.

———, *The European Discovery of America,* 2vols., New York, 1971-74.

Mota, A. T. da,"O Regimento da altura de leste oeste de Rui Faleiro", *Boletim geral do Ultramar,* Lisboa, XXVII, n. 331, 1953.

———,"Méthodes de Navigation et Cartographie Nautique dans l'Océan Indien avant le XVIe siècle", *Studia,* 11, 1963.

———, *Os regimentos do cosmógrafo-mor de 1559 e 1592 e as origens do ensino náutico em Portugal,* Lisboa, 1969.

———,"Reflexos do Tratado de Tordesilhas na cartografia nautica do seculo XVI", TT, I, 137-48.

———,"A contribuição dos irmãos Rui e Francisco Faleiro no campo da náutica em Espanha", MM, 315-342.

———,"Some notes on the organization of hydrographical services in Portugal before the beginning of the 19th century", *Imago* Mundi, 28, 1976.

———, *O Regimento da Altura de Leste-Oeste de Rui Faleiro,* Lisboa, 1986.

Muñido, Francisco-Felipe Olesa, *La organizacion naval de los estados mediterraneos y en especial de españa durante los siglos XVI y XVII,* I, Madrid, [1968].

Milano, Ernesto, *La Carta del Cantino e la rappresentazione della Terra nei codici e nei libri a stampa della Biblioteca Estense e Universitaria,*

Modena, 1991.

Navarrete, M. Fernández de, *Dissertación sobre la historia de la náutica,* Madrid, 1846.

Nebenzahl, Kenneth, *Atlas of Columbus and the Great Discoveries,* Chicago, 1990.

Noonan, Laurence A., *John of Empoli and his relations with Afonso de Albuquerque,* Lisboa, 1989.

Nordenskioeld, A. E., *Facsimile-Atlas to the Early History of Cartography,* N. Y., 1961 (1889).

Nowell, C. E.,"The Discovery of the Pacific: A Suggested Change of Approach", *The Pacific Historical Review,* XVI, 1, 1947.

Nunn, G. E., *The Geographical Conceptions of Columbus,* New York, 1977 (1924).

———, *The Columbus and Magellan Concepts of South American Geography,* Glenside, 1932.

———, "Magellan's Route in the Pacific", *The Geographical Review,* XXIV, no. 4, 1934, 615-633.

O'Callaghan, Joseph F., *Reconquest and Crusade in Medieval Spain,* Philadelphia, 2003.

Olshin, B. B., *A Sea Discoveres: Pre-Columbian Conceptions and Depictions of the Atlantic Ocean,* University of Toronto, Ph. D., 1994.

Padgen, Anthony, *Lords of All The World, Ideologies of Empire in Spain, Britain and France, c. 1500-c. 1800,* New Haven & London, 1995.

Padrón, Francisco Morales, "Las instrucciones a Magallanes", MM, 243-264.

———, *Teoria y Leyes de la Conquista,* Madrid, 1979.

Parr, Charles MacKew, *So Noble a Captain,* N. Y., 1953 (*Ferdinand Magellan, Circumnavigator,* New York, 1964).

Peres, Damião, *História dos descobrimentos portuguêses,* Oporto, 2nd ed., 1960.

Pérez, D. Ramos, "Magallanes en Valladolid: la capitulacíon", MM, 179-242.

Perez, José Muñoz, "La' frontera astronomica' de Tordesillas", TT, II, 197-215.

Pérez, Joseph, "Carlos V y Los Españoles", in: Pedro Navascués Palacio, ed., *Carolvs V Imperator,* Barcelona , 1999.

Phillips, W. D., Jr., "Christopher Columbus in Portugal: Years of Preparation", *Terrae Incognitae,* XXIV, 1992.

Pickering, Keith A., "The Navigational Mysteries and Fraudulent Longitudes of Christopher Columbus: A Lecture given to the Society for the History of Discoveries and the Hakluyt Society, August 1997", http: //www1.minn. net/˜keithp/shd973.htm

Pohl, F. J., *Amerigo Vespucci, Pilot Major,* N. Y., 1944.

Ptak, R., "The Northern Trade Route to the Spice Islands: South China Sea-Sulu Zone-North Moluccas (14th to early 16th century)", *Archipel,* 43, 1992.

———, "Asian Trade in Cloves, circa 1500: Quantities and Trade Routes, A Synopsis of Portuguese and Other Sources", in: F. A.

Dutra & J. C. dos Santos, eds., The *Portuguese and The Pacific,* Santa Barbara, 1995, 149-69.

———,"From Quanzhou to the Sulu Zone and Beyond: Questions Related to the Early Fourteenth Century", *Journal of Southeast Asian Studies,* 29: 2, 1998.

———, "The Fujianese, Ryukyuans and Portuguese (c. 1511 to 1540s): Allies or Competitors?", *Anais de História de Além-Mar,* III, 2002.

Puente y Olea, Manuel de la, *Los trabajos geográficos de la Casa de Contratación,* Sevilla, 1900.

Randles, W. G. L.,"Portuguese and Spanish attempts to measure longitude in the sixteenth century", *Mariner's Mirror,* 81, no. 4, 1995.

———, *Geography, Cartography and Nautical Science in the Renaissance,* Aldershot & Burlington, 2000.

Rau, V.,"Nótula sobre Francisco Faleiro e os do Conselho de Índias", Centro de Estudos de Marinha, *Actas das sessões de 1970 e 1971,* Lisboa, 1971.

Ravenstein, E. G., *Martin Behaim, his life and his globe,* London, 1908.

Real Academia de la Historia, Madrid, *Memorial Histórico Español : colección de documentos, opúsculos y antigüedades,* Madrid, III, 1852.

Ribeiro, João de Freitas, "Estudo náutico do roteiro da viagem de Fernão de Magalhãis", in: Lagôa, *Fernão de Magalhãis,* II.

Richardson, W. A. R., "East and South-East Asia: Cartographers' Attempts to Reconcile the Maps of Ptolemy and Martellus with Marco Polo's Travels and with Portuguese Charts", in: *Vasco da Gama: Homens, Viagens e Culturas, Actas do Congresso Internacional,* Lisboa, 2001, I.

Rubiés, Joan-Pau, *Travel and Ethnology in the Renaissance, South India through European Eyes, 1250-1625,* Cambridge, 2000.

Rubio, Jose Pulido, *El Piloto Mayor de La Casa de la Contratacion de Sevilla,* Sevilla, 1950.

Russell, Peter, *Prince Henry 'the Navigator', A Life,* New Haven, 2000.

Sánchez, M. Gómez-Salvago, *Fastos de una Boda Real en la Sevilla del Quinientos, Estudio y Documentos,* Sevilla, 1998.

Sanz, Carlos, *Mapas Antiguos del Mundo, Siglos XV-XVI,* Madrid, 1962.

Schurhammer, Georg, *Varia,* I, Bibliotheca Instituti Historici S. I. 23, Roma/Lisboa, 1965.

Scott, William Henry, *Cracks in the Parchment Curtain and Other Essays in Philippine History,* Quezon City, 1982.

———,"The Mediterranean Connection", in: *Looking for the Prehispanic Filipino and Other Essays in Philippine History,* Quezon City, 1992.

———, *Barangay, Sixteenth-Century Philippine Culture and Society,* Quezon City, 1994.

Seed, Patricia, *Ceremonies of Possession in Europe's Conquest of the New World, 1492-1640,* Cambridge, 1995.

Serrão, J.,"Um memorial de Francisco Faleiro ao Imperador Carlos V, 1531", *Archivos do Centro Cultural Português,* Paris, I, 1969.

———, ed., *Dicionario de Historia de Portugal,* 6vols., Porto, 1984.

Shirley, R. W., *The Mapping of The World, Early Printed World Maps, 1472-1700,* Early World Press, 2001.

Smith, R. C., *Vanguard of Empire,* New York, 1993.

Sousa, I. Carneiro de, R. Z. Leirissa, eds., *Indonesia-Portugal,* Lisboa, 2001.

Souza, T. O. Marcondes de, *O descobrimento do Brasil,* São Paulo, 1946.

Spallanzani, M., *Mercanti Fiorentini nell'Asia Portoghese (1500-1525),* Firenze, 1997.

Spate, O. H. K., *The Spanish Lake,* Minneapolis, 1979.

Suárez, Thomas, *Early Mapping of Southeast Asia,* Singapore, 1999.

Subrahmanyam, Sanjay, *The Career and Legend of Vasco da Gama,* Cambridge, 1997.

Taylor, E. G. R., *Tudor Geography,* 1485-1583, N. Y. 1968.

———, *The Haven-Finding Art,* London, 1971.

Thomaz, L. Filipe, "Maluco e Malaca", MM, 27-48.

———, *De Ceuta a Timor,* Linda-a-Velha: Difel, 1994.

Thrower, N. J. W.,"New Light on the 1524 Voyages of Verrazzano", *Terrae Incognitae,* XI, 1979.

Tibbetts, G. R., *A Study of the Arabic Texts Containing Material on South-East Asia,* Leiden & London, 1979.

———, *Arab Navigation in the Indian Ocean before the coming of the Portuguese,* London, 1981.

Tracy, James D., ed., *The Political Economy of Merchant Empires,* Cambridge, 1991.

Trías, R. A. Laguarda, *El Predescubrimiento del Río de la Plata por la Expedición Portuguesa de 1511-1512,* Lisboa, 1973.

———, "Las longitudes geográficas de la membranza de Magallanes y del primer viaje de circunnavegación", MM, 135-178.

———, *El cosmógrafo sevillano Andrés de San Martín, inventor de las cartas esféricas,* Montevideo, 1991.

Tudela y Bueso, Juan Pérez de, "La armada de Vizcaya", TT, I, 33-92.

———, "La especería de Castilla", MM, 627-688.

———, "Razon y Genesis del Tratado de Tordesillas", in: *Tratado de Tordesillas (Tabula Americae, 3),* descripcion y transcripcion del documento de T. M. Martinez y J. M. R. Asencio, Madrid, 1985.

The United Kingdom Hydrographic Office, *South America Pilot,* Volume II, 16th ed., 1993; Volume III, 7th ed., 2000.

Vigneras, Louis-André, *The Discovery of South America and the Andalusian Voyages, Chicago,* 1976.

Vigon, Jorge, *Historia de la artillería española,* I, Madrid, 1947.

Wallis, H., *The Exploration of the South Sea, 1519 to 1644,* Oxford Univ., Ph. D., 1953.

Waters, David, "Columbus's Portuguese Inheritance", *The Mariner's Mirror,* 78, no. 4, 1992.

Waters, D. W., "Early Time and Distance Measurements at Sea", *Journal of the Institute of Navigation,* 8-2, 1955.

Williamson, J. A., *The Cabot voyages and Bristol discovery under Henry VII,* N. Y., 1987.

Wroth, L. C., *The Voyages of Giovanni da Verrazzano, 1524-1528,* New Haven & London, 1970.

Yule, Henry, *Cathay and the way thither,* 2vols., London, 1866.

Zavala, Silvio A., *Las Instituciones Jurídicas en la Conquista de América,* segunda ed., México, 1971.

●和文史料

青木康征『完訳コロンブス航海誌』平凡社、一九九三年。

ゴマラ（清水憲男訳）『広がりゆく視圏』岩波書店、一九九五年。

『コロンブス、アメリゴ、ガマ、バルボア、マゼラン航海の記録』大航海時代叢書、一、岩波書店、一九六五年。

『アズララ、カダモスト　西アフリカ航海の記録』大航海時代叢書、二、岩波書店、一九六七年。

トメ・ピレス（生田滋・池上岑夫・加藤栄一・長岡新治郎訳）『東方諸国記』大航海時代叢書、五、岩波書店、一九六六年。

ジョアン・デ・バロス（生田滋・池上岑夫訳）『アジア史』大航海時代叢書（第Ⅱ期）二〜三、岩波書店、一九八一年。

トマス・ホッブス（水田洋訳）『リヴァイアサン』岩波書店、一九九二年。

ペドロ・マルティル（清水憲男訳）『新世界とウマニスタ』（一五一六）岩波書店、一九九三年。

マクシミリアーノ・トランシルバーノ（長南実訳）「マゼランの最初の世界回遊航海」増田義郎編『未知への旅』グロリアインターナショナル、一九七四年。

『ハウトマン、ファン・ネック　東インド諸島への航海』大航海時代叢書（第Ⅱ期）一〇、岩波書店、一九八一年。

アレクサンダー・フォン・フンボルト（大野英二郎、荒木善太訳）『新大陸赤道地方紀行（上）』一七・一八世紀大旅行記叢書、岩波書店、二〇〇一年。

ラス・カサス（長南実訳）『インディアス史』大航海時代叢書（第Ⅱ期）二一〜二四、岩波書店、一九八一〜九〇年。

●和文研究文献

C・A・アラウス、P・P・ヘロス（若林庄三郎訳）『スペイン植民地下のパナマ』近代文藝社、一九九五年。

生田滋『大航海時代とモルッカ諸島——ポルトガル、スペイン、テルナテ王国と丁字貿易』中央公論社、一九九八年。

岡本良知『十六世紀日欧交通史の研究』原書房、昭和四九年（初版は弘文荘、昭和一一年）。

——『中世モルッカ諸島の香料』図書出版株式会社、一九四四年。

奥田敦「シエテ・パルティダスとローマ法——物の分類をめぐって」『中央大学大学院研究年報』第一六号、一〜二、三五〜四六頁。

気象庁編『南太平洋海洋気候図三〇年報（一九六一〜一九九〇）』一九九五年。

蒲池美鶴『シェイクスピアのアナモルフォーズ』研究社出版、一九九九年。

金七紀男『エンリケ航海王子──大航海時代の先駆者とその時代』刀水書房、二〇〇四年。

S・グリーンブラッド（荒木正純訳）『驚異と占有』みすず書房、一九九四年。

合田昌史「一五世紀海事革命とポルトガル」『史林』六九巻五号、一九八六年。

──「世界分割の科学と政治──「モルッカ問題」をめぐって」『史林』七五巻六号、一九九二年、八二九～六四頁。

佐々木有司「中世イタリアにおける普通法（ius commune）の研究（一）バルトルス・デ・サクソフェルラートを中心として」『法学協会雑誌』八四、一、一九六七年。

色魔力夫『アメリゴ・ヴェスプッチ──謎の航海者の軌跡』中央公論社、一九九三年。

S・ツヴァイク（関楠生・河原忠彦訳）『マゼラン』みすず書房、一九九八年。

高瀬弘一郎「大航海時代イベリア両国の世界二等分割征服論と日本」『思想』五六八、一九七一年、七五～九七頁。

高林秀雄「海洋論争の歴史的背景・公海自由の原則の成立過程（一）」『法学論叢』六〇・四、六三～七九頁。

E・ツィルゼル（青木靖三訳）『科学と社会』みすず書房、一九六七年。

弘末雅士「交易の時代と近世国家の成立」池端雪浦編『世界各国史（六）東南アジア史Ⅱ』山川出版社、一九九九年。

中山治一「コロンブスの帰着──教書勅書と国家利害」『愛知学院大学人間文化研究所紀要・人間文化』二、一九八六年。

ジョセフ・ニーダム（坂本賢三ほか訳）『中国の科学と文明（十一）航海技術』思索社、一九八一年。

二宮敬「解説」カルチェほか（西本晃二ほか訳）『フランスとアメリカ大陸（一）』大航海時代叢書（第Ⅱ期）一九、岩波書店、一九八二年。

林邦夫「カトリック両王時代におけるスペインの北アフリカ進出」『鹿児島大学教育学部研究紀要　人文・社会科学編』三六、一九八四年、一九～四二頁。

ユルギス・バルトルシャイティス（高山宏訳）『アナモルフォーズ・光学魔術』国書刊行会、一九九二年。

本多勝一『マゼランが来た』朝日新聞社、一九八九年。

前川貞次郎「法王設定境界線問題に関する考察──近世ヨーロッパ膨脹史上の一問題（上・下）」『史林』二八巻四号、二九巻一号、一九四三～四四年。

増田義郎『マゼラン──地球をひとつにした男』原書房、一九九三年。

的場節子「Iaponで始まる日本記事と「ジパング」の検討」『上智史学』四六号、二〇〇一年。

──『近世初頭における日西交流史の研究』博士論文（國學院大學・歴史学）二〇〇三年。

諸田実「スペイン王室の銀行家──一六世紀の国際金融史における南ドイツとスペイン（その二）」『商経論叢』第二九巻第一号、一九九三年八月。

マルコ・ポーロ『東方見聞録』(東洋文庫一八三)、平凡社、一九七一年。

山本草二「中世海洋国際法概念とその変容」『法文論叢』九、四二～五二頁。

山本義隆『磁力と重力の発見2　ルネサンス』みすず書房、二〇〇三年。

ジャック・ラカン(ジャック゠アラン・ミレール編、小出浩之ほか訳)『精神分析の四基本概念』岩波書店、二〇〇〇年。

初出一覧

各章のもととなった論文は以下の通りである。ただし、第一・三・四・七章については補筆の部分が多く書き下ろしに近い。「はじめに」と「おわりに」は書き下ろしである。


第一章「デマルカシオンのモラトリアム――一四九四年～一五一五年」『西洋史学』第一六五号、一九九二年、五一～六四頁。

第二章「地の果ての外交――十六世紀のモルッカ諸島とポルトガル」前川和也編『コミュニケーションの社会史』ミネルヴァ書房、二〇〇一年、一〇三～三五頁。

第三章「マゼラン伝（一）」『甲南大学紀要　文学編　一二五　歴史文化特集』二〇〇三年、一八～二八頁。

第四章「マゼラン伝（二）」『甲南大学紀要　文学編　一三四　歴史文化特集』二〇〇四年、一～三三頁。

第五章「世界分割の科学と政治――「モルッカ問題」をめぐって」『史林』七五巻六号、一九九二年、八二九～六四頁。

第六章「地図の戦争――挑戦されるデマルカシオン」『甲南大学紀要　文学編　一二四　歴史文化特集』二〇〇二年、一三四～六六頁。

第七章「ルネサンスの航海と科学――ジョアン・デ・カストロの実験的方法」『西洋史学』一四四号、一九八七年、二六一～七五頁。

あとがき

「世界分割」という奇妙な言説にとりつかれてから、多くの歳月が流れた。

本書はマゼランの名をタイトルに掲げているが、マゼランが登場する部分は全体の三分の一ほどに過ぎない。マゼラン再評価の前提であり本書のバックボーンである分界の研究は、京都大学大学院時代の後半から手をつけ、新潟大学教育学部に助手・助教授として在職の六年間を通じて継続していた。第一章の一部分、第五章、第七章の一部分はこの頃の成果である。

故・田中峰雄氏の後任として甲南大学文学部に迎えていただいた一九九四年、私は分界の研究に一応の区切りをつけようと考えていたが、まとめきれないもどかしさを感じていた。その年度も終わりに近づいたころ、未曾有の大地震が神戸市東灘区の自宅マンションと勤務先を直撃した。その後の数ヶ月間私は憔悴の極みにあり、散乱した文献やノートを整理する余裕を失っていた。ようやく心身の回復を自覚するようになった一九九五年半ば、ふたつのお誘いが私を学問の世界に引き戻してくれた。

私は大学院時代の畏友・小山哲氏を通じて、京都大学人文科学研究所の前川和也先生の研究班に所属することを許された。異分野の興味深い報告が聞けるこの研究会で、私はさまざまな刺激を受け、転機となる報告をすることができた。加えて自分らしくあることの大切さを再認識できた。伝記的アプローチに対する自己規制が解けたのは、おそらくそのためであろう。マゼランに狂言回しの役をあてることで、リアリティーの乏しかった分界の研究に手応えをえた。本書の中核をなす第二章、第三章、第四章はいずれも研究会における報告が出発点となった。

もうひとつのお誘いは東京外国語大学の立石博高先生よりいただいた。『新版世界各国史16　スペイン・ポルトガル史』（山川出版社）の共同執筆である。私はポルトガルの通史を担当したのであるが、日本スペイン史学会の皆さんと取り組んだ統合的なイベリア史への試みは有形無形に本書に影響を与えた。

むろん、震災前からの様々な恩顧の重みは計り知れない。そもそも大航海時代の研究への道標を与えてくださったのは故・越智武臣先生であった。四〇歳までに単著をものにしなさい、という常日頃からの先生のご指導に応えられなかったことは残念であるが、それ以上に悔やまれるのはわずか二ヶ月のおくれでご生前に本書を献呈できなかったことである。永井三明先生と服部春彦先生にはつねに拙論の抜き刷りを丁寧に読んでいただいた。住田育法先生からはポルトガル語の手ほどきと文献案内をしていただいたことが懐かしく思い出される。川北稔先生と阿河雄二郎先生からは遅々として進まぬ分界の研究に激励の言葉をいただいた。学会報告における川島昭夫先生のご指摘は研究の針路修正に大きな力となった。歴史学と地図学・地理学の交接領域で仕事をしてゆくうえで、久武哲也先生のご教導は貴重であった。先生方のご指導がなければ、本書はなかったであろう。

また、京都府立大学の渡邊伸氏にはご多忙のなか無理をお願いして草稿に目を通していただき、懇切なご助言をいただいた。深く感謝申し上げたい。言うまでもなく、本書がふくむであろう誤認誤記の類は筆者の責任である。さらに、村岡健次先生をはじめ、甲南大学文学部歴史文化学科（旧・社会学科）の先生方、また、かつての新潟大学教育学部（現・教育人間科学部）の先生方には様々なご配慮とご支援を賜った。学生諸兄姉にも御礼申し上げる。科学史など他の様々な領域の研究動向に目移りしやすい浅学の研究者が、西洋史学の教員としてわずかなりとも成長できたのは皆さんのおかげである。すべての方のお名前を記せない非礼をお許し願いたい。

史料の採録にあたっては各方面にお世話になった。新潟大学附属図書館と甲南大学図書館の相互利用係の職員方には文献の入手でたびたびお手を煩わせた。御礼を申し上げる。他に国内では上智大学イベロアメリカ研究所、京都外国語大学図書館、南山大学図書館等、海外ではインディアス文書館（セビリア）、ポルトガル国立図書館（リスボン）、ブリティッシュ・ライブラリー（ロンドン）等で貴重書を閲覧させていただいた。内外の出張と文献購入に際しては、新潟大学時代に文部省科学研究費補助金・奨励研究（A）と稲盛財団研究助成を交付していただき、甲南大学では故・田中峰雄氏の基金の一部を賜ったほか、毎年のように海外出張旅費の補助金を得た。

出版事情のきびしい折、本書を京都大学学術出版会から上梓していただくにあたって、京都大学大学院文学研究科の服部良久先生と南川高志先生にご紹介とご推薦の労をとっていただいた。ご厚情に深く感謝申し上げたい。京都大学学術出版会の小野利家氏と佐伯かおる氏には多大なるご尽力をいただき、本書を仕上げていただいた。あつく謝意を表したい。出版へ棹さす大きな幸運となったのは、二〇〇五年度に甲南学園から国内研究の機会と伊藤忠兵衛基金出版助成の交付をいただいたことである。関係各位に心より御礼申し上げる。

最後に郷里の家族にひとこと。私は四国の商家に長男として生まれた。学問の道を選んだ私の行く末に気を揉み続けたであろう祖父（三年前に逝去）と祖母と両親、そして長年家業を支えてくれた妹夫婦に本書を捧げたいと思う。

二〇〇六年一月　大阪の自宅にて

合田　昌史

●タ・ナ行

対蹠分界　9, 66, 64, 67, 70, 77, 112, 129, 132, 137, 222, 225-228, 239, 244, 250, 254, 304
ダリエン　76, 159, 224
タルシスとオフィール　169-172, 184, 280, 305
チャンパ　173, 180, 184-185, 188
天地学者　6, 268
天文航法　5, 33, 36, 52
投降勧告状　153-154, 197
東洋針路　85, 167, 178, 253, 304
トルデシリャス条約　9, 16, 48-53, 212, 226, 228, 232, 239, 249, 260, 262, 304
ニューファンドランド　251, 265, 267-269, 279, 296

●ハ行

バダホス＝エルヴァス会議　91, 136, 211, 224, 235, 293, 300
バンダ諸島　80, 84, 87, 97
ビクトリア号　6, 8, 112, 211, 222, 305
ブラジル　49, 56, 58-59, 73-74, 118, 132, 136, 267, 269, 282-283, 296
ブリストル　261, 263, 266, 279
ブルゴス　116-117, 303
ブルネイ　191, 196, 203-204, 252
分界　8, 16, 30, 44, 50, 52, 60, 73, 114, 129-130, 137, 142, 156, 164, 211, 214, 225, 243, 249, 260, 264, 276, 278, 280, 285, 300, 302
偏角経度法　143, 145, 148, 288, 292, 294, 296
ボジャドル岬　27, 40
ポルト　104, 113
ポルトラーノ海図　56
ポンテ・デ・バルカ（ノブレガ）　104

●マ行

マクタン島　1, 199, 192, 304
マゼラン海峡　2, 8, 166
マラッカ　64, 72, 77, 80, 85-87, 99, 109, 125-126, 128, 132, 180-181, 222, 226, 243, 246, 252
南の海　114, 153, 162, 202
モーロ（モロ）　25, 201, 207, 209
モラディア　109-111
モルッカ　80, 98, 121, 125, 161, 184, 302
モルッカ諸島　8, 84-85, 92, 95, 97, 99, 112, 124, 129-130, 136-137, 167, 176, 189, 191, 196, 203, 209, 214, 217, 222, 225, 230, 238, 242-243, 280, 293, 300
モンテアグド条約　19

●ラ行

ラ・コルーニャ　119, 227, 251, 268, 271, 274
ラ・プラタ河　77, 125, 143, 149, 190
リスボン　28, 36, 59, 108, 110, 118, 129, 224, 236, 289, 300, 303
ルイシュ・テイシェイラ図　60, 296
レキオス　168, 170-171, 180-182, 184
レコンキスタ（再征服運動、国土回復運動）　16, 18, 20, 304

Magalhães , Fernão de（Magallanes, Hernando de） 1, 81, 104, 106-107, 110, 112, 114-115, 118, 122, 124, 129-130, 147-148, 155, 157, 162, 169, 172, 192-193, 199-201, 252, 268, 297, 303
マヌエル一世　D. Manuel I　6, 56, 59-60, 64, 67, 74, 109, 111, 115, 118, 184, 226, 263
マフラ、ヒネス・デ　Mafra, Ginés de　161, 164, 172, 189, 194, 197, 199, 201, 211, 224
マルガーリョ、ペドロ　Margalho, Pedro　71-72, 130, 225, 240
マルティル・デ・アングレリア、ペドロ　Mártir de Anglería, Pedro　8, 161
メロ、フランシスコ・デ　Melo, Francisco de　236, 241, 244

●ラ行

ラ・コサ、フアン・デ　la Cosa, Juan de　65, 264
ラス・カサス、バルトロメ・デ　Las Casas, Bartolomé de　33, 41-42, 46, 49, 126, 129, 153-155
ラプラプ　Lapulapu　192, 199, 200
ラムージオ、ジョヴァンニ・バティスタ　Ramusio, Giovanni Battista.　6, 123, 168, 170, 174
リベイロ、ディオゴ　Ribeiro, Diogo　60, 136, 233, 274, 276, 200
レイス、ピリ　Re'is, Piri　16, 126
レイネル、ジョルジェ　Reinel, Jorge　134, 136, 293
レイネル、ペドロ　Reinel, Pedro　134, 136-137, 144, 222
ロッツ、ジャン　Rotz, Jean　296
ロドリゲス、フランシスコ　Rodrigues, Francisco　134, 174, 183

地名・事項名

●ア行

アザモル　110
アストロラーベ　36, 38, 140, 162, 186
アゾレス諸島　21, 25, 28, 30, 34, 38, 40, 45, 261, 263, 265
アルカソヴァス条約　28-31, 32, 39
イスバ　185-186, 188
インディアス通商院　62, 115, 119, 281
インド領（ポルトガル領インド）　106, 108, 230, 289, 297
ヴァルトゼーミュラー図　69-70, 76, 125, 225, 302
ヴェルデ岬諸島　9, 21, 30, 40, 45-46, 52, 132, 240, 244

●カ行

海峡　125, 164
カティガラ　68, 70
カナリア諸島　21-22, 24-25, 27-28, 30, 40, 68, 70
カマール　185
カンティーノ図　55-56, 69, 187, 265, 268
ギネー　25-27, 38, 283
喜望峰　73-74, 126-128, 132, 137
キンタラダス　109, 158
クローブ　8, 80, 84, 86, 88-90, 93-94, 167, 176, 206-207, 210, 226, 252, 268
コチン　106-108

●サ行

サラゴサ条約　252, 305
サン・ジョルジェ・ダ・ミナ要塞　36, 232
サン・ラサロ（フィリピン）諸島　172, 184, 191-192, 252, 302
シパンゴ　172, 178
四分儀　33, 38, 140, 162
七部法典　27, 44
ジャワ　173
推測航法　38, 144
セウタ　20
石柱碑　6, 59, 65, 152, 156
セビリア　48, 59, 62, 113-114, 116, 118, 129, 134, 143, 168, 189, 236, 262, 278-279, 289, 302-303
セブ島　9, 170, 189, 192, 195, 190, 199
占有　152, 211, 214, 227, 231, 238, 305

ソーン、ロバート　Thorne, Robert　279-281, 305
ソリス、フアン（ジョアン）・ディアス・デ　Solís, Juan Díaz de　65-67, 76-77, 147, 152, 303

●タ・ナ行

ダイイ、ピエール　d'Ailly, Pierre　36, 42
ダビラ、ペドラリアス（ペドロ・アリアス・デ・アビラ）　Ávila, Pedro Arias de　76, 153-154, 156, 159
ディアス、バルトロメウ　Dias, Bartolomeu　28, 36
ディー、ジョン　Dee, John　40
デル・カノ、フアン・セバスチアン　del Cano, Juan Sebastián　1, 158, 172-173, 194, 204, 206, 222, 236, 241-242, 248
トランシルバーノ、マクシミリアーノ　Transilvano, Maximiliano　6, 129, 161, 197, 203, 268
ニコラウス五世（教皇）　Nicolaus V　27
ヌネシュ、ペドロ　Nunes, Pedro　289-290, 296, 300

●ハ行

ハクルート、リチャード　Hakluyt, Richard　278-279
パシェコ・ペレイラ、ドゥアルテ　Pacheco Pereira, Duarte　126, 232-233
バルトルス・デ・サクソフェルラート　Bartolus de Saxoferrato　44
バルボア、バスコ・ヌニェス・デ　Balboa, Vasco Núñez de　76, 153, 162, 169
バルボザ、ディオゴ（ディエゴ）　Barbosa, Diogo（Diego）　114-115, 170
バルボザ、ドゥアルテ　Barbosa, Duarte　12, 87, 168, 170, 178, 203
バロス、ジョアン・デ　Barros, João de　28, 36, 85, 87, 91, 93-94, 98, 107, 111-113, 134, 142, 146, 156, 164, 177, 185, 189, 224
ピガフェッタ、アントニオ　Pigafetta, Antonio　6, 110, 122-123, 125, 142, 149, 164, 172, 190-191, 193-194, 196, 198-199, 203, 224, 231, 248, 268, 302
ピレシュ、アンドレ　Pires, André　71-72, 130, 225
ピレス、トメ　Pires, Tome　84-85, 87, 167, 174, 181
ピンソン、ビセンテ・ヤニェス　Pinzón, Vicente Yáñez　54, 59, 65-66, 152
ファレイロ、フランシスコ　Faleiro（Falero）, Francisco　137, 140, 146, 148, 288-289
ファレイロ、ルイ　Faleiro（Falero）, Rui　10, 113-114, 116, 118, 122, 124, 137, 140, 142-143, 145-146, 148, 288, 296, 304
フェレール・デ・ブラネス、ハイメ　Ferrer de Blanes, Jaime　51, 53-55, 70
フォンセカ、フアン・ロドリゲス・デ　Fonseca, Juan Rodríguez de　7, 48, 65, 113, 117, 147, 169
フッガー家　Fugger　74, 119-121
プトレマイオス　Ptolemaeus, Claudius　42, 68, 70, 72, 130, 225, 246, 293
フマボン　Humabon　193, 196, 199
プランキウス、ペトルス　Plancius, Petrus　10, 296-297
フランソワ一世　François I　229, 258, 260, 269-271, 274, 284-285, 305
フロイス、エステヴァン　Fróis, Estêvão　60
フンボルト、アレクサンダー・フォン　Humboldt, Alexander von　58, 162
ベスプッチ、アメリゴ　Vespucio, Américo（Vespucci, Amerigo）　2, 58-59, 65-66, 189
ベスプッチ、フアン　Vespucio, Juan　62, 126, 245, 274
ベタンクール、ジャン・ド　Béthencourt, Jean de　22, 24
ベハイム、マルティン　Behaim, Martin　34, 36, 69, 124-125, 140
ベラスコ、フアン・ロペス・デ　Velasco, Juan López de　247, 300, 302
ヘンリ七世　Henry VII　261-262, 264
ヘンリ八世　Henry VIII　258, 264, 269, 278-279, 296
ポーロ、マルコ　Polo, Marco　68, 173, 175, 243, 261
ホルバイン（子）、ハンス　Holbein der Jüngere, Hans　256, 285

●マ行

マゼラン（マガリャンイシュ、フェルナン・デ）

カダモスト、アルヴィーゼ　Cá da Mosto, Alvise da　21, 26
カトリック両王（カスティーリャ女王イサベル１世とアラゴン国王フェルナンド２世）los Reyes Católicos　29, 31, 41, 45, 49, 51, 53, 114, 153, 212
カブラル、ペドロ・アルヴァレス　Cabral, Pedro Álvares　54, 186
カボート、セバスチアン　Caboto, Sebastián　62, 148, 172, 266, 279, 288
カボット（カボート）、ジョン（ジョヴァンニ）Cabot, John　245, 261-266
ガマ、ヴァスコ・ダ　Gama, Vasco da　5, 43, 112, 128, 142, 160, 185
カリストゥス三世（教皇）Calixtus III　27
ガルヴァン、アントニオ　Galvão, António　84, 90, 92, 184, 206, 253
ガルシア・デ・トレノ、ヌニョ　García de Toreno, Nuño　137, 222, 274
カルタヘナ、フアン・デ　Cartagena, Juan de　117, 127, 147
カルチエ、ジャック　Cartier, Jacques　260, 284-286
カルロス一世（カール五世）D. Carlos I　113, 117-118, 124, 130, 169, 202, 212, 226-228, 233, 251-252, 260, 271, 274, 278, 284, 303
カン、ディオゴ　Cão, Diogo　28
クレメンス七世（教皇）Clemens VII　122, 258, 284
ゴイス、ダミアン・デ　Goís, Damião de　7, 59, 65, 140, 181
ゴマラ、フランシスコ・ロペス・デ　Gómara, Francisco López de　124, 146, 234
ゴメシュ、エステヴァン　Gomes, Estêvão　113, 122, 127, 147, 233, 271, 274
ゴメシュ・デ・シントラ、ディオゴ　Gomes de Sintra, Diogo　21, 26, 34,
コルテ・レアル兄弟　Corte Real　54, 56, 265-266
コルテス、エルナン　Cortés, Hernán　155-156, 202, 251
コレイア、ガスパル　Correia, Gaspar　111, 170
コロン、エルナンド（フェルナンド）Colón, Hernando　42, 47, 236, 241-242, 248-249, 288
コロン、バルトロメ　Colón, Bartolomé　72
コロンブス、クリストバル　Colón , Cristóbal（Columbus）1, 28-29, 33, 36, 38-39, 41-46, 48, 51, 53, 66, 72, 143, 152, 156, 159, 162, 189, 249, 261, 264, 303
コンチ、ニコロ・ディ　Conti, Niccolò dí　173-175

●サ行

サーベドラ・セロン、アルバロ・デ　Saavedra Ceron, Alvaro de　196, 251-252
ザクート、アブラハム　Zacut, Abraham　5, 142, 190
サルヴィアーティ、ジョヴァンニ　Salviati, Giovanni　276, 278
サン・マルティン、アンドレス・デ　San Martín, Andrés de　147-148, 189, 190, 224, 248
サンタ・クルス、アロンソ・デ　Santa Cruz, Alonso de　145, 173, 250, 288, 293
シェーネル、ヨハネス　Schöner, Johannes（Johann）76, 125, 185, 258-259
シャボー、フィリップ・ド　Chabot, Philippe de　282, 284
ジョアン・デ・リジボア　João de Lisboa　74, 142, 145, 186, 288
ジョアン三世　D. João III　122, 136, 226-231, 233, 269-270, 292, 300
ジョアン二世　D. João II　28, 30, 36, 46, 49, 55, 114, 140, 212, 261
ステヴィン、シモン　Stevin, Simon　10, 297
ストラダヌス、ヨハンネス　Stradanus, Johannes（Jan van der Straet）2
スリタ、ヘロニモ・デ　Zurita, Jerónimo de　29, 31, 46
セケイラ、ディオゴ・ロペス・デ　Sequeira, Diogo Lopes de　65, 91, 107, 156, 180, 236, 244, 300
セラン、フランシスコ　Serrão, Francisco　90, 92-94, 96, 100, 106, 109-110, 112, 201, 215
ソヴァージュ、ジャン・ド　Sauvage, Jean de　113, 118, 124, 129
ソウザ、ディオゴ・デ　Sousa, Diogo de　104, 106, 110
ソウザ、マルティン・アフォンソ・デ　Sousa, Martim Afonso de　283

メディナ、J. トリビオ　Medina, J. T.　8, 104, 110, 111
モラレス・パドロン、フランシスコ　Morales Padrón, Francisco　156
モリソン、S. E.　Morison, S. E.　33, 43, 128, 264, 274

●ラ行
ラグアルダ・トリアス、R. A.　Laguarda Trías, R. A.　43, 55, 70, 129, 132, 189, 192
ラゴア子爵　Lagôa, Visconde de　7, 110, 156
ラム、U. S.　Lamb, Ursula S.　55, 235, 248
ラモス・ペレス、D.　Ramos Pérez, Demetrio 118, 129
ランドルス、W. G. L.　Randles, W. G. L　300
ルメウ・デ・アルマス、アントニオ　Rumeu de Armas, Antonio　32, 45
ロサダ、アンヘル　Losada, A.　285

人　名

●ア行
アズララ、ゴメス・エアネス・デ　Zurara, Gomes Eanes da　25-26, 28
アニェーゼ、バティスタ　Agnese, Battista 270
アブレウ、アントニオ・デ　Abreu, António de 109, 156
アランダ、フアン・デ　Aranda, Juan de　104, 115-117
アルヴァロ・デ・ポルトガル　Alvaro de Portugal　108, 114-115
アルブケルケ、アフォンソ・デ　Albuquerque, Afonso de　80, 89, 94, 106-109, 134, 180-181
アルヘンソラ、レオナルド・デ　Argensola, Bartolomé Leonardo de　90, 109, 134, 146
アルボ、フランシスコ　Albo, Francisco　6, 161, 164, 166, 172, 189-191, 194, 216, 222, 224, 248
アルメイダ、フランシスコ・デ　Almeida, Francisco de　64, 106
アレクサンデル六世（教皇）　Alexander VI 30, 40, 260, 267
アロ、クリストバル・デ　Haro, Cristóbal de 60, 74, 118-122, 125, 129-130, 227, 274
アンゴ、ジャン　Ango, Jean　268, 282, 284
イブン・マージド　Ibn Majid　185
ヴァルテマ、ルドヴィコ・ディ　Varthema, Ludovico di　12, 125, 173-176, 203
ヴィジーニョ、ジョゼ　Vizinho, José　36, 142
ヴェラツァーノ、ジョヴァンニ・ダ Verrazzano, Giovanni da　8, 229, 268-269, 271, 274, 278-279, 282, 305
ウルダネタ、アンドレス・デ　Urdaneta, Andrés de　172, 196
エスピノサ、ゴンサロ・ゴメス・デ　Espinosa, Gonzalo Gómez de　112, 204, 211, 224
エムポリ、ジョヴァンニ・ダ　Empoli, Giovanni da　108, 126, 128, 180
エレーラ、アントニオ・デ　Herrera, Antonio de　46, 62, 77, 109, 127, 140, 142, 146, 164, 172, 189, 199, 203, 268
エンシソ、マルティン・フェルナンデス・デ Enciso, Martin Fernández de　71-72, 126, 130, 155, 173-174, 176, 225, 280, 293
エンリケ・デ・マラッカ（マゼランの奴隷・通訳）　Henrique de Malacca　194, 202
エンリケ王子（親王）　Infante D. Henrique 22, 25-27
オーメン、ディオゴ　Homem, Diogo　173
オーメン、ロポ　Homem, Lopo　73, 126, 174, 182, 300
オゾリオ、ジェロニモ　Osório, Jerónimo　7, 297
オビエド・イ・バルデス、ゴンサロ・フェルナンデス・デ　Ovied y Valdés, Gonzalo Fernández de　43, 146, 153, 300

●カ行
カスタニェーダ、フェルナン・ロペス・デ Castanheda, Fernão Lopes de　7, 87, 89, 107, 136, 140, 156, 142, 180, 189
カスティリオーネ、バルダサーレ　Castiglione, Baldassare　274, 278
カストロ、ジョアン・デ　Castro, João de 144, 289-294

索　引

研究者名

●ア行
アブドゥラフマン、P. R.　Abdurachman, P. R.　89-90
アルシニエガス、ヘルマン　Arciniegas, Germán　58
アルブケルケ、L. デ　Albuquerque, Luís M. de　34, 52, 54, 227, 289
アルブケルケ＝フェイジョ　Albuquerque, L. de, & Feijó, R. G.　225, 230-232, 234
アンダヤ、レオナルド　Andaya, L. Y.　82, 90
アンドリュース、K. R.　Andrews, K. R.　262
生田滋　89-90
ウィリアムソン、J. A.　Williamson, J. A.　261, 266
ヴェイガ・エ・ソウザ、M. アウグスタ・ダ　Veiga e Sousa, Maria Augusta da　168
ウォリス、ヘレン　Wallis, H.　133, 166, 296
岡本良知　169
オバン、ジャン　Aubin, Jean　12

●カ行
金七紀男　25
ガルシア・ガリョ、アルフォンソ　Garcia Gallo, Alfonso　30, 46
ギルマード、F. H. H.　Guillemard, Francis Henry Hill　6, 109, 111, 120
ゲデス、M. ジュスト　Guedes, Max Justo　58, 60
ケリー、J. E.　Kelley, James E.　47
ケレンベンツ、ヘルマン　Kellenbenz, Hermann　118, 121
コウティーニョ、ガゴ　Coutinho, Gago　128
ゴディーニョ、V. M.　Godinho, V. M.　88, 283
ゴメス、リタ・コスタ　Gomes, Rita Costa　111
コルテザン、アルマンド　Cortesão, Armando　32, 136, 145
コルテザン、ジャイメ　Cortesão, Jaime　49,

●サ行
シード、パトリシア　Seed, Patricia　153
ジュリアン、シャルル・アンドレ　Julien, Ch.-André　268, 284
スコット、ヘンリー　Scott, William Henry　12, 194, 196
スペイト、O. H. K.　Spate, O. H. K.　40, 235

●タ行
ツヴァイク、シュテファン　Zweig, Stefan　6
テイシェイラ・ダ・モタ、A.　Teixeira da Mota, A.　56, 142, 189
デヌセ、ジャン　Denucé, Jean　6, 123, 129, 167-170, 235
トゥデラ・イ・ブエソ、J. P. デ　Tudela y Bueso, Juan Pérez de　49, 222
トマス、ルイス・フィリペ　Thomaz, L. Filipe　82, 89

●ナ・ハ行
ナン、G. E.　Nunn, G. E.　164
パー、チャールズ・マキュー　Parr, Charles Mckew　6, 119
ヒーニッジ、ディヴィッド　Henige, David　38
ピッカリング、K. A.　Pickering, Keith A.　42
ヒメネス・フェルナンデス、M.　Giménez Fernández, M.　32, 45
ヒル、フアン　Gil, Juan　116, 167
フェルナンデス・デ・ナバレテ、M.　Fernández de Navarrete, M.　8, 132, 157, 168, 236
ホフマン、ポール・E.　Hoffman, P. E.　40, 267, 274, 282

●マ行
的場節子　173
マルティネス、R. C.　Martínez, R. Cerezo　190, 264
マンサノ、フアン　Manzano, Juan　46, 50

［著者略歴］
合田昌史（ごうだ　まさふみ）

1958年生まれ。
京都大学大学院文学研究科博士課程単位認定退学。
新潟大学教育学部助手・助教授を経て、1994年より甲南大学文学部助教授、2003年より同教授。

主要著書
立石博高編『新版世界各国史16 スペイン・ポルトガル史』（共著）山川出版社、2000年。
前川和也編『コミュニケーションの社会史』（共著）ミネルヴァ書房、2001年。

マゼラン──世界分割《デマルカシオン》を体現した航海者

2006年3月24日　初版第一刷発行

著者　合　田　昌　史
発行者　本　山　美　彦
発行所　京都大学学術出版会
京都市左京区吉田河原町15-9
京大会館内　（606-8305）
電　話　075 - 761 - 6182
FAX　075 - 761 - 6190
振　替　01000 - 8 - 64677
http://www.kyoto-up.gr.jp/
印刷・製本　株式会社 太 洋 社

ISBN4-87698-670-3　定価はカバーに表示してあります
Printed in Japan